楼均信
法国史论集

楼均信　著

社会科学文献出版社
SOCIAL SCIENCES ACADEMIC PRESS (CHINA)

楼均信教授发表过论文的部分杂志

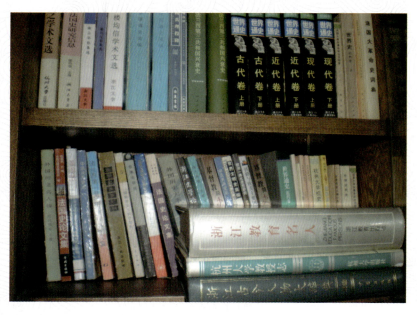

楼均信教授主编与合著的部分著作

与著名史学家王养冲教授（右二）、陈叔平教授（右三）、
陈崇武教授（左一）合影
（1986 年 7 月摄于北京）

与著名史学家、翻译家王养冲教授合影
（1986 年 7 月摄于北京）

与法国著名马克思主义史学家克 · 维拉尔教授合影
（1986 年 9 月摄于杭州西湖边）

与著名历史学家、翻译家、教育家、恩师沈炼之教授及人民出版社国际部负责人祝立明先生合影
（1987 年 5 月摄于沈师寓所）

与挚友、著名历史学家、北京师范大学教授刘宗绪合影

（1987 年 8 月摄于青岛）

在中法关系国际学术会议上，著名历史学家陈三井研究员（左二）
作学术报告，由楼均信教授主持

（1995 年 10 月摄）

与著名史学家、"中研院"近代
史研究所所长陈三井教授合影
（1995 年 10 月摄于杭州）

参加北京大学欧洲历史国际学术研讨会，会上向欧盟委员会副主席
布里坦爵士提问
（1996 年 11 月摄）

与著名史学家、首都师范大
学教授齐世荣（曾任首都师
范大学校长、中国史学会副
会长、国务院学位委员会委
员）合影
（1997 年摄于杭州）

与法国驻华大使馆文化专员戴鹤白（右）及吕一民教授（中）合影
（1998 年 6 月摄于北京）

在中共中央党校举行的中国法国史研究会年会上主持会议，左一为
马胜利研究员在作学术发言
（1998 年 9 月摄）

参加华东师范大学博士学位论文答辩
（1998 年摄）

与浙江大学历史系法国史研究室部分同人合影

（1999 年 11 月摄于深圳大学校园）

与夫人谢士华在加拿大多伦多大学校园里留影

（2001 年 8 月摄）

在巴黎凯旋门前与参加中法学术交流的中方同行合影
（2001 年 10 月摄）

在华盛顿纪念碑前合影
（2001 年 10 月摄）

在华盛顿市杰斐逊纪念堂前与小女楼正合影

（2001 年 10 月摄）

在华盛顿市林肯纪念堂前与夫人谢士华留影

（2001 年 10 月摄）

在广州召开的法国史研究国际学术研讨会上与端木正教授（中）、
申晨星教授（曾任吉林大学副校长）合影
（2002 年 12 月摄）

在广州召开的法国史研究国际学术研讨会上，与中法人文科学研究
中心主任、巴黎政治学院杜明教授握手交谈
（2002 年 12 月摄）

法国史研究国际学术研讨会在广州举行，就座主席台上。左为法国
科学院院士巴斯蒂夫人，中为时任华南师范大学校长

（2002 年 12 月摄）

法国史研究国际学术研讨会合影留念

（2002 年 12 月摄于广州）

应邀在法国巴黎大学作学术报告
（2003 年 9 月 29 日摄）

在巴黎圣路易街头的丹
东塑像前
（2003 年 9 月摄）

参观凡尔赛宫

（2003 年 9 月摄）

参观卢浮宫

（2003 年 9 月摄）

中法双边学术研讨会休息期间，中方代表与法方部分与会者在城堡
阳台上合影留念，左一为法国著名史学家马佐里克教授
（2003 年 10 月摄）

在巴黎拉雪兹神父墓地拉法格夫妇墓前与端木美研究员合影
（2003 年 10 月摄）

在法国格勒诺布尔市维济尔镇中法学术研讨会上作论文报告
（2003 年 10 月摄）

在格勒诺布尔市维济尔镇
法国大革命博物馆图书资
料中心
（2003 年 10 月摄）

在巴黎荣军院草坪留影，拿破仑安葬于院内
（2003 年 10 月摄）

参观著名国画家苏东天画展后，在展厅合影，自左至右：苏东天教授夫妇、毛昭晰教授、楼均信教授、张金山教授
（2005 年 4 月摄于杭州展览馆）

与法国科学院院士雷诺 · 卡尔教授合影
（2005 年 8 月摄于杭州浙江日报社 27 楼餐厅）

与著名史学家、北京大学张芝
联教授合影
（2005 年摄于杭州）

与部分弟子留影，左一为田明孝研究员，左二为董小燕教授，右一
为方建中教授，右二为朱秀芳教授
（2006 年摄于杭州）

在浙江大学紫金港校区内古建筑前与张丽研究员（右）、汤洪庆
博士（左）合影
（2009 年 10 月摄）

参加浙一医院王薇教授指导的护理学硕士论文开题报告答辩会
（2013 年摄）

参加浙江大学吕一民教授主持的国家社科基金重大项目开题报告
专家组审核会
（2014 年摄）

在孙达人家餐聚后合影，左一为我国著名农民问题研究专家孙达人教授，后排为洪朝辉博士（美国普渡大学历史学终身教授、在美国多所大学任副校长）
（2016 年摄于孙宅）

与法籍华人迟渝梅教授（左）和学生汤洪庆教授（右）参观浙江大学校园后在东门合影
（2017 年 5 月摄）

在香港维多利亚港码头
（2024 年 2 月 18 日摄）

在香港太平山顶，俯瞰香港夜景
（2024 年 2 月 19 日摄）

在澳门大三巴牌坊（圣保禄教堂遗址）前，与长女楼英、幼女楼正及外孙女楼越合影
（2024 年 2 月 20 日摄）

在澳门横琴海关，身后为澳门大学
（2024 年 2 月 22 日摄）

目　录

我的人生经历和学术道路

经　历

1934 年 12 月 17 日，我在浙江诸暨市牌头镇附近的小村庄——凤楼村的一个农户呱呱坠地，家中四个孩子，我排行老二，上有大哥下有弟妹。杭金公路在我家门口通过，靠村庄西边约 500 米处则是浙赣铁路和杭金衢高速公路，交通十分便利，民风亦不闭塞。距村子三里路的西南面是诸暨著名的风景胜地——斗岩，峰高 500 米，上面还有龙王殿。我儿时逢年过节常与小伙伴爬山去龙王殿游玩，十分快乐。今天，斗岩已成为本地的旅游景点之一。

8 岁那年我进上庄小学读书。一年后，日寇侵占家乡，父亲带领我们全家摸黑逃难，翻过斗岩高山，到山后村姑妈家住了半年。后来，日本强盗被金萧支队的游击战打得日夜不得安宁，鬼子被迫退缩到诸暨县城，我们才得以回到家乡。

我父亲出身贫寒，只读了三年书就辍学在家种地。13 岁开始当学徒做木匠，但他刻苦好学，18 岁就成为一把好手。母亲虽一字不识，但把家务操持得井井有条，有时还到杭州帮茶农采茶赚点工钱贴补家用。因家境清贫，父亲在四个孩子中只培养了我一个，哥哥和弟妹小学毕业后就在家务农。

抗战胜利后，我进入西山下小学读高小。1948 年 9 月，被父亲送进当时比较有名的同文中学（今牌头中学）住校读书，在中学里，我常常穿着哥哥穿过的破旧衣服，可以说是同学中穿得最破旧的。记得有一次周末回家，我对母亲说："妈，我的衣服太破了，可不可以给我买件新的。"母亲说："好好读书，将来有出息了，自己买，现在家里穷，没有钱。"从此，我埋下对穿新衣的奢求，下定决心好好读书、奋发图强。

新中国成立后，虽然经过父母的辛勤劳动，我家的经济状况被列入中农，但我要继续深造，支付学费还是一件难事。面对经济拮据，父亲不得不打算让我初中毕业就找工作养家。正当我初中快毕业时，传来一个好消息，彻底改变了我的人生道路。

当时萧山湘湖师范正在招生，只要本人愿意，经县文教局推荐即可入学并免交学费，于是我和 3 位同班同学立刻决定一起到诸暨县文教局请求推荐入读。1951 年 9 月，我离开家乡到湘湖师范报到就读普通师范专业，当时父亲和我都很高兴，因为师范生不仅是公费，而且毕业就可分配到小学当老师，减轻家里的压力。我高高兴兴地读完了三年师范课程。三年中我广泛培养兴趣爱好，阅读各类文学名著，还曾梦想当作家，所以我常常写点读报心得投稿《浙江日报》，也略有一些文章见报。收到 1 元、2 元的稿费，我心里不知道有多高兴。在我师范毕业前夕，又传来好消息，国家要保送师范生上大学，名单已经确定，我也在其列。这是我做梦也没想过的美事。

1954 年 6 月，我由湘湖师范保送到杭州参加当年的全国统一高考，据说当时全国的高中毕业生人数不多，所以需要从师范生中选送少数学生参加高考，进入高校深造，以备国家之需。8 月，我接到浙江师范学院历史系的录取通知书。后来我才知道这一年全国录取的大学生总数只有寥寥 8 万人，被大学录取是一件无比光荣的事，在我家乡，更是方圆十里只出了我一个大学生，乡长、村长纷纷到我家祝贺，全家人备感自豪，更鼓励我一定要好好读书，日后报效祖国和父老乡亲。

1954年9月，我再次离开家乡到位于省城杭州的浙江师范学院报到，这一年我20岁，只身来到这座陌生的城市，有一种莫名的新鲜感。不过，求读历史系这个志愿倒是我自己选的，似乎是冥冥中我和历史结下的今生注定的缘分。

我之所以对历史这门学科特别感兴趣，是受我小学历史老师郦介眉的直接影响。我至今仍清晰地记得这位老师，他在课堂上绘声绘色地讲解，有时激动有时愤怒，还常常借古讽今，公开揭露国民党的腐败与黑暗，同情百姓的苦难与悲惨境地。这位老师的授课，在我幼小的心灵里深深地埋下了爱憎分明的种子。我当时就默默地对自己许下承诺，将来也要学历史，当历史老师，像郦老师那样去教育孩子。新中国成立后，我才知道原来郦老师是中共地下党员，这更让我对老师肃然起敬。

大学四年的学习中，花去我时间最多的是两项活动。一项是运动。我好动也爱玩，尤其喜欢体育运动，先后参加过系排球队、篮球队以及校体操队和摩托车队，经常参加各种比赛和集训。另一项是出黑板报。当时还没有纸质刊物，更没有校刊小报，只有通过编写黑板报做宣传。由校团委和学生会主办的学校黑板报，每周一期，12块大黑板立在食堂大门口，分12版，有国内外要闻、兄弟院校动态、校园新闻，还有生活与文艺副刊。记得当时由一个总编、两个副总编负责日常编务，总编由中文系高年级同学担任，我担任副总编兼记者，负责四个版面。系里也有自己的黑板报，但只有两块大黑板，取名《挺进报》，由我总负责，每周出版一次。两个黑板报虽然花去了我不少业余时间，但也锻炼了我的组织管理能力和写作能力。

大学四年匆匆而过，我在班里成绩虽然不算顶尖，但与一般同学不同，我从不满足课堂教学，也不一心只想拿高分，我喜欢的是课外阅读，更喜欢独立思考和写作，全面培养自己的能力，个人兴趣也从文学逐渐转向外国历史。大三时，为纪念苏联十月革命四十周年，我写了《十月革命的历史必然性》一文，该文在《浙江日报》上发表。这是我独立署名发表的第一篇文章，拿到稿费 15 元，真是喜出望外。这年寒假我花了 13 元买了一双皮鞋，平生第一次穿上新皮鞋回家见母亲，母亲高兴得热泪盈眶，说了一句："儿呀！终于有出息了。"看到母亲欣慰的表情，我亦百感交集，也更下决心要发奋读书。在大学的四年，我养成了广阅读、多思考、勤写作的习惯，这为我以后的学术道路奠定了坚实的基础。

1958 年 7 月，我大学毕业留校，被分配到世界史教研室当助教。但当时政治活动不断，先后经历肃反运动、反右运动、"大跃进"、"四清"运动直至"文化大革命"，我的人生也随之历经磨难。直到 1976 年粉碎"四人帮"之后，国家渐趋安定，我才走上了平坦的教学和科研之路。

1978 年改革开放后，国家开始恢复高校职称评定工作，大学毕业担任助教长达 20 年之后，我终于被评定为讲师。1982 年我晋升副教授，1983 年加入中国共产党，1991 年晋升教授，2003 年退休。掐指算来，从 1958 年到 2003 年，我从事教学与学术研究工作达 45 年之久，在这将近半个世纪的岁月中，我全身心投入教学与科研，完成了多项学术研究与教学任务。

在教学方面，我比一般助教似乎要先行一步，留校任助教不到一年，就开始担任主讲工作。从 1959 年起，先后给中文系学生讲授世界通史，给政治系、新闻系学生讲授世界近代史，到杭州教师进修学院为中学教师讲授世界近代史专题，还给教育系中学校长培训班讲授欧洲史专题。在"文革"前，我是全系独立主讲课程最多的青年助教，这离不开我的恩师沈炼之教授对我的帮助。

　　当时身为系主任兼教研室主任的沈师，在我毕业后就把我留在他身边担任助教。这位德高望重的忠厚长者给予我的期望是：多讲课、多读书、多思考。沈师在督促我提高语言表达能力和独立工作能力的同时，悉心指导我的学术研究。1962 年，我终于独立完成了自己学术生涯的第一篇长篇学术论文《略论拉萨尔和拉萨尔主义》。经沈师修改后，该文由我和沈师共同署名在 1963 年第 3 期的《浙江学刊》上发表，也令我成为"文革"前最早发表学术论文的青年助教之一。在我收到 80 元稿费（当时我的月工资只有 53 元），准备交给沈师时，他却像慈父般地对我说："你拿着吧，可以补贴家用。"其实当时沈师的经济也并不宽裕，但却对我关怀备至。我为有这样爱生如子的恩师而深感庆幸和自豪。

灾　难

　　正当我刚刚步入教学与研究轨道之时，"文化大革命"突然降临。

　　这场"革命"对我们国家和民族是空前的浩劫，对我本人和我的家庭而言，更是恐怖的灾难。我一向是个积极向上的青年，也一直受到党组织的重视和培养。记得 1965 年秋冬，全国展开对新编历史剧《海瑞罢官》的批判，当时我所在的历史系党总支也随即成立由党总支书记林琼同志任组长的五人写作组，我虽非党员却也被选入党总支的写作组，成为执笔人。

　　不久，我与杨福茂同志二人被全系师生推选为教师代表，赴北京参加 8 月 18 日毛主席在天安门接见红卫兵的活动。

　　1967 年底，我忽然被造反派打成漏网右派，并被关进牛棚，瞬间由天堂跌入地狱，受尽凌辱和折磨。在乡下的父亲，一介农民，尽管年事已高且安分守己，却仍然被村子里少数别有用心的人打成"走资派"，同样遭到批斗和人身侮辱。父亲虽然没有文化，但在批斗大会上显示出的镇静和睿智却出人意料。他笑问批斗者："什么是走资派？我走什么资啊？三年困难时期，我主动承担国家困难，并且申请将国家户口从城镇的木器厂迁回农村，成为农业户口，而且不再拿国家工资，我这叫走资吗？"会场里传出对闹事者的阵阵哄笑，一场闹剧亦不得不在父亲的一身正气下草草收场。

我在被关进牛棚后，除了天天要早请示、晚汇报之外，还要低头接受没完没了的批判斗争。空余时间，要在工宣队的监督下强制劳动，譬如打扫厕所、种菜、施肥等，随时准备接受来自工宣队的训斥。对我的批斗也不断升级，说我反对工宣队，是"现行反革命"。编织种种罪行逼我认罪，我忍无可忍，被迫反抗，我说："我没有罪，你们揭发的全是假的，我不会承认的。毛主席说过：'爱讲假话的人，一害人民，二害自己，总是吃亏。'我再说一遍，种种假罪，我绝不承认，我要听毛主席的教导，不讲假话。"批斗会只能不了了之。虽然全系有一半教师被关进牛棚，但我仍抬不起头来，既悲观又消沉，甚至连轻生的念头都出现过，但在家人、朋友的多次劝说下，尤其是在一次共同劳动中，曾被划为大右派的陈学昭（著名作家）劝我说："你还年轻，抬起头来，好好活着，别怕！会还你清白的。"最终我还是咬牙坚持挺了过来。

1970 年之后，工宣队对我放宽了管制，但一举一动仍受工宣队监视。

1971 年，省委宣传部在浙江展览馆举办"巴黎公社 100 周年大型图片展"，开幕前指名叫我去审展，一名工宣队员跟着我（其实是去监视我）进入展厅。

在展厅迎接我的是省委宣传部理论处的负责人及几位办展览的同

志，他们对我说："您是专家，希望您能提出改进意见。"我审读后虽没有进行大幅改动，但宣传部仍对我十分感谢，使我几年来受尽凌辱之余，第一次真切地体会到知识分子被人尊重的感觉，感到党组织并没有抛弃我。"文革"结束后，我记忆犹深的是有一天，已回厂半年有余的工宣队李师傅突然来到历史系，在世界史教研室找到了我，进门就问："你还认识我吗？我是工宣队的李师傅，今天特意来看你，我当时当队长时很多地方做得不对，是来向你道歉的，实在对不起，你好吗？"我说："我很好，我不想见到你，你也不必道歉，请你出去！"其实，这是气话。事后想想，实在不应该为难这位已是满头白发知错而改的工人老师傅，至今我内心仍深感自责和歉疚，当然这是后话。

审读省委宣传部"巴黎公社 100 周年大型图片展"之后，有两件事在我的记忆里留下深刻的印象，至今让我无法忘怀。一是本校党委宣传部请我参加纪念巴黎公社 100 周年宣传活动，除了让我审读一些宣传资料，还叫我编写《巴黎公社原则永存》宣传册，以宣传部的名义出版发行。与此同时，我还应《新杭大报》编辑部之邀，连续在校报上发表《巴黎公社原则永存》《一位出色的巴黎公社领导人——瓦尔兰》两篇文章，发表后获得一致好评。

还有一件事是我应邀到工厂作报告。当时本校西溪河边有一家无线电厂，该厂请我给全厂工人宣讲巴黎公社的历史，以弘扬巴黎公社工人当家做主的精神。让我万分感动的是，刚步入工厂，工人们就开始敲锣打鼓，夹道欢迎，还高呼："欢迎革命老师来厂指导！"当时我几乎是眼含热泪走上讲台的。宣讲中，我的讲话多次被工人师傅热烈的掌声打断，场面极为感人。这次下厂成为我人生的一大转折，我告诉自己：在工人朋友的眼中，我不是挨批的漏网右派，我是革命老师。我的专业知识还有用。我暗下决心，一定努力学好专业、发奋研究学术，以一己之长服务大众、报效祖国。回牛棚后，我重新开始思考专业，大量阅读马列名篇原著，并且刻苦自学法语。

新生：教书育人

粉碎"四人帮"之后，知识分子的春天到来了。我也重获新生，心中充满希望。从此开始，可以说是我一生中最美好的时光。

改革开放后，我心情舒畅，努力工作，在教学与科研方面，都取得了可喜的成绩。除了给本科生讲课，从 1982 年起，还开始招收硕士研究生并担任多门研究生课程的教学工作。我先后给研究生和本科生讲授了"世界近代史""法国史""法兰西第三共和国史""法国大革命史""法国社会史""马克思主义经典著作选读"等必修课与选修课。

其间，我还参加了两部教材的编写工作。一部是由刘祚昌教授主编，18 所高校协作完成的教材《世界近代史》。我作为主要撰稿人之一，具体负责撰写"十八世纪末的法国大革命"等章节。该教材于 1983 年由人民出版社出版之后多次再版，被列入"中国文库"继续出版发行，对帮助大学提高本科生基础课教学质量起到了重要的作用，亦被评为国家优秀著作。作为该教材的撰稿人之一，能为大学本科基础教学付出心力，我备感欣慰。

第二部是管佩韦先生主编的《世界近代史》，我同样作为主要撰稿人之一，参与该书的编纂。这是一部为中学历史教师专门编写的教学参考书，出版后得到中学教师们的普遍好评和喜爱。

数十年来，我一直在讲台上默默耕耘，勤勤恳恳、任劳任怨、尽心尽责地教书育人。对我的授课，无论是研究生还是本科生，反响都很好，评价也很高，他们都喜欢听我讲课。

　　我大概总结了一下同学们喜欢听我讲课的原因：第一，我上课从不照本宣科，也绝不背诵讲稿；第二，我一向注重让学生自由发挥，畅抒己见；第三，我采取启发式教学，讲课内容不与教材重复，只讲重点、难点、疑点；第四，我上课时更多的是介绍研究动态、文献资料、研究观点与方法以及研究方向，尤其是在给研究生授课时；第五，根据需要穿插讨论与辩论，给予学生更多的想象空间与自主表达的时间，训练他们的表达能力。

　　总之，教学中我始终强调做人和做学问并重，注重对学生方法论的指导与创新意识的培养，提高他们独立思考的能力，教导他们不做人云亦云之辈。数十年教学实践证明，我的做法是可取的，学生们不仅觉得自己把书读活了，更觉得自己的视野开阔了，头脑清醒了。我的教学方法彻底改变了学生们"上课记笔记，下课对笔记，考试背笔记，考后就忘记"的陋习，让学生们觉得学有所得，这也让我这个做了近半个世纪的老师备感欣慰和快乐。

　　当然，回顾几十年的教学生涯，有乐趣也有烦恼。但是当自己的辛勤教学取得成果、学生觉得得益匪浅的时候，所有的辛劳和疲惫，都会显得微不足道。

　　这种自豪和成就感，来自每一份毕业学生的感谢。七八级学生洪朝辉在留学美国之后来信说："您是我在国内大学里最为钦佩的导师之一，您启发式的教学方法，使我很快适应了美国的大学教学，许多地方几乎与美国老师的教学方法一样，我为此而自豪。"现在洪朝辉博士已经成为美国知名大学的终身教授并担任副校长，可谓为祖国争了光。八六级学生朱鹏飞，在校时一度无所事事，打算混个毕业文凭，听了我的课之后经历人生蜕变，终成大器。他在毕业后给我的信中说："我越来越觉得，您是我大学四年中真正唯一的老师，我为能认识您感到荣幸，您给我的教诲使我终生难忘，我会努力的。"今天的他已成为政法战线上的一名尖兵，目前是某县法院的负责人。七七级浙师大学生韩慧莉到湖州师院担任教师多年后，于1988年、1996年两度来我门下进修。她在进修结束后给我的来信中说："楼老师，如果没您，那么我会认为在杭大的进修纯属浪费时间。然而跟了您之后，我感到获益匪浅。您治学的严谨，教学方法的优异，为人的清正，都令我钦佩不已。说实在的，之前我从未遇到过像您这样的好老师。有些人品格耿直却学识平庸，有些人在事业上很有造诣，但为人不怎么样。而您和他们都不同。"后来，她不仅是一名学有所成的教授，还身兼社会要职，曾当选浙江省的人大代表。

在1987年于青岛举办的世界近代史讲习班与法国史学术年会上，我作了有关丹东研究的学术报告，并参与主持年会。会后云南大学的一位青年教师郑南川写信给我说："在青岛讲习班上有幸与您相识，我十分荣幸。您的大名早就为我所熟悉，您的文章我都悉心读过，坦率地说，有不少文字我能顺畅地背诵。您的文章给我极大的启发，我对丹东的兴趣就是从拜读您的论文开始的。楼老师，我们这些边疆地区的青年教师对你们这些前辈有着特殊的钦佩之情，希望能得到您的热情关怀。在青岛，我高兴地发现，您是那样和蔼可亲，又是那样的容易接近。离开青岛党校时，您与我们这些小辈握手告别的情景，更使我体会深刻。我觉得自己好像就是您身边的学生。……不知何时楼老师会来到我们这个大西南边陲的小城，盼望您能来，我会负责好好接待您的。"郑南川先生后来留学加拿大，事业有成并旅居加拿大，成为著名的诗人和作家。他那封情真意切的来信，让当年的我更为珍惜自己的教学岗位，更让我感到作为一名教育工作者，任重而道远。

在我的教学工作中，使我难忘的还有一件事，即我在给九五级大学本科生讲授选修课"马列经典著作选读"时，同学们借元旦迎新之际，把自己上课的心得用新年贺词的形式写在精美的笔记本上，作为1998年的新年礼物送给我。面对这份特殊的礼物，我的心被同学们的真诚所打动，这正是学生们对我教学的最大认可与褒奖，使我更懂得作为"灵魂工程师"的人民教师的崇高责任与无上光荣。部分同学的贺词至今仍清楚记得：

> 楼老师：我读了这门课之后，从您的言行上，不仅学到了理论知识，更使我深切地了解到：人该怎么做和该怎么去做人。难忘师恩，祝老师新年快乐！
>
> 学生　余美珍　1997.12.30
>
> 楼老师：很久前就听到过您的大名，这半年的学习，对我而言实在不是"受益匪浅"几个字可以形容的，感谢您，楼老师，您在为人处世、治学方法上给了我极大的影响。直到认识了您，我才真正开始认识了马克思主义，认识了人生，是您帮助我选择了自己一生的信仰。
>
> 学生　李如春　12.31
>
> 楼老师：您条理清晰、逻辑严密、纵横捭阖、生动活泼的讲解分析让我受益匪浅，可谓醍醐灌耳。您的品格和风度更让我肃然起敬，所有的一切都是我记忆中的金子，我将受益终生。
>
> 学生　曾广萍
>
> 楼老师：刚进历史系就听说您的赫赫大名，您的马列课使我开始改变了以往的观念，虽只短短半年，您却让我领略到光芒四色的魅力。请让您的学生对您说一声衷心的感谢，并祝新年快乐、身体健康。
>
> 学生　唐洁秋　12.31

楼老师：挺喜欢，也挺尊重您，我觉得您是一个风趣健谈的人，您是真正的良师益友，非常喜欢您的讲课风格，讨论加辩论，把马列主义讲活了。我永远忘不了您的身影，我相信您将成为我脑海里最珍贵的回忆。

学生　李勇

楼老师：做您的学生真好！我会铭记心头。

学生　钱东海

楼老师：您给我印象最深的不只是您的授课，还有您的人格，即使在上课时，您那种正直、公正、无私的品格，随时体现出来，无形中您其实在教我们行人处世的原则，使我深受感化。真的，老师，谢谢您。

学生　李赛燕

学生们的来信和祝福，每每令我如沐春风，让我感受到教书育人的伟大和快乐，如有来生，我一定还会选择做老师。

当然烦恼还是有的。特别是在招收研究生的过程中，至今想来仍然颇为不快。

记得 1990 年初，在参加研究生考试的 20 多名考生中，有 4 人达到录取线，但录取名额只有 2 个。一名位居第四的考生得悉后，打长途电话到我家，一再恳求"照顾"录取，甚至开出高价。我记得他居然在电话中说："我愿出 8 万元人民币请楼教授录取我！告诉我银行账号，我立即打入。"我听完十分气愤，更觉得自己的人格遭到了践踏和侮辱，于是明确告知："我们只会按成绩录取，保证公平竞争。你的做法不仅对老师不恭，更是对老师的侮辱，我负责的硕士点绝不可能这样做，请相信老师的公正与公平。你成绩不错，我们也会考虑推荐到其他高校，但你用金钱是买不到学术的。"这名学生最终为自己的言行向我道歉，我也原谅了他的年少轻狂，但我的内心深处，却因此受到伤害。每每想起此事，便如针扎般地难受，更为这位年轻学人有过这样的想法感到痛心。

又有一年，有一位来自四川的考生，考试成绩不错，但受名额所限，仍然不能被录取。这名考生居然从成都赶到杭州寒舍，说自己是中学教师，考出这样的成绩已属不易，无论如何要求我收他为弟子。我婉言相劝后，他在离开时，趁我与家人不注意，将一个信封放在我桌上，事后我发现内装人民币 2000 元，并附有字条一张，说因来我家匆忙未能买礼物之类，请务必收下买点水果，还说即便不录取，也没关系，当是对先生的尊敬。我立刻联络这位考生，告诉他这笔钱我绝对不能收，第二天我便从邮局将钱寄还给这位考生。此事之后，我的心里总有一种说不出的滋味：一向是"两袖清风"的象牙塔怎么了？难道也要成为腐败之地了吗？难道大学老师在学生眼中也将成为道德沦丧、贪图钱财之人了吗？我的内心突然感到一种惘然与不安，我扪心自问：老师也会成为腐败分子？！大学腐败了，国家还有希望吗？！

好在当时的我放眼望去，象牙塔内的知识分子们终究还是醉心学术、无心贪婪。自始至终，我都衷心地祝愿与期盼：中国的大学校园是学子和专家学者修身养性的一方净土，是教书育人的世间乐园，更是培养国家栋梁之材的重要基地。

合力研究法国史

在科研方面，改革开放后，我把学术研究重点从世界近代史转到了法国史。1978 年春，在沈炼之先生主持下，经省委批准，杭州大学法国史研究室正式成立，该研究室也成为我国第一家研究法国史的学术机构。接着，我从世界史教研室调入法国史研究室，教授与研究法国史自此成为我终身热爱并为之奋斗的事业。

从调入研究室开始，我就与恩师沈炼之紧密合作，共同研究、同撰论文、合写著作，先后发表、出版论文多篇、著述多部。给我留下最深刻印象的合写论文有《1848 年巴黎无产阶级六月起义》(《历史教学》1979 年第 8 期）、《杰出的革命实践家和马克思主义传播者保尔·拉法格》(国际共运史研究室编《国际共运史研究资料》第 5 辑，人民出版社，1982）、《评拉法格的历史功绩》(中国法国史研究会编《法国史论文集》，三联书店，1984）。

1988 年冬，为筹备纪念法国大革命 200 周年的大型国际学术会议，中国法国史研究会的张芝联会长提出，沈老是唯一聆听过法国史学大师马迪厄讲课的中国学者，希望沈老写一篇回忆马迪厄的文章，即便只有几百个字，也会令国际学者刮目相看。我接信后即与沈老商量，但当时沈老年事已高，且大脑萎缩严重，亲自动笔有困难，于是由沈老口述回忆，本人记录整理。

经过与沈老的多次回忆，我把沈老的回忆片段整理成文，题为《我的老师马迪厄教授》(全文见楼均信选编《沈炼之学术文选》，杭州大学出版社，1998）。原本我们计划将此文翻译成法文和英文提交给大会，但沈老在获悉国际学术会议上同类文章仅此一篇时，毅然喊停，他说："我不想突出个人。"在我心目中，沈老不仅是一个在法国史研究领域拥有卓越成就的大学者，更是一位不计名利的谦谦君子。

在与沈老亦师亦友的共事经历中，让我最难忘的有两件事，一为撰著《法国通史》，一为译校《盖得派》。

1985 年，受国家教育委员会委托，由沈炼之先生主编我国第一部法国通史，同时要求把编写组成员和编写计划报备国家教委。沈老收到文件后立即通知我去他家初步商讨编写原则及定下编写组成员。数日后便宣布了编写组成员名单，主编沈炼之，我受命担任副主编，协助沈老的主编工作，编写组主要成员有戴成钧、詹天祥、王渊明、沈坚、吕一民、郑德弟，并召开编写会议。

此后编写组多次开会，讨论写作进度，明确指导思想，制定编写原则，探讨编写大纲，分工到人，建立责任制，商定五年内务必完成这一国家交予的重任。

沈老特别要求我们：必须以马克思主义为指导，史料要可靠，观点要新颖，不要人云亦云，要有中国特色，既不能照搬苏联那一套，也不要照抄法国学者的框架，努力做到有所创新。之后，该书编写组成员及编写计划得到国家教委的全面认可，经过申请该书的编写被列为国家社科研究课题。

《法国通史》的编写得到了国内外专家的多方支持和帮助，其中就有法国著名马克思主义史学家巴黎第八大学教授克洛德·维拉尔。他在来本校讲学期间，花了大量时间审阅该书编写大纲，与编著者一起对大纲进行逐节修改。另外两位法国专家也对编写内容提出了十分有价值的建议，令编撰工作得以顺利进行。

在完成初稿后，我们又请到王养冲教授、尤天然教授、金重远教授、陶松云教授、齐世荣教授等多位国内专家出席审稿会议。在征询专家意见后，我们多次对书稿进行修订。

呕心沥血近五年，《法国通史》（为与其他国别史书配套，书名由《法国通史》改为《法国通史简编》）一书终于在 1990 年 12 月由人民出版社出版发行，全书 727 页，洋洋洒洒共 57 万字。1994 年 10 月，由人民出版社再版。该书从远古一直写到 1988 年，全方位展示了法国历史的全貌，至今仍具有学术价值，是了解法国的重要参考书。

该书出版后，立即引起国内外同行的广泛重视。《历史研究》、《史学月刊》、《世界史研究动态》、《浙江学刊》、《杭州大学学报》、美国《中国史学家》等国内外杂志纷纷刊登专家学者为其撰写的书评、书讯。同行们认为，《法国通史简编》一书完全不同于苏联版的同类通史，也不同于法国本土学者撰写的同类著作，极具中国特色，可以说是由中国学者撰写的最全面、最系统、最翔实的一部法国通史，为中国的法国史研究作出了开创性的贡献。

作为亲身参与该书策划、统筹、编撰的作者之一，我深感荣幸。在该书编著过程中，那些与各位专家导师共同切磋、潜心学术的点点滴滴，更是成为我学术长河中一段难以忘却的记忆。

沈老不仅是我国著名的法国史权威，还是著名的教育家和翻译家，一生翻译过多部名著。《盖得派》是他晚年的最后一部翻译著作，沈老历时五年，把维拉尔所著的《盖得派》翻译成中文。

这一译本原本是要请中国人民大学的翻译家陈叔平教授译校的，但当时陈先生因工作繁忙无法接手。沈老立刻就想到了我，希望我帮他这个忙。

我虽然发表过一些译文，但对自己的法语水平仍然觉得底气不足，更何况这是为导师的作品做校译，尽管沈老对我信任关爱有加，对我而言，仍然觉得承受不起。但导师其时已进入暮年，他急切期盼能在有生之年出版该书，以了心愿。若再推却，实为不恭。

在沈老的坚持和鼓励之下，我接过重任，但表示先校一章，请先生审阅后再定。于是我常常挑灯夜作，先通读沈老的译文，再细读法文原著，之后把译文和原文一段段对照着读，最后一句句地校对。

半个月后，我向沈老交上第一章的校译稿，心中尚觉忐忑，因为有些地方我大胆地对导师的译文做了一些改动。数日后沈老邀我去他家，笑容满面地对我说："校得不错，出版有希望了，谢谢你！"

　　听到沈老对我的肯定和鼓励，我心中的不安终于放下。之后半年多的日子里，我对沈老的译文一读再读、一校再校，生怕有任何错漏，辜负了恩师的信任和重托。

　　1992年9月，《盖得派》一书由杭州大学出版社出版发行。彼时的沈老，已因病重体弱，在浙江医院住院治疗。拿到新书后，我立刻送到沈老的病榻前，久病卧床的他看到刚出版的新书，兴奋不已，竟然坐了起来，翻看全书，露出了欣慰的笑容，还对我说了声"谢谢"。我对沈老说："应该要谢谢您，我在校译中又一次体会到您平时教导我的做学问要'认真'和'严谨'的深刻含义，能为老师做点事是应该的。"我的心中顿时充满了甜蜜和满足。

　　两个月后，沈老医治无效病逝，他的《盖得派》一书却永存于世，为中国法国史研究写下了重要的篇章，更成为我国研究法国社会主义运动不可多得的参考书。

　　为纪念这位法国史学大师，在沈老逝世五周年之际，杭州大学历史系领导决定选编出版《沈炼之学术文选》，向后辈展示其学术成就，弘扬先生严谨的治学精神，鞭策后人努力向学，为国奉献。作为沈老的弟子，我义不容辞地担起这一文选的选编工作。

　　又是一年的辛勤努力，与多个单位研讨合作，《沈炼之学术文选》终于编成。全书分《论文译文卷》《书评序言卷》《著作卷》《风范卷》四卷。1998年5月，《沈炼之学术文选》由杭州大学出版社正式出版发行，不仅为后学做人治学树立了标杆，更成为法国史研究的重要文献之一。

　　在与沈师合作共同研究法国史的同时，我还协助沈师筹备并于1979年创立全国性的学术团体——中国法国史研究会，肩负着同行的信任和嘱托，我先后担任研究会理事、副秘书长和副会长等职，多次参加并主持国际国内学术研讨会。

在研究会工作中，我有幸与国内法国史研究大家张芝联教授（时任会长）、王养冲教授（时任副会长）、端木正教授（时任副会长）、戚佑烈教授（时任副会长）及同辈名家刘宗绪教授（时任副会长）、陈崇武教授（时任秘书长）、李元明教授（时任秘书长）、金重远教授（时任理事）、陈叔平教授（时任理事）等，共商研究会学术规划与筹划各项学术活动，先后共事 30 年之久，他们大多成了我的莫逆之交和学术知己，他们的人生态度与治学之道更是深深地影响了我。尤其是他们深厚的理论素养、高远的学术视野、不畏艰险的创新精神、勤奋严谨的学术操守，始终铭刻在我的心里，成为我治学做人的榜样。可以说，我这一生在学术研究的某些方面有所创新，除我的恩师沈炼之教授的教导之外，与上述各位前辈与同辈名家的支持、帮助和影响是分不开的，我能结识他们且成为学术至交、生活挚友，乃是我一生之大幸！

我对法国史的研究，以及我自以为较为满意的成果，主要集中在法国大革命和法兰西第三共和国两大部分。

关于法国大革命，新中国成立后，我国学界多沿用苏联学者的观点。改革开放后，英、法国家大量史料进入我国，推进国内史学界的相关研究。1979 年 7 月，北京师范大学刘宗绪教授在《历史研究》上发表《试论热月政变的性质》一文，冲破传统史学的观点，大胆提出"热月政变不是反革命政变"的颠覆性论点，在我国法国史学研究界引起极大震动，并开启了反思大革命的方方面面。

1980 年，我对大革命中的重要人物丹东产生了浓厚的兴趣。在研读了多种文献资料后，我提出了对丹东再评价的观点：丹东被冤枉了，他不是叛徒、卖国贼，更不是反革命。

北京大学张芝联教授得悉我的这一观点后，立刻邀请我去为他的研究生讲讲丹东。当年的我，作为一个在学术前沿奋战的中年知识分子，对北大的讲坛充满敬畏，却不敢贸然举步。于是，我以自己的研究刚刚起步、尚未成熟、不宜过早公开为理由，对张先生的邀请婉言谢绝。

两年后，我终于完成了关于丹东研究的第一篇论文《略论丹东的宽容政策》，并发表在1982年第4期的知名学术刊物《世界历史》上。我引用大量史实，正式公开提出，丹东不是叛徒、卖国贼、反革命，而是大革命的出色领导者之一。他是共和国的忠诚捍卫者、炽烈的爱国者。

此文发表后，在国内学术界引起了持续多年的大讨论。随着讨论的深入，我继续潜心对丹东的研究，于1985年发表了《论丹东的历史作用》(《杭州大学学报》1985年第1期)、1988年与郭剑林共同发表了《试论丹东的对外政策》(《杭州大学学报》1988年第2期)。同年，应商务印书馆"外国历史小丛书"编辑之约，撰写人物传《丹东》，后收入《法国大革命著名政治活动家》，以合集的形式出版。1990年，我又发表了论文《中国的丹东研究》(刘宗绪主编《法国大革命二百周年纪念论文集》，三联书店，1990)，还应约为《中国大百科全书(世界历史卷)》及端木正教授主编的《法国大革命史词典》撰写"丹东篇"等。我先后发表了十篇关于丹东的文章，对丹东一生活动的方方面面做了梳理和分析，提出了自己独到的见解。

与此同时，我还在各种场合为丹东"鸣不平"，呼吁给丹东以客观的评价。1984年10月，中国法国史研究会在西安举办年会，我作了关于丹东研究的发言，引发与会者的热烈讨论及广泛支持。

1985年7月到8月，中国法国史研究会在内蒙古呼和浩特市举办世界近代史讲习班。我除了应邀授课之外，还就关于丹东的研究和评价作了专题报告，再度呼吁大家应对丹东进行全面客观的评价，得到全国八十多位与会青年教师的一致认可。

1987年夏，中国法国史研究会在青岛召开年会，在面向全国学者和研究人员的讲习班上，我再次登上讲台，宣讲对丹东的历史评价。我认为，要对历史人物做出客观公正的评价，第一，必须把人物放在特定的历史环境下，不能背离当时的历史环境；第二，必须厘清历史人物言行活动的事实真伪；第三，必须做出客观的事实判断和价值判断，绝不允许带有党派立场和个人感情。

1989年3月，在上海复旦大学举办的纪念法国大革命200周年大型国际学术会议上，我提交了题为《中国的丹东研究》的论文，并在会上作报告，重点谈论自己对丹东的看法，引起了与会的法、英、美各国同行的极大兴趣，也带出了一个小小的插曲。来自美国约翰斯·霍普金斯大学的福斯特教授，在听完我的报告之后，向我发问："丹东贪财好色、沉醉享乐，你为什么不讲？你们不是强调个人清廉吗？"未及我开口作答，主持会议的巴黎大学法国大革命史研究所所长、讲座教授佛维尔立即机智地打断了他的发问，代我回答说："这是个人隐私，没有必要说。"其实这位美国教授应该知道真正的共产党人和资产阶级是不能等同的，其明知故问，纯属挑衅，却不料被幽默的佛维尔一句带过。其实，我本已想好答案："丹东不是共产党，资产阶级讲究享乐应该是天性。事实上，丹东不是贪污犯，当他被罗伯斯庇尔排挤打压而被处死后，从他家搜出的并没有金银财宝，而是一个账本，上面记录的是丹东还欠了几万元的债务。"

2003年9月，中国法国史研究会组团访问法国，参加双边历史学家学术研讨会。我作为成员之一，先后参与了两场活动。一场活动是在巴黎大学作学术讲座，题目是《五十年来中国的法国大革命史研究》。其时此文刚在《历史研究》发表，所以我在报告时重点讲述了中国学者在大革命史研究中的创新之见，同时论及我对丹东的研究，得到了与会法国专家学者的认可与好评。

　　第二场活动是到伊泽尔省格勒诺布尔市维济尔镇的法国大革命博物馆，参加两国历史学家的学术研讨会。在会上，我应邀作了题为《中国人心目中的丹东形象》的发言，简述了中国学者百年来对丹东的研究，重点讲述我多年来对丹东研究的成果与创见。法国同行听了我的报告后，既感到惊讶，又觉得兴奋。巴黎大学法国大革命史研究所的年轻教授谢尔纳先生抢先发表评论。他认为，法国学者多年来未见研究丹东的文章发表，而一位中国教授却数年如一日坚持潜心研究，发表多篇学术论文，可钦可佩。他甚至明确表示："法国人对丹东研究忽略了，我们落后了。"巴黎大学法国大革命史研究所所长马丁教授在为学术讨论会总结时，再次强调："法国学者应该深刻了解自己的不足，楼先生对丹东研究的报告就说明了这一点，今后的研究中，我们应该更加谨慎和谦虚。"比起法国专家，我自知水平不够，但只要认真研究，掌握丰富史料，运用马克思主义的理论思考，我们就完全可以站在国际学术讲台上，发表中国学者的见解，将自己的成果分享给国际同行，促进国际学术交流。

　　学术研究虽然非常清苦，但自己的成果一旦得到公众的认可，心里就会感到非常快乐，也许这也叫苦中作乐吧！

　　经过多年的研究和思考，我在 1999 年终于发表了《法国大革命反思》（《浙江大学学报》1999 年第 2 期）一文，提出了对大革命负效应的两点看法。一是非理性的群众运动。我认为，群众运动如果被人利用，走上极端，就会成为一支无法控制的野性力量，不利于社会的安定和法治，会引起社会动乱。二是扩大化的恐怖统治。如果滥杀无辜，甚至靠杀人巩固统治，则其统治必亡。滥施恐怖者，必被恐怖所埋葬。这是血的经验教训，后人不可不记。该文发表后，立即被《新华文摘》（1999 年第 10 期）全文转载，接着又刊于《法国史论文集》（学林出版社，

2000），在 2004 年还被美国一家大学出版社编入文集。《法国大革命反思》一文引起了广泛的关注，也产生了极大的影响。

我一生学术研究中最为看重的还是法兰西第三共和国史，这也是杭州大学法国史研究室的集体项目，早在 1979 年就在全国同行分工中决定。我们的目标是撰著一部《法兰西第三共和国史》。围绕集体项目，我的研究重点是这一时期的法国社会主义运动。我也先后发表了有关法国社会主义运动中工人党及其领导人拉法格、盖得的多篇论文，尤其是对拉法格的研究更为深入。

除了和导师沈炼之先生合作发表的三篇论文之外，我个人又陆续发表三篇论文：《拉法格的无神论思想浅论》（《天津社会科学》1983 年第 3 期）、《拉法格对帝国主义本质的精辟论述》（《法国研究》1984 年第 4 期）和《论拉法格对马克思主义的新贡献》（《浙江社会科学》1993 年第 1 期）。文中提出的拉法格关于垄断组织的地位作用的论述、关于知识分子是无产阶级一部分的论述等，都丰富了马克思主义的理论宝库，为我们撰写专著提供了新的养分。

1990 年，我作为课题组负责人，将"法兰西第三共和国研究"这一项目报批并获核准为浙江省社科"八五"规划重点项目。1991 年，该项目又获批为国家社科基金项目，由戴成钧、沈坚、计翔翔、张忠其、吕一民和我共七人组成课题组，并制定了五年"三步走"的研究计划。第一步，收集、选译资料。其实这一阶段我们早已起步，在时任研究室主任沈炼之教授的指导和带领下，通过从中国图书进出口公司订购，向法国友人索要，向国内各大学征集各种文献、名著及档案资料等各种渠道进行资料收集，然后分头分工选择翻译。第二步，整理文献资料，出版资料集，各成员进行专题研究。先后出版了《法兰西第三共和国资料选译》（不定期刊物，共出版 8 期，每期 20 万字）、《法国工人党的诞生》(中国人民大学出版社，1986)、《一八七———九一八年的法国》(世界史资料丛刊，商务印书馆，1989)、《盖得派》(杭州大学出版社，1992)、《法兰西第三共和国》(商务印书馆，1994)、《一九一八——九三九年的法国》(世界史资料丛刊，商务印书馆，1997)等。在出版资料集的同时，课题组成员发表了数十篇专题论文，为撰写专著奠定了坚实的基础。第三步，分工负责，撰写书稿。在撰稿过程中，我们始终强调"四个不忘"：不要忘记以马克思主义为指导；不要忘记以社会经济史为重点，全面、系统、多层面地反映历史的全貌；不要忘记吸收个人研究中的新材料、新观点；不要忘记要有中国特色，要经得起历史的检验。

经过对书稿的多次讨论修改，前后共花费五年时间，我们终于完成了课题的最终成果《法兰西第三共和国兴衰史》。1996 年 4 月，该书由人民出版社正式出版发行，全书共 691 页，计 52 万字。这是国人所著的关于法兰西第三共和国史的第一部专著，完全不同于西方学者的同类著述。

该著作出版后引起国内同行专家的高度重视，并发表多篇书评给予好评。此外，我们还收到大量来信，下面摘录部分国内一流学术名家对该书的评述。

中国法国史研究会名誉会长、我国著名史学家和法学家、中山大学教授端木正在看到该书两个月后率先在《世界历史》上发表书评指出："本书的出版不能不使读者感到振奋并深表欢迎……是我国史学界可喜的一项收获……本书不是草率之作，而是一个研究集体极其严肃认真的产品。"

中国法国史研究会名誉会长、我国著名史学家、华东师范大学教授王养冲说："全书材料、议论扎实、周详，为国内的法国史研究填补了一项空白，也为今后这一方面的研究提供了一个范例，意义是极不寻常的。"

时任中共中央编译局副局长李兴耕研究员认为："《法兰西第三共和国兴衰史》一书是迄今为止我国学者对法国史的最为重要的研究成果之一，代表了中国的法国史学者的新水平。这是杭州大学法国史研究室多年来刻苦钻研的结晶。"

时任中国法国史研究会会长、北京大学教授张芝联说："本书不只是填补了空白，而且极富创造性。"

时任中国法国史研究会副秘书长、吉林大学副校长，我国著名史学家申晨星教授说："楼均信教授主编的《法兰西第三共和国兴衰史》是我国法国史研究领域乃至世界史研究领域的一大收获，它填补了我国史学研究的一项重大空白……如果没有奇迹，那么在可预见的相当长时间内，国内难于出现可与之媲美的同一课题的这样大部头著作。如此，说《法兰西第三共和国兴衰史》是我国法国史研究领域一部里程碑式的作品，那是毫不夸张的。"

时任台北"中央研究院"近代史研究所所长、著名史学家陈三井研究员说："大陆同行学者编写出这样一部够水平的著作，除了钦佩之外，只有让台湾学者更觉汗颜！"

我在主编《法兰西第三共和国兴衰史》之后，还主编过《绘画本世界通史》（6卷本，浙江少年儿童出版社，1992）、《法兰西第一至第五共和国论文集》（东方出版社，1994）、《中法关系史论》（杭州大学出版社，1996）、《向真理投降：刘宗绪学术思想道德风范论集》（岳麓书社，2004，以下简称《向真理投降》）、《世界大通史》第十二卷（待出版）等五部著作，花去我不少时间和精力，虽算不上学术巨作，但出版后产生了良好的社会效应，受到读者的普遍欢迎。

数十年后的今天，回顾我这一生的学术研究，我深深地领悟到对世界历史的研究要有贡献，第一，研读马克思主义原著非常重要，尤其是研究法国史，反复研读马列原著，不仅可以开阔视野，读出科学的理论、观点和方法，还可读出大量极有价值的史料，读出哲学思考，读出理想和信仰。

第二，学术研究贵在坚持，选准课题后，必须研究到底。坚持三年、五年不动摇，直至八年、十年，甚至一辈子，孜孜不倦，必成大器。半途而废，绝成不了专家学者。

第三，独立思考，要有理论思维，不盲从、不附和，不人云亦云，才会有所创新，才有可能攀登科学顶峰。我有时走路、睡觉都在思考，常常也会有意想不到的收获。恩格斯曾经说过："一个民族要想站在科学的最高峰，就一刻也不能没有理论思维。"

应浙江省社科联和浙江大学人文学院所约，匆成此文，与大家共勉。

2019 年 7 月 20 日约稿

8 月 5 日完稿于浙大紫金文苑寓所

时年八十又六

专题一

法国历史人物研究

略论丹东的宽容政策

在史学界，对丹东的评价历来毁誉不一。法国著名史学家奥拉尔（1849—1928）一生为丹东辩护，称丹东为真正的英雄、唯一的革命巨人和爱国主义的化身。另一史学家马迪厄（1874—1932）则一味贬斥丹东，说丹东是个腐化堕落、叛国通敌、反对革命恐怖、力图推翻现政权的阴谋家和投机分子。[1] 苏联史学界则基本上采取了马迪厄之说，认为丹东在后期，鼓吹宽容，勾结外敌，反对恐怖，堕落为大革命的敌人。[2] 在我国，新中国成立前，有人称丹东是"革命巨人"，是照耀法国和世界的"一颗明星"，予以高度赞扬。[3] 新中国成立后，一些人几乎照搬苏联史家的观点，说丹东主张宽容，妥协投降，逐渐变成颠覆共和国的敌人、新暴发户的代言人。两种观点尖锐对立。我们认为，究其根本分歧点，实际上就是如何正确看待丹东在后期提倡的宽容政策。

一

丹东的宽容政策，就其内容而论，主要可概括为两个方面：在对外政策上，主张通过谈判稳定战场、实现和平，反对罗伯斯比尔派推行的

"大炮外交";在对内政策上,主张人道、宽大和法治,反对罗伯斯比尔派推行的恐怖扩大化。米涅曾对丹东派的宽容政策做了如下说明:"他们主张:首先,共和国要稳住战场;而在胜利以后,则要实行安抚。"[4]丹东自己也说过:"革命步调自应依据成文的法律。""我们应该明白,……欲奠定社会之基础,则有待于理性与天才。""我要求爱惜人类的血。"[5]他号召"对于那些要使人民的行动超出革命范围及提出极端革命措施的人,我要求大家不要信任"。[6]这就是说,丹东希望这场大革命不要超越资产阶级利益的范围,在已经取得政权的基础上,必须以法治国,用和平代替战争,用理性代替恐怖。丹东等人还在演说中具体阐述其宽容主张,要求恢复国民公会的独立自主,削弱救国委员会的高度集权,实施1793年宪法,停止革命法庭的恐怖活动,取消最高限价法令。他还与德穆兰共同倡议成立宽赦委员会,甄别和释放全部嫌疑犯,反对对不同政见者进行镇压,宽赦吉伦特派。总之,丹东希望通过其宽容政策的实施,在法国创造一个和平安定的局面,以巩固新兴资产阶级的统治,维护资产阶级的共和制度。

但严格说来,丹东的宽容政策并没有形成系统的理论和正式的文字纲领,仅仅是一种政治主张。不过,丹东这种政治主张,即宽容政策的形成,有一个历史过程。最初表现在对外政策上。1792年9月,法国取得了瓦尔密大捷,接着又宣布法兰西共和国的成立,国际国内阶级斗争形势大有好转。丹东认为,既然共和国已经建立,就应该利用有利形势,尽快结束战争,争取时机,以巩固共和制。他主张通过谈判实现和平,并积极参与同敌国的谈判。此后,丹东一直坚持这种主张。

雅各宾专政建立后,尤其是从1793年底开始,丹东不但继续坚持对外主和的策略,而且全面地阐述了他在内政问题上的宽容主张。当时,内忧外患基本消除。在新的形势下,丹东认为,要巩固共和制度,必须实行法治，削弱恐怖。他说："依我看，真正的人民之友，是那些愿意采取一切必要措施使人民不再流血、流泪，并使人民的意志被奉为道德、正义和理性的真正原则的人。"[7]丹东在内政外交上的这种宽容政策，深受新兴资产阶级的欢迎。此时，以丹东为首的宽容派在政治上已经深有影响，并且公开吁请罗伯斯比尔派将其宽容政策付诸实行。这样，在许多重大问题上，就与罗伯斯比尔派大相径庭，结果是，丹东的宽容政策不但没有被罗伯斯比尔派所接受，反而成了罗伯斯比尔派治其罪的根据，也成了历来一些史学家抨击的目标。其实，这是很不公正的。为辨明是非，我们认为有必要对丹东的宽容政策作一具体考察。

二

先就丹东的对外政策而论。史学界有些人总是把丹东的主和外交说成通敌卖国，妥协投降。马迪厄煞有介事地举出丹东通敌卖国的实例说："当丹东被捕时，在其文件中发现有一封信，系英国外交部给住在巴黎的普鲁士银行家的，叫他以巨款付给用缩写字母所指明的人，作为酬报他们的重要工作。"[8]此信是革命者截获后交给丹东处理的呢，还是英国间谍机关直接交与丹东作政治交易的呢？马迪厄没有说明。试问，假如丹东果真是勾结外敌，为什么迟迟不与那位银行家进行联络呢？为什么当他身临危境时，也不予销毁，而要压在文件夹里让人查抄呢？更何况这封信与丹东毫无直接牵挂之处，显然不能作为丹东通敌卖国的罪证。

事实上，丹东对反对革命、危害共和国的真正敌人是从不放过的。不过，他在对外政策上，并不像罗伯斯比尔等人那样刻板，始终坚持"大炮外交"，主战到底，而是一切从实际出发，采取有利于民族和国家的灵活多变的策略。面对强大的欧洲反动势力，要战胜它们，这对一个明智的政治家来说，注意斗争策略就显得十分重要。丹东就是这样做的。他能审时度势，在不同的历史阶段，对不同的对象，采取各有重点的外交策略，并取得了重大的成功。早在 1791 年 8 月，当奥普国王签署宣言，号召各国封建主用武力绞杀法国革命，法国大革命面临严重挑战时，丹东为了保卫祖国，保卫革命，于 12 月接受了巴黎公社代理检察长之职，并在就职演说中表示：决心为民族的尊严，为自由、平等和宪法决一死战。

1792 年 7 月初，普奥联军侵入法国境内，扬言要"彻底毁灭巴黎"。11 日，立法议会宣布祖国在危急中。8 月 24 日，边境要塞龙维失陷，敌军长驱直入。30 日，兵临凡尔登城下，巴黎危在旦夕。当权的吉伦特派主张迁都外省，一逃了之。丹东挺身而出，坚决反对逃跑。他说："巴黎是法国的化身，你们放弃巴黎，就是认输投降，就是举法国而降敌。"[9] 丹东力主发动群众，坚决抗战，以夺取胜利。9 月 2 日，巴黎的屏障凡尔登失陷，首都人心大乱。丹东和马拉、罗伯斯比尔共同为对付祖国的敌人而努力。丹东一方面积极宣传群众，指出法国人民已经行动起来了，一定能打败敌人的入侵，以安定人心，鼓舞士气。另一方面，他在立法议会上发表激动人心的演说，号召人民拿起武器，与祖国的敌人作殊死的斗争。他说："大家将要听到的警钟，不是恐惧的信号，而是向祖国的敌人发起的冲锋的号角。要想战胜敌人，我们必须勇敢、勇敢、再勇敢！这样，法国才能得救。"[10] 丹东的演说激起了法国人民极大的爱国热情，全国人民奋起，迎头痛击普奥干涉军。9 月 20 日，法军在瓦尔密大败普奥入侵者，取得了反击战的第一次重大胜利，极大地鼓起了法国人民维护民族独立的勇气。丹东在维护民族独立的革命战争中，作出了卓越的贡献。在瓦尔密战役胜利的基础上，终于宣布成立了法兰西历史上第一个共和国，初步稳定了大革命的成果。

　　可见，在法兰西共和国成立之前，在法国民族危在旦夕的形势下，丹东及其领导的巴黎公社，对外突出一个"战"字，动员和组织群众，坚决血战到底，誓死打退侵略者，并主张对卖国投敌者坚决处以死刑，以拯救法兰西，终于使法国人民取得了决定性的胜利，把入侵者赶出法国国土。丹东成为"一个敢于代表本族人民接受敌人的挑战而进行殊死斗争的人"[11]。

　　法兰西第一共和国成立后，在法国人民的英勇抗战下，敌人不断败退，法军节节胜利，进而占领萨瓦、尼斯、莱茵河左岸及比利时的部分地区，形势对法国有利。但敌人依然十分强大，国内王党势力也还十分猖獗。面对这种情况，丹东改变了只战不和的策略，采取边战边谈的斗争策略。他主张对顽抗之敌继续战争，同时争取和谈，区别对待，不惜代价争取中立国，以达到孤立并打击欧陆上的主要敌人——普奥的目的。但是，为了赢得时间，丹东甚至同在瓦尔密战役中大败的普鲁士人谈判，支付重金劝其撤离法境，结果是普军安然撤退，这成为法国军事史上的一大奇事。[12]法国达到了暂时拆散普奥同盟，削弱敌人主力的目的。后来，丹东因为此事而受到吉伦特派当权者的猛烈攻击，指责他给战败者付以重金。丹东坚决予以驳斥，他说："如果已经成为事实的开支显得惊人，那么应该回想一下它们产生的环境，祖国在危急中，而我们对自由负有责任，因此，我们为自由付出了很大的代价。"[13]为了削弱敌人的力量，丹东不仅与普鲁士谈判，而且希望缔结一个全面的和约。他曾不辞劳苦，亲自与荷、比等国接触。在1792年12月至次年3月，他先后四次去比利时，用重金收买的办法，使比利时暂不介入普奥同盟。丹东这种边战边谈，瓦解敌人，争取中立国，孤立打击主要之敌的灵活策略，使战争不断取得胜利，维护了法国领土的完整。

　　1793年4月初，丹东眼看一个除普奥参加外，还有英国、西班牙、荷兰、那不勒斯、撒丁、俄国和德意志各小邦参加的空前强大的反法同盟正式组成，而且正在向法国猛扑过来，担心欧洲反法同盟绞杀法国革命，颠覆共和国。于是，他又一次力主和谈，大胆采取灵活策略，以分化瓦解反法同盟，寻求国内和平。同时，继续动员群众，对付强大的入侵者。

但是，坚决主战的罗伯斯比尔不赞同丹东的主和策略。他在1793年4月13日的国民公会上，针对丹东的思想提出一项动议："对任何主张与敌人和谈、实行投降者，不管是谁，一律处以死刑。"[14]丹东随即登台发言，表示同意罗伯斯比尔的提议，并作了如下重要补充和修改："只要尊重法国人民的主权，承认法兰西共和国的欧洲盟国，法国可以与其谈判。"[15]这就是说，丹东对那种想借和谈之机进行叛国投敌者是绝不妥协的，但对承认法国革命原则的欧洲盟国均可谈判，这对分化瓦解敌人具有重要作用。丹东还建议救国委员会拨出六百万里弗尔专款，作为秘密外交的活动经费。为争取和平，丹东曾派出大批使者与许多国家秘密接触，也曾收到效果，与瑞典秘密签订了中立条约。丹东本人亦积极活动，曾与英俄密谈，以便对付其更直接的敌人普奥。可见，丹东的主和策略是有原则的，是以承认法国革命政权，不出卖国家主权、维护民族尊严为前提的。

雅各宾专政建立后，丹东的主和外交策略更加强烈。他看到连年的战争使国内负担沉重，继续再战，对国家、对民族、对新兴的资产阶级都非常不利，同时他看到了当时和谈仍有可能。1793年8月和12月，英国曾两次向法国表示愿意和谈，但都由于救国委员会的极端政策而被拒绝。所以，丹东力图通过和谈，争取一个安定的环境，以便把人力、物力、财力都集中到国内来，让新兴资产阶级有一个自由发展的广阔市场，达到巩固资产阶级统治、巩固共和体制的目的。如果丹东设想的这种和平能够实现，这对法兰西民族的眼前和长远发展都是十分有利的。可以肯定，丹东的主和主张无疑是一种崇尚实际而又有远见的策略。而罗伯斯比尔派的主战策略，固然有维护民族独立的一面，却也包含有空想的一面。他们想通过无休止的战争将"革命"输送出去，征服欧洲各国，实行欧洲一体化。罗伯斯比尔的主要代言人圣鞠斯特曾公开表示："革命不能做到一半。在我看来，我们要使欧洲各政府都改换面目，非到欧洲也自由时，我们不能停止。"[16] 可见，主战，主和，孰优孰劣，必须具体分析，不能把丹东的主和主张简单地归结为卖国投降，而把罗伯斯比尔的主战策略概括为爱国革命。其实，丹东这种根据本民族的最高利益采取灵活多变、有理有节的外交策略，显然比罗伯斯比尔那种一成不变的主战策略要高出一筹。丹东堪称"一位最伟大的革命策略家"。[17] 列宁曾多次教导无产阶级，向历史上"最伟大的革命策略家"[18] 丹东学习。他还诚恳地劝导无产阶级革命者，要记取并运用丹东的"遗训"。所以，我们认为，一味贬斥丹东的主和外交策略，显然是错误的。

三

丹东提出的宽容政策，在内政上，主要是与罗伯斯比尔派的激进主张相对抗。

1789 年 7 月 14 日，大革命一开始，丹东就立即投身于推翻封建统治的斗争，成了哥德利埃区国民自卫军的头目。他腰佩军刀，身先士卒，号召群众武装起来，向反动势力猛烈开火，群众高呼"丹东万岁"[19] 支持他。不久，丹东被选为该区区长。1790 年初，他带头组织哥德利埃俱乐部，与马拉、德穆兰等民主派并肩宣传民主自由思想，决心与封建特权决裂。

1791 年 6 月，当国王逃跑未遂事件发生后，丹东和愤怒的人群站在一起，领导哥德利埃俱乐部的成员向制宪议会呈递了请愿书，要求废黜国王，成立共和国，公开向王权宣战，决心为共和制度而斗争。

1793 年初，在法国人民一致要求审判国王的呼声中，丹东从比利时赶回巴黎，立即参加了对国王的公开审判。在 1 月 14 日的唱名表决会上，坚决投票处死国王。他说："和暴君没有任何妥协的余地，只有砍掉国王的脑袋，才能真正地打击国王。……我投票赞成处死暴君。"[20]

在与封建反动势力展开坚决斗争的同时，丹东与革命营垒内部的妥协势力也进行了原则性的斗争，促进了革命的深入发展。1792 年 8 月 10 日，丹东与马拉、罗伯斯比尔共同参与和领导了巴黎第二次武装起义，推翻了保守妥协的大资产阶级君主立宪统治，确立了吉伦特派的统治，将革命向前推进。后来，当权的吉伦特派又走上了妥协甚至分裂革命营垒的道路，私自在国民公会中组织一个 12 人委员会，以调查巴黎公社的所谓不法活动为名，行打击、分裂革命队伍之实。丹东毅然与之斗争，坚决反对 12 人委员会，警告吉伦特派从速解散。他说，"我也要正告你，只要有人对我们进行无耻的压迫，我们就要反抗"，并表示"在山岳党和企图拯救暴君的懦夫之间，再也没有妥协的余地了"[21]。丹东甚至说，即使他只能找到一百个人，他也要反对它。为了拯救共和国，丹东还在 1793 年 4 月 3 日的国民公会上提议建立救国委员会，他说："依我看，共和国在驱除独裁者和执政官的同时，并不妨碍它有能力甚至是有义务来建立一个强有力的权威。"[22] 此后，丹东又一次与罗伯斯比尔等人通力合作，于 1793 年 5 月 31 日开始，在巴黎发动了第三次武装起义，推翻了吉伦特派的统治，建立了有名的雅各宾专政，使法国大革命取得了决定性的胜利。

以上说明，丹东是反封建统治的英雄，他像罗伯斯比尔一样，是推动大革命不断向前发展的中流砥柱。丹东不愧为杰出的资产阶级革命家。因此，丹东在雅各宾专政建立前所建树的历史功绩是史学界一致公认的。

但是，在雅各宾专政建立之后，丹东不再赞同罗伯斯比尔派的激进政策，似乎从表面上改变了过去的坚决态度。在对内政策上，丹东主张宽大和人道，提倡法治，反对将恐怖扩大化，终于与罗伯斯比尔派发生了严重的政见分歧。丹东被斥责为"反复无常，迁就妥协"，阴谋反对革命恐怖，推翻共和国。一些史学家也以此为据，将丹东描写成颠覆共和国的敌人。这是不符合历史真相的。

事实恰恰相反，丹东反对的是将恐怖扩大化。他始终忠诚于资产阶级共和国。丹东从过去的坚决态度改变为后来的宽容政策，其目的是始终一致的，都是为了维护资产阶级的政治统治和经济利益，为了保卫共和国。丹东自从 1793 年 7 月 10 日离开救国委员会，失去共和国的领导职务后，并不因为自己的权力被剥夺而堕落为大革命的敌人，仍然作为共和国的普通一员，关心、爱护革命政权。直到上断头台前，他作为国民公会的代表，先后作过近 20 次演说，在每一次演说中都充满着革命者的激情，表现出他决不反对革命，去"割断革命的神经"[23]。为了保卫大革命的成果，巩固共和国的政权，他作出了最后的努力。

第一，丹东虽然未参加救国委员会，但他始终以国家大局为重，曾提出加强救国委员会权力的建议。在当时政局危急的形势下，丹东认为加强中央集权是十分必要的。他在 1793 年 8 月 1 日的演说中说："你们的救国委员会应该升格为临时政府；而部长们只是这个政府中的首席公务人员。"[24] 两个月后，罗伯斯比尔采纳了他的建议，将救国委员会上升为革命政府，成为最高权力机关。而后，丹东在演说中继续赞颂救国委员会，指出一切机关官员都必须服从救国委员会的审查。他高兴地指出："我们的委员会是政治上的先锋队，当先锋队保持警惕时，军队必定能打胜仗。我感到，共和国比任何时候都更加强大。"[25] 虽寥寥数语，但丹东那种支持革命政权、热爱共和国的激情，清晰可见。只是到后来，当罗伯斯比尔派把救国委员会变成打击别人、排斥异己的工具时，丹东才表示要削弱其权力，并劝诫罗伯斯比尔改正。

第二，丹东强调指出，要巩固共和国，除了加强行政权力外，还必须注意抓好教育事业，提高国民的文化水平，尤其应该组织对儿童的国民普及教育。他在 1793 年 11 月 26 日的演说中，提议把国民教育放在国家最重要的地位。他说："我们的革命是建立在正义的基础上的，它应该用知识来巩固。"[26] 在革命战争还没有完全结束时，丹东作为新兴资产阶级的代表，就能注意到对人才的培养，这是很有见地的。这无疑是对大革命的一个贡献。

第三，丹东反对将恐怖扩大化，提倡分清敌我，区别对待。众所周知，丹东是实行革命恐怖的主要倡导者之一。对付敌人的革命法庭，正是在他的倡议下正式建立起来的。正是他坚决主张对危害共和国的敌人实行革命恐怖。即使在雅各宾专政建立后，丹东也仍然认为坚持革命的恐怖是必要的。因此，反对革命恐怖的"帽子"是根本戴不到丹东头上的。可是，当丹东失去权力返回故乡以后，当权者却滥施恐怖，尤其是1793 年 9 月 17 日嫌疑犯法公布后，恐怖日益扩大，许多不同政见者被投进监狱，送上断头台。人们埋怨"被拘禁的无罪者比有罪的还多"。为了纠正这种殃及无辜的恐怖统治，丹东返回巴黎不久，就在 12 月 7 日的国民公会上提出了一个"对嫌疑犯所应采取的措施"的提案，主张对被捕者区别对待。他说："我们应当承认一个政治事实，那就是：在被捕的人中间，有三种情况，一部分人该处死刑，大部分人是共和国应当监视的，也有一些人完全可以释放，而且不会给共和国带来危险。"接着，他又说："我要求你们发布这样的法令：只没收逃亡贵族的财产，归共和国所有。"[27] 丹东主张在实行法治的基础上以分清敌我为前提的这一提案，获得了通过。这说明丹东反对恐怖扩大化的主张是深得人心的，对革命政权的巩固是有利的；也说明丹东是忠诚于共和国的，是关心爱护政府的，何有"推翻"之意？

显而易见，反对滥施恐怖，绝不等同于反对革命恐怖本身，更不能说这就是反对革命政府。事实上，丹东是要纠正罗伯斯比尔派把恐怖变成荒谬的那些措施。可是，圣鞠斯特等人却继续推行恐怖扩大化，甚至对丹东进行恐吓说："谁是叛徒，是主张严厉的人还是主张宽大的人？"反诬丹东是要"宽恕罪恶的人，就是想消灭自由的人"。丹东并未屈服，继续反对枉杀无辜。他气愤地说："我建议成立革命法庭可不是为了使它成为人类的祸害啊！"[28] 然而圣鞠斯特等人却在滥施恐怖的道路上愈走愈远，不同政见者先后被送上断头台的达 3.5 万至 4 万人之多，投入监狱的嫌疑犯超过了 30 万人，[29] 当时，在巴黎每天最多时有近五十人被处死，[30] 一派恐怖气氛。丹东仍然坚持反对滥施恐怖的行为，1794 年 3 月 19 日，他发表了生前最后一次演说，劝当权者要珍惜国民公会的尊严，不要利用职权显威风，怀疑一切，不然，"就有可能把坚强的爱国者和那些戴着爱国主义假面具的坏蛋混淆起来"；要相信大多数人是爱国的，是必须尊重的。[31] 直至被捕前夕，丹东仍置生死于不顾，为纠正恐怖扩大化尽最后的努力。他几次找罗伯斯比尔交谈，主张恐怖要有节制，反对不分敌我的恐怖统治。他对罗伯斯比尔说，"应该压制保王派，不过我们只应进行对共和国有利的打击，而不应把无辜的人和有罪的人混为一谈"。[32] 他劝罗伯斯比尔"不能单凭一些简单的报告，并未弄清事实就通过法令"。[33] 不要再受人欺骗，而要"摆脱诡计，与爱国者团结一致"。两人发生激烈争吵，丹东最终不告而别。

此时，一股反对丹东的暗流正在形成，连罗伯斯比尔也无法抗拒。当有人得知要以"背叛共和国"罪逮捕丹东，并把消息转告他，劝他立即逃离法国时，丹东似乎也早有察觉，他神态自若，大声地说："走！难道把自己的祖国也放在鞋底下带走吗？"[34] 表示决不离开自己亲手参加缔结的法兰西共和国。可是，丹东这位共和国的忠诚维护者，炽烈的爱国者，由于政见不同，仍然惨死在雅各宾派的断头台上，这不能不说是罗伯斯比尔的严重错误。正如勒费弗尔所说的，这完全是一个"政治错误"。[35]

四

综上所述，我们认为，丹东为大革命所作出的贡献是不可磨灭的。他所提出的宽容政策同样是合理的、正确的，也应予以肯定。

我们说它合理和正确，首先，是因为丹东能够敏锐地看出罗伯斯比尔派在后期所犯的不顾国内统治是否巩固，一意推行"大炮外交"；不顾法制，一味实行少数人的高度专权；不顾大局，无限扩大恐怖，大批杀戮不同政见者等严重错误。他及时退出了雅各宾派，还敢冒杀身之险，提出自己的宽容主张，以拯救正在不断走向失败深渊的新政权，巩固共和国。所以，对丹东宽容政策的分析，实际上关系到如何正确评价雅各宾专政后期的作用问题。

其次，丹东的宽容政策代表了当时新兴资产阶级的利益，也迎合了广大群众寻求社会安定的心理。马克思说："在任何一个尚未组织就绪的国家机构里，有决定意义的不是这种或那种原则，而是 salut public，社会安全。"[36] 的确，已经取得政权的资产阶级，它们急切需要的是社会的安定，以巩固其新生的革命政权，保证并发展其既得利益。如果杀人太多或者战争绵绵，只会加剧社会的不安定，进而引起人心的背离。雅各宾专政后期，社会各个阶层中对其统治的不满情绪已有所表露，而丹东的宽容政策却深得人心，尤其得到新兴资产阶级的同情和支持。这一点，连马迪厄也不得不承认："议会的大多数是暗中同情宽大派的。"[37]可见，实现宽容政策在当时有深厚的社会基础，只是由于掌握实权的罗伯斯比尔派的坚决反对和残酷镇压，也由于丹东派的软弱无力，而最终失败。

但是，我们不能因为丹东派的失败，而从根本上否定其宽容政策的合理性，更不能把这种政策斥为妥协投降。因为它与大资产阶级君主立宪派的妥协、投降政策有着本质的不同，前者向封建势力妥协，力图使对外战争失败，满足于君主立宪，使革命半途而废；而丹东却毫不妥协地反对一切封建反动势力，反对君主立宪制，坚持共和制，并力争在对外战争胜利的基础上，通过谈判，实现和平。所以，同君主立宪派的反动政策相比，丹东的主张无疑是进步的、革命的。

我们也不能站在传统史学的立场上，把丹东反对罗伯斯比尔派的举动简单地判定为倒退、复辟、反革命，说什么要是丹东的阴谋得逞，法国"君主政体的复辟会提早十八年"。[38]这只能是耸人听闻！丹东是保王派的死敌。他是决计不允许王党复辟的。不过，丹东的宽容政策较之罗伯斯比尔的激进政策，从表面看来似乎是一种倒退，但与复辟风马牛不相及。我们必须透过现象看其本质，丹东的这种"倒退"政策，实际上是要把罗伯斯比尔从侵犯资产阶级自身利益的轨道上，从超越现实社会发展阶段的道路上拉回到资产阶级革命的正常范围之内，以维护资本主义的正常秩序，达到巩固革命成果的目的，从而满足当时最活跃、最有经济力量的工商业金融资产阶级的需要。可见，此种向成熟的基点上的倒退，实质上是一种进步，是完全符合新兴资产阶级利益的。因此，作为这个阶级代言人的丹东，其宽容主张，无疑是一种历史的进步，是无可指责的。其实，只要我们稍加思索，就会发现热月党原来就是丹东的遗愿执行人，正是热月政变结束了雅各宾派的激进统治，开启了法国资本主义发展的正常秩序。

当然，我们无意贬低罗伯斯比尔在大革命中的杰出贡献，只是想说明，对雅各宾专政后期的恐怖统治，必须恰当评述。我们也无意抬高丹东的历史地位。丹东讲究享乐，贪财爱色，挥金如土，太讲宽大，暴露出明显的资产阶级局限性，有过严重的错误，这是客观存在的事实。我们只想说明，对于丹东在后期的活动，尤其是他的宽容政策，应该形成新的认识，给予恰当的评价。

（原载《世界历史》1982 年第 4 期）

注　释

1　马迪厄:《丹东与和平》，巴黎，1919，第 7 页。

2　柳勃林斯卡娅等:《法国史纲》，第 339 页；罗琴斯卡娅:《法国史纲》，第 40 页。

3　余楠秋:《法国革命伟人传》，中华书局，1936，第 40 页。

4　米涅:《法国革命史》，北京编译社译，商务印书馆，1977，第 219 页。

5、6　马迪厄:《法国革命史》第 1 卷，商务印书馆，1973，第 412—413、413 页。

7　《丹东演讲集》，巴黎，1920，第 42 页。

8　马迪厄:《法国革命史》第 2 卷，商务印书馆，1973，第 391 页。

9　柳勃林斯卡娅等:《法国史纲》，第 292 页。

10　《丹东演讲集》，第 39 页。

11　《马克思恩格斯全集》第 6 卷，人民出版社，1961，第 193 页。

12　勒费弗尔：《法国大革命研究》，巴黎，1963，第 95 — 96 页。

13　拉罗斯：《大百科全书》第 6 卷，1973，第 3648 页。

14、15　《丹东演讲集》，第 129 页。

16　《圣鞠斯特全集》第 1 卷，巴黎，第 414 页。

17　《马克思恩格斯选集》第 1 卷，人民出版社，1972，第 586 页。

18　《列宁选集》第 3 卷，人民出版社，1972，第 337 页。

19　海尔曼·温德尔：《丹东》，巴黎，1978，第 35 页。

20　《丹东演讲集》，第 39 页。

21　米涅：《法国革命史》，第 192 页。

22、23　《丹东演讲集》，第 123、211 页。

24、25、26、27　《丹东演讲集》，第 175、231、250、214 — 215 页。

28、29　米涅：《法国革命史》，第 227、238 页。

30　纪·德·贝蒂埃·德·索维尼：《法国史》，1977，第 290 页。

31　《丹东演讲集》，第 233 页。

32　米涅：《法国革命史》，第 224 页。

33　马迪厄：《法国革命史》，第 436 页。

34　拉罗斯：《大百科全书》第 6 卷，巴黎，1973，第 3649 页。

35　勒费弗尔：《法国大革命研究》，第 103 页。

36　《马克思恩格斯全集》第 5 卷，人民出版社，1958，第 475 页。

37　马迪厄：《法国革命史》，第 423 页。

38　马迪厄：《罗伯斯比尔的历史和传说》，《法国大革命史论丛》1977 年第 1 期。

试论丹东的对外政策

近年来，我国史学界对丹东这位法国大革命重要历史人物的研究，已经取得了可喜的突破，人们开始摆脱关于丹东的传统旧说，但对丹东外交政策的研究至今仍无专文，本文试图就此问题作一初步探讨，以求教同行专家。

一

丹东的对外政策是根据欧洲的局势和法国的实情提出来的。大家知道，国际上的各种事件都是作为国际全局的一个局部而出现和存在的，而国际的全局又是由各种局部所构成。局部从属于全局，但是，关键性的局部在一定的历史条件下往往可以影响或决定全局。1789 年的法国资产阶级革命就是这样一个关键性的局部事件，它促使整个欧洲形势发生根本变化，迫使欧洲列强把自己的注意力由战争的东欧转到革命的西欧，旧的欧洲均势遭到彻底破坏，欧洲两大阵营重新改组。不论是法国原来的敌对国英国、普鲁士和荷兰，还是其原来的同盟国沙俄、奥地利和西班牙以及欧洲其他封建国家，都起来反对资产阶级的法国，力图扼杀法国革命，恢复旧的欧洲均势。从此，法国大革命在国际关系发展中占据了所有国际事件及外交谈判的中心，开辟了一个崭新的时代。

　　欧洲封建国家为了反对法国革命，公然炮制了一种所谓拥有干涉权的理论。从 1791 年 2 月起，英国首相庇特要奥、普两国尽快脱离东欧事件、忘掉相互敌视，这迫使它们开始密切地接触起来。7 月 6 日，两国约定了共同反法的可能性，并由奥皇利奥波德二世向欧洲各国宫廷发出了关于召集外交安全会议和建立反法联盟计划的呼吁书；同时，他又给了普鲁士国王一份特别备忘录，明目张胆地提出了详细的行动计划："由各国共同建议法国立即停止革命，如遭法国拒绝时，就召集会议预先约定法国未来的统治政权的形式，实行武装干涉。"[1] 备忘录一再断言封建君主专制国家为了镇压"传染性"的革命而干涉法国内政是合理合法的，主张这种干涉是应该的，是为了保护各国的社会安全，保护领土的不可侵犯。当时各国宫廷之间为了商议镇压法国革命而来往的公文，都确认欧洲宫廷拥有这种干涉权。欧洲封建君主们从自以为拥有的干涉权出发，认为武装干涉和镇压法国革命是他们不可剥夺的权利。从此他们把这种干涉权作为他们外交政策的基本原则，也就是在这种干涉主义理论的幌子下，在英俄的怂恿下，维也纳和柏林加紧了共同反法的秘密谈判。1791 年 8 月，奥皇和普王在萨克森的皮尔里尼进行了会晤。27 日，两国签署了《皮尔里尼宣言》，其主要意旨是奥、普两国准备以战争来恢复路易十六的专制王权，公开打出复辟波旁王朝的旗号。11 月，他们又签订了反法协议。12 月 20 日，奥皇利奥波德二世强求普鲁士签订条约，次年 2 月 7 日，奥普反法同盟正式成立。3 月，同盟决定对法实行武装干涉。这样，法兰西民族面临奥普直接入侵的危险，危急的欧洲局势证明了革命的法国跟封建的欧洲之间的战争已无法避免，也证明了自从大革命爆发后，法国政府一直保持的和平企求，小心翼翼地设法避免刺激毗邻的封建国家的对外政策的破产。就在这样的历史条件下，资产阶级革命家丹东以敏锐的洞察力，提出了自己独特的对外政策。

二

丹东对外政策的基本内容可概括为：以战抗敌，以和御敌，争取和平，巩固共和。

早在 1791 年 8 月，当奥普两国签署挑战性的《皮尔里尼宣言》，呼吁全欧封建宫廷用武力绞杀法国大革命时，丹东就认为，在面临外国干涉军入侵的情况下，只有用鲜血才能拯救法国。接着，在立法议会上对迫在眉睫的战争问题争执不下，出现僵持的局面时，丹东表示自己站在爱国者一边[2]，并且斩钉截铁地说："我知道，战争已无法避免。若有人胆敢问我，'我们要进行战争吗？'那么，我会毫不犹豫地回答他，'我们必将听到冲锋的号角声'。"[3]革命的法国不愿意战争，丹东也不想打仗，但迫于形势，必须抵抗。所以丹东主战的态度是十分明朗的。1792年春，立法议会先后对奥普宣战，由于法国王党分子、王后、大资产阶级君主立宪派的叛国以及贵族军官指挥的军队消极抵抗，法军连战皆败，敌军长驱直入，侵越法国边境。8 月中旬至 9 月初，普军占领龙维和凡尔登两大要塞，顿时，军事形势十分危急，首都人心大乱。为了击退祖国的敌人，丹东挺身而出，一方面严厉谴责主张迁都外省的罗兰等人，坚决反对吉伦特派扰乱民心的逃跑主义，并且沉着地说："假如普鲁士士兵入侵巴黎，那么，我就用'火炬'化巴黎为焦土。"[4]这充分表达了丹东为祖国的生存而死守巴黎的决心。另一方面，他积极宣传群众，发动群众。8 月 25 日，他起草了致全国公民书，"……法国人民正面临着欧洲各国君主的入侵，惊天骇地的冲突已经开始了。这场战争——引起了全世界的瞩目——除胜利或者死亡之外，绝无其他选择。公民们，在这个世上，没有一个国家不经过浴血奋战而得到自由的……”[5] 以此激发人民的抗战热情，要求他们团结一致，并制定周密的御敌方案。28日，丹东在立法议会上又当机立断地指出，法国人民必须明智地排除一切危害民族的行为，勇敢地打击入侵者，并向议会提出了征编军队的建议。此外，他还亲自到马尔斯校场，对已经集中的正规军和义勇军进行鼓动，同他们朝暮相处，鼓舞士气，提高军队战斗力。在丹东的抗战努力下，9月20日，法军取得了瓦尔密战役的第一次重大胜利，极大地鼓舞了法国人民的斗志，维护了法兰西民族的尊严，保卫了大革命的成果。

瓦尔密战役后，法军节节胜利，为适应新形势的需要，丹东既不主张国民公会的主战外交，也不赞同一味主和的对外政策。他认为，对顽固之敌要针锋相对，继续斗争；同时，也要争取和谈，区别对待，为维护祖国的安全，甚至可以不惜任何代价争取中立国，以孤立和打击欧陆上的主要敌人。10月，他就提出了打击奥地利、联合普鲁士、使英国保持中立的对外政策[6]，即采取边战边谈的方针。为此，他刚任司法部长时，就掌握了进行外交谈判的各种线索，准备采取各种有效手段付诸实行。丹东深信：“只要法国争取到欧洲一切倾向大革命的或对大革命保持中立的力量，用一种抗体把它们联结在一起，并运用它们，那么，它们就自然会起来反对那些像十字军一样进攻法国的军队。”[7] 他还进一步认为：“只要欧洲承认法兰西共和国，法国就可以放弃自己的占领区，在争吵不休的奥普反法同盟中取得和平。”[8] 与此同时，为了联合普鲁士，丹东不仅让迪穆里埃跟普王重归于好，而且自己不怕风险，前往普鲁士进行谈判，希望跟它缔结一个全面和约，结果使普军安然撤退，这成为法国军事史上的一大奇迹。[9] 法国达到了暂时拆散奥普反法同盟，削弱敌人主力的目的。然而，为了更有力地打击奥地利，丹东在国民公会上主张法国占领日内瓦，合并萨瓦。11 月 6 日，法国革命军取得了热马普大捷，再次打退了奥地利的进攻，维护了法国"天然疆界"的领土完整。紧接着，丹东要求国民公会取消战争宣传，1792 年 12 月至 1793 年 3 月，他不辞劳苦，亲自与荷兰、比利时等国接触，并用重金收买的办法积极争取它们，同时又声明"法兰西共和国永不超过其'天然疆界'"[10]，以保持欧洲和平，并希望共和国获得国际的承认。

面对法国大革命的深入发展和军事上的空前胜利，欧洲封建统治阶级更加恐惧，尤其是法国占领比利时和处死国王路易十六后，英国最终撕下了中立的外衣。它们为反对法国大革命，就更密切地联合起来。1793 年 3 月，在英国的积极策划下，奥、普、荷、意、西等国组成了第一次欧洲反法联盟，在沙俄的支持下，反法联盟迅速向法国猛扑过来，法兰西民族和法国大革命再次面临严重的军事危机和失败的危险。为了抗击反法联盟，保卫年轻的资产阶级共和国，丹东继续坚持边战边谈的对外政策，积极争取与其他国家结成同盟，在反法联盟内部制造分裂，以瓦解和粉碎反法联盟的武装干涉，加速其崩溃。

1793 年 3 月 8 日，丹东急忙从比利时回国，在国民公会上发表了激烈的演说："我知道在比利时只有敌人，让我们去打败它们吧！"[11]并且还集中阐述了法国的武装问题，他说："法国急需像去年争取胜利那样的刺激，我们曾答应 2 月 1 日驻军比利时三万人，但是，仍然没有人能够跟他们取得联系。我提议让已被任命为巴黎四十八区的委员们去唤起这股力量吧！"[12]可见，丹东竭力把一切力量集中到国防上面。3 月 10 日，他对争吵不休的国民公会说："你们争吵是在危害自由的胜利，我坚决拒绝你们对民族毫无益处的争吵；让我们击败敌人后再争吵吧！让我们喝尽人类敌人之血，而让全欧自由吧！让我们立刻行动起来吧！"[13]他建议，特派员当晚就出发，立刻实行全民动员。接着，他又说："我们需要莫大的努力，给敌人以沉重的打击，夺取荷兰，联合英国的爱国者，让法国前进，这样，法兰西民族才能得救。"[14] 与此同时，丹东深入群众，向全国人民发出进攻的号召："公民们！假如我们不能去拯救我们在比利时的兄弟，假如迪穆里埃在荷兰被困，假如他的军队被迫放下武器，那么，谁能预计这些事件所带来的令人难以估计的灾难呢？公民们，迅速行动起来吧！时不可失！"[15]

为了加强革命力量，4月4日，丹东劝说国民公会建立一支付薪的无套裤汉民兵队伍（一个月后，他又提出了这一建议）。4月5日，他再次向国民公会提出了全民总动员的请求。但是，在这样残酷的战争形势下，丹东仍没有放弃和谈的主张，积极采用分化和瓦解反法联盟、争取中立国、寻求国内和平的外交手段。因此，他在进行作战部署的同时，又拟订了谈判计划，并着手侦探敌情，以便找到有利于和平攻势的突破点。这样，他就大胆地采取了灵活机动的策略，在国民公会上怒斥吉伦特派代表加代说："加代，加代，你希望战争，就等于一死。"[16] 正是在丹东和谈的影响下，共和国也曾试图通过外交谈判来拆散反法联盟。[17] 当时，丹东还作了丢车保帅的准备。他认为，通过共和国宣布放弃被征服的地方，跟敌人谈判，签订和约仍有可能；他还建议救国委员会拨出600万里弗尔专款，作为秘密外交的活动经费，竭力争取瑞典、土耳其、皮埃蒙特等国。[18] 5月，丹东的外交谈判活动更为广泛，他派遣塞蒙维尔到佛罗伦萨跟哈布斯堡王朝取得联系；利用调停人马特斯来取得与英国的和平，自己直接跟俄国进行密谈。6月，他还跟瑞典驻法大使斯塔尔男爵进行了会晤，用贷款收买他，最后促使瑞典加入了法国一边。[19]

1793年夏天开始，法国国内外形势进一步恶化，国内王党叛乱，国外干涉军从四面入侵法国，对法形成包围之势，在这内外交困、民族危亡的关键时刻，丹东无所畏惧，一方面坚持抗战，就在 8 月 12 日，他痛斥了对大赦非议的人，要求征兵 40 万，14 日，又要求政府发给每个公民一支滑膛枪，建立一支革命的十字军来抵抗外敌。[20] 在丹东的主战鼓励下，法国前后方齐心协力，给内外敌人以沉重打击。1793 年 8 月，马赛叛乱被镇压，10 月，里昂被重新夺回，10 月底，旺代 4 万叛军被歼灭。与此同时，对外战争节节胜利，1793 年 8 月，法国革命军在敦刻尔克附近的昂德斯科特会战中击败英荷联军。10 月，在瓦迪尼附近打败奥军，消除了敌军在北面的威胁。11 月，在莱茵河前线，又连败普奥联军，把敌人赶到了莱茵河彼岸，解放了阿尔萨斯。在意大利边境，击败了撒丁军，迫使它撤出萨瓦。12 月 7 日，波拿巴驱逐了侵占土伦的英、西联军。26 日，法军突破了维桑堡防线，解除了兰道的危险。法军所向披靡，越过莱茵河，[21] 到 1793 年底，法国革命军基本上平定了国内的王党叛乱，把欧洲反法联军赶出了法国国境。

另一方面，丹东仍然坚持其分化瓦解反法联盟的主张，排除六月起义的胜利者和极端主义者对自己在国外行使外交职权的阻扰，[22] 并且选派代表，给予他们训令，执行自己的对外谈判政策。到 1793 年底和 1794 年春，丹东提出了更强烈的主和外交策略，[23] 这是因为：

第一，丹东认为战争即将结束，和平可以获得。[24] 1794 年春，法国革命军不仅镇压了国内王党叛乱，驱逐了外国干涉军，而且先后攻入了比利时、荷兰等地，屡败英、荷联军，法国边境已相当安全。

第二，丹东看到了连年不断的战争使国内负担沉重，继续进行战争，对新生的共和国，对新兴的资产阶级，对广大人民群众都非常不利。

第三，丹东认为当时进行和谈，结束战争完全有可能。1793 年 8 月，英国代表马特斯将英国政府的和平条件转交给法国外交部长，表示愿与

法国进行谈判。12 月，丹东又间接地由英国另一个代表马依尔斯那里得
到英国政府愿意进行和谈的消息。此外，荷兰、西班牙和奥地利也都有
和谈之意。

因此，丹东在 1793 年 11 月 26 日的国民公会上，根据狄德罗的理
论发表了演说，声称"战争是'政治集团痉挛和狂暴的疾病'"，"一个
新时代的大国需要财富来保持它的强大和威严"，[25] 极力反对继续战争，
主张尽快通过和谈实现和平。但是，由于以罗伯斯比尔为首的当权派坚
持主战策略，一心想通过无休止的战争达到征服欧洲各国，实现欧洲一
体化的目的，因此，法国不仅放弃了一切和谈机会，而且在战争轨道上
越滑越远。丹东派虽然坚持主和策略，却因措施不力而被当权者全盘否
决，丹东本人也被送上了断头台，酿成了历史的悲剧。

三

综观丹东的对外政策，我们不难发现，丹东的对外政策并非像法
国史学家巴尔杜所阐述的只具有单一的"周期性"，[26] 而是具有阶段性、
多变性、灵活性和原则性。

第一，丹东对外政策中最明显的特点就是它的阶段性。一般地说，
丹东对外政策可分为三个阶段：从 1791 年 8 月至 1792 年 9 月为第一阶段；
从 1792 年 9 月至 1793 年底为第二阶段；从 1793 年底至 1794 年 4 月为
第三阶段。在这三个阶段中，他所采取的对外政策是各不相同的。但是，
丹东对外政策的演变绝不是其个人意志随心所欲的表现，而是以欧洲形
势的变化为出发点，以法国的永久利益为中心，在不同阶段作出的不同
决策。具体地说，在第一阶段，由于法国面临外敌压境，在战争无法避
免，无谈判可言的形势下，丹东毫不犹豫地挺身而出，积极鼓动群众为

祖国的生存和民族的尊严而决一死战；接着在第二阶段，出现了战争和和平共存的局势，丹东改变了只战不和的对外政策，实行了边战边谈的对外政策，力求和平，巩固共和；最后在第三阶段，随着国际国内形势的好转，在国家的独立和领土的完整得到保障的条件下，丹东极力主张和平谈判，进一步为巩固法国资产阶级的政治统治服务。

第二，丹东对外政策突出的特点是它的多变性，这已在其阶段性的表现中得到了证实。而且，我们认为丹东对外政策的多变性还表现在以下两个方面。

首先，丹东对不同的国家也采取了不同的对策。这一点集中体现在他对奥、普、英三国的外交上。对奥、普，丹东主要是实行用革命力量来打退两国武装干涉的外交政策，这是因为：

（1）法国大革命动摇了奥、普两国的封建农奴制，激起了两国境内民主革命和民族解放运动，沉重地打击了两国的统治阶级，因而引起了它们的极端仇视，成为欧洲干涉主义的主要倡导者和反法战争的急先锋，它们几度侵入法境，构成对法兰西民族生存的直接威胁。

（2）奥、普两国不但自己进行武装干涉，而且还勾结法国王室和援助法国的流亡贵族，怂恿他们和法国国内的叛乱分子发动内战，密谋暗杀革命党人，破坏大革命的深入发展。

然而，对英国却不同，为了避免跟英国直接交战，丹东努力使它保持中立。我们知道，当法国大革命刚爆发时，英国首相庇特曾宣布保持中立，他认为大革命很快会失败，而大革命的失败将会阻止国内的民主煽动。1791 年 6 月，当法王路易十六潜逃未遂后，在奥皇利奥波德二世向欧洲各宫廷建议为拯救法王室和法国君主制采取一致行动时，英王依旧拒绝参加一致行动。为了进一步使英国保持中立，丹东一方面坚决反对君主立宪派统治被推翻后召回法驻英大使，另一方面，还不断地加强外交攻势，阻止英国跟欧陆封建国家进行联合[27]。他确信通过跟英的和谈，不仅作为一个自由爱好者能争取英国的中立，而且作为一个商人也会使英国保持中立。1792 年 8 月 28 日，他就派遣自己的代理人诺埃尔到英国[28]，利用当时在伦敦的塔列朗，试图促使英国保持中立。10 月，他又提出了法国可以给英国多巴哥岛来换取它的中立和一笔贷款的建议，到 1793 年 6 月，他仍然在尽力争取英国的中立。[29]丹东这一主张是出于明智的考虑，这是因为：

（1）丹东认识到早已确立了霸权的老牌资产阶级国家大不列颠比处于欧洲封建主义武装干涉包围之中的年轻资产阶级国家法兰西要强大得多，若法国跟英国直接交战，未必能取胜，甚至会造成对大革命无可估量的损失。

（2）丹东认为英国虽然企图占领法国具有重要战略意义的敦刻尔克，但它的陆军力量不足，只好沿用旧的传统的外交方针，用金钱收买欧陆的同盟者去干涉法国大革命；英国是奥普的主要支持者和后台，争取英国中立，就能使奥普陷于孤立。因此，为了更有效地打击直接的敌人，确保法国的军事胜利，维护民族独立和领土完整，丹东想方设法避免与英国直接交战，以减轻法国革命军的军事压力。

（3）丹东还估计到英国中立的可能性。他认为法国大革命在英国国内产生的民主运动的力量和庇特与其反对派领袖福克斯的激烈竞选是非常重要的。此外，他又考虑到英国对法国构成直接威胁的天然屏障。所以，丹东认为，只要认真对待，促使英国中立是完全可能的。由此，丹东把打击的重点放在欧陆上的敌手——奥普身上。

其次，对同一国家，在不同时期，丹东采取了不同的对外政策。尽管奥普是丹东对外政策中的重要打击对象，但并非一贯如此。早在 1791 年 12 月 14 日的雅各宾派对奥普战争问题的争论上，丹东就辩证地阐述了战争会加强敌人力量的可能性，[30]后来在何时发动及如何进行战争的问题上，他又发表自己的意见说："我同意发动战争，这是必要的。但是，在我们不得不进行战争之前，必须首先运用一切手段避免战争。"[31]这是因为丹东明白当时法国还处于毫无战争准备的状态，又考虑到国王和宫廷贵族在背叛民族，暗中勾结外敌。所以，只是在万不得已的情况下，丹东才主战的。然而在瓦尔密战役胜利后，他又从坚决主张打击奥普转变为采取联合普鲁士的策略，直到 1793 年 1 月 23 日俄普签订第二次瓜分波兰条约和普鲁士同意继续跟法国作战后，他才改变联合普鲁士的主张。同年 3 月，第一次欧洲反法联盟成立后，丹东认为，如果法国不跟敌人进行谈判，那么就只会将共和国推向无休止的战争之中。因此在 4 月，他也试图跟奥地利签订停战协定，[32]甚至试图以释放王后玛丽·安托瓦内特来促使奥地利退出反法联盟，6 月，还力图争取奥普的和平[33]。可见，丹东对同一国家，也是根据不同的情况采取多变的外交政策，为自己的国家谋取利益。

第三，丹东的对外政策最重要的特点是它的灵活性。是否采取灵活策略，直接关系到法国能否在最坏的国际形势中取得最好的结果。丹东从来不把干涉主义旗帜下聚在一起的敌人营垒称作铁板一块。他认为，虽然这些敌对国家跟法国誓不两立，却也各怀鬼胎，都想以狡计取胜同伙，企图从镇压法国革命中为自己捞到最大的一份战利品，内部矛盾重重。因此，丹东总是巧妙地抓住时机向敌人营垒投下不和的种子，扩大它们之间的矛盾，利用摩擦，争取同盟，战胜武装干涉，以摆脱法国在经济上、政治上的孤立状态，他对奥普的政策就是一个典型。

毗邻法国的奥普是欧洲干涉军的急先锋，他们既想复辟波旁王朝，又想瓜分和掠夺法国。普鲁士觊觎法国的阿尔萨斯和洛林，要求瓜分波兰；奥地利企图占领法国的弗朗德勒、阿尔土瓦、皮尔卡迪和巴伐利亚。虽然它们合作在一起，但又是世敌，在波兰和西里西亚问题上存在难消的宿怨，彼此都想趁机削弱对方，为争夺德意志的霸权展开了激烈的斗争。1792年2月7日，奥普反法同盟成立后，有许多普鲁士大臣在暗中强烈反对这一同盟。[34] 尤其在瓦尔密战役后，普鲁士更害怕自己在反法战争中承受法国打击力量的主要压力，但它却希望奥地利在这场战争中遭到削弱，以便使自己轻而易举地成为德意志的盟主。因此，丹东既充分估计到它们联合反法的一致性，又充分估计到它们之间不可调和的矛盾冲突，从而利用它们之间的摩擦，采取离间、分化以及联合普鲁士的策略，削弱奥地利的力量，致使它在热马普战役中惨遭失败。丹东在对外斗争上的这种灵活性，在一定程度上保证了法国对外战争的胜利。

第四，丹东对外政策的特点还具有不可否认的原则性。他的对外政策既尊重外交原则，又符合宪法精神。外交是调节国际社会利益冲突的手段，它试图通过调和一国自身的国家利益和别国利益，从最坏的形势中争取最好的结果。通过外交谈判，控制局势，以便减少冲突导致的危险，放弃其最小利益，保留其民族的根本利益，这是外交斗争的目的，也是外交斗争的原则。丹东正是从这一原则出发，通过自己的言行，并不惜一切代价，进行谈判，稳定战局，实现和平，进而巩固共和制度。他曾在1792年10月18日的国民公会上说："假如各部再花费一千万专款的话，那么，就不会只有普鲁士一个国家撤境了。"[35] 在特定的条件下，他还希望通过金钱收买来维护国家的独立和领土完整，以保护和维护国家的物质、政治文化的同一性和生存权利。直至生命的最后时刻，丹东仍然坚持这一和平的外交原则。

同时，丹东的外交政策也完全符合宪法精神，是以法律为准绳的。法国资产阶级在1791年宪法中响亮地宣布："法兰西民族决不进行以侵略为目的的战争……永不使用武力侵犯其他民族的自由。"[36] 1792 年 9 月 28 日，丹东在国民公会上公开声明："给予其他民族自由，是我们的职责。"[37] 这就是说，丹东主张和平，反对用战争来解决国际争端，所以，他在四次出使比利时期间，认为只要比利时支持大革命，法国就可以承认它的独立。后来在 1793 年 4 月 13 日的国民公会上，丹东又进一步说："只要尊重法国人民主权，承认法兰西共和国的欧洲盟国，法国可以与其谈判。"这再次表明了他的和平外交的原则性。而且我们还必须指出，丹东的和平外交并非像有的史学家所认为的是无原则的乞求，甚至用投敌来换取和平。恰恰相反，丹东的主和外交政策是以本国军事和经济实力为后盾的，特别是在雅各宾派专政建立后，丹东一方面从经济上、政治上把法国从孤立状态中解脱出来，以增强国力；另一方面，要求政府拨款一亿里弗尔用来制造大炮、步枪和长矛，[38] 并且还先后几次提议实行全民动员，提议剥夺花花公子和所有被怀疑为保王派纨绔子弟的衣服来解决当时军队缺衣的问题。[39] 他认为，只有拥有强大的武装力量和坚实的物质基础，才能得到外交政策上的最佳效果，没有实力作后盾，和平外交是不可能取得预期效果的。

丹东之所以能够提出这一独具特色的外交政策，跟他的性格有关系。我们认为，外交斗争归根到底就是领导者的艺术。因此，领导者的个人性格对外交政策的制定也必然起着重大的，有时甚至是决定性的作用。丹东是"一个天生的商人"[40]，是"一个讲究实际的人，富有清楚的意识、现实的洞察力和敏锐的判断力，他善于施用权宜之计"[41]。当他极易冲动并想要达到某一目的时，大难临头，他的精力反而越发充沛，信心倍增，坚毅果断，[42] 并且所采取的策略具有可怕的力量，而一旦达到目的，他又徘徊犹豫，朝三暮四，温和脆弱。因此，丹东既没有固定不变的思想，也从不相信什么一成不变的原则，而只是时时处处遵循着自己的"信条"——见机行事，以便在可能的条件下保护自己、朋友和整个阶级的利益。正如有的史学家所说的："即使在极度危险时，他也能顺应潮流，这就是丹东的性格。"[43]丹东这种灵活多变的主和外交策略正是他善于适应环境，随机应变性格的反映。由此可见，国家的对外政策，都会或隐或现地反映出领导人的性格。

四

假如我们不是从抽象的逻辑来推论，而是用历史事实来剖析，就可以清楚地看到，丹东的对外政策绝不是凭空虚构的，而首先是当时国际社会客观现实的反映，也是法国各阶级利益较量、冲突的产物和体现，深深扎根于这场革命的土壤。他根据本国外交斗争不同发展阶段的需要，提出了灵活多变又有原则性的外交政策，这对保卫大革命的成果，维护法兰西共和国的独立不受侵犯，实现和平安定的局面，无疑是起积极作用的。只是由于丹东派的软弱妥协，也由于丹东本人缺乏足够的勇气、果断的手段和坚定的力量，这一现实可行的外交政策未能贯彻到底，半途夭折。

但是，丹东对外政策的积极意义是不应抹杀的，他堪称法国资产阶级革命中一位深谋远虑的策略家，他那灵活多变的外交策略，也为后来许多国家，包括不同社会制度、不同政治体制的政治家和外交家所参考借鉴。

（原载《杭州大学学报》1988年第2期）

注　释

1　弗·鲍爵姆金主编《世界外交史》第 2 分册，五十年代出版社，1953，第 40 页。

2　Norman Hampson, *Danton*（《丹东传》），New York，1978，p.69.

3　Hilaire Belloc, *Danton*（《丹东传》），New York，1911，p.157.

4　Hilaire Belloc, *Danton*（《丹东传》），p.181.

5　Norman Hampson, *Danton*（《丹东传》），p.80.

6　Hermann Wendel, *Danton*（《丹东传》），Paris，1983，p.171.

7　Hilaire Belloc, *Danton*（《丹东传》），p.203.

8　Georges Lefebvre, *The French Revolution*，*From Its Origins to 1793*（《从起源到 1793 年的法国大革命》），Columbia University Press，1962，p.264.

9　Georges Lefebvre, *Etudes Sur La Revolution Francaise*（《关于法国大革命研究》），Paris，1963，p.96.

10　Georges Lefebvre, *The French Revolution*，*From Its Origins to 1793*（《从起源到 1793 年的法国大革命》），p.277.

11　Georges Lefebvre, *The French Revolution*，*From 1793 to 1799*（《1793—1799 年的法国大革命》），Columbia University Press，1964，p.44.

12　Hilaire Belloc, *Danton*（《丹东传》），p.207.

13　Norman Hampson, *Danton*（《丹东传》），p.102.

14　Norman Hampson, *Danton*（《丹东传》），p.103.

15　Hermann Wendel, *Danton*（《丹东传》），p.242.

16　Hermann Wendel, *Danton*（《丹东传》），p.243.

17　Jacques Droz, *Histoire diplomatique de 1648 a 1919*（《1648—1919 年的外交史》），Dalloz，1972，p.195.

18　Georges Lefebvre, *The French Revolution*，*From Its Origins to 1793*（《从起源到 1793 年的法国大革命》），p.58.

19　Jacques Droz, *Histoire diplomatique de 1648 a 1919*（《1648—1919 年 的 外 交 史》），p.197.

20　Norman Hampson, *Danton*（《丹东传》），p.131.

21　Hilaire Belloc, *Danton*（《丹东传》），p.244.

22　Hilaire Belloc, *Danton*（《丹东传》），p.231.

23　Georges Lefebvre, *The French Revolution，From Its Origins to 1793*（《从起源到 1793 年的法国大革命》），p.86.

24　参见 *Twelve Who Ruled Committee of Public Safety during the Terror*（《恐怖时期的 12 人救国委员会》），p.257。

25　Hermann Wendel, *Danton*（《丹东传》），p.323.

26　Georges Lefebvre, *Etudes Sur La Revolution Francaise*（《关于法国大革命研究》），p.90.

27　Hermann Wendel, *Danton*（《丹东传》），p.167.

28　Jacques Droz, *Histoire diplomatique de 1648 a 1919*（《1648—1919 年 的 外 交 史》），p.188.

29　Georges Lefebvre, *The French Revolution，From 1793 to 1799*（《1793—1799 年的法国大革命》），p.58.

30　Norman Hampson, *Danton*（《丹东传》），p.68.

31　Norman Hampson, *Danton*（《丹东传》），p.109.

32　Norman Hampson, *Danton*（《丹东传》），p.118.

33　Georges Lefebvre, *The French Revolution，From 1793 to 1799*（《1793—1799 年的法国大革命》），p.58.

34　Georges Lefebvre, *The French Revolution，From Its Origins to 1793*（《从起源到 1793 年的法国大革命》），pp.248-249.

35　Norman Hampson, *Danton*（《丹东传》），p.92.

36　皮埃尔·勒努万主编《国际关系史》第 4 卷《法国革命和拿破仑帝国》，巴黎，1972，第 37 页。

37　Georges Lefebvre, *The French Revolution，From Its Origins to 1793*（《从起源到
　　1793 年的法国大革命》），p.276.

38　Hermann Wendel, *Danton*（《丹东传》），p.303.

39　Hermann Wendel, *Danton*（《丹东传》），p.304.

40　Hilaire Belloc, *Danton*（《丹东传》），p.173.

41　Hermann Wendel, *Danton*（《丹东传》），p.137.

42　Hilaire Belloc, *Danton*（《丹东传》），p.229.

43　Hilaire Belloc, *Danton*（《丹东传》），p.206.

论丹东的历史作用

1794 年 3 月 30 日深夜，法国雅各宾派政府逮捕了丹东，4 月 5 日，以"乱党""叛国"的罪名将丹东送上了断头台。不久，却在群众中流传出颂扬丹东的歌谣，其中一首的最后叠句是：

> 丹东，这位被打入地狱的壮汉，
> 却被戴上了可怕的假面具，
> 这是连魔鬼也不敢戴的哟！
> 丹东是唯一值得赞扬的英雄，
> 却被人们无辜杀害了。[1]

从此以后，丹东那个叛徒与英雄的形象，却深深印记在各派人士的心坎里。直至今日，其仍然是史学界热烈讨论的课题。究竟应该怎样正确评论丹东的历史作用？笔者对丹东的宽容政策作过粗略的讨论，[2] 本文拟对丹东的历史作用进行再讨论，以求教于前辈和同行。

一

任何一个历史人物，总要在特定的社会环境中活动的，丹东也不例外。因此，要探讨丹东的历史作用，就必须把他放在 18 世纪晚期法国这一特定的历史条件之中，对丹东的实践活动进行全面的考察，以他从事活动的主流来具体分析他对当时社会所起的作用。我们绝不能凭个人好恶，因恶而恶其德，因爱而爱其过，在肯定与否定、颂扬与诟骂中间作出简单的选择，这样，只能得出不公正的结论。

众所周知，18 世纪的法国是欧洲大陆封建专制统治的中心，封建反动势力异常强大，因此，法国大革命必然是一场极其复杂、尖锐、深刻而广泛的反封建大革命。这就决定了这场革命的任务是十分艰巨的，它不仅要与强大的根深蒂固的封建王权势力作无情的斗争，而且还必须同疯狂干涉法国革命的欧洲反动势力作坚决的斗争，同时，还要同资产阶级内部的保守妥协势力作不懈的斗争。只有在这三条战线上同时作战，并战胜他们，才能保证大革命的顺利进行和夺取反封建的最终胜利，才能在法国建立和巩固资本主义统治。

那么，丹东在这场轰轰烈烈的大革命中究竟干了些什么呢？他在上述三条战线上又扮演了什么角色呢？这是需要我们认真考察的。

反不反对法国的封建统治是区别革命和反革命的分水岭，涉及革命的大局和大革命的主要战线。从丹东的主要实践活动来看，丹东反封建的立场是明确的，反封建特权的态度是积极的。

早在大革命前夕，丹东虽身为皇家枢密院的律师，但已经对封建特权表示不满，而且预感到封建统治的"冰山正在崩塌下来"。7 月 14 日，大革命一开始，丹东就毅然投身革命，并很快成为哥德利埃区国民自卫军的上尉军官，他以激烈的演说号召人民武装起来向反动势力开火，他冲锋陷阵，身先士卒，受到群众的热烈拥护，"扮演了人民领袖的角色"[3]，不久被选为哥德利埃区的区长，所以，他常常自豪地说："我是一个革命者。"[4]1790年夏，他带头组织哥德利埃俱乐部，与马拉、德穆兰等民主派共同宣传民主自由思想。不久，他公开声明退出皇家枢密院，自愿取消律师头衔，放弃高薪，决心与封建特权决裂。1791年初，丹东被选进塞纳省政府领导机关，积极领导大革命。[5]

随着大革命的深入发展，丹东的思想不断进步，这突出地表现在其对待王权的态度上，他对封建反动势力的总代表——路易十六，从崇敬、同情转而表示蔑视和反对。1791年6月，路易十六逃跑事件引起了全法国人民群众的极大愤怒，丹东坚决和群众站在一起，领导哥德利埃俱乐部的成员向制宪议会呈递请愿书，坚决要求废黜国王，宣布共和。[6]丹东在这场反对王权的斗争中，表现得十分突出。事先，他与布里索共同起草了请愿书，到7月17日这一天，丹东在马尔斯校场公开发表演说，揭露国王的叛逃罪行，征集大批群众在请愿书上签名，并宣布"王权与自由不能并存"，以祖国的名义请求立即宣布共和。在这一请愿活动遭到当权的君主立宪派血腥镇压后，丹东虽然一度躲避但仍然坚持斗争，表明了其决心为实现共和制而忘我的献身精神。

尤其值得一提的是丹东对审判国王态度的变化。1792年底，当法国人民一致要求审判国王时，丹东起初出于人道，想免国王一死，但随着国王叛国罪行的大量揭露，在事实面前，丹东一改初衷，以鲜明的立场参加了对路易十六的公开审判。1793年1月，他从比利时返回巴黎之后，顾不上休息，就参加了国民公会的审判，在唱名表决中，丹东坚决主张处死国王。他说："有些政治家不懂得，与暴君是没有任何妥协的余地的，他的命不值得，只有砍掉国王的脑袋才能打击国王，……我不能赞成这些政治家的意见，我投票赞成处死暴君。"[7] 丹东在关键时刻亮出了坚决反对封建君主的原则立场，彰显出他对封建反动势力毫不妥协的决心。丹东以自己的言行谱写了一曲反封建的战歌，他是名副其实的资产阶级革命家。

同嚣张一时的欧洲武装干涉者进行斗争，这是法国大革命中又一条重要的战线。对武装干涉大革命的欧洲反动势力抱什么态度，在当时同样成为区分革命与反革命的界标。因为法国大革命处在欧洲反动势力的重重包围和严重干涉之中，这些封建君王十分害怕大革命的烈火烧毁他们的宫殿，于是以百倍的疯狂勾结法国的王党复辟势力，公开干涉法国革命，法国大革命面临被外部敌人颠覆的危险。在祖国危难之时，丹东站在哪一边呢？他在干什么呢？从下列事实中，我们可以看出，丹东又一次立场鲜明地站在爱国者一边，决心为迎战外敌侵入做好一切准备。他认为，只有用鲜血才能拯救祖国。[8] 1791 年 12 月，丹东被选为巴黎公社代理检察长，重任在肩，他更是态度明朗，要为保卫大革命，保卫祖国战斗到底，他说："我的誓言就是：自由万岁或者死亡，我将永远忠于宪法的原则。"[9]

1792 年 8 月，普奥联军大肆侵入法国领土，丹东挺身而出，既反对革命营垒中的逃跑主义，又反对脱离群众的盲动主义，他提倡稳定群众的情绪，组织群众的力量，奋起打退入侵者。为此，他把七旬老母与两个年幼的孩子接来巴黎，表示与群众同命运、共阵亡的决心。同时，他在立法议会上发表了"必须勇敢、勇敢、再勇敢"的脍炙人口、激动人心的著名演说。全法国军民奋起，终于取得了瓦尔密大捷，极大地鼓舞了法国人民保卫法兰西民族独立的坚强信心，进而保卫了大革命，建立了共和制。由此可见，"丹东是毫不妥协的爱国者，他既勇敢又果断，千方百计地把法国从外国入侵者手中拯救出来"。[10] 丹东堪称民族英雄。

即使是在丹东生前的最后阶段，他虽然改变了策略，从坚决主战到千方百计言和，但他也没有丧失民族气节，更没有忘记民族敌人的存在。丹东在争取和平的同时，多次告诫人民，要提高警惕，加强防备，随时粉碎敌人的阴谋。他始终注意要武装群众，他说："让全法国都站起来，拿起武器，走向战场去打击敌人。"[11] 他还向救国委员会建议，"应该对武器作一次清查，从今天开始，给政府拨款一亿经费以用于制造火炮、枪支和长矛，……用来对付敌人"。[12] 他甚至建议"国家给每个公民发一支滑膛枪"。[13] 丹东还十分注意在经济上提防敌人的破坏。他强调要严格控制粮食外流而偷运给英国，他说："要采取措施，盘点所有的收获物，应该密切控制和监督运输部门，防止粮食从海港或边境偷运出去。"[14] 由此可见，丹东的主和策略是奠定在以本国军事经济为后盾的基础上的，是建立在敌我分明的原则上的，丹东即使在后期，也不是贪生怕死的人，更不是随意出卖祖国而祈求和平的叛徒，而是一个深谋远虑的策略家。

丹东在大革命的第三条战线上，即在资产阶级营垒内部同样能坚持原则，始终注意与各种妥协保守势力展开斗争。同时，力促团结，减少派性，从而推动了大革命的深入发展。

固然，法国大革命能够沿着上升路线不断发展，其根本原因在于下层劳动群众的努力，但作为此次革命的领导阶级——资产阶级，它所起的作用同样是不可抹杀的，其中丹东所起的积极作用也是不应忽视的。早在君主立宪派统治初期，丹东就敢于同当权的大资产阶级所推行的妥协政策展开斗争。而当君主立宪派最后成为革命深入发展的绊脚石时，丹东毅然与马拉、罗伯斯比尔等人密谋，在巴黎公社领导下，秘密成立了48个区的起义委员会，于1792年8月10日在巴黎发动了第二次武装起义，一举推翻了君主立宪派的统治，确立了吉伦特派的统治，将革命推向新的阶段。因在这次起义中作出了杰出贡献，在新成立的吉伦特派内阁中，丹东作为雅各宾派的唯一代表进入内阁，担任司法部长，揭开了他革命生涯中重要的一页。可是，马迪厄和克鲁泡特金在他们所著的大革命史书中，却说丹东在 8 月 10 日起义中没有起什么作用，相反却在那天晚上蒙头睡大觉，[15] 这是过于偏颇的。

吉伦特派上台后，不久便走上了君主立宪派的老路，对内外敌人姑息、妥协，甚至公开分裂革命队伍。丹东从大局出发，随即与吉伦特派的妥协、分裂行为进行斗争，一方面建议组织革命法庭及成立救国委员会，以便加强革命政权，狠狠打击内外敌人；另一方面，则坚决反对吉伦特派私自组织的用来打击雅各宾派的 12 人委员会，并警告吉伦特派从速解散 12 人委员会，以便使共和派团结起来，对付共同的敌人。

但是，吉伦特派一意孤行，丹东担心共和国会因此而分裂，在忍无可忍的情况下，再次与罗伯斯比尔等人通力合作，于 1793 年 5 月 31 日在巴黎发动了第三次武装起义，武装起来的人民群众冲进议会大厅，迫使掌权的吉伦特派统一撤销 12 人委员会。接着，在马拉等人的鼓励下，起义群众于 6 月 2 日推翻了吉伦特派的统治，并逮捕了 22 名吉伦特派主要人物，建立了著名的雅各宾专政，将法国大革命推向最高峰。丹东虽然在 6 月 2 日的事件中，不主张用暴力处置吉伦特派，因而态度暧昧，但是，他在 5 月 31 日起义中的作用，却是无法否认的。

在雅各宾专政确立后，丹东继续为维护资本主义统治，为巩固共和政体进行了坚持不懈的努力，直至献出年轻的生命。关于这一时期丹东的作用，我们将在后面论述。

由以上可以说明，丹东在大革命的三条主要战线上，在大革命的每一关键时刻，都挺身而出，受命于危难，扶大厦之将倾。他在几年的戎马生涯中能够站在进步势力一边，顺应历史的潮流，促进了大革命的深入发展，为在法国确立资本主义文明起到了中流砥柱的作用，立下了不朽的历史功绩。因此，丹东在历史上所起的积极作用无疑是他一生活动中的主流，是必须给予肯定的。

二

在雅各宾专政的后期，丹东是受到中伤、诽谤最多的一个。对此，他却不屑一顾，毫不在意，他说："真正的活动家是不怕恶意中伤的。"[16] "即使身败名裂，我也要拯救自由。"[17] 为了避嫌，他拒绝参加已当选的救国委员会的领导工作，以表明他并无擅权的野心。但是，对资产阶级的事业，即使名誉被玷污，他还是坚持奋斗到底。在丹东政治生涯的最后阶段，他仍然继续与罗伯斯比尔合作共事，以作最后的努力，表现出他的冷静、理智和远见卓识。

可是，历史学家们常常喜欢谈论丹东与罗伯斯比尔之间的分歧和决裂，却很少提到这两位巨人在恐怖时期的友好与合作，从而模糊了人们对丹东全貌的认识，歪曲了丹东后期的形象。

罗伯斯比尔在丹东夫人病故时给丹东的那封安慰信是大家所熟悉的，信中强烈地反映出两位巨人生死与共的坚定决心："亲爱的丹东，……我现在比任何时候都爱你，至死不变，此时此刻，你我合而为一，……让我们共同痛悼我们的朋友；在不久的将来在迫使暴君们尝尝我们悲恸的威力吧！"[18] 大约过了十个月，在1793年12月的一天，当政敌在国民公会上公开诽谤丹东时，罗伯斯比尔却为他辩解说："丹东显然是受诽谤的，……我可能在丹东问题上弄错，但从在他家里的行为来看，他只能受到赞扬。"[19] 1794年初，"当雅各宾派攻击丹东时，丹东受到了罗伯斯比尔的维护"。[20] 罗伯斯比尔大声回应雅各宾派对丹东的攻击，说"丹东一向热心为祖国服务"。[21]的确,他们两人在相当长的一段时间里,仍然不惜一切共同为祖国服务,为巩固大革命的成果,为夺取大革命的最终胜利而并肩战斗。这方面的事例很多,以下略举数端,以见一斑。

第一,他们共同努力与无套裤汉结成联盟,对大革命的深入发展起了保证作用。在当时危急的形势面前,罗伯斯比尔和丹东都感到如果不与人民群众联盟,资产阶级革命的成果就无法保住,年轻的共和国就有可能垮台。但是,要与人民联盟,则必须暂时侵犯资产阶级本身的利益,在一定程度上满足群众的要求,尤其是解决群众的当务之急——面包问题。丹东说:"我还有另一个提议,在法国全国范围内,面包的价格应当与穷苦人的工资保持适当的比例,超出部分的价钱应当由富人来付。只要一颁布这个法令,你们就能保障人民的生存,维护他们的尊严,他们就能把人民和革命联结在一起,你们就能赢得他们的尊重和爱戴……"[22]而罗伯斯比尔也发出了"非联合人民不可"的呼声,并且身体力行,积极加强与无套裤汉的联盟,正是这种联盟才把法国革命推向了光辉的顶点。

第二,他们相互呼应,共同为加强中央集权制而操心。为了战胜内外敌人,必须有一个强有力的中央政权,丹东除提议建立革命军之外,还建议将救国委员会升格为临时政府,他说:"理智之船,也应该有自己的航舵,这就是正确的政策。"[23]而加强救国委员会的权力才是正确的政策。对丹东的提议,罗伯斯比尔表示坚决支持。不久,丹东的建议被采纳。救国委员会上升为临时政府后,成为最有力的专政机关,在打击内外敌人的斗争中起了重要作用。

第三,他们共同提倡革命恐怖,同时又主张区别对待,反对恐怖扩大化。为了铲除共和国的敌人,他们一致认为恐怖是必要的,唯有用革命恐怖才能回击反革命的恐怖，恐怖是推进大革命的重要手段。但是，他们反对滥用恐怖，用恐怖来对付不同政见者，这一点丹东尤为强烈。在他回到故乡休养期间，有一天，一位邻居手里拿着报纸，快步向他走来，边走边叫："好消息，好消息！""什么好消息？"丹东问道。"瞧，读报吧！吉伦特派人被判决了！"来人说道。"可怜的人，你把这件事说成是好消息？"丹东叫了起来，他的眼眶里马上含满了泪花。"吉伦特派人被处死是个好消息吗？可怜的人！""大概是吧！"来人答道："他们不是一些叛乱分子吗？""叛乱分子？"丹东说道："在他们眼里，我们也会是叛乱分子，我们也将跟吉伦特派人的命运一样，活该去死。"[24] 这段对话是丹东真实心理的写照，但丹东始终宽厚待人，曾冒着生命危险去寻求与吉伦特派和解的道路，呼吁各派亲密合作，共同对敌，因为，"团结是他的希望，团结是他的信仰，团结是他的目的"。[25] 在他看来，只有各派团结合作，法国才能有稳定与安全。所以，他反对用恐怖来对待派别之争。丹东回到巴黎后，就立即投入了反对恐怖扩大化的政治行列，提议对嫌疑犯实行区别对待，他说："我们应当承认一个政治事实，那就是在被捕的人中间，有三种情况，一部分人应该处死，大部分人是共和国应当监视的，也有一些完全可以释放，而且不会给共和国带来危险。"[26] "必须释放被捕的爱国者。"丹东的提案又一次得到罗伯斯比尔的支持并获得国民公会的通过。而且，在相当长的时间内，罗伯斯比尔也反对恐怖扩大化，提倡有节制、有分寸的恐怖，强调"没有德行的恐怖是残酷的"，[27] 支持丹东的宽容主张。

第四，在对待阿贝尔派的问题上，丹东与罗伯斯比尔的立场也是一致的，他们都主张打击阿贝尔派的活动，认为阿贝尔派的极端主张只能毁灭大革命，动摇共和国。尤其是对阿贝尔派提倡的非基督教化运动，他们更是进行猛烈的谴责。丹东认为，非基督教化运动就是把信基督教的法国人民投向绝望的深渊，会动摇人民内在生活的一切基础，必将危及法国的安全与统治。罗伯斯比尔支持丹东的观点，谴责阿贝尔派的非基督教化运动是想"利用哲学来重新挑动内战"，是一种"无法无天的……狂乱行为"，[28] 认为宗教信仰是一种社会制约，是维护资本主义统治的最好工具，如果没有宗教信仰，就不会有秩序井然的社会，因此"社会应该关心的是让贫苦的社会成员信仰宗教"。[29] 可见，在宗教观上，他们都反对无神论，提倡有神论，为了维护资产阶级统治，他们的行动是一致的。凡此种种都说明，在恐怖时期，丹东并没有脱离政治，逃避斗争，更没有消沉堕落，反对革命，而仍然是胸怀大局，与罗伯斯比尔友好相处，共同战斗，为国家为民族献身。正因为如此，罗伯斯比尔一直把丹东置于他的保护之下，称丹东是"最优秀的爱国者"。[30]

拿破仑在圣赫勒拿岛囚禁时，在回忆录中写道："其实，丹东和罗伯斯比尔走的是同一条路，他们不应该分离。"[31] 拿破仑的话是对的，他们走的是同一条路，都是为了维护资产阶级的统治，免遭封建势力复辟。但是，由于政见不同，两人最终还是分离了。在 1794 年 1 月以后特别是从 3 月初开始，两人之间的矛盾明显激化，并最终公开对立。这是为什么呢？应该说，不满情绪的表露是从丹东开始的，过去二人虽然友好合作，但已经存在矛盾，随着革命的深入，丹东对罗伯斯比尔制止恐怖扩大化不力产生严重不满。丹东尤其看到救国委员会扩大权力后，不但没有放松恐怖政策，反而继续加强，到处滥施恐怖。这种恐怖扩大化的事实，使丹东预感到必然引起灾难性后果，它不仅会殃及自己的存在，也将最终毁灭资产阶级共和国。因而，丹东从过去力主加强救国委员会的权力，转而主张削弱救国委员会的无限权力，他愤怒地指出："如果对救国委员会的暴政不加抑制，我看拯救共和国是没有希望的。"[32] 他一方面呼吁"要爱惜人类的血"，强调"人民迫切需要的是实行宽容"，[33] "释放关在监狱中的被称为嫌疑犯的 20 万公民"[34]。另一方面，则公开发泄对恐怖扩大化的不满，并表示出明确的反对立场。有一次，丹东与德穆兰在夕阳如血的傍晚时分沿塞纳河岸散步时说："看，那么多的血！塞纳河在流血！唉！流的血太多了！你还是重新拿起笔，写文章劝人宽大些吧，我支持你。"[35] 丹东悲叹："如此狂暴的状况是不会持久的，它与法国人的脾性是格格不入的。"[36] 为了团结对敌，他决心制止恐怖扩大化，多次与罗伯斯比尔言谈，劝罗伯斯比尔"摆脱诡计，与爱国者团结起来"。[37] 到最后，丹东甚至公开指责罗伯斯比尔搞"独裁"，是"暴君"，以致两人不欢而散，彻底决裂。

丹东和罗伯斯比尔两人顷刻之间，由友变敌，除了双方政见分歧外，也是由于政敌对罗伯斯比尔的挑唆与压力。当时，在国民公会中已经形成了要杀丹东的强大反对派，圣鞠斯特、库通等人还起草好了逮捕丹东的执行报告，罗伯斯比尔虽在报告上多处批上了"删去""纠正""解释"等字样，但最终还是签发了逮捕令，而且在不许丹东再申辩的情况下，作出了对丹东的死刑判决，并匆匆忙忙把丹东送上了断头台，连审判情况也不敢在革命法庭公报上公布。

在审讯中，先后有 13 名陪审员，其中有四五名陪审员是犹豫不决的，其余 8 人则听从国民公会的控制。在场的法官们很清楚这场审讯的真实含义，他们说这不是一般审判，而是一次政治行动，"我们不是陪审员，而是政客"，两派人同时存在是不可能的，唯一的办法就是处死丹东。就这样，丹东作为政府的反对派，被戴上假爱国者的面具，消失在政治舞台上。打倒了丹东，就削弱了雅各宾派自身的统治，实际上为打倒罗伯斯比尔本人做了铺垫。三个月后，罗伯斯比尔连同雅各宾专政果然被推翻了。可见，反对派对丹东的逮捕和审讯并不是光明磊落的，丹东不过是这场政治斗争中的牺牲品。丹东之死，实属冤屈。

三

在历史的审判台上，近两百年来，史学家们根据各自的好恶和政治需要，对丹东其人其事进行了无休无止的争辩，经历了从全盘肯定到全盘否定再到调和折中的漫长历程，始终未能得出一致的看法。

丹东的政敌将丹东处死后，给他加上了叛徒、假爱国者、野心家、阴谋家等许多耸人听闻的罪名，似乎丹东是罪该万死，死有余辜。

但是，历史学家们却开始了新的大胆的探索。最早对丹东进行歌颂的是米涅和梯也尔。米涅在他撰写的《法国革命史》（1824）中，称"丹东是一个革命的巨人。……敢作敢为，无事不成"。[38] 梯也尔在他所著的《法国大革命史》（1827）中，对丹东的看法与米涅十分相似，认为丹东"凭着自己的热情投进了政治的漩涡"，"是一个非常卓越而大胆，但并不计较个人恩怨的人"。[39] 而后，从孔德、米什莱、拉马丁、路易·勃朗、马德兰到罗比纳和奥拉尔，无不站在丹东一边，为丹东大唱赞歌。其中米什莱、罗比纳和奥拉尔对丹东更是推崇备至。

米什莱在他写的三卷本《法国革命史》（1847—1853）中，第一次把人民作为历史的主体，作为真正的英雄加以歌颂，而把丹东作为人民的化身加以赞美，认为丹东是与汹涌向前的历史潮流相一致的。丹东敏锐、大度、坚强，富有感情又深思熟虑，是非凡的演说家，第一流的男子汉，人民都热爱他。[40]

罗比纳在他所著《丹东派诉讼案》（1879）和《丹东私生活的回忆》（1884）两书中，指出丹东是无可非议的爱国者，对丹东的处死是一次可憎的犯罪，是对自由的沉重打击，是该诅咒的。罗比纳称丹东是在完全自我克制的情况下献身祖国的，是为了他们而不是为他自己，他没有想过任何个人利益，更没有野心，是无私而高尚的人。[41] 在罗比纳眼里，丹东成了完美无缺的人。

奥拉尔是研究法国大革命的最早权威，1886 年他被任命为巴黎大学法国大革命史第一位讲座教授。他对丹东的研究在当时最具有权威性，在一系列歌颂丹东的论文中，丹东成了奥拉尔心目中唯一的英雄。他称丹东是大革命中最典型的革命代表，一个求实的政治家、杰出的演说家。奥拉尔还在 1887 年和 1891 年末丹东雕像举行落成仪式时，试图为"伟大而善良的丹东"洗刷所有唯利是图、腐化堕落的疑痕。他称丹东的献身精神为"纯而又纯的法兰西精神"。[42] 奥拉尔还在他的名著《法国革命的政治史》（1901）中，再次歌颂了丹东，称丹东是目光远大、襟怀宽厚的卓越革命家和共和主义者，是丹东挽救了法国。可是，这样的英雄却被罗伯斯比尔背信弃义地杀害了。因此，奥拉尔谴责罗伯斯比尔为"神秘的杀人犯"。

总之，在整个 19 世纪，无论是史学界还是政治界，它们都通过谴责罗伯斯比尔来为丹东恢复名誉，进而赞美丹东，歌颂丹东，甚至崇拜丹东。

到了 20 世纪初，情况才开始发生变化，奥拉尔最有才华的学生马迪厄通过深入的研究，第一个为罗伯斯比尔平反昭雪，并且又第一个公开否定丹东，把丹东从大革命的名人中剔除出去，认为丹东腐化堕落，妥协叛卖，是个失败主义者，是地道的卖国贼、无耻的阴谋家，试图利用厌战情绪为自己卑鄙的野心服务，不惜任何代价，强求一个可耻的和平。[43] 跟随马迪厄之后的，有马桑、瓦尔特等许多史学家。他们都从不同的角度贬斥丹东，推崇罗伯斯比尔。在他们看来，英雄只能有一个，两位巨人是不能并列的，因此他们以强烈的偏侧之心来看待罗伯斯比尔和丹东。

可是，20 世纪 30 年代以后，人们通过长期的研究和反复的思考，开始从肯定—否定之中解脱出来。这个时期对丹东的研究具有阶段性成果的是法国著名史学家勒费弗尔，他在《关于丹东》等著名论文中，提出了精辟的见解。他力图站在不偏不倚的立场上，努力调和上述两派的偏激观点，试图对丹东作出全面的评述：丹东有过贪污腐化，但仍然是一个热情的爱国者。在 1792 年以前他对法国和革命作出了巨大的贡献，是值得高度赞扬的。但在以后，他追求不能实现的外交政策，力图在民族战争取得胜利后停止恐怖统治是不负责任的，是令人遗憾的，而且是完全可悲的。[44] 勒费弗尔避开丹东政治生涯中的主流，却把丹东身上表现出来的矛盾调和起来，竭力使争辩双方都满意，其实这种看似不偏不倚的观点，仍然是缺乏足够的说服力的。

今天，在法国大革命史的研究中，对丹东全盘否定和全盘肯定的论调已经不多了，尤其是肆意攻击丹东历史作用的人，为数更少了。然而，对丹东评价的争论，看来还将长期延续下去，恐难取得一致看法。

值得我们深思的是，为什么长期以来人们对丹东的争辩如此激烈？分歧如此之大？褒贬又如此不一？我们认为原因是复杂的，除了政治因素之外，主要还有以下两个原因。第一，丹东本人活动的复杂性和两面性。丹东是大革命中最复杂的领袖人物之一。丹东的政治生涯前后总共不过四年，但是在这四年中他的思想、言行和主张却充满着矛盾，而且具有明显的两面性。米涅曾经这样描写丹东，他说："在他看来，只要用得着，任何手段都是无可非议的。……他有热情，生活上放荡不羁，挥霍无度，因而负债累累；有时随心所欲，任性而为，有时一心一意为他的一党一派效力；当他要达到一个目的时，他所采取的策略具有可怕的力量，一旦达到目的，又顿时涣散。这位有力的煽动政治家有他的短处，也有他的长处，两者混在一起，形成对比。……在他看来，革命就是一场赌博,必要的时候,胜者可以赢得败者的生命。在他的心目中,自己的党派利益高于法律,甚至高于人道。这就说明他为什么在 8 月 10 日以后作出了那种暴烈行动,而在他认为共和国已经稳固之后,却又表现得那样温和。"[45] 米涅这段话把丹东这位资产阶级革命家的两面性和矛盾心理有声有色地描绘了出来,长处和短处,正确和错误,激进与温和,恐怖与宽容,时时事事交融在他的生涯中,他属于雅各宾派,但是,他又不同于雅各宾派,他不像罗伯斯比尔那样坚定、正直、廉洁,而是挥霍无度,贪财爱色;他更不像罗伯斯比尔那样朝着自己制定的路线走到底,而是瞬息多变,他有时慷慨激昂,有时消沉颓唐,有时坚毅果断,有时徘徊犹豫,朝三暮四,像个典型的"机会主义者"。

丹东在政治上的两面性表现得尤为突出,他反对封建特权,力主共和政体,却又同情国王,有时甚至与王党勾搭,一度关心王后的安危,还为"挽救国王而操心"。[46] 他反对吉伦特派的妥协叛卖途径,却又希望与吉伦特派团结起来,言归于好。他力图把大革命进行到底,却又害怕以至反对采取激进的革命手段,喊出:"宁可自己一百次上断头台,也决不当刽子手。"[47] 他对待劳动群众的态度则始终处在矛盾之中,为了夺取革命的胜利,他曾经利用群众的伟大力量,但是,他又十分害怕,以至与群众处于敌对状态,走上了联合各派资产阶级共同镇压劳动群众的道路,革命性与反动性在丹东身上,同样表现得异常明显。在丹东生命中的最后两个月,他把注意力集中在打击忿激派方面,与罗伯斯比尔共同把忿激派镇压下去。当国民公会讨论通过废除奴隶制法案时,丹东初则阻止,当无法阻止时,他就提议政府采取措施,以便使这个奴隶解放法案能在尽量不引起社会动乱的情况下生效并实施。[48] 丹东的这一举动又一次表现出他反对下层群众的反动立场。丹东政治生涯中表现出来的复杂的矛盾性和两面性,是他忠于资产阶级事业的表现,也是资产阶级上升时期所固有的共同特征，而这种典型的两面性却使不同派翼的史学家都能找到自己所需要的论据，他们根据个人的政治需要和好恶，取其所需，从而使辩论难以一致。

第二，各派史家没有从主流出发看问题。其实，只要抓住丹东政治生涯中的主流，从大局、从本质上对丹东进行冷静的思考和具体的分析，还是能够在总体上对丹东作出比较一致的评价的。所谓主流，就是看他在历史发展的潮流中究竟站在哪一边，如果他的所作所为其主导方面是顺应历史发展潮流的，是站在进步势力一边的，即使有这样那样的问题，我们还是应该肯定其"历史正当性，承认他们在一定限度的历史时期内是人类发展的杠杆"。[49]所谓大局，就是看他在这场反封建的资产阶级革命中所起的作用，究竟是推动反封建革命向前发展，还是阻碍、反对；就是看他的言行是否有利于资产阶级夺取政权和巩固政权。所谓本质，就是要看他究竟代表哪个阶级的利益，因为"个人隶属于一定阶级"。[50]

因此，必须要看他所代表的阶级在当时的历史进步性和局限性，从而肯定其进步性，同时指出其局限性。唯有如此，才能比较客观地评论丹东的历史作用，不至于让"情绪支配自己"，[51]以致得出片面的结论。

如果我们真正抓住丹东政治生涯中的主流，从大局、从本质上来统观丹东的实践活动，那么，无可否认：丹东政治生涯中的主流是顺应历史发展潮流的，确实起了促进人类历史发展的"杠杆作用"。他虽一度与王党勾搭，甚至有过变节行为，但从大局看，他在打击国内外封建势力方面，在保卫和巩固资产阶级共和政体方面，都起了明显的积极作用。丹东活动的唯一宗旨，就是按照政治民主的原则建立资本主义新体制，保证资本主义经济自由发展，从而满足当时最活跃、最有经济力量的工商业、金融资产阶级的需要。史学界有人因此称丹东是资产阶级暴发户的代言人并对他加以贬斥，进而否定丹东的历史地位，这是不符合历史唯物主义的。因为资产阶级毕竟是资本主义时代的代表，而且在当时还是革命的领导阶级，而丹东作为这个阶级的代言人，其进步行为可以说是顺乎历史发展规律的。当然，丹东作为资产阶级的代表也具有明显的反人民性，对此，无疑是应该揭露和谴责的，但不能因此否定丹东所起的积极的历史作用。

（原载《杭州大学学报》1985 年第 1 期）

注　释

1　Hermann Wendel, *Danton*（《丹东传》），Paris，1978，p.305.

2　中国法国史研究会编《法国史论文集》，三联书店，1984。

3　Norman Hampson, *Danton*（《丹东传》），Paris，1978，p.27.

4　Hector Fleischmann, *Discours Civiques de Danton*，Pairs，1920，Ⅰ.

5　Michel Mourr, *Dictionnaire Encyclope'dique D'Histoire III*，Pairs，1978，p.1284.

6　*La Grande Encyclopedie*，Librairie Larousse，Paris，1973，T.6，p.3648.

7　Hector Fleischmann, *Discours Civiques de Danton*，p.39.

8　Hector Fleischmann, *Discours Civiques de Danton*，序言。

9　Hector Fleischmann, *Discours Civiques de Danton*，p.45.

10　*La Grande Encyclopedie*，T.6，p.3649.

11　Hector Fleischmann, *Discours Civiques de Danton*，p.66.

12　Hector Fleischmann, *Discours Civiques de Danton*，p.178.

13　Hector Fleischmann, *Discours Civiques de Danton*，p.194.

14　Hector Fleischmann, *Discours Civiques de Danton*，p.177.

15　参见马迪厄《法国革命史》，商务印书馆，1957，第 158 页；克鲁泡特金《法国大革命史》，1937，第 326 页。

16　Hermann Wendel, *Danton*（《丹东传》），p.179.

17　Norman Hampson, *Danton*（《丹东传》），p.129.

18　*La Quinzaine Litteraire*,1983，No.387，p.7.

19　Georges Lefebvre, *Etudes Sur La Revolution Francaise*（《关于法国大革命研究》），Paris，1963，p.100.

20　米涅：《法国革命史》，北京编译社译，商务印书馆，1977，第 22 页。

21　热拉尔·瓦尔特：《罗伯斯庇尔》，姜靖藩等译，商务印书馆，1983，第 386 页。

22　Hector Fleischmann, *Discours Civiques de Danton*，p.125.

23　Hector Fleischmann, *Discours Civiques de Danton*，p.174.

24　Hector Fleischmann, *Discours Civiques de Danton*，p.265.

25　Norman Hampson, *Danton*（《丹东传》），p.278.

26　Hector Fleischmann, *Discours Civiques de Danton*，pp.214−215.

27　Mathiez, *Etudes Sur Rebespierre*，Paris，1958，p.73.

28　米涅：《法国革命史》，第 218 页。

29　卢金：《罗伯斯比尔》，吕式伦等译，傅娟校，商务印书馆，1963，第 102 页。

30　马迪厄：《罗伯斯比尔的历史和传说》，《法国大革命史论丛》1977 年第 1 期。

31　Robespierre Maximilien, *Textes Choisis*，Paris，1968.

32　热拉尔·瓦尔特：《罗伯斯庇尔》，第 387 页。

33　Hermann Wendel, *Danton*（《丹东传》），p.327.

34　Hermann Wendel, *Danton*（《丹东传》），p.327.

35　热拉尔·瓦尔特：《罗伯斯庇尔》，第 387 页。

36　热拉尔·瓦尔特：《罗伯斯庇尔》，第 388 页。

37　马迪厄：《法国革命史》，第 444 页。

38　米涅：《法国革命史》，第 146 页。

39　Norman Hampson, *Danton*（《丹东传》），p.2.

40　Norman Hampson, *Danton*（《丹东传》），p.5.

41　Norman Hampson, *Danton*（《丹东传》），p.10.

42　*La Quinzaine Litteraire*, 1983，No.387，p.7.

43　Norman Hampson, *Danton*（《丹东传》），p.15.

44　Georges Lefebvre, *Etudes Sur La Revolution Francaise*（《关于法国大革命研究》），
　　p.100.

45　米涅:《法国革命史》，第 146—147 页。

46　*La Grande Encyclopedie*, T.6，p.3649.

47　*La Grande Encyclopedie*, T.6，p.3649.

48　Norman Hampson, *Danton*（《丹东传》），p.152.

49　《马克思恩格斯全集》第 21 卷，人民出版社，1965，第 557—558 页。

50　《马克思恩格斯全集》第 3 卷，人民出版社，1960，第 85 页。

51　《列宁全集》第 34 卷，人民出版社，1959，第 387 页。

丹东评传

乔治－雅克·丹东是法国大革命中一位著名的革命家和出色的政治活动家。

丹东生活在法国社会发生剧烈动荡和大变革的历史时代。1789 年 7 月 14 日，法国爆发了震撼世界的资产阶级大革命，新兴的资产阶级领导广大群众与腐朽没落的封建制度展开了殊死的搏斗。

在这场政治大革命中，丹东奔走呼号，历尽艰辛，以自己的言行为社会作出了贡献，赢得了很高的威望。可是，在革命后期，由于他提出了有悖统治者旨意的宽容政策，而被当权的雅各宾派送上了断头台，当时他只有 35 岁。

一　青少年时代

1759 年 10 月 26 日，乔治－雅克·丹东诞生在法国奥布省阿尔西镇附近的小农村。祖父是一个勤劳朴实的农民，全家过着清苦的生活。父亲从小发奋读书，终于成为阿尔西管辖区地方法院的检察官，挤进了中等资产阶级的行列。母亲是一位建筑业承包人的女儿，她心地善良，非常喜爱小丹东。丹东3岁那年，父亲突然病故。因生活所迫，母亲在丹东11岁时改嫁，继父是一位小纺织业主。丹东有7个兄妹，他排行第五。

丹东的少年时代是在农村度过的。他常常坐在祖父的膝盖上，聚精会神地听祖父讲故乡那些勤劳勇敢的人的故事，于是他向往长大后自己也成为一名顶天立地的大人物。小丹东好胜逞强，也十分顽皮。有一次，年仅7岁的丹东去牧场玩耍，竟好奇地吸吮起母牛的奶汁来，还大胆地用木棍向好斗的公牛发起攻击。被惹怒了的公牛用尖利的牛角向他顶来，小丹东的嘴唇被刺破，顿时鲜血直流，从而留下了伤疤。但是，他并没有向凶猛的公牛屈服，而是用木棍狠命敲打牛头，将公牛赶跑。有时，他还手持鞭子跨进猪圈，驱赶猪群作乐。一次，他被公猪绊倒在地，遭到公猪凶狠地踩踏，但他还是不肯认输，爬起来继续去驯服它们，直到它们全部服服帖帖地躲在一边，发出"哼哼"的叫声时，他才像个打了胜仗的英雄，耀武扬威地回家去了。

丹东8岁时，祖父把他送进小学读书。好动的丹东不习惯静心读书，常常像个小首领似的带着同学偷偷溜出校门，到田野、城堡和小丛林中玩耍，甚至去奥布河中戏水游泳。因为屡犯校规，丹东被老师狠狠地打了屁股。这次痛打成了他上进的起点，他渐渐懂事了，开始认真听课和做作业，成绩很快在班上名列前茅。

11岁时，丹东害了天花病。天花在他的脸上留下了许多棕黑色的斑点。可是，他并不因为自己成为麻子而消沉，而是专心地埋头攻读，出色地完成了小学的学业。

1772年10月，年仅13岁的丹东只身一人离开家乡到省城特鲁瓦求学。这个来自阿尔西的淘气孩子第一次跨进了花花世界，似乎呼吸到一种新鲜的气息，萌发出一种奋发向上的激情。可是，在大教堂做神父的叔叔却要他进了特鲁瓦的一所天主教神学院读书。这是一所等级森严、校规戒律甚多、禁锢人们思想的教会学校。这里没有假日，没有行动自由，甚至不许随便讲话。整天听着老师——愚笨的教士的几句套语"上帝是万能的，我们是渺小的，我们是罪人"，等等。

在这样的学校里读书，丹东感到孤独、冷漠和害怕。两年后，他毅然离开神学院，转入世俗的地方中学继续读书。

在世俗中学里，丹东觉得很自在，他如饥似渴地学习各门功课。他思想开放，能放眼现实，独立思考。他目睹社会上特权人物的横行、教会势力的腐败以及封建专制主义和贵族上层的种种弊端暴政，开始接受启蒙思想。他仔细阅读了孟德斯鸠、伏尔泰和卢梭等启蒙思想家的著作，深受他们的影响。他倾向进步，对旧制度表示强烈的不满和愤慨，决心去追求自由和平等。

丹东兴趣广泛，既喜爱哲学和法律，也阅读过亚当·斯密的《国富论》和莎士比亚的大量文学作品。他还利用空闲时间学习英文和意大利文。他盼望有一天能以法治国，用法律之绳来惩治为非作歹的特权者。

丹东进城后，仍然十分思念故乡。每逢暑假，他总要返回故里，探望长辈亲朋。还常常邀集小学时的同窗好友去郊游，在大自然的怀抱里自由地漫游。他们来到奥布河畔，躺在辽阔的草地上，仰望着蓝天，深深呼吸着带有浓郁芳草香味的新鲜空气，情不自禁地高呼："我爱故乡！"丹东和他的年轻的伙伴们深情地爱恋着自己的故乡，陶冶他们热爱祖国的情操。

中学毕业后，丹东决心专攻法律。他先后到巴黎、兰斯接受高等教育，并于 1784 年在兰斯法律学院毕业，获得律师学位。1780 年在巴黎读书时，他被巴黎最高法院的一位检察官聘为实习律师。取得律师资格后，他在巴黎开办了一个律师事务所。在律师工作中，他能主持公道。在一起穷牧羊人与庄园主之间的纠纷诉讼案中，他以富有哲理的言辞使庄园主败诉，从而保护了牧羊人的正当利益。在另一起贵族与资产阶级纠纷的诉讼案中，他坚定地站在资产阶级一边，驳斥了贵族的无理取闹，从此名闻遐迩。

1785年，丹东正式在巴黎最高法院任律师职务。他能说善辩，而且注意搞好与各方人士的联系，从而成为巴黎著名的律师之一。他身为律师，仍然志趣广泛，勤奋好学，除继续着迷地阅读启蒙思想家的作品外，还十分喜爱戏剧，对古典戏剧大师拉辛、高乃依、莫里哀的作品爱不释手。他在潜心攻读的基础上还能顺利地阅读拉丁文、意大利文和英文的原版书刊。广博的知识使他在律师工作中干得更加出色。

1787年6月，丹东同一位咖啡馆老板的女儿结婚，得了一大笔作为嫁妆的钱。接着，他又凑足了78000里弗尔巨款，从他人手中转买了皇家枢密院律师的头衔，每年可因此而得到25000里弗尔的收入。他开始享受富裕而阔绰的小家庭生活。不久，他从小公寓搬到卢森堡附近哥德利埃大街一所有3间卧室、2间客厅以及厨房的大公寓，摆起名流的排场，尽情地享受、挥霍，有时甚至负债累累也毫不在乎。

但是，丹东并不只沉湎在享乐中，他还非常关心国家大事。他敏锐地预感到封建制度末日来临，曾对朋友说，政府已经危机四伏，"和缓的改革现在已经无济于事了，你没有看见这座冰山马上就会崩塌下来吗？"不出所料，两年之后，一场革命的大风暴在法国大地掀起，这座封建统治的冰山很快地崩塌消融了。他并不需要一场革命，但是，出于对特权统治的不满，他还是选择了革命的道路。

二　投身革命

1789年春天，法国的旧制度已面临风雨飘摇的危局。7月初，一场大规模的武装冲突正在酝酿，国王调兵遣将，准备孤注一掷。资产阶级为摆脱其无权地位正在带领群众投入反封建斗争。丹东所在的哥德利埃区成为巴黎革命舆论的中心。7月13日凌晨，警钟划破了宁静的巴黎上空，愤怒的人群顿时沸腾起来，他们手持武器，纷纷走上街头。

丹东随即在自己所在的区投身革命的洪流。他以革命激进派的面目出现，号召群众武装起来，用自卫来还击封建统治者的专横与残暴。为了引人注目，他用双手拨开人群，跳上桌子发表了鼓动性的演说："公民们，武装起来，15000名匪徒正纠集在蒙马特尔高地，3万人的武装正在向巴黎袭来，并且已经开始向广大居民掠杀过来。武装起来！"这种富有正义感的洪亮的呼喊声，激发了广大人民群众的革命热情，人群中爆发出表示响应的口号声："武装起来！丹东万岁！"顿时，喊声响彻整个街区。

大革命爆发后，丹东由一名律师很快成为一名出色的革命战士。他参加了哥德利埃区的国民自卫军，并得到广大战士的信任而担任了上尉军官。他腰佩军刀，身先士卒，冲锋陷阵，在群众中威信很高，成为这个区公认的革命派领袖。9月，他被选为哥德利埃区的区长。

丹东团结革命派，推动这场革命继续向前发展，使哥德利埃区成为巴黎人民群众中革命的象征，在大革命中发挥了重要的作用。10月1日，当国王在凡尔赛宫举行反对革命的盛大宴会的消息传到巴黎后，哥德利埃区就敲响了警钟，大批群众在妇女们的带领下，组成浩浩荡荡的队伍进军凡尔赛，声讨国王的反革命罪行。丹东不仅积极支持群众的斗争，还及时提出建议，敦促市政府令国民自卫军随同群众进军凡尔赛。在军民的压力下，第二天，国王被迫来到巴黎接受人民的监督。国王的反革命阴谋最终被粉碎了。

1790年后，丹东先后成为巴黎市政府成员和哥德利埃俱乐部的创始人、领导人。作为政府的官员，他在言谈中常常呈现出妥协、温和、安分守己的姿态，但作为群众的一员，他在俱乐部里仍然表现出慷慨激昂、决心革命到底的英雄气概。这就是说，他作为一个资产阶级革命家，已经显露出在政治上的两面性，可以根据场合的不同采取不同的策略，以顺应革命形势的需要。

随着革命的发展，丹东革命的激进思想也在不断发展。在哥德利埃俱乐部里，他和马拉、德穆兰一起，经常发表激动人心的演说，宣传自由平等的民主思想，谴责君主派大臣的反动行径，揭露大资产阶级的反人民本质。为了表示自己与封建特权决裂，他们还在 1790 年 9 月，公开宣布取消自己在皇家枢密院的律师头衔，自愿放弃高额的头衔年俸。这一举动，扩大了他在群众中的影响。

1791 年 6 月 20 日，巴黎发生了国王逃跑未遂的重大政治事件。国王的背叛行为使全国人民怒不可遏。在群众爱国情绪的影响下，丹东改变了对国王的看法。原来他总认为，封建特权必须反对，自由、平等必须实行，但国王的尊严却是不可侵夺的。因此，他对国王理所当然地表示出敬畏和同情，几乎有点相信劫持之说。可是，当了解到国王准备叛国投敌的真情后，他再也抑制不住自己的感情，在雅各宾俱乐部里一再发言，对国王及其庇护者表示无比的蔑视和反对。他指出，国王的逃跑只是一连串阴谋中的一部分。国王能逃出巴黎，应归咎于当权者的怂恿。接着，他指名道姓指责了国民自卫军司令官拉法耶特。丹东认为：拉法耶特应对在戒备森严中国王仍能逃之夭夭负全部责任；拉法耶特不是叛国者，至少也是一个白痴，应该辞职告退。同时，他认为，路易十六如不是罪犯，也是个疯子，已不能再当国王，应该暂停国王的权力，让王位空悬。他还严厉地驳斥了种种保王言论，指出谁要是想使国王复位，谁将被碾得粉身碎骨。他心中明白，国王的复位将给法国带来不幸。所以，随着反对国王复位的群众运动的展开，他以鲜明的立场支持群众的斗争。

当时的制宪议会在经过辩论后做出决议：让国王复职。制宪议会的这一决定，激起了革命民主派的极大愤怒和广大人民的强烈不满，他们纷纷举行游行示威，表示抗议。丹东领导的哥德利埃俱乐部起了积极的带头作用，他们起草了给制宪议会的请愿书，要求废黜国王，宣布共和。7月17日，丹东与布里索等人共同在马尔斯校场征集群众在请愿书上签名。他还与德穆兰共同在校场的祖国祭坛上发表长篇演说，宣布"王权与自由不能并存"，并以祖国的名义要求废黜国王，建立共和。广场上人山人海，群众决定举行大规模游行示威，将请愿书送往制宪议会。然而，这一正义行动却遭到了君主立宪派的血腥镇压。直到夜幕降临，枪声仍然不绝，巴黎笼罩在一片恐怖的气氛中，人民紧闭门窗，不敢外出。

丹东不畏强暴，仍然坚持斗争。惨案发生后，他多次谴责君主立宪派镇压群众的罪行和对革命的叛卖行径，并指出巴黎市长巴伊和拉法耶特对屠杀无辜者应负责任。他因此遭到当权者的迫害，受到通缉。8月初，他被迫离开革命的中心巴黎，先后到家乡阿尔西、特鲁瓦躲避，最后只能离开法国到英国避难。在英国，他认真地考察了社会现实，广泛接触了进步人士，更加坚定了争取民主、自由和平等的决心。6周后，他毅然返回祖国，重新投入激烈的政治斗争，很快成为政治风云中的中心人物之一。

三　出任部长

君主立宪派对丹东的迫害，反而提高了他在群众中的威望。1791

年 12 月 6 日，他当选为巴黎公社代理检察长。当时，法国正处在危难之际，欧洲的反动君王们正在勾结法国王党复辟势力，妄图干涉法国革命，扑灭革命的烈火。他深感自己肩上责任重大，在就职演说中，他慷慨陈词，断然表示只有用鲜血才能拯救法兰西，发誓为自由平等和民族的尊严决一死战。他说："我的誓言就是：自由万岁或者死亡！我将永远忠于宪法的原则。"他警告国王，不要要弄反革命的把戏，否则将威胁法国的安宁。他还警告各国的暴君，如果他们胆敢反对并干涉法国革命，必将遭到灭亡。他为维护法兰西的独立，为保卫并推进革命，进行着艰苦卓绝的努力。

可是，反动派绝不会"放下屠刀，立地成佛"。国王仍在玩弄花招，他于 1792 年 4 月对奥宣战，企图挑起战争，投降外敌。保王势力勾结外敌，引狼入室，而君主立宪派则表现得软弱无力，致使奥普联军很快侵入法国境内。祖国危在旦夕。丹东清醒地看到，要真正打击外敌，就必须首先清除与外敌勾结的内部敌人。他决心先发动群众，以清除隐患，再打败外敌。7 月 30 日，他所在的法兰西剧院区通过决议，公开宣布取消消极公民和积极公民的区别，消极公民和积极公民一律享有同等权利，有权参加国民自卫军，从而大大激发了消极公民的激昂的政治热情。同时，他与马拉等领导人一起秘密组织起义委员会，具体部署和领导推翻王权的起义。他还在 8 月 9 日夜间奔走于各区与兵营之间，组织和发动武装起义。10 日，成千上万的武装群众在起义委员会的领导下，冲进了王宫，推翻了大资产阶级的君主立宪统治，迫使议会废黜国王，使权力掌握在吉伦特派手中，将大革命推进到一个新的阶段。丹东成为这次起义的组织者、发动者和领导者之一。

8 月 10 日起义胜利的第二天，丹东被任命为临时政府中的司法部长。其实，他的权力远远超过了部长的职权。他心地宽厚，才华出众，又善于交际，因而在群众中享有很高的威望。尽管他是雅各宾派，吉伦特派仍然十分欢迎他加入政府，因为在吉伦特派看来，丹东是各派和解的象征。所以，他得到了吉伦特派的拥戴而作为唯一的雅各宾派成员当了部长，成为领导集团的核心成员。从此，他以司法部长的名义担负起了拯救祖国的重任。

当时，国内的隐患虽除，但外患依然十分严重。8 月 30 日，普军已兵临凡尔登城下，该城一旦失守，通向巴黎的大门就会被打开。消息传来，巴黎一片混乱。为商讨对策，政府各部部长立即举行紧急会议。前线炮火连天，而会议上却在争论不休。内政部长罗兰竭力主张迁都外省，逃到南部毫无防御能力的不毛之地——布鲁瓦。陆军部长塞尔旺、财政部长克拉维埃则随声附和，表示赞同。也有人表示反对，提出要在巴黎城下迎战敌人，进行消极防御。在这关键时刻，丹东力排众议，独树一帜，他既不同意在巴黎城下消极迎战，又坚决反对迁都逃跑。他说："巴黎是法国的化身，你们放弃巴黎，就是认输投降，把自己和整个法国都交给敌人。"他认为在首都城下作战也是不可取的，这只能是坐以待毙。于是，他大胆地提出了动员群众、奔赴前线、主动出击、迎战敌人的主张。这一积极抗战的提议，终于得到了多数部长们的支持，迁都逃跑论者只得悄悄离席。

丹东决心和群众一起，共同保卫自己的家园。他为了表示自己誓死保护祖国的决心，事先请人去故乡，将母亲和孩子接到巴黎。他在讲台上告诉大家说，我已派人把七旬老母和两个孩子接来巴黎，我愿我的家庭与我同归于尽。他表示，即使巴黎化为废墟，也不让普军入城侵占一寸土地。他的举动使人们深受感动，稳定了后方，激励了人民保家卫国的热情。

1792 年 9 月 2 日，凡尔登失陷的消息传到巴黎，巴黎形势剧变，人心惶惶。在国难当头的危急时刻，丹东沉着镇静、满怀热情、信心百倍地投入了紧张的抗战准备工作。他与巴黎公社密切配合，并同马拉、罗伯斯比尔一起为组织民众对付入侵者倾注了全部心血。巴黎公社发表宣言，号召公民们拿起武器来，迅速投入抗战，并下令征募 6 万大军开赴前线。丹东则在立法议会上多次发表演说，动员人民团结一致，英勇杀敌。他劝导巴黎市民不必惊慌：全法国人民已经行动起来了，一定能够打败入侵的敌人。他提议，凡能上前线作战的男人都要应征入伍，并挨家挨户收缴武器，为作战所用，对蓄意隐藏武器者予以严厉制裁。他的活动对鼓舞人民的斗志起了重要作用。接着，他在立法议会上发表了一生中最著名的演说，号召大家奋起保卫祖国。他说："大家将要听到的警钟，不是恐惧的信号，而是向祖国的敌人发起冲锋的号角。我们必须勇敢、勇敢、再勇敢，才能征服敌人，法国才能得救。"他的演说声音洪亮，慷慨激昂，富有感染力，燃起了法兰西人民保卫祖国的熊熊烈火。法国著名的社会主义者饶勒斯曾经这样描绘他的演说："丹东的发言是从高山之巅奔腾而下的激流，充满激情，明澈似镜。"的确，他的言行赢得了法国民众的尊重和支持。成千上万的工人、手工业者和城市贫民组成了浩浩荡荡的义勇军，这些英勇的无套裤汉准备随时开赴前线，迎头痛击入侵者。

9 月 20 日，以无套裤汉为主力的法国革命军，在瓦尔密高地与普军展开血战。革命军英勇顽强，杀退了敌人，打败了入侵者，取得了反击战的第一次重大胜利，维护了法兰西民族的独立和尊严，初步稳定了大革命的成果。

丹东在就任司法部长期间，除了努力组织抗战外，还十分注意建立法治政权，与各派合作。他一再强调，政府应该努力维护大众和个人的自由，维护法律和公共秩序，维护民族的团结和国家的昌盛。实际上，就是要建立一个以法律为依据的安定的资产阶级政权。所以，他呼吁：结束民众的暴力和复仇，一切审判可由法庭进行。

　　但是，丹东是个现实主义者，他一方面劝告民众遵纪守法，一方面却能随机应变，从实际出发，容忍和支持民众的复仇举动。这方面典型的例子表现在他对待"9月屠杀"的态度上，当大批民众冲进监狱，杀死上千名在押犯进行复仇的时候，他并没有用法律去约束民众，更没有用武力阻止屠杀。作为司法部长的丹东，当时是完全可以用暴力制止民众的行动的。但是，他不想这样做，也不肯这样做。在屠杀事件发生前，曾有人劝他立即采取措施，然而他婉言拒绝了。他说："激怒的人民要去监狱自行审判坏人，我有什么办法？"其实，他并不希望出现大屠杀。但他看到，民众中蕴藏着巨大的精神力量，人民中愤怒的情绪高涨到了极点时，要制止它是非常危险的，如果硬要出兵镇压，势必酿成新的马尔斯校场惨案，严重挫伤民众的爱国热忱，就无法动员民众去前线打仗。正因为如此，丹东默认了，而且支持了这一屠杀事件。

四　议会代表

　　瓦尔密大捷后的第二天，新选出的国民公会开幕，丹东被选为议会代表，积极参加了各项活动。1792年9月22日，国民公会庄严宣布法兰西共和国成立。丹东雀跃欢呼，觉得自己的理想终于成为现实了。他希望共和制永远存在于法国，使土地财产、个人财产和工业财产不受侵犯。可以看出，他的政治理想就是建立和维护以私有制为基础的资产阶级民主共和国。

　　为了维护和巩固这样的共和国，丹东强调，唯一的办法就是以法治国，运用法律武器来对付违法者。他自己带头依法行事。9月27日，他根据关于议会代表不兼任部长的规定，提出辞去司法部长职务。10 月 9 日，他正式办了移交手续。在国民公会内外，他和马拉、罗伯斯比尔等人一起组成了山岳派，成为该派主要领导人之一。他凭借自己在群众中的威望，继续发挥自己的才能，为资产阶级的自由事业奋发努力。

丹东积极主张各派团结一致，停止派系纷争，共同对付危害共和国的敌人。吉伦特派的头面人物罗兰及其夫人害怕山岳派力量强大。他们尤其不满丹东，千方百计地反对他，甚至对他进行人身攻击。而丹东却不计前仇宿怨，始终宽大为怀。在他看来，吉伦特派和雅各宾派成员之间的矛盾和斗争，不管多么尖锐、激烈，都只不过是看法不同和个人私怨的发泄；大家都是革命者，都是共和派，没有必要争吵不休。因此，他提议两派应该抛弃一切私怨，携手合作，共同对敌。他自己就是这样做的。一次，有人对他说，吉伦特派的主要首领罗兰及其夫人在背后煽风点火，准备把他干掉。他听了后笑眯眯地说，这是过去的事，过去的事就让它过去吧，没有必要再纠缠。他认为，只有团结才能保证国民公会的路线得以执行，才能建立起巩固的自由统治。

但是，丹东对那种在革命营垒中蓄意制造党派分裂的现行活动是决不宽恕的，而且毫不妥协。例如，在国民公会中，吉伦特派为了把罗伯斯比尔和马拉等人排挤出去，一方面制造舆论，公开污蔑罗伯斯比尔等人想在巴黎建立独裁统治，想独揽政权；另一方面则鼓吹各郡自治，声称巴黎的权力只能和其他各郡一样，必须缩小到 1/83，企图以地方自治为名来对抗并削弱巴黎的革命中心地位，进而否定巴黎在革命中的领导地位，达到肢解、分裂法国革命的目的。他对吉伦特派这种叛卖革命的行为十分痛恨，坚决反对。他严厉指出，法兰西共和国只能是一个统一而不可分割的整体。可是，为了顾全大局，避免分裂，同时又制止吉伦特派的叛卖行为，他采取了灵活的策略，提出了两派都能接受的提案。他说，凡是主张独裁统治的人都应被处以死刑，主张分解法国的人也应该被处以死刑。其实，他的提案是针对吉伦特派的，因为罗伯斯比尔并没有提出要建立独裁统治。结果，提案在热烈的掌声中获得了通过。这样，在维护团结的前提下，吉伦特派的分裂阴谋被巧妙地粉碎了。

当两派斗争严重影响革命，无法再调和的时候，丹东则坚持原则，敢于将斗争进行到底。1793年5月，吉伦特派再度制造分裂，在国民公会组织了一个12人委员会，专门搜集雅各宾派的材料，用来打击迫害革命民主派。这是一个反动的宗派组织，它的存在必将严重危及革命。丹东毅然起来斗争，坚决反对12人委员会，警告吉伦特派从速解散。他的决心很大。他说，即使只能找到100个人的支持，他也要反对这个委员会。这表明这一次再也没有妥协的余地了。由于吉伦特派一意孤行，他担心共和国会因此而分裂，在忍无可忍的情况下，再次与罗伯斯比尔通力合作，终于推翻了吉伦特派的统治，建立了历史上有名的雅各宾专政。

在对待审判国王的态度上，丹东也是爱憎分明的。路易十六被废黜后，一直关在监牢里。在国民公会上，对于如何处置国王的问题争论十分激烈。吉伦特派竭力袒护国王，阻扰审判；国内外的王党势力则挑起事端，蓄意制造动乱不安的局面，为营救国王而四处奔走。可见，在当时要不要审判国王并不只是关系到国王个人的命运问题，更是要不要彻底摧毁封建制度的原则问题。雅各宾派支持广大群众的要求，主张立即审判国王。他们认为，国民公会如果对这一重大案件迟迟不决，王党就会复苏，保王派的希望就不会破灭。

在群众的压力下，从1792年11月开始，国民公会就如何处置国王进行了多次辩论。丹东因外交公务去边境视察，未能参加辩论。不过，他并不主张审判国王。这个心地善良的人想给国王留一条活路，曾想用放逐的办法来处置国王及其一家，所以态度暧昧。可是，当得知国王叛国投敌的各种确凿证据时，尤其是在广大群众强烈要求处死国王的呼声下，他开始改变自己的宽容态度。1793 年 1 月 14 日，他从比利时赶回巴黎，顾不上休息，就参加了国民公会的审判。在众目睽睽之下，他走上讲台，大声宣告："与暴君是没有任何妥协余地的，只有砍掉国王的脑袋才能打击国王，我要投票赞成处死暴君。"他的讲话像晴天霹雳，击中了一切保王势力，他们原以为丹东这位有威望的政治家会代表他们公开说出袒护国王的话，现在保王派的希望破灭了。激烈的唱名表决整整持续了 3 天。结果，终于以多数票通过处死国王的决议。1793 年 1 月 21 日，作为"民族的叛徒""人类的敌人"，路易十六被送上了断头台。丹东在处置国王这一重大问题上，表现出与反动势力毫不妥协的立场，以自己的言行谱写了一曲反封建的战歌。

路易十六被处死后，国内外的保王势力又发动叛乱，进行绝望的挣扎。丹东明智地看到，在这动乱的时刻，应建立革命法庭，并采取严厉的措施惩办敌人。1793 年 3 月 10 日下午，国民公会会议一直进行到 6 点钟，有人建议把讨论建立革命法庭一事推迟到第二天，主席只得宣布休息，代表们开始离开席位。这时，丹东急了，他冲上讲台，以恳求的语调要求大家稍留片刻，对是否建立革命法庭问题立即做出决定。代表们还没有回到自己的座位上，他就滔滔不绝地陈述了在国难关头必须建立革命法庭的种种理由。他认为采取法律措施惩治反革命是当务之急，因为自由的敌人到处张牙舞爪，唯有运用法律武器，通过革命法庭来对付敌人，才能巩固革命。他几乎是在哀求议会代表。他说："我们实行恐怖吧，以便消除人民的恐怖。""让我们建立法庭吧，以便使人民知道法律之剑已经悬挂在敌人的头上了。"在他的努力下，国民公会的大多数代表终于同意立即成立革命法庭，并通过了决议，宣布革命法庭将审理危害自由、平等和共和国的反革命罪犯，不论被告是文武官员，还是普通公民，概莫能外。革命法庭成立后，在相当长的时间内，对保卫革命成果、打击国内敌人起了很大的作用。

为了更有效地领导抗击外敌，丹东还积极主张建立专门领导机构。革命法庭成立后一个月，在 4 月 5 日的国民公会上，他提议建立一个救国委员会。他说，共和国在驱除独裁者和执政官的同时，有能力甚至是有义务来建立一个强有力的权威，而唯有建立这样的权威组织，才能打败一切入侵者。国民公会又一次采纳了他的倡议，于 4 月 6 日发布了成立救国委员会的法令，组成了有 9 人参加的救国委员会。他虽然不是主席，却在救国委员会中起着重要作用，成为该委员会的实际领导人，在领导抗战救国的斗争中发挥了强大的堡垒作用。7 月 10 日，救国委员会改组，他不再参与领导工作。但是，他没有因为自己失去了实际领导权而有所不满，更没有对雅各宾专政产生敌视和对抗情绪。相反，在相当长的日子里，他一如既往，积极支持救国委员会的工作。

随着国内形势的再次恶化，原有的救国委员会已经不能适应新的形势，因为它行使的权力有限，不能控制国民公会所属的其他委员会。在这个重要时刻，丹东主张进一步加强救国委员会的权力。在 1793 年 8 月 1 日的国民公会上，他提议将救国委员会升格为临时政府，以加强其对全国性重大问题的决策和领导作用，并信心百倍地劝导国民公会的成员采纳他的这一倡议。他说，理智的航船应该有自己的船舵，这就是正确的政策。而法国的当务之急就是对政府体制进行改革，将救国委员会升格为临时政府，使各部部长成为该委员会的首席公务员，从而使救国委员会成为强有力的权力中心。尽管这次会上代表们未能采纳他的建议，但是，他不放弃任何机会宣传加强救国委员会的权威。他说，我虽然不是救国委员会的成员，我今后也不打算参加任何委员会，但我相信救国委员会的成员都是最好的爱国者。在他看来，法国革命必须由救国委员会领导才能取得最终胜利。

在丹东的努力下，以罗伯斯比尔为首的政府当权派终于采纳了他的建议，使救国委员会成为强有力的专政机关。在它的领导下，广大人民群众积极投入同共和国的敌人的搏斗，并且在这一年的秋冬，取得了打击亡党分子叛乱和抗击入侵者的重大胜利。

在雅各宾专政期间，丹东仍然注意与人民群众建立联盟。因为，在他看来，加强中央集权固然重要，但是如果得不到群众的支持，就不可能最终战胜国内外敌人，胜利了的革命还有可能夭折。为了争取民心，他曾经在"9月屠杀"事件中默认了群众的恐怖举动。此时此刻，即1793 年秋天，他看到的不只是内外敌人的猖獗，还有饥饿对群众的威胁，市民们为了买到几磅黑面包常常通宵在街头排队，有时还两手空空地回家。他从中看到了人们对政府的怨恨正在加深。他感到要得到群众的支持，就必须暂时侵犯资产阶级本身的利益，在一定程度上满足群众的要求。

丹东在俱乐部里，在国民公会中，都反复宣传加强与人民群众的联盟的必要。他说："任何一个政府如果不能维护人民的生计，它就有被推翻的危险。"他领悟到政府一旦抛弃人民，人民就会立即抛弃政府的真理，于是，他积极支持无套裤汉的经济要求，提倡经济恐怖政策，拥护最高限价政策，打击投机奸商。他十分注意解决民众的粮食问题。他提议，对全国的粮食进行清查，坚决防止粮食外流，并严厉制止囤积居奇。他为了使这一措施达到实际的效果，就在国民公会上支持比约－瓦雷纳关于建立革命军的建议，运用革命军的力量打击投机倒把，保证全国的粮食征集制度的执行。

丹东还提出具体建议，减轻民众的负担。他说，在全法国范围内，面包的价格应当与穷苦人的工资保持适当的比例，超出部分的价钱应该由富人来付。他强调，如果通过这样的法令，那么，人民的生计就有保障。这样就能把人民和革命联结在一起，赢得人民的拥戴。可见，他是经济恐怖政策的积极倡导者和支持者，但绝不是穷苦民众利益的代表。他敢于为民说话，不过是在当时政治、经济形势恶化情况下所采取的一种权宜之计，是出于争取群众的策略考虑。实际上，当形势好转后，他反对人民的资产阶级本性就明显地暴露出来了。所以，为民说话，其最终目的还是保障资产阶级本身的利益，巩固资产阶级的统治。

丹东是一位有远见卓识的资产阶级政治家。他懂得服人先服心的道理，注意培养忠诚于本阶级事业的人才。他认为，要巩固革命成果以维护资产阶级的统治，除暂时满足群众的利益外，还必须努力抓好教育事业，提高国民的文化水平。他在国民公会中多次发表演说，希望政府重视教育事业，尤其是基础教育。他认为，没有文化，没有知识，革命事业就不可能成功。他强调，要提高国民的文化水平，就必须从小学开始抓起。他提议实行小学普及义务教育，使孩子们从小接受科学知识的教育，他恳切地请求雅各宾政府要不惜工本进行治理投资。他说，你们在共和国的广阔田野上播下种子时，不应该计算种子的代价；在面包后面，教育就是人民的第一需要。他建议政府不仅要使孩子们免费上学，而且应该向他们免费提供饮食和住宿。同时，他还劝诫家长，不要把孩子当作自己的财产，应该把孩子放手交给国家培养，他们是属于共和国的，应该培养成为共和国的有用之才。由于当时形势紧迫，他的倡议未能被国民公会所采纳。但是，他的这种忠诚是可贵的。

丹东是一位享有声望的演说家，他的演说在国民公会中常常博得热烈的掌声，人们称他为"平民的米拉波"。但是他的声望却引起了政敌的嫉妒、攻击和反对。丹东自己也意识到这一点，他决定离开这块是非之地——巴黎。

1793 年秋天，丹东借口身体不好向国民公会请假回故乡养病去了。他来到在两年前购置的阿尔西庄园，过起隐居的田园生活。

政治的风暴像大海中的波涛不时地向他袭来，丹东虽然远离革命斗争的中心，但他的心情从来没有一天平静过。他无时无刻不在关心着这场革命的命运，总觉得自己壮志未酬。他时常回忆起自己在国民公会中表示过的决心：真正的活动家是不怕恶意中伤的，即使身败名裂，也要拯救自由。他决心重新振作起来，为自由事业献身。

丹东在故乡居住了两个月后，在 11 月底终于毅然返回巴黎，重新投入了新的斗争。当时，法国的形势正在迅速好转，国内外敌人已被打败，人们迫切希望有一个安定的局面。而雅各宾派却在埃贝尔等人的压力下，继续推行极左的恐怖统治。丹东坚决反对埃贝尔派的极左主张，提出了一整套对内对外的新主张，竭力反对恐怖扩大化，要求实行温和宽大的政策，因此被称为"宽容派"。

以丹东为首的宽容派，在对外政策上力主和平，反对继续战争。在瓦尔密战役中，他曾是坚定的主战派，但是在瓦尔密战役胜利后，他开始萌发争取和平谈判的思想。这是出于现实考虑的，因为，共和国刚诞生，年幼力弱，而敌人仍很强大，硬拼死战，可能使共和国夭折。所以，在瓦尔密战役胜利的基础上，他与当时欧洲大陆上最强大的国家普鲁士密谈，还付给刚被法军打败的普军一笔巨款，使普军迅速撤出法国领土，这样就暂时拆散了普奥反法同盟。后来，他曾多次进行外交活动，还派出大批使者与许多国家秘密接触，以争取和平。他的主和外交曾遭到罗伯斯比尔派的坚决反对。他们认为，主张与敌人谈判，就是投降，应被处以死刑。罗伯斯比尔在国民公会中提议对和谈投降者处以极刑，对以和谈为名进行投敌卖国者处以死刑。接着，他做了原则性的说明，指出和谈不等于投降，并且强调，只要尊重法国人民主权，承认法兰西共和国的欧洲同盟国，法国就可以与其谈判，从而进一步阐发了自己的主和策略。他的发言得到了许多代表的赞扬。

丹东的主和主张还以本国的军事实力为后盾。他在鼓动主和时，常常劝诫政府要武装人民，要拨出军事专款，制造新式武器，做到全体法兰西人民手中都有一支枪。他指出，只有这样，才能使法兰西民族真正站起来，维护自己的自由和尊严。

雅各宾专政建立后，尤其是丹东重返巴黎后，他的主和主张更加强烈。这是因为，丹东看到了连年战争导致国内负担沉重，继续内战，对国家，对民族，对新兴的资产阶级都非常不利，同时还看到敌国也有要求和谈的愿望，和谈是可能的。实际上，到1793年底，法国对外战争的胜利局面已经奠定，国内叛乱已被基本击溃，入侵外敌已被赶出国土，法国边境日趋安全，可以不必再大动干戈，消耗人力和物力。可惜他的和平主张并未能为法国当权者所接受，反被污蔑为"投敌""叛国"。

在对内政策上，宽容派坚决反对恐怖扩大化，提倡法治统治，主张宽大和人道。丹东曾说，真正的人民之友，是那些愿意采取一切必要措施使人民不再流血、流泪，并使人民的意志被奉为道德、正义和理性原则的人，因此，他反对滥施恐怖，更反对用断头台来对付持不同政见者。1793年秋天，他在故乡休养期间的一天，他的一位邻居，手里拿着刚出版的报纸，快步向他走来，并边走边喊："好消息，好消息！快来看好消息。"丹东问他是什么好消息。这位邻居说，吉伦特派人被处死了。他听后，目瞪口呆，半晌才说出一句话："可怜的邻居，你把这件事看成好消息？"顿时，他眼眶里充满了泪水。这位邻居对他的表情十分不解，又说，处决叛乱分子有什么不好？他愤愤地反问："是什么叛乱分子？如果这样，我们也将成为叛乱分子，也将被送上断头台。"他认为，将 21 名吉伦特派领导人送上断头台，这样成批杀人太残忍了。从吉伦特派的被处死，他看出了当权者在排斥异己的道路上愈走愈远，这样下去，不仅会把他本人送上断头台，也将葬送共和国。

1793 年 11 月 22 日，回到巴黎后的第三天，丹东就在国民公会上呼吁："我要求珍惜人类的鲜血。"一星期后，他针对国民公会特派员在外省超脱法律肆意杀人的行为，提出革命者必须依据现行的法律办事，强调审讯要重事实，重证据。执法者违法必须严惩。为了防止恐怖扩大化，他提议对被捕的嫌疑犯应该区别对待，除少数敌人该处死外，其中大多数人应予释放，有的可予监视。他认为，这样做不会给共和国带来任何危险。他希望尽可能地缩小打击面，以巩固革命政权。

但是，当权者却一意孤行，继续滥施恐怖，大批持不同政见者被送上断头台，在巴黎每天最多时有 50 人被处死，而且一人判罪株连家属和亲朋一大片。面对这种状况，丹东十分不满，于是公开投入了反恐怖扩大化的斗争。他与德穆兰一起，共同策划成立宽赦委员会来甄别嫌疑犯，释放无辜者，并开始主张削弱救国委员会的无限权力。丹东愤怒地指出："如果对救国委员会的暴政不加抑制，我看拯救共和国是没希望的。"他说，人民迫切需要的是实行宽容，应该无条件释放无辜者。他对当权者逐渐表示出怨恨和不满。一天傍晚，他与德穆兰在塞纳河边散步，落日的余晖映照在静静的塞纳河上，把河水照得通红。丹东借题发挥说："看，那么多的血！塞纳河在流血！唉！流的血太多了！你还是重新拿起笔，写文章劝人宽大些吧，我支持你。"在他的支持下，德穆兰出版了《老哥德利埃报》，大力宣传宽容主张，直截了当地指责和攻击雅各宾派推行的恐怖扩大化。

1794 年 3 月 19 日，丹东在国民公会上发表了生前最后一次演说，再一次为纠正恐怖扩大化作最后的努力。他强调，为了祖国，必须放弃派别纷争，停止滥施恐怖，分清真假爱国者，要相信大多数人是爱国的，无限制的恐怖会使真假爱国者混淆起来，从而伤害真正的爱国者。直至被捕前夕，他仍置个人的安危于不顾，多次找罗伯斯比尔交谈，主张实行恐怖政策要有节制，反对不分敌我的恐怖行为。他对罗伯斯比尔说，"我们应该压制保王派，不过我们只应进行对共和国有利的打击，而不应把无辜的人和有罪的人混为一谈"。他还苦心规劝罗伯斯比尔，不能单纯凭一些简单的报告，并未弄清事实就通过法令，任意捕人，不要再受人欺骗，而要摆脱诡计，与爱国者团结一致，他真诚希望罗伯斯比尔能采纳他的意见，用宽厚待人的办法，尽可能少杀人，维护和巩固共和政权。

可是，1794 年 3 月的罗伯斯比尔，已不再同意丹东的温和主张，他认为温和宽容是软弱的表现，会导致共和国灭亡。于是，他反驳丹东："谁说我们杀害过无辜的人？"两人终于爆发激烈的争吵。在争吵中，丹东斥骂罗伯斯比尔简直是"暴君"。结果，两人不欢而散，彻底决裂。

丹东与罗伯斯比尔从亲密的战友转眼间变成仇人，这不只是由于个人的怨恨，更是两人在不同阶层的利益上发生矛盾的反映。他们虽然同属雅各宾派，但丹东随着革命的深入发展，捞到很多好处，他购地置产，已经成为新暴发户，成为新兴资产阶级的代表。而罗伯斯比尔虽然地位改变，却清白自重。他代表了广大小资产阶级的利益，需要将革命推向前进。因此，双方矛盾不可避免。

丹东在国内外政策上的宽容主张，实际上代表了新兴资产阶级的利益，当然也迎合了广大群众寻求社会安定的心理，因为战争绵绵或杀人太多，必将加深社会的动荡，影响资产阶级的自由发展，进而引起群众的恐惧和不满。他的宽容主张，应该说是一种比较现实的政策，在当时有深厚的社会基础。两派矛盾产生了不幸的后果。当权的罗伯斯比尔派的坚决反对和残酷镇压导致宽容派的最终失败，而丹东派的被镇压也为罗伯斯比尔派的自身灭亡埋下了伏笔。

五　受审

自从与罗伯斯比尔决裂后，丹东仍在宣传宽容政策，而且在国民公会中的多数代表都暗中同情宽容派，这引起了当权者的恐惧和仇视。从 1793 年 3 月开始，罗伯斯比尔派的骨干分子比约 – 瓦雷纳、圣鞠斯特、库通等人在国民公会中几次发起进攻，时而指控丹东营私舞弊，与贪污有关，时而又说他与保王党有牵连。圣鞠斯特更是指名道姓地指责他是贪财求富受外敌收买的伪装的爱国者，是媚外派，是反对共和国的罪人，甚至说他反对恐怖扩大化是害怕自己上断头台，所以想粉碎断头台。圣鞠斯特还密谋策划起草了逮捕他的控告书。

3 月 30 日，圣鞠斯特在国民公会的两委员会联席会议上做了指控丹东的报告，罗列了丹东所谓的卖国投敌、一贯反对革命的罪证，要求逮捕他及其同党。会上，有人表示反对逮捕他，赞扬他是清白无辜的，绝不是反革命，而且喊出了打倒独裁者、打倒暴君的口号，以示不满与抗议。但大会仍以多数票通过了逮捕令。当天深夜 2 点，丹东、德穆兰、腓力波、德拉克鲁瓦等丹东派的主要骨干均遭逮捕。

被捕前，丹东的一位朋友告诉他，两委员会准备杀他。他很自信地说，他们不敢。他的朋友建议发动起义以对付两委员会，他拒绝了，表示宁愿自己被杀，也绝不去杀人。最后，他的朋友劝他立即逃离法国，以免一死。他神态自若，带着轻蔑和愤怒的神情大声回答说："走！难道把自己的祖国也放在鞋底下带走吗？"表示决不离开自己生长的祖国，显示出这位资产阶级革命家对祖国的眷恋之情。

从 1794 年 4 月 2 日开始，革命法庭对丹东派进行了为期 3 天的审讯。在法庭上，丹东毫不示弱，他以洪亮的声音、雄辩的口才，滔滔不绝地为自己申辩。当审判长问他的姓名、年龄、住址时，他高傲地回答："我叫丹东，在大革命中是相当有名的，现年 35 岁。我的地址很快就将消失，而我的名字将永存史册。"接着，他否认了强加在他头上的"保王""叛国"等种种罪名。他愤怒地指出："是我在马尔斯校场向王权宣战，是我在 8 月 10 日把它打倒，是我把国王送上断头台，是我用真理的大炮粉碎了敌人的进攻，拯救了共和国。"他的辩驳如此有力，以至在场的一些原先对他怀有敌意的人也开始转向他这边。在挤满审判大厅和大厅周围街道上旁听的人群中，不时地发出"丹东万岁"的呼喊声和不满当局的嘘嘘声，表示对他的同情和支持。

在第二天的审判中，丹东主动发起了进攻，他简直像个原告，一连点了 16 个国民公会代表的名字，其中包括雅各宾派的主要领导人罗伯斯比尔、圣鞠斯特、库通等，坚决要求法庭请他们出来当面对质，并且讥讽地说："那些曾经和我共事而现在又恶意诽谤我的懦夫，你们敢当着我的面出来对质吗？我将当场撕去你们的面具，使你们无地自容。"接着，他又说："我从来没有请求别人的宽恕，即使走上断头台我也不会这样做。"他的喉咙虽然有些嘶哑，但音色仍然很洪亮，在离审判厅很远的大街上都能听见。旁听的人群中不时发出怨恨声，表示对政府的愤懑之情。

面对丹东的反问和申辩，陪审官不知所措，先后有四五位陪审员被他的辩词所感动,表现出犹豫不决的神态,有的则愤然离开审判席,不愿再参加这样的审判。法庭不得不在罗伯斯比尔派的授意下,以扰乱法庭为由,剥夺了丹东的申辩权,将他逐出法庭。

第三天,原定上午 10 点继续开庭,当局因害怕旁听的群众声援丹东,突然提前到 8 点半开庭。丹东请求法庭讲明什么叫扰乱法庭,但法庭不予理睬,并匆忙判处丹东、德穆兰、腓力波、德拉克鲁瓦等 14 名同党死刑,立即执行。

这是一件非同寻常的审判案,3 天的审判先后更换了 13 名陪审员。他们都是在两委员会中的罗伯斯比尔派操纵下进行审判的,陪审官们心中都明白这场审讯的真实含义。他们说,这不是一次审判,而是一次政治行动,他们不是陪审员,而是政客,两派人同时存在是不可能的,唯一的办法就是处死丹东派。可见,罗伯斯比尔派对丹东派的审讯并不是光明磊落的,丹东不过是这场政治斗争中的牺牲品。

六 终结

1794 年 4 月 5 日,丹东被送上断头台。在押送刑场的路上,丹东长吁短叹,垂头丧气,悔恨自己不该卷入这政治的漩涡,他觉得这个世界对他太不公平了。他想到自己很快就要与年轻的爱妻、两个年幼的孩子、孱弱年迈的母亲和家乡的亲朋好友永别,眼眶里的泪水"唰唰"地流了下来。

囚车很快到达刑场,丹东步履艰难地跨出囚笼。此刻,他的感情突然激动起来,他昂首挺胸向断头台走去,显得那样镇定、沉着和自豪。在断头台前,他以他特有的高傲的目光环视四周后,又轻声地勉励自己:"丹东勇敢些!"他似乎意识到自己的死是有意义的,是光荣的,这样的死是没有什么可怕的。于是，他回过头来，大声地对着刽子手说："把我的头拿去给人民看看吧，它是值得一看的！"话音刚落，刽子手就将他按倒在断头台上，人们只听到断头机发出了"咔嚓、啪、嘣"的可怕声，他已身首异处，这位忠实于自己事业的宁死不屈的爱国者，结束了他年轻的生命。

丹东的死立即引起了人们广泛的议论和认真的思考：他究竟犯了什么罪？他该不该处死？他死得值得吗？在群众中很快就传出了不少歌谣，为他鸣冤叫屈，其中一首歌谣的最后叠句是：

> 丹东，这位被打入地狱的壮汉，
> 却被戴上了可怕的假面具，
> 这是连魔鬼也不敢戴的哟！
> 丹东是唯一值得赞扬的英雄，
> 却被人们无辜杀害了。

然而，在丹东死后，叛徒、内奸、假爱国者、阴谋家和野心家等许多耸人听闻的罪名也陆续扣到了他头上。

丹东究竟是被无辜杀害的英雄，还是死有余辜的反革命？这同样引起了历史学家们深刻的思考和激烈的争论。直到今天，这种争论仍在进行。最早对他进行歌颂的是米涅和梯也尔。在他被处死后30年，米涅就对他进行了热情的赞颂："丹东是一个革命的巨人。……敢作敢为，无事不成。"梯也尔和米涅都称他是"众望所归的领袖"，"是一个非常卓越而大胆，又不计较个人恩怨的人"。开创法国大革命进步史学传统的米什莱对他更是推崇备至，把他看作人民的化身，说他的一生是与汹涌向前的历史潮流相一致的；他敏锐、大度、坚强、富有感情又深思熟虑，是真正的人民英雄。另一位史学家罗比纳也认为他是一个不计较个人利益、没有野心、无私而高尚的人，是无可非议的爱国者；处死他是一次可憎的犯罪，是对自由的沉重打击，是应该受到诅咒的。

研究法国大革命史的权威奥拉尔自 1886 年成为巴黎大学法国大革命史讲座教授后，对丹东的颂扬达到了新的高峰。奥拉尔称他是大革命中的圣人，是求实的政治家，并认为是他的爱国精神挽救了法国；他那种为国家、为革命而献身的精神是"纯而又纯的法兰西精神"；他在法国人的心目中成了爱国主义者的象征。奥拉尔还强烈谴责杀害这位英雄的人是一伙"神秘的杀人犯"。

20 世纪初，奥拉尔最有才华的学生马迪厄，通过多年的研究，否定了老师的结论。马迪厄认为，丹东贪污腐化，妥协叛卖，是个失败主义者，是地道的卖国贼、无耻的阴谋家、暗藏的保王党人，是打着共和旗帜妄想推翻共和国的内奸，是十足的反革命。在马迪厄看来，他是个十恶不赦的历史罪人。

到了 1932 年，法国又一著名史学家勒费弗尔发表了题为《关于丹东》的长篇论文，对丹东做出了比较公允的评价。勒费弗尔既肯定了他在大革命中做出的杰出贡献，又指出了他的不足之处：丹东有过贪污腐化，但仍然是一个热情的爱国者；他在 1792 年以前对革命做出了巨大的贡献，是值得高度赞扬的，但后来主张停止恐怖是不负责的，是可悲的。可是勒费弗尔却避开他政治生涯中的主流，调和对他评价的分歧，力图使争辩双方都满意，其实这仍然是缺乏说服力的。

我国史学界多年来照搬苏联史学界的看法，对丹东采取基本否定的态度。现在有的史学论著中仍持这种态度。应该说，丹东是一个十分复杂又具有明显两面性的历史人物，但通观其政治生涯中的主流，其历史功绩还是基本的、主要的。他顺应历史潮流，是一位炽烈的爱国者、杰出的政治活动家和资产阶级革命家。

他热爱祖国、忠于本阶级事业的献身精神，将永存史册，他的塑像至今仍屹立在巴黎街头，受到人们的敬仰。

（原载《法国大革命著名政治活动家》，商务印书馆，1988）

丹东研究在中国

一　近年大革命史研究在中国的进展

今年是法国大革命二百周年。随着时间的推移，大革命的国际影响已日益深刻地显露出来。因此，纪念和研究大革命成为各国史学家共同关注的课题之一，中国也不例外。

多年来，中国史学家始终把法国大革命作为研究的热门课题，并作出了显著贡献。据不完全统计，新中国成立后，已经出版的专著、译著达 40 种左右，论文、译文至少有 400 篇，尤其是党的十一届三中全会召开后，在政治上实行了拨乱反正，在学术上呈现了新局面，大革命史的研究也出现了新的热潮，显现出新中国成立以来从未有过的景象。不仅研究成果丰富（上述论著中三分之二是近年出版的），而且研究领域大大拓宽，传统的史学方法与史学观点开始突破，对大革命史的研究提高到一个新的水平。在众多的论著中，至少有如下七个方面深化了对大革命史的研究：（一）对大革命时期的史学史进行了系统研究，填补了我国对这一领域的研究空白；（二）对大革命史的分期进行了深层研究，提出了新的六段分期法，改变了我国 30 多年来传统的三段分期法；

（三）对热月政变的性质作了新的探索，提出了热月政变不是"反革命政变"的新观点，推翻了我国长期流行的热月政变即反革命政变的旧结论；（四）重新研究并肯定了君主立宪派、吉伦特派在大革命不同阶段所起的进步作用，改变了过去把这两派称为"反革命派"的定论；（五）对雅各宾派的恐怖统治进行了再研究，提出了恐怖统治具有两面性的新论点，指出了雅各宾专政后期滥施恐怖的荒谬性与危害性，从而改变了对雅各宾恐怖统治全面肯定的传统旧说；（六）对圣鞠斯特、罗伯斯比尔、丹东、罗兰夫人、拿破仑等著名活动家进行再评价，提出了我国学者对这些人物评价的新见解；（七）开始运用心态史学研究大革命中的政治文化、宗教思想，改变了长期以来只习惯于从政治和经济的角度来研究大革命的传统方法，开创了对大革命史研究的新方法。总之，中国学者已经从只研究阶级斗争的框架中走了出来，注意从不同侧面、不同角度全面研究大革命。大革命史的研究在中国正在深入发展。

　　本文因篇幅有限，不能对近年中国学者相关研究的最新成果一一进行评论。下面只就中国学者对丹东的研究略作评介，以资纪念法国大革命二百周年。

二　丹东研究在中国的演进

　　丹东这位大革命时期杰出的政治活动家，在中国人心目中并不陌生。第一个提到丹东的是一百多年前维新变法的先驱王韬。他在所著《法国志略》一书中，虽然称丹东为"残暴阴谋作乱"[1]之人，但在讲到具体事实时，仍若明若暗地同情和赞扬了丹东。例如，王韬对丹东之死深表同情，认为丹东由于力劝罗伯斯比尔"少戢其威"而"以及于难"，丹东反对"专以刑杀立威"的恐怖政治是对的。[2]王韬在赞扬法国民众一心英勇抗战的爱国精神时，实际上也赞扬了站在抗战前列的丹东的"爱国之诚"，表示出对丹东爱国精神的钦佩。[3]

王韬之后，中国学者梁启超、康有为虽与王韬一样站在反对大革命的立场上，但对丹东仍然抱有同情态度，认为丹东"在民间舆望最高"，能从大局出发，热心与吉伦特派结盟。[4] 而且他们也都对丹东之死表示同情，认为丹东是被诬陷阻止革命而被罗伯斯比尔"剪除异己"的。[5] 伟大的革命先行者孙中山对丹东之死更是惋惜之至，他在三民主义的演讲中认为丹东这位"真革命党"由于出言不慎，才被暴民专制所杀害。[6] 但是，在 19 世纪末 20 世纪初的较长时间内，中国学者却没有对丹东进行过专门研究，更未见传记问世。直到 20 世纪 30 年代，才出现了中国学者余楠秋撰写的第一篇《丹东传》，原先发表于《新月》杂志上，1936 年，此文又被收入《法国革命伟人传》一书中，再度公开出版发行。

余编《丹东传》洋洋万言，有声有色地描绘了丹东一生的革命活动。当时，正是日本帝国主义发动九一八事变后，疯狂向华北推进，妄图吞并中国，中华民族处于生死存亡的危急关头。此时此刻发表《丹东传》，其目的正如作者在自序中所云，"希望作为青年们的一种模范"，以学习丹东的爱国精神，[7] 激起中国热血青年的爱国之志，奋起打败日本侵略者，拯救民族危亡。因此，余楠秋在《丹东传》中百般歌颂丹东，称丹东是一位"趋重实际，不尚空谈""顾全大局"的唯一的革命领袖，是一个甘愿为民族、为国家、为自由而献身的大公无私的爱国者，正是丹东在法国民族危急存亡之秋发出了"必须勇敢，勇敢，再勇敢"的号召，掀起全民族的抗战，才拯救了法兰西民族。丹东"是一颗明星，照耀在法国的历史和世界的历史上"。丹东虽然被杀害了，但他的名字将永远留在人类历史上。[8]

余文发表后，丹东的伟大形象在中国抗战中被树立起来，法国抗击入侵者不断胜利的光辉业绩深深打动了艰苦抗战的中国人的爱国心，丹东精神鼓舞着千千万万中国青年的抗战热情。

抗日战争的胜利，标志着入侵者被打败，中国进入了革命与反革命的大决战。此时，中国学者杨人楩翻译出版了马迪厄的《法国革命史》，书中称丹东为叛徒、反革命的观点开始影响中国史学。某些学者在论著中公然抹去了丹东抗战英雄的形象，把他说成反对革命恐怖的右派势力的总代表。[9]丹东从爱国者变成反革命。

新中国成立后，史学界不仅没有认真展开对丹东的研究，反而深受苏联学界影响。一些大学、中学历史教科书全部照搬照抄苏联学者的观点。苏联学者把丹东说成"叛徒、卖国贼、反革命"，中国学者也照此说法，人云亦云，完全失去了研究者的独立性。这种状况一直延续了30年之久，直到"四人帮"被粉碎之后，中国史家才开始进行独立思考和自由研究，对这位似乎已经盖棺定论的历史人物，本着实事求是的态度，进行再研究和讨论，在短短几年内，就丹东评论问题先后发表了论文、译文20多篇，出版译著1部，把丹东研究推向高潮。

三　丹东研究中的几个问题

中国史学家们抱着极大的兴趣对丹东评论中的下述问题展开了热烈的争辩。

（一）关于宽容政策。这是评论丹东的焦点。长期以来，我国史学界对丹东的宽容政策采取明确的否定态度，认为这是一种"反对革命恐怖"的"右倾行径"，是对革命的背叛，是丹东堕落为反革命的表现。1982年，我国学者发表了第一篇评述丹东宽容政策的论文，[10]对传统论点提出了商榷意见。该文通过对宽容政策产生的背景、内容、目的、实质以及社会基础诸方面的详细分析，肯定了丹东宽容政策的合理性与进步性。文中指出，人们之所以把后期的丹东斥责为"革命的敌人"，是因为没有认清"宽容政策"的实质。其实，这种"宽容政策"在外交上主张谈判媾和，反对"大炮外交"，在内政上主张人道与法治，反对恐怖扩大化，旨在通过"以和平代替战争，以理性代替恐怖"来实现国内的安定局面，以"巩固新兴资产阶级的统治"。所以，丹东反对罗伯斯比尔后期的恐怖统治，"实际上是要把罗伯斯比尔从侵犯资产阶级资自身利益的轨道上，从超越现实社会发展阶段的道路上拉回到资产阶级革命的正常范围之内"，以拯救正在不断走向失败深渊的新政权，巩固共和国。这不仅符合历史发展的方向，而且代表了新兴资产阶级的利益，迎合了广大群众寻求社会安定的心理。丹东的宽容政策深得人心，在当时有深厚的社会基础，显然是合理的、正确的，绝不可以此将丹东定为"反革命"。此文发表后，引起了强烈反响。

　　1984 年，在西安举行的中国法国史研究会年会上，张芝联会长作了《开展对丹东的研究》[11] 的学术报告，号召中国的马克思主义历史学家应该继续进行深入的研究，尽可能对丹东这位重要的历史人物作出有说服力的评论。与会者提交了九篇关于丹东研究的学术论文和译文，并就丹东的宽容政策展开了热烈的讨论，提出两种截然不同的看法。一部分学者对宽容政策持肯定态度。他们认为在 1793 年底到 1794 年初，丹东提出宽容政策代替恐怖扩大化，符合当时法国革命形势的变化，目的是实现法治，稳定秩序，巩固资产阶级革命成果，这正是丹东作为革命策略家的表现，是反对恐怖扩大化的资产阶级革命家的明智态度。因为当时的恐怖统治已经变质，已由雅各宾专政的革命恐怖转变为罗伯斯比尔等人的"个人恐怖"，因而已经变成荒谬的东西，变成保护自己的手段，提出宽容无疑是正确的。

另一部分学者则对宽容政策持否定态度。这些学者认为，从总体上看，当时革命仍处于严重关头，胜负未决，丹东的政策过于温和，不合时宜，是错误的，对资产阶级革命的胜利是有害的，宽容政策显然是不可取的。

会上，也有学者指出对丹东的宽容政策要作具体分析，丹东并非自始至终是宽容政策的提倡者和恐怖政策的反对者。相反，丹东曾积极推动恐怖政策的实施，评价丹东的宽容政策，不能忽视其策略思想的变化过程以及他在雅各宾专政过程中的重要作用。[12]

西安会议后，一些大学历史系的学生还就丹东问题专门进行课堂讨论。不少学者继续著文发表看法，提出在评价宽容政策时，应该认真把握两个方面：第一，丹东为什么要提出这一政策？这一政策是在什么样的情况下提出来的？第二，这一政策的内容和实质是什么？它是否符合当时革命的要求？究竟应该如何客观地评述丹东的宽容政策？我国学者至今尚无统一看法。但比较多的意见是，丹东提倡宽容政策就其内容来看是为了巩固资产阶级革命的成果，捍卫新兴资产阶级的利益，[13]因此有合理之处，假如以此称丹东为资产阶级革命的叛徒，似欠妥当。

（二）关于历史作用。如何评论丹东的历史作用，这是研究丹东的又一重要问题。过去，我国史学界在评论历史人物时存在着严重的教条化弊端，这就是政治化、脸谱化，强调所谓运用阶级观点，从政治需要出发，把历史人物简单地分为好人与坏人，从而把丹东列为反派代表。近年来，我国学者愈来愈意识到用这种简单化方法评论历史人物所带来的危害，认为对丹东这样复杂的历史人物，不能一味地以"好人""坏人"来进行褒贬，不能随便给他"扣帽子"、下结论，应该研究与丹东有关的阶级、时代、错综复杂的环境变化，以至他的地位、性格，等等，进行全面分析、思考和总结。在评功过、下结论之前，首先要弄清事实，揭示矛盾，提出问题，分析形势。有的学者还强调指出：对丹东要在可能条件下弄清事实，恢复真相，不必三七开或四六开得出结论。[14]因为丹东既有功又有过，他在对斐扬派和吉伦特派的斗争中有过动摇，但基本上是革命者、爱国者，特别是在 1792 年夏秋之际作出了重大贡献；丹东贪财受贿是查有实据、无法否认的，但说他因此出卖祖国和革命则只是"事出有因"，属于"可能性""盖然性"的范畴，缺乏过硬证据；丹东对罗伯斯比尔派和救国委员会显然怀有敌意，存心改组甚至推翻两个委员会，但并无恢复君主制或抛弃国民公会的意图。[15]所以，只要讲清事实就行。

有的学者则认为，必须把丹东放在 18 世纪晚期法国这一特定的历史条件之中，从历史发展中，从人物本身的实践活动中进行全面考察，以他从事活动的主流来具体分析作用，并作出明确回答。这派学者认为，在当时，反不反封建、反不反欧洲武装干涉、坚持不坚持革命内部的团结，是革命的大局也是大革命的三条主要战线，更是判明真假革命的界标，丹东面对强大的封建反动势力和欧洲反动派的武装干涉以及内部严重的派系斗争，坚持在三条战线上积极战斗：既参加和领导了反对封建专制的斗争，又运用各种手段打退外国武装干涉对革命的威胁，同时在革命营垒内坚持原则，与各种妥协势力斗争，努力团结各派革命者，以推进大革命。所以，丹东"在大革命的每一重大关键时刻，……能够站在进步势力一边，顺应历史的潮流，促进了大革命的深入发展，为在法国确立资本主义文明起了中流砥柱的作用，立下了不朽的历史功绩。因此，丹东在历史上所起的积极作用无疑是他一生活动中的主流，是必须肯定的"[16]。

有的学者还列举出四个方面，对丹东的历史进步作用给予全面肯定：第一，反对君主制，要求建立资产阶级共和国；第二，驱逐外敌，粉碎内乱，保卫革命成果；第三，坚持不断革命，为建立资产阶级民主政治贡献力量；第四，提出一系列保卫政权的革命措施，为巩固革命政权作出努力。所以，丹东的一生是革命的一生。[17]

也有的学者认为，丹东前期的历史进步作用是大家公认的，关键是后期，在雅各宾专政确立后，其作用是进步的还是反动的，他是杰出的领袖还是可耻的叛徒。对此，必须具体分析，应该看到，丹东在雅各宾专政期间为巩固革命成果做了大量顺应潮流的工作，他坚决支持人民的恐怖要求，积极推动恐怖政策的实施。后来，他看到恐怖扩大化引起的恶果，提倡"宽容"，结束恐怖。他的政治主张的这种变化，总是以捍卫革命成果和维护资产阶级利益为出发点的。既然丹东的"宽容"主张捍卫的是资产阶级的利益，那么，就没有理由称丹东为资产阶级的叛徒。[18]事实上，丹东至死仍然爱国，在被捕前有人劝他逃离法国，他却满怀深情地说："走，难道把祖国也放在鞋子底下带走吗？"表达了丹东对祖国的真挚感情。

有的学者还专文分析了丹东的对外政策，[19]从评述外交政策的角度否定了过去妥协、投降的传统观点，进而肯定了丹东的历史进步性，认为丹东的外交政策是根据欧洲局势和法国的实情提出来的，并且具有四个明显的特点。第一，最明显的特点就是它的阶段性。丹东能够在不同阶段作出不同的决策。第二，是它的多变性。丹东善于对不同国家采取不同对策，对同一国家在不同时期也采取不同政策。第三，最重要的特点是它的灵活性。丹东能够随机应变，在最坏的国际形势中争取最好的结局。第四，具有不可否认的原则性。既尊重外交原则，又符合宪法精神，以保护本民族的根本利益。丹东的外交政策，对保卫大革命的成果，维护法兰西共和国的独立不受侵犯，实现和平安定的局面起了积极作用。丹东不愧是伟大的革命策略家。

在评价丹东的历史作用时，不少学者还提出了丹东的个人品质问题。丹东既不像罗伯斯比尔那样廉洁俭朴，也不像圣鞠斯特那样不谋私利，至死清贫。丹东一生贪财爱色，喜欢享乐，生活奢华。尽管个人品德的优劣不是我们评价一个历史人物的主要标准，尤其是在评价资产阶级革命家时，只能作为参考，但必须指出，丹东的个人品质是不足称道的，是有损于革命者的形象的。

综上所述，我国多数学者认为，丹东一生的活动和主张就其主流而论应予以肯定。过去采取全盘否定的态度，失之偏颇。

（三）关于两面性问题。丹东是大革命中最复杂的领袖人物之一，其政治生涯前后总共不过四年。但是，在这四年中他的思想、言行和主张都充满着矛盾，具有明显的两面性，丹东是一个典型的两面性历史人物，这是大家所公认的。但是，长期以来，不少学者对这种两面性的认识只是单线条的、表面化的，认为丹东在雅各宾专政成立之前表现激进，之后则趋于温和，于是"前期激进，后期温和"就成了丹东政治个性的"全部特征"。

近年来，我国学者对此提出了不同看法，指出"丹东政治倾向的矛盾性呈现着复杂的情况，这种复杂性是无法用'前期激进、后期温和'这一公式来加以概括的。实际上，丹东的政治生涯自始至终都存在着'激进'和'温和'两种倾向相互交织、相互交换的奇特景象"。[20] 前期的丹东，激进中常常表现出温和与妥协；后期的丹东，虽然趋向温和，却仍然显露出某种激进主张。因此，在分析丹东的两面性时，必须同时注意到激进和温和并存的政治倾向，进行双向分析。那种简单地把前期的丹东看作单纯激进的革命家，而把后期的丹东说成反革命的观点，并不能令人信服。

那么，丹东政策倾向中这种激进和温和的两面性是否有主次之分呢？一些学者认为只要讲清两面性就行，不必分清主次，也难分清主次。更多的学者认为丹东政治生涯中的这种资产阶级两面性事实上存在着主次，在分析其两面性时必须看主流，丹东一生的活动中革命性始终高于妥协性，他虽然在当权期间几度表现出明显的温和妥协倾向，但他不愿从根本上牺牲资产阶级的革命事业，每当关键时刻，他总是头脑清醒，随机应变，审查处事，采取明智的方针，力图避免因刹车过猛或转头太急而造成危害有产者利益的新的社会震荡。所以，丹东政治倾向中的矛盾性与两面性，正是他忠于资产阶级事业的表现，也是资产阶级上升时期所固有的共同特征。丹东作为一个资产阶级革命家，无论在法国历史上，还是世界历史上，都具有典型意义。[21]

一些学者还指出，丹东在政治上表现出明显的两面性，一方面固然与他从现实需要出发考虑问题有关，另一方面也与他的性格分不开，因此必须注意他的性格对他的行为方式的影响。丹东像"一个天生的商人"，"善于施用权宜之计"，[22] 他极易冲动，有时精力充沛，坚毅果断，有时消沉颓唐，犹豫徘徊。他常常见机行事，朝三暮四，缺乏始终如一的性格，有时又显示出一种"令人困惑的冷漠"。[23] 丹东的这种性格无疑加深了他在政治生活中的矛盾性和两面性。

但是，究竟应该如何恰切地分析丹东在政治生活中的矛盾性和两面性呢？这仍是值得史学家们认真探讨的课题。

四　思考与期待

近年来，我国学者对丹东的研究已迈出了可喜的一步，他们坚持学术研究的独立性、客观性和科学性，敢于解放思想，冲破教条的束缚，一反传统旧说，对丹东这位重要而又长期被否定的资产阶级活动家进行了再评价，肯定了丹东的历史贡献，提出了一系列有开拓精神的新见解。这是值得肯定的。但总的说来，我国对丹东的研究依然处在较低的水平上。

首先，研究的课题比较狭窄，内容比较单调。近年所发表的文章基本上集中在历史作用的评述方面，尤其在对宽容政策的评价上，许多文章内容单调，大同小异，都从政治角度着眼，似有千人一面之嫌。对丹东家庭生活、个人性格、心理活动、经济问题以及与国王、王党的关系问题等方面，均未涉及。

其次，与世界许多国家相比，我国对丹东的研究显得比较落后，至今还没有一部相当分量、资料丰富的丹东传记出版。而且我们的研究者还缺乏相互之间的切磋和合作，报刊上展开的学术交锋亦不多，这也阻碍了对丹东问题研究的深化。

再次，研究丹东的原始资料缺乏，难以开展深入的研究。

为使丹东研究不断向前推进，我们期待在下列几方面作出努力。

第一，必须面向世界，充分了解国外尤其是法国史学界的研究动态，有计划地译介有关丹东的原始资料，例如丹东的演讲集，圣鞠斯特对丹东的起诉报告，丹东亲属的回忆录，等等。国外有关丹东的传记不下十种，这些作者对丹东作出了各自的评价，我们应该有选择地进行翻译和介绍。同时，希望出版界从长计议，放眼未来，敢于赔钱出版有价值的学术资料。在此值得一提的是，三联书店在 1987 年 7 月出版了谢翰如翻译的由苏联学者列万多夫斯基著的《丹东传》。这是一部资料翔实、观点新颖、文笔生动的学术佳作，它冲破了苏联学者多年来对丹东评价的传统旧说，反映了对丹东研究的新水平。作者在深刻剖析丹东两面性的同时，充分肯定了丹东的历史作用，认为丹东是"革命家、爱国者"，而且是"大智大勇的革命者"。[24] 该书的翻译出版，不仅是对我国长期流行观点的一种补正，而且也为研究丹东提供了新资料。

第二，展开深入的研究。要运用新方法，开辟新领域，从各个侧面进行研究，写出更多更有水平的论文和高质量的丹东评传。

对丹东这位历史人物，历史学家们尽可以继续讨论下去，但有一点是共同的，即人们将在评论丹东一生的功过中获得多方面的启迪和思考。

（原载《法国大革命二百周年纪念论文集》，三联书店，1990）

注　释

1　王韬:《重订法国志略》，1890，第 23 页。

2　王韬:《重订法国志略》，第 29 页。

3　王韬:《重订法国志略》，第 28 页。

4　梁启超:《饮冰室合集·专集之十二》。

5　康有为:《法国大革命记》。

6　《孙中山选集》下卷，人民出版社，1956，第 714 页。

7　余楠秋:《法国革命伟人传》，中华书局，1936。

8　余楠秋:《法国革命伟人传》，第 15—41 页。

9　程浩:《近代世界革命史》，新中国书局，1949，第 116 页。

10　楼均信:《略论丹东的宽容政策》，《世界历史》1982 年第 4 期。

11　张芝联:《开展对丹东的研究》，《法国史通讯》1984 年第 8 期。

12　张芝联:《开展对丹东的研究》，《法国史通讯》1984 年第 8 期。

13　楼均信:《丹东》，刘宗绪等:《法国大革命著名政治活动家》，商务印书馆，

1988，第 201 页。

14、15　张芝联:《略论丹东》,《历史研究》1985 年第 2 期。

16　楼均信:《论丹东的历史作用》,《杭州大学学报》1985 年第 1 期。

17　郑南川:《试论丹东的历史作用》,《思想战线》1986 年第 4 期。

18　高韵青:《丹东与雅各宾专政时期的恐怖政策》,《外交学院学报》1985 年第 2 期。

19　楼均信、郭剑林:《试论丹东的对外政策》,《杭州大学学报》1988 年第 2 期。

20　高毅:《丹东政治倾向矛盾性的再认识》,《世界历史》1987 年第 6 期。

21　高毅:《丹东的两种对立倾向和历史学家的解释》,《法国史通讯》1984 年第 8 期。

22　楼均信、郭剑林:《试论丹东的对外政策》,《杭州大学学报》1988 年第 2 期。

23　余小慎:《丹东若干问题之研究》,《法国史通讯》1984 年第 8 期。

24　列万多夫斯基:《丹东传》,谢翰如译,三联书店,1987,第 431 页。

评拿破仑

一

拿破仑（1769—1821）是一个离开我们150多年的历史人物，他在法国和欧洲政治舞台上活动了整整20年，产生了深远的影响。长期以来，外国不少学者对拿破仑进行了大量的研究，出版和发表了数以千万计的专著和论文，众说纷纭，莫衷一是。近年来，我国史学界也对拿破仑有新认识，取得了一定的成果，但仍然有不少问题值得研究讨论。

我们认为，要正确评价拿破仑，必须对具体人物进行具体分析，完整地、准确地理解和掌握马克思主义对评价历史人物的指导思想。列宁曾经说，"在分析任何一个社会问题时，马克思主义理论的绝对要求，就是要把问题提到一定的历史范围之内"。[1]这就要求我们必须把拿破仑放在当时的历史条件中去分析，绝对不能抽象地超越时代条件去看待他，更不能用某个特定的模式简单地套在拿破仑头上。同时，列宁还说过："马克思主义给我们指出了一条指导性的线索，使我们能在这种看来迷离混沌的状态中发现规律性。这条线索就是阶级斗争的理论。"[2]对拿破仑这个历史人物的评价，也必须运用阶级斗争的理论，进行阶级分析，看他在当时究竟是站在哪个阶级的立场上，代表哪个阶级的利益，只有这样，才能运用马克思主义的阶级的、历史的观点，冲破阶级偏见，给拿破仑以恰如其分的评价。伟大领袖和导师毛主席在论述处在上升时期的资产阶级的两面性时指出："大敌当前，他们要联合工农反对敌人；工农觉悟，他们又联合敌人反对工农。这是世界各国资产阶级的一般规律。"[3]这种"一身而二任焉"的两面性，在拿破仑身上得到了充分的体现，而且贯穿在他整个活动的始终。根据马列主义经典作家的有关论述和拿破仑的历史活动，我们把他的一生大致分为两个阶段。1804年12月称帝以前为第一阶段，他在封建主义与资本主义两种社会制度的决斗中，基于他的阶级利益，顺应历史的发展，站在进步势力一边，为推翻封建统治、维护资本主义制度作出了一定贡献，是法国有名的资产阶级政治家，基本上应该肯定他的历史作用。但在这个阶段中，拿破仑已经暴露出反对劳动人民、对外扩张掠夺的大资产阶级本性。因此，绝不能采取一概肯定的简单办法。他称帝以后到帝国的覆灭为第二阶段（1804—1814年）。在这个阶段，虽然拿破仑为巩固和发展资本主义做了不少工作，但随着法国资本主义的发展和他的社会经济地位的变化，他把主要精力放在对外战争上，与英俄争夺世界霸权，到处扩张侵略，对内更残酷无情地镇压工人和革命民主派，赤裸裸地暴露出大资产阶级贪婪凶残的面目。

二

　　拿破仑生活在法国从封建社会向资本主义社会转变的大变动时代。在两种社会制度的殊死斗争中，他顺应历史潮流，登上政治舞台，积极参加了反封建的资产阶级大革命。

拿破仑出生在科西嘉岛一个破落贵族家庭，全家有八个兄妹，全靠父亲一个人负担。1778 年拿破仑随父亲来到巴黎，次年进入军事学校，后来又进入军官学校。1785 年其父亲因胃癌病故，全家九口人的生活负担压在拿破仑一个人身上，16 岁的拿破仑只得离开军校入陆军任炮兵少尉，取得工资养活全家。贫困的生活引起了他对现实社会的不满，1788 年，他曾在《论王权》这部未完成的书稿中揭露了国王的罪恶，认为"国王之中，很少有哪一个是不应当被人们推翻的"，[4] 表达了他反抗封建统治的进步思想。1789 年 7 月法国大革命爆发后不久，年仅 20 岁的拿破仑就投身革命。后来他曾回忆说："对一个有抱负的青年来说，革命是一个美好的时期。"[5] 随着革命的发展，他被任命为炮兵上尉，并且参加了雅各宾派的所属组织，拿破仑曾回忆说："有一段时间，凡是有志气的人必然会成为雅各宾派，我当时就是其中的一人。"[6] 他站在雅各宾派一边，维护新兴的资产阶级共和国，他说，"雅各宾派的事业乃是全民族的事业，拯救新生的共和国乃是一切人的责任"。[7] 在这场激流勇进的反封建的暴风雨中，拿破仑同内外封建反动势力进行了斗争。1793 年秋天，法国的许多城镇发生了封建保皇势力的复辟暴乱。8 月 28 日，一小撮保皇党人公开卖国投敌，勾结外敌，将英国和西班牙的 6000 名干涉军引进土伦城，妄图实现反革命复辟。24 岁的炮兵上尉拿破仑在雅各宾派领导的国民公会指派下，到达土伦西郊，协助指挥官制定了用大炮突破、烧毁敌舰，断其后路，然后用步兵迂回的作战方案，并勇敢地投入了围攻土伦的战斗。经过几个月的苦战，到 1793 年 12 月中旬，终于镇压了保皇派的复辟叛乱，赶走了英、西武装干涉军，收复了法国南部重镇土伦要塞。拿破仑在这场同国内外反动势力的斗争中初露锋芒，作出了应有的贡献，他也因此被破格提升为炮兵将军。

1794 年 7 月，大资产阶级发动了热月政变，大革命的上升线被打断，革命形势急转直下。在腐败的督政府统治时期，政局严重动荡，被推翻的封建反动势力及保皇党人进行猖狂的复辟叛乱活动，把国家搞得四分五裂；英、俄、奥、土等国际反动势力在 1798 年底又组成了第二次反法联盟，分兵几路疯狂进攻法国，沙皇军队在 1799 年 7 月攻下意大利的曼图亚后，一度逼近法国边境。法国各阶层人士，特别是广大人民群众对督政府强烈不满，而大资产阶级更渴望一个强有力的政权来维护统治，保障利益。正是在"法国和革命濒于覆灭"[8]的紧急关头，拿破仑在 1799 年 11 月 9 日（雾月十八日）成功地发动了政变，推翻了督政府的统治，夺取了政权。他自己也说过："当眼见一所房子就要倒塌的时候，你难道还能一心一意地忙着拾掇花园吗？这里非变不可了。"[9]在这个法兰西民族存亡之秋，由于这次政变，政权终于牢牢掌握在大资产阶级手里，避免了国内外封建势力在法国的复辟，保住了法国大革命。正如列宁所说："拿破仑主义是一种统治形式，是由于资产阶级在民主改革和民主革命的环境里转向反革命而产生的。"[10]拿破仑通过这次政变建立起来的军事专政"是以消除封建制度为前提的现代国家形式"。[11]

拿破仑取得政权之后到称帝之前，在这短短五年中，他为巩固资产阶级革命的成果，发展资本主义，维护法兰西民族的独立，做了很多事情。

拿破仑首先加强中央集权统治，取消由选举产生的一切地方自治机构，建立以拿破仑为首脑的国务会议和 12 个中央部。把全国划为 88 个省，省长及一切主要官吏都由拿破仑直接任命，地方及市、镇长官由省长任命，但地方必须绝对服从中央。尽管这种中央集权对劳动人民来说，"自始就纯粹是反动势力的工具"，[12]但它在促进资本主义发展方面仍然起了积极作用。拿破仑还加强军队和侦查机关，建立了绝对忠诚于他的近卫军，建立警务部，并设立直接对拿破仑负责的巴黎警察总督，还建立了司法部，改组法院，取消陪审制度。这样，就把军政大权完全掌握在一人手中，"拿破仑完成了这个国家机器"，[13] 巩固了法国大资产阶级专政。

拿破仑还把教会变为资产阶级专政的精神支柱。他与教皇达成协议，承认天主教为大多数法国人的宗教，允许教会进行宗教活动，但必须从属于国家，为资产阶级专政效劳。这样，宗教就成了巩固资产阶级专政的有力工具，教士就成了统治法国的精神宪兵。

拿破仑还用法律的形式把资产阶级革命的成果固定下来，从1804年3月起，陆续颁布了三部重要法典：《民法典》、《商法典》和《刑法典》。《民法典》后来又叫《拿破仑法典》，是一部"典型的资产阶级社会的法典"[14]，是"以法国大革命的社会成果为依据并把这些成果转为法律的唯一的现代民法典"[15]。法典肯定了资产阶级对封建统治的胜利，集中代表了资产阶级的利益，对扫荡封建反动势力和巩固资本主义制度起了重要的作用。

拿破仑为了巩固他的统治，不得不镇压动摇其统治的封建反动势力。他运用中央集权的国家机器和一整套完整的资产阶级法制，打击了以旺代省为大本营的王党复辟势力，并对愿意放下武器向政府投降者实行大赦，只是对那些里通外国、勾结沙皇俄国和英国反动派妄想在法国实行反革命复辟、顽抗到底的死硬分子，才予逮捕法办，给予处决。但王党反动势力总是妄图复辟封建统治，以便夺回早已失去的"天堂"。逃亡国外的路易十六的兄弟曾两次写信给拿破仑，声称如果拿破仑答应恢复波旁王朝，就可得到高官厚禄，而且子孙后代也可享福。拿破仑从维护大资产阶级利益出发，断然拒绝，并回答说："你不要指望归返法国，你回来是要用十万死尸作代价的。"[16] 反动势力收买不成，就使出另一手，组织密谋集团暗杀拿破仑，都遭到了拿破仑的镇压。

　　拿破仑还运用政权的力量，在农业、工业、科学技术等方面采取了一系列有力措施，以促进法国资本主义经济的发展。1800 年，他创办了法兰西银行，改革币制。1801 年，又成立民族工业奖励会。他还积极鼓励造办新的工厂企业，发给工业家津贴，奖励使用机器。保护国内市场，防止外国竞争。拿破仑整顿财政机构，改革税收制度，增加财政收入。拿破仑巩固和调整了小农土地所有制，使农民能够自由地利用他们的小块土地。他认为"农业，是帝国的灵魂，是帝国首要的基础"。[17] 因此，他下令扩大耕地面积，鼓励农业技术革新，尽力地促进了农业资本主义的发展。拿破仑还十分重视科学技术，大力发展文化教育事业。所有这些，都促进了法国资本主义经济的迅速发展。

　　拿破仑还运用政权的力量和坚实的经济基础，以意大利为战场，粉碎了由俄、奥等欧洲封建反动势力组成的"反法联盟"的武装干涉，维护了法兰西民族的独立。

　　所以，我们认为拿破仑在称帝以前的活动，其历史进步作用是主要的。[18]

　　但是，拿破仑并不是什么完美无缺的"反复辟英雄"。我们认为，拿破仑是个具有两面性的历史人物，即使在其活动的第一阶段，在起着历史进步作用的同时，也明显地暴露了他大资产阶级的本性。作为大资产阶级的代表，他的阶级的本能决定着他与广大工农劳动群众之间始终处于对立状态。因此，拿破仑的资产阶级政权，不过是"残酷的专制"。[19] 这对广大劳动人民来说，只能是苦难的根源、自由的锁链。

　　拿破仑在对内政策上，仅仅是为了维护资本主义制度，才打击了封建反动势力，当然不可能坚决、彻底，事实上他还尽力和王党分子妥协，把逃亡国外的 14 万余名贵族召回国内，分散各地，企图和人民"溶合"为一体。而他面对广大劳动人民却是"压制革命，取消人民的一切自由权利"。[20] 他把巴黎的 73 种报纸一下子封闭了 60 种，不久又只剩下 4 种，他还下令在书籍、戏剧和学校中，连革命家罗伯斯比尔等人的名字也不准提到，他还把马拉和巴贝夫的妻子无故关进监狱。他甚至颠倒黑白，以种种借口大规模地迫害革命民主派。1800 年 12 月的一天晚上，保皇党的反动分子为谋害拿破仑，在他去剧院看戏的路上放上爆炸物，结果几十名路过人士被炸死，拿破仑也险些丧命。事后，他硬说是雅各宾派所干，下令大肆抓捕雅各宾派，130 多名雅各宾派领导人蒙受不白之冤，被逮捕和流放，多数人被迫害致死。

拿破仑执政不久，就公开宣布反工人的《利沙白里哀法》继续生效，严禁工人的一切政治活动，而资产阶级的商会却可以自由讨论、展开活动。不仅如此，他还在 1803 年建立了极为反动的《工人手册》制度，实际上就是建立反动的工人档案，记录工人的所谓"表现"，给资本家和警察提供任意迫害工人的"依据"。就以拿破仑自我吹嘘为"永垂不朽"的法典而论，他在其中就明确规定了工人只能受资本家的剥削和支配，不准工人组织工会和举行罢工，违者严惩，赤裸裸地反映出其反工人的阶级本质。反对人民，镇压人民，这是拿破仑的大资产阶级本性决定的，绝不能说这只是他的错误，这正是处在上升时期资产阶级两面性的必然反映，拿破仑绝不是工农革命人民利益的维护者，而是道道地地的大资产阶级利益的忠实代理人。

拿破仑称帝前所进行的一系列对外战争也具有明显的两面性。一方面，他与反法联盟进行战争，并且粉碎了以沙皇为头子的欧洲封建反动势力的进攻，维护了法兰西民族的独立，防止了波旁王朝的复辟，具有反封建、反复辟的进步性。另一方面，他的侵略和掠夺的本性也充分暴露出来了。他在 1796—1797 年和 1800 年的两次意大利战役中，不择手段地大肆掠夺，给意大利人民带来惨重的灾难。1796 年 5 月，在占领伦巴第的第二天，他一次就向伦巴第征收了 2000 万法郎的巨款，并掠得大量的艺术品和金银财宝。同年，他还向罗马教皇索取了 3400 多万法郎的赔款和 100 件珍贵的艺术品。拿破仑还把全家老小带进意大利，尽情挥霍享受，其妹妹结婚，他一次就送了 4 万法郎的嫁妆费。而他对意大利人民却是奴役、欺骗、威胁和屠杀。当拿破仑在 1797 年 5 月准备进攻威尼斯时，他一面发布文告，签订条约，表示要"和睦相处"，尊重"自由"，一面却在给他的将军的密信中，命令部队抓紧时机"占有一切"。[21] 所有这些，都充分暴露出拿破仑凶狠狡诈的大资产阶级本性。

不仅如此，随着自己经济和政治地位的改变，拿破仑还开始走上侵略、争霸的道路。为了和英国争夺世界霸权，他在 1798 年发动了对埃及、叙利亚的纯粹侵略战争，烧杀掳掠，罪恶深重。1802 年，他又派兵三万残酷镇压海地革命，并且准备控制加勒比海地区。他还派特别使团到印度活动，想在东、西两线钳制英国，称霸世界。这一点，在拿破仑称帝以后，更是暴露无遗。

三

拿破仑称帝后，开始了他的政治生活的第二阶段，成了欧洲独一无二的资产阶级的"皇帝"。在帝国十年间，拿破仑继续巩固中央集权的大资产阶级军事专政，继续扶植资本主义工商业的发展，继续发展科学、文化教育事业，继续同反法联盟进行战争，客观上"给法国资产阶级社会在欧洲大陆上创造一个符合时代要求的适当环境"。[22] 同时，拿破仑进一步发展了资产阶级的军事科学理论。因此，拿破仑帝国对法国新兴资产阶级社会的巩固和发展，防止波旁王朝的复辟，维护资产阶级革命的成果，仍有一定的历史作用。所以，恩格斯说："拿破仑帝国是法国革命的最后阶段。"[23]

但是，随着法国资本主义的发展和大资产阶级政权的巩固，拿破仑的政治、经济地位发生了根本的变化，正如马克思所说，"拿破仑本人是一个十足的暴发户"。[24] 因此，拿破仑的资产阶级两面性，特别是他与革命人民为敌以及对外扩张、称霸世界的一面，就愈益公开地暴露出来。

第一，在帝国时期，拿破仑同内外封建反动势力的妥协十分明显，他没有也不可能把镇压王党反革命势力的斗争进行到底。

法国资产阶级革命，只不过是一种剥削制度代替另一种剥削制度的革命，革命后掌权的资产阶级和被推翻的封建统治阶级同属剥削阶级，其本身就有千丝万缕的联系。

拿破仑称帝以后，为了维护其大资产阶级的利益，就以欧洲封建帝王为榜样，并同封建反动势力妥协，甚至同流合污。拿破仑自己也曾说，他要"成为旧和新之间联盟的拱门，成为旧秩序和新秩序之间的天然居间人"[25]，表示要使"旧制度时代的最大显贵，'现在'和'昔日'的革命者同桌共餐"。[26] 拿破仑逐步使革命前享有特权的贵族和僧侣重新进入政府，其中贵族任省长的人数不断增长，而资产阶级任省长的数字却不断减少（见表1）。[27] 对不少贵族还委以重任。如外交部长塔列朗，就是一个大封建贵族。这个钻进新政府里的保皇党分子从未停止过他的阴谋活动，在第六次反法联盟的进犯中，正是他破坏了巴黎的防御，里应外合，把敌人引进首都，卖国求荣。一些受"安抚"的贵族，备受礼遇，难怪布列塔尼叛乱分子的一些保皇党头目向拿破仑表示，需要的是"国王和您"[28]。拿破仑企图"使所有的人溶合成一个整体"[29]，但是，妥协的结果却助长了"正统派"的势力。

表1　1800年、1804年和1814年法国贵族和资产阶级任省长情况

年份	贵族任省长		资产阶级任省长	
	人数（人）	百分比（%）	人数（人）	百分比（%）
1800	23	23	77	77
1804	35	32	74	68
1814	53	43	71	57

拿破仑做皇帝之后，更是拜倒在正统主义原则之下。恩格斯明确指出："拿破仑最大的错误就在于：他娶奥国皇帝的女儿为妻，和旧的反革命王朝结成同盟；他不去消灭旧欧洲的一切痕迹，反而竭力和它妥协；他力图在欧洲帝王中间取得首屈一指的声誉，因此他尽量把自己的宫廷搞得和他们的宫廷一样。"[30]

拿破仑公然向欧洲封建王朝看齐，与一切封建帝王媲美。在加冕典礼的那天，拿破仑身穿皇袍，头戴皇冠，手执权杖，登上教堂最里面的宝座，被称为"法兰西人的至荣至尊的皇帝"。光是拿破仑和皇后加冕时所穿的皇袍，就耗费了112.3万法郎。皇后约瑟芬戴的华冠，用最名贵的珍珠、钻石镶嵌，价值在百万法郎以上。约瑟芬在1804—1809年的化妆费用，竟达664.7万法郎。帝国宫廷的奢侈豪华，比之波旁王朝和一切封建帝王都有过之而无不及。拿破仑还大搞家天下的"分封制"，他建立了帝国贵族等级制，先后分封了4个亲王、30个公爵、388个伯爵、1090个男爵。他封他的3个兄弟、1个妹夫、1个继子分别为西班牙、荷兰、威斯特伐利亚、那不勒斯国王和意大利副国王，他自己兼任意大利国王，甚至将他1811年刚出世的儿子也封为罗马王。拿破仑认为自己是"查理大帝的后继者"，"帝国和我完全是合成一体的"。[31]

拿破仑对欧洲封建势力的打击也不是坚持到底的，一有机会，就同

欧洲帝王妥协。为了同英国争霸，在1806年和1808年，拿破仑两次与欧洲封建反动势力的头目沙皇俄国谈判立约。他对沙皇亚历山大更是称佩不已，推崇备至，说"他是一个很英俊善良、年青的皇帝。他的智力比一般人所说的高"。[32] 1808年5月，拿破仑从查理四世处取得西班牙和西印度群岛的王位后，就给查理四世两处庄园，让他退休，并由法国国库付给年俸750万法郎。1810年4月，拿破仑取奥地利公主玛丽·路易丝为妻。同奥地利王室的联姻表明，他已和反动的封建王朝公开结成联盟，使自己降低到了封建帝王的水平，这引起了他的将领们的不满。所以，到了统治的后期，拿破仑从政治到生活，完全走上了与封建反动势力妥协、合污的道路，"为正统王朝的复辟铺平了道路"。[33]

第二，残酷地剥削、压迫以至镇压工人和广大劳动人民，明显地暴露出拿破仑敌视人民的反动面目。

恩格斯指出："统治阶级一旦掌握政权就牺牲劳动阶级来巩固自己的统治，并把对社会的领导变成对群众的加紧剥削。"[34]拿破仑帝国的统治正是这样。他在1810年颁布的《刑法典》中，再次明文规定不准工人结社和罢工，违抗者予以刑事处分，而且还规定即使工人刑满释放后，仍受到警察监视2—5年。在1807年的《商法典》中也同样规定了禁止工人结社、罢工的权利，陷工人于无权地位。这些都说明，"法律就是取得胜利、掌握国家政权的阶级的意志的表现"。[35]帝国时期拿破仑的一切政策法令，其主要锋芒是指向无产阶级和革命人民的。

拿破仑为了镇压工人和一切革命活动，在全国实行警察的恐怖统治，严密监视广大人民群众。在1805年的一项通令活动中明确规定"警察是一种调节的力量"，它在国家中的地位"如宇宙内保持一切天体和谐运行的那种力量"。[36]布满各地的警察机构可以随时逮捕一切"可疑"工人。"告密者"无处不有，哪里有工人罢工或集会，政府就调动军警加以残酷镇压，视工人为帝国的大敌。拿破仑曾向一个参议员表白，他说："我担心由于缺乏面包而引起暴动；我宁可跟二十万敌人作战，也不愿意看见人民暴动。"[37]

在经济上，拿破仑对广大工人和劳动群众进行种种残酷的压榨。工人的劳动时间每天长达 14 小时以上，还广泛地雇用女工和童工。如比利厄兄弟的亚维里工场就雇用了 600 个 11—13 岁的男女童工。工人工资低下，并经常有被解雇的危险。赋税的增加，更加重了劳动人民的负担。酒税、烟税、盐税等间接税先后恢复。帝国时期，每年的间接税从 1804 年的 1.6 亿法郎增加到 1814 年的 3.42 亿法郎，40% 的国家收入来自间接税。马克思指出："赋税是官僚、军队、教士和宫廷的生活源泉，一句话，它是行政权力整个机构的生活源泉。强有力的政府和繁重的赋税是同一个概念。"[38]拿破仑的中央集权统治，拿破仑统治时期法国资本主义的发展，就是建立在对工农群众血淋淋的剥削基础之上的。

拿破仑连年不断的对外战争带给法国人民的痛苦和灾难更是无可言状。战争大量牵制和消耗了法国的人力和物力。法国军队由执政时期的 27 万人急增到帝国时期的 288 万多人，其中战死的达百万人以上。15 岁以上 70 岁以下的男子在农村里已经很少，劳动力遭到严重破坏。连年战争使法国财政紧张，仅公债就增加到 46 亿法郎以上，终于引起了 1811 年的经济危机，企业倒闭、失业增加。仅里昂就关闭了一半企业，北部各省竟有 75% 的工人失业。商品销售市场缩小，对外贸易总额从 1806 年的 4.56 亿法郎下降到 1811 年的 3.22 亿法郎。达官贵人、巨富奸商利用大陆封锁制度造成的严重后果私运"违禁品"，或者贩卖进口"特许证"，大搞投机倒把，一张"特许证"竟可卖到 4 万英镑。一小撮大资产阶级和巨商富农在战争中大发横财，而广大工人和贫苦农民却深受战祸之害。这就使大资产阶级的代表拿破仑与法国工农群众之间的矛盾越来越尖锐，必然引起本国人民的严重不满和坚决反对，从而动摇了拿破仑帝国的统治基础。

第三，改变了与"反法联盟"作战的性质，由主要是反侵略、反复辟的战争转化为争夺世界霸权的战争。列宁曾经指出，"当拿破仑建立了法兰西帝国，奴役欧洲许多早已形成的、有生存能力的民族大国的时候，法兰西的民族战争便成了帝国主义战争"。[39]

拿破仑称帝以后，把主要精力放在打倒劲敌英、俄，确立世界霸权上。虽然他与以俄国沙皇为头子的欧洲封建势力的战争在客观上具有反封建反复辟的进步性，但其最终目的还是称霸世界。对此，拿破仑自己也多次明白地承认，他认为法国是"欧洲国家的仲裁者"[40]，"我有雄心要做到把欧洲所有巨大利益融合在一起"，"决不允许让天生的要成为太阳的国家堕落为一个卫星"。[41]当他完全失败之后，他也承认过他曾经建立世界帝国的野心。他说："我曾想望过一个世界帝国，为了保证我能做到这一点，无限制的权力对我来说曾是必要的。……我曾思望过一个世界帝国，世界要求我统治它。"[42]"我曾希望法国统治全世界。"[43]

拿破仑为了实现"仲裁"欧洲、建立"世界帝国"的美梦，同"反法联盟"进行了多次争霸战争。第一步，拿破仑打败并征服奥、普、意等国，掠夺其财富，吞并其领土，使其成为法国的附庸，巩固他在欧洲大陆的地位。第二步，集中力量对付主要劲敌英国，他运用军事进攻和经济封锁等办法，妄图扼杀英国，确保法国在"大陆上的商业霸权"。1808年4月3日，拿破仑在《复荷兰国王路易·波拿巴》即给他的弟弟的复电中明确说，"反对英国，既不是出于感情上的偏见，也不是由于不可克服的憎恨。……大陆制度只有一个目的，那就是使法兰西帝国和欧洲将决定性地享有公法权益的时代提前到来"。[44]第三步，打败并征服反法联盟的盟主沙皇俄国，使自己成为"欧洲的霸主"[45]，并最后实现其做"世界主人"的野心。法国为了对付英国，一度和沙皇妥协，在1807 年签订了《提尔西特和约》。这是一个瓜分欧洲领土的暂时妥协，是以牺牲同盟者和被征服者的利益为基础的。恩格斯揭露沙俄的对外政策时指出，俄国"靠牺牲自己昨天的同盟者而获得了新的领土，并且同拿破仑结成了同盟来瓜分世界：西方归拿破仑，东方归亚历山大！"[46]但是，随着欧洲大部分国家的被征服和帝国权力的巩固，拿破仑准备征服沙俄。1810 年，他得意忘形地高喊："再过三年，我就要成为全世界的主人，现在只剩下一个俄国，不过我一定要击败它。"[47] 1812 年，拿破仑出兵 50 万，侵犯俄国，直逼莫斯科，结果遭到了俄国人民的愤怒反抗。莫斯科的惨败，成为拿破仑政治生命的"决定点"。[48]拿破仑帝国由盛而衰，由胜转败，从此一蹶不振。

　　拿破仑在争霸过程中，还对根本没有参加反法联盟的国家发动了野蛮的侵略战争，进行残暴的奴役和疯狂的屠杀，其中最突出的，就是1807—1808 年发动的侵略葡萄牙、西班牙的战争。1808 年 2 月，拿破仑下令废除葡萄牙旧王朝，建立了以法国元帅茹诺为首的新政府，葡萄牙实际上成了法国的一个省。5 月，拿破仑派法军 2.5 万多人镇压了马德里起义，打死上千人，被战地法庭当场判以死刑的也有数百人。查理四世的西班牙波旁王朝被推翻，约瑟夫·波拿巴被封为西班牙国王。拿破仑曾为自己的侵略行为狡辩说："我的政策叫我不能让一个敌视我的王朝留在我的后方，它是如此靠近巴黎。"[49]与此同时，拿破仑从未放弃拓地殖民、远征东方的企图。1807 年法国官方出版的澳大利亚地图册把差不多半个澳大利亚划归法国的版图。1810 年秋，拿破仑派遣间谍去察看埃及和叙利亚的要塞，命令驻地中海东岸各地的领事每隔半年向他报告奥斯曼帝国的情况。1811 年，他打算再度攻占开罗，进而威胁印度。

拿破仑还准备在征服西班牙之后，利用西班牙在拉美的殖民地，把自己的势力渗透到拉丁美洲。拿破仑的所作所为，无可辩驳地说明他在帝国后期已经成为道道地地的扩张主义者。

拿破仑对被征服的人民，更是进行肆无忌惮的掠夺和奴役。拿破仑强占别国的土地，掠夺别国的财富，屠杀别国的人民。尽管他在被奴役国破坏了封建制度，客观上促进了资本主义的发展，但仍然无法洗刷他的掠夺和奴役的种种罪行，正如列宁所揭露的，"拿破仑曾经在提尔西特强迫德国人接受空前耻辱的媾和条件"[50]，进行极为苛刻的"压迫和宰割"[51]。拿破仑占了1/3的普鲁士领土，一次就勒索赔款1亿法郎。不仅如此，300多万名贫苦不堪的普鲁士居民还须在1807—1812年付给法国10亿法郎以上的战争赔款，使普鲁士"蒙受奇耻大辱"。[52]在意大利、西班牙也同样如此。1812年意大利王国军队3.1万多名官兵中，就有3万人被迫参加了法国对俄国的战争，大部分死于战场。意大利王国从1807年起，每年交给法国的赔款达30万里弗尔。在西班牙，仅安达鲁西亚一地在两年内就付出赔款6亿雷亚尔。拿破仑还把被奴役国变为法国的商品倾销市场或原料供应地。如意大利的造纸原料、皮革和毛织品只能允许从法国输入，而生丝只能向法国输出。1809年，正当拿破仑还在和奥地利激战之时，他在给一个大臣的信中指出："必须利用我们进攻维也纳的时机，把法国的呢绒和瓷器运入奥国，……最大限度地使它们推广维也纳商号。"拿破仑就是这样，用枪炮为商品输出开路，从中攫取巨额利润。

拿破仑帝国的对外战争，从根本上说，完全是为了夺取世界霸权，他对奴役、被侵略的各国人民实行军事进攻、政治压迫和经济掠夺，结果只能引起尖锐的阶级矛盾和民族矛盾，从而产生了"反对拿破仑帝国主义的民族解放战争"，[53]必然导致帝国的失败和覆亡。所以，拿破仑帝国本质上只不过是法国大资产阶级向外侵略扩张、实行霸权主义的工具。恩格斯说得好："他统治得愈久，他就愈应该遭到他最终的命运。"[54]拿破仑帝国终于在工业资产阶级的英国和以沙皇为首的欧洲封建反动势力的打击下，在欧洲革命人民力量的反抗下，遭到了彻底的毁灭。

　　在结束对拿破仑的评价时，必须指出：对于拿破仑这个历史人物，当时的历史条件决定了他是一个具有明显两面性的资产阶级代表人物。他作为大资产阶级的政治代表，在当时站在反封建的进步力量一边，维护和巩固了法国资产阶级革命的成果，起过重要的历史进步作用，是一个有名的资产阶级政治家。但是，大资产阶级的本性决定着他必然要对内镇压劳动人民，对外扩张侵略，特别是在帝国后期，他走上了争霸世界的道路，具有明显的反动性。这样说，绝不是把进步与反动糅合在一起，而是在肯定他历史进步性的同时，指出他的大资产阶级的本质，这样做完全是为了尊重历史的客观事实，尊重历史辩证法，给予拿破仑以符合实际的历史地位。马克思主义经典作家对拿破仑有过许多重要的论述，我们只有完整地、准确地掌握其精神实质，才能给他以恰如其分的评论。

（原载《杭州大学学报》1978 年第 2 期，与戴成钧合作）

注　释

1　《列宁选集》第 2 卷，人民出版社，1972，第 512 页。

2　《列宁选集》第 2 卷，第 587 页。

3　《毛泽东选集》第 2 卷，人民出版社，1952，第 635 页。

4　约翰·霍兰·罗斯：《拿破仑一世传》上卷，商务印书馆，1977，第 34 页。

5　《拿破仑日记》，转引自约翰·霍兰·罗斯《拿破仑一世传》上卷，第43页。

6　蒂博多：《回忆执政府》，第59页，转引自约翰·霍兰·罗斯《拿破仑一世传》上卷，第49页。

7　《拿破仑一世》，《大百科全书》第14卷，巴黎，1973，第8372页。

8　《马克思恩格斯选集》第3卷，人民出版社，1972，第409页。

9　约翰·霍兰·罗斯：《拿破仑一世传》上卷，第266页。

10　《列宁全集》第25卷，人民出版社，1958，第245页。

11　《马克思恩格斯选集》第2卷，人民出版社，1972，第297页。

12　《马克思恩格斯选集》第1卷，人民出版社，1972，第391页。

13　《马克思恩格斯选集》第1卷，第691页。

14　《马克思恩格斯选集》第4卷，人民出版社，1972，第248页。

15　《马克思恩格斯选集》第3卷，第149页。

16　《致普罗旺斯伯爵》，巴黎，1800年9月7日。

17　《拿破仑一世》，《大百科全书》第14卷，第8375页。

18　《马克思恩格斯选集》第1卷，第604页。

19　《马克思恩格斯全集》第10卷，人民出版社，1962，第109页。

20　《马克思恩格斯选集》第2卷，第410页。

21　转引自马克思《福格特先生》，第165页。

22　《马克思恩格斯选集》第1卷，第604页。

23　《马克思恩格斯全集》第22卷，人民出版社，1972，第35页。

24　《马克思恩格斯全集》第14卷，人民出版社，1964，第163页。

25　《和拉斯卡斯的谈话》（1816年8月24日），转引自M.赫特辑《拿破仑》，美国新泽西州，1972，第24页。

26　《和科兰古的谈话》（1812年12月），转引自M.赫特辑《拿破仑》，第26页。

27　爱德华·A.维特科姆：《拿破仑的省长》，《美国历史评论》第4期，1974年10月，第1095页。

28　约翰·霍兰·罗斯：《拿破仑一世传》上卷，第244页。

29　拉斯卡斯:《拿破仑第一回忆录》, 第157页。

30　《马克思恩格斯全集》第2卷, 人民出版社, 1957, 第638页。

31　梅特涅:《同时代人心目中的拿破仑》, 转引自 M. 赫特辑《拿破仑》, 第115页。

32　约翰·霍兰·罗斯:《拿破仑一世传》下卷, 第118页。

33　《列宁全集》第25卷, 第245页。

34　《马克思恩格斯选集》第3卷, 第439页。

35　《列宁全集》第13卷, 人民出版社, 1959, 第304页。

36　转引自让·勃吕阿《法国工人运动史》第1卷, 第161页。

37　转引自约翰·霍兰·罗斯《拿破仑一世传》下卷, 第206页。

38　《马克思恩格斯选集》第1卷, 第697页。

39　《列宁全集》第22卷, 人民出版社, 1958, 第302页。

40　《和蒙托隆的谈话》, 转引自 M. 赫特辑《拿破仑》, 第55页。

41　《和蒙托隆的谈话》, 转引自 M. 赫特辑《拿破仑》, 第55页。

42　T. 马泰尔辑注《拿破仑的回忆和著述》, 巴黎, 1926, 第139页。

43　塔尔列:《拿破仑传》, 任田升等译, 商务印书馆, 1976, 第332页。

44　T. 马泰尔辑注《拿破仑的回忆和著述》, 第353—354页。

45　《马克思恩格斯全集》第12卷, 人民出版社, 1962, 第449页。

46　《马克思恩格斯全集》第22卷, 第31页。

47　塔尔列:《拿破仑传》, 第338页。

48　《毛泽东选集》第3卷, 人民出版社, 1953, 第889页。

49　约翰·霍兰·罗斯:《拿破仑一世传》下卷, 第152页。

50　《列宁选集》第3卷, 人民出版社, 1972, 第470页。

51　《列宁选集》第3卷, 第450页。

52　《马克思恩格斯全集》第17卷, 人民出版社, 1963, 第215页。

53　《列宁全集》第22卷, 第302页。

54　《马克思恩格斯全集》第2卷, 第638页。

论巴黎公社的领导人
——瓦尔兰

瓦尔兰是法国工人运动的著名领袖，巴黎公社的杰出领导人。他对革命忠心耿耿，不图私利；他身居高位，始终以普通一兵自居，甘当人民的"公仆"；他为保卫公社的正义事业，在敌人的屠刀下宁死不屈，献出了宝贵的生命。他的名字、他的业绩，将永远作为新社会的光辉先驱受人敬仰，永远值得人们学习和赞颂。

一 法国工人的优秀代表

路易·欧仁·瓦尔兰，1839 年 10 月 5 日出生在马恩省克勒山区一个贫农家庭，饥寒交迫的生活袭击着他的童年，他经常跟着父亲卖工度日。父亲有空就给小瓦尔兰讲述他祖父曾作为无套裤汉参加反封建大革命的身世，使他深受教育，在他幼小的心灵里，播下了反抗压迫、立志革命的火种。十三岁那年，为生活所迫，父亲带他到巴黎，寄宿在装订工人叔父家里，不久他就在一家装订工场里当了学徒，目睹了工人的遭遇，更加深了他对现实的不满。几年后，瓦尔兰成了一名技术熟练的装订工人，而且成为工人中活跃的一员，他开始探索争取人类解放的途径，但受到蒲鲁东派的影响，成为蒲鲁东无政府主义者。

可是，瓦尔兰并没有满足于蒲鲁东的信条，而是善于从工人群众的实践中吸取营养，提高认识，探求革命的道路。为了寻求真理，他渴望获得知识。瓦尔兰常常忍受着繁重的劳动和贫困生活的折磨，利用一切空闲时间进行刻苦的自学，有时通宵达旦。为了得到更多的知识，他还参加了技艺协会办的夜校，与儿童们坐在一起读书。日积月累，他终于掌握了历史、文学、法律和几何学、会计学等许多专门知识，还能熟练地运用希腊文和拉丁文，而且写得一手好书法。瓦尔兰能够在学习上取得如此惊人的成绩，是与他有明确的学习目的分不开的，"他学习并不是像别人那样想要挤进资产阶级的行列，而只是要教育人民和解放人民"。[1]广博的知识，使瓦尔兰活跃了思想，为他参加革命打下了坚实的基础。

年方十八，瓦尔兰就投身工人运动，而后又多次支持并领导了罢工斗争。尤其是 1864 年 8 月，瓦尔兰组织了"装订工人协会"，并领导巴黎装订工人举行了总罢工，为了坚持罢工，瓦尔兰还进行艰苦的募捐工作，把募捐的款项分送给罢工工人的家属作为生活津贴费，最终取得了罢工斗争的胜利，迫使资本家缩短工作日一小时和提高了工资。从此，瓦尔兰就成了装订工人的著名领袖。工人们为了感谢他，特意送给他一只怀表，背面刻上"赠给欧仁·瓦尔兰——以表示装订工人的谢忱"。[2]在和工人的长期共同战斗中，瓦尔兰的思想不断进步，开始对蒲鲁东的信条产生怀疑。

1865 年 1 月，瓦尔兰参加了第一国际巴黎支部，他在支部内部与顽固的蒲鲁东分子、支部领导人托伦在观点上产生了分歧，瓦尔兰得到广大会员的支持，巴黎支部改组，瓦尔兰成为支部的积极参加者和领导者之一，使宗派主义的支部逐渐变成密切联系群众的桥梁，会员迅速发展到 500 人。

1865 年 9 月，瓦尔兰作为第一国际的代表，出席第一国际伦敦代表会议，在那里他第一次见到了马克思，并从中受到了很大启发。回国后，瓦尔兰更加深入工人群众之中，继续组织工人的罢工斗争，表现出卓越的组织能力。1866 年 9 月，瓦尔兰作为法国代表参加了国际日内瓦代表大会，会上，马克思派与蒲鲁东派展开尖锐的斗争。瓦尔兰深受马克思主义的影响，在许多原则问题上，开始站在马克思派一边；他积极主张罢工斗争，坚决反对蒲鲁东派提出的用合作社代替罢工的改良主张；坚决反对妇女回到厨房去、禁止妇女参加生产劳动的谬论，主张妇女有权参加生产。瓦尔兰倾向马克思主义的明确态度深得法国工人群众的赞同，国内的工人运动在他的支持和领导下更加蓬勃发展。瓦尔兰及其法国支部的领导人因此而多次受到反动当局的迫害和审讯。1868 年春天，瓦尔兰不幸被捕，在 5 月的法庭审判会上，28 岁的瓦尔兰公开为自己的正义事业辩护，并且猛烈谴责人剥削人的反动统治，他说："在法律面前，我们是被告，你们是法官。但是，在原则上我们却是两个党派，你们要不惜一切代价维护旧秩序，而我们社会主义者却要改变旧秩序。"[3] 他甚至愤怒地警告反动派，人民正在为它的垮台做好准备，反动派的灭亡是不可避免的。这时，瓦尔兰已经意识到要改变旧秩序，建立新制度，萌发了必须革命的思想。1868 年 7 月 6 日至 10 月 6 日，他被关进圣·珀拉惹监狱。在狱中他受到了极大的锻炼，增强了他的革命意志和决心，他更加不满蒲鲁东派反对革命的宗派信条。

1869 年 9 月，在国际巴塞尔代表大会上，瓦尔兰的思想又前进了一大步，他明确地站在马克思主义的多数派一边，坚决批判了蒲鲁东派主张土地私有的反动谬论，投票赞成土地的集体所有制，认为"土地应当由联合的公社来耕种和使用"。[4] 这说明瓦尔兰已经开始赞同生产资料的公有制，使他在又一个原则问题上同蒲鲁东派决裂，他正在逐步向马克思主义靠拢。为了更有效地与第二帝国作斗争，1869 年 12 月 1 日，在瓦尔兰的倡议下，巴黎的所有工会组织实行了联合，成立了"巴黎工人社团联合会"，纲领中明确规定工人的最终目的是"在一个废除雇佣劳动制的新社会中，使劳动者获得彻底的解放"。[5]他从此开始以革命思想启发广大的工人群众。

随着工人运动的发展和阶级斗争的深入，瓦尔兰主张革命的思想不断成熟，70 年代初，他在给他的朋友奥布里（Aubry）的信中，提出了政治革命的重要性，他说："对于我们来说，政治革命和社会革命是紧密联结在一起的，不能只要这个而不要另一个，只要政治革命是不够的，但是我们清楚地知道，在我们还处在专制政府的形势下，社会革命是不可能实现的。"[6]在这里，瓦尔兰的可贵之处是已经意识到只有先实行夺取政权的政治革命，才有可能实行各种具体改革的社会革命。当有人指责他迷恋政治革命时，他反驳说："您以为我为了政治运动而忽略了社会运动，那就大错特错了。相反，我恰好是从社会主义的观点来提出革命任务的。您要了解，只要旧的国家（Vieil Etat Politique）还没有被消灭，我们在社会改革方面就不可能有任何成就。"[7]再次强调了无产阶级必须把夺取政权放在首位的根本观点，这是完全符合马克思主义的。在1870 年 3 月 11 日给《马赛曲报》写的文章中，瓦尔兰更加明确地提出必须彻底推翻旧政权的主张，他写道："为了最终目的，最近一次革命不应该只是简单地做政府名称的改变或进行某些细小的改良，它应该使劳动者从资本或政治的剥削下彻底解放出来，建立公正的社会关系。"[8]他还主张改变资本家的私有制，他说："工商业资本家再也不应当任意地支配集体的资本了"，"工人应当充分地支配劳动工具"。他把反动派比作多头毒蛇，主张"一刀砍掉这条多头毒蛇的所有脑袋"。

为夺取政权，瓦尔兰认为必须加强统一的组织领导。为此，在他主持下，1870年4月18日，第一国际巴黎各支部成员约1200人举行会议，成立了巴黎总支部，瓦尔兰被选为主席。在他的关心和支持下，还先后建立了里昂、马赛、鲁昂总支部。而后瓦尔兰经常指导各地总支部的工作，为革命做好准备，他在致外省国际会员的通报中说："我们的革命还没有成功，当我们打败外敌入侵后，我们将用革命手段，为我们向往的平等社会奠定基础。"[9]

瓦尔兰的革命宣传使波拿巴极为恐慌，妄图再度审讯瓦尔兰，1870年9月，他被迫流亡比利时。波拿巴被9月4日革命推翻后，瓦尔兰重返巴黎，立即投入革命行列，他被巴黎工人选为国民自卫军第193营营长，而后又被选为国民自卫军中央委员会委员，先后参加布朗基发动的10月31日和1871年1月22日的两次武装起义。瓦尔兰从惨痛的失败中认真总结了教训，更加认识到加强对革命武装领导的重要性。在3月初的国民自卫军中央委员会会议上，瓦尔兰提出了两项重要建议：（1）改选国民自卫军指挥官，撤换不服从中央委员会的人；（2）加强国际巴黎总支部与国民自卫军中央委员会的合作，总支部成员必须参加国民自卫军中央委员会并掌握军队的领导权。而且他还具体提议选出总支部的四名成员参加中央委员会。他还对不同意他提议的人进行耐心的说服，他说："如果我们对这件事情置之不理的话，我们的威信就会丧失；如果我们跟这个委员会联合的话，我们就会向社会未来（avenir social）迈进一大步。"[10]瓦尔兰的提议终于获得通过。这一决定性的措施，不仅纯洁了国民自卫军的领导机构，而且大大加强了它的领导力量，实际上，为3月18日的革命做好了组织准备。

由上可见，到巴黎公社革命前夕，瓦尔兰由于受家庭的教育及环境的熏陶，加上主观的长期努力，已经从政治上、行动上同蒲鲁东派划清了原则界限：第一，他坚决反对蒲鲁东的和平改良主义，主张实行夺取政权的政治革命；第二，他坚决反对维护土地私有的蒲鲁东信条，主张生产资料的集体所有；第三，他初步懂得了掌握武器的重要性，主张有组织、有领导的军事行动。他已经成长为一个接近马克思主义的、有威信的无产阶级革命领导人。

二　巴黎公社革命的杰出领导人

在巴黎公社的伟大革命中，瓦尔兰既是杰出的领导人，又是普通一兵，他以忘我的献身精神，为推翻旧政权、创建新政权、保卫公社作出了卓越的贡献。

3 月 18 日革命开始后，瓦尔兰立刻投入指挥和战斗，成为夺取革命胜利的重要领导人。早在起义前几天，他已经警惕地注视着反动政府的一切动向，准备迎接战斗，夺取胜利，他曾对人说："我们绝不能不经过战斗就缴械，……除了应战之外，别无他法……只要我们一天不胜利，斗争也就一天不停止。"[11]3 月 18 日清晨，蒙马特尔高地的隆隆炮声划破了巴黎长空，瓦尔兰闻讯后，立即投入紧张的指挥工作。他和八九名中央委员会委员在巴夫鲁阿街的一所小学里举行了临时紧急会议，决心支持已经开始的群众革命，并决定将武装斗争进行下去，以夺取政权。随后他又作为普通一员接受国民自卫军中央委员会的指令，"享有充分行动自由，可见机行事，以与巴黎其余各街区协同行动"[12]，带领国民自卫军 155 营、222 营向蒙马特尔进发，与兄弟营队密切配合，身先士卒，英勇奋战，并乘胜向市区进发，占领旺多姆广场及其机关要地，取得了一个又一个的胜利。晚上八时，政权落到了国民自卫军中央委员会手里，巴黎全城解放，革命取得胜利。这次起义虽未被瓦尔兰所预料，但起义一旦开始，他就敢于领导和组织群众，为夺取这次革命的胜利作出了杰出的贡献。

3月18日革命胜利后，瓦尔兰成了巴黎公社的重要领导人。3月19日，他和茹尔德两人被派为驻财政部的代表，他主要掌管经济工作，同时参与了公社的各项领导工作，他曾对一些重大原则问题提出正确的建议：他主张立即进军凡尔赛，去捣毁保皇党的巢穴；[13]他还主张夺取法兰西银行，以支付军需费用。都因遭到多数票的否决未能实现。但瓦尔兰仍然筹集经费采取果断的措施，他们在3月23日向法兰西银行经理处发出指示，警告"那些为谋图个人私利而在民众中恣意兴风作浪的人们，要对他们的罪恶行径负全部责任"，并命令银行立即支付7万法郎，直接送交财政部，"逾期将采取一切必要的强硬措施"。[14]瓦尔兰坚毅果断、公而忘私的行动，赢得了人民群众的高度信赖和拥戴。他因此而担任了多种领导职务，成为公社的重要领导人，3月26日，他在第六区、十二区和十七区同时当选为巴黎公社委员，3月29日，又兼任财政委员会委员。4月21日，任粮食委员会委员。5月2日，任国民自卫军军需处主任。5月5日，任军事委员会委员。5月25日，任军事代表，直至献身街垒。

瓦尔兰身居要职，平易近人，甘当人民的"公仆"，他既是法律的制定者，也是带头执法者和模范守法者，为巴黎公社的政权建设做了大量工作。

第一，他坚决主张用人民的武装代替反动的常备军，并提醒人民保持警惕，严防敌人反扑。他把反动政府的常备军看作劳动人民受压迫的严重祸害，在国民自卫军中央委员会的会议上，多次呼吁，坚决要求废除它。他说："应当废除常备军；这是符合我们原则的。必须将此事通告外省，并使士兵们有权参加国民自卫军。"[15]在瓦尔兰的努力下，中央委员会终于作出重大决定："建立保护公民不受当局侵犯的国民军，来代替保护政府反对公民的常备军，建立对付坏人的市政警察，来代替迫害良善的政治警察。"[16] 并且让国民自卫军负起维持巴黎秩序、保卫祖国的全部责任，还实行严格的军事民主，通过选举和任命相结合的办法，使为人民信得过的人担任领导。用人民的武装代替反革命武装，并以人民武装保卫革命成果，这是巴黎公社的一个伟大创举，它为以后无产阶级革命的胜利提供了光辉的范例。

第二，他坚持以德才兼备的原则选拔干部，主张把那些同群众共甘同苦的有才能的人选进领导机构，参加领导国家大事。一份由瓦尔兰签名的中央委员会关于选举公社的通告号召选民："只有从你们中间选出来的，与你们同甘共苦的人，才能最好地为你们服务。要提防野心家和向上爬的人；因为无论前一种人，还是后一种人，所关心的只是一己的私利……"，"也要提防言而不行的空谈家"，"总之，要挑选真心实意的人……公认为正派的人"，要"知人善任"。[17] 在瓦尔兰看来，参加公社的领导，不是要做官当老爷，从中谋取私利，而是要为民办事，做人民的勤务员。果然，许多为人民信任的代表被选为公社委员，他们为民掌权，成为真正的"社会公仆"。

第三，他严以律己，廉洁奉公，不徇私情，敢于同不良倾向展开斗争。瓦尔兰身居公社财政委员的要职，"每天早晨必须支出 67.5 万法郎的薪饷，供应 25 万人的给养和支付军费"。[18] 因此，他实际上掌握全部财政，每天经手巨额现金，却对财富毫不动心，而且自己始终过着俭朴清苦的生活。他常常彻夜不寐地工作，连夜点也不肯吃。平时几乎天天和装订工人一起在食堂里用餐，有时因公外出，就在邻近的简陋小饭馆里用膳，经常处于半饥不饱的状态。身上始终穿着一套打了补丁的破旧衣服，他不图享受，不搞特殊化，始终保持劳动者的本色。

他作为公社的领导人，总是处处考虑为国家杜绝浪费，节省资金，把钱用在最需要的地方。有一次，瓦尔兰在审批报销经费时，发现一张6000法郎的发票，定睛一看，是他的朋友——公社委员埃德将军特制的一套军官服装的报销单。6000法郎，是一个公务员一年的工资收入，太浪费了，他就在账单上批道，"公社没有钱购买这样贵重的衣服"，并立即与埃德将军见面，说服了这位朋友，把这套将军服退还给服装商店，为公社节省了一笔开支。

瓦尔兰带头按规章制度办事，与一切不良行为展开坚决斗争。一次，当他发现国民自卫军中的某些领导人为解决公社的财政困难，持枪威胁税务局职员，强行取走库存现金的事实时，他极为不满，认为不通过财政部门擅自征款是不能容忍的，表示要坚决"制止这种侵犯行为"。[19]又有一次，他发现有的税务员未能及时上缴全部税款，有挪用公款、变相贪污的行为，认为这是一种严重违反财政制度的舞弊行为，立刻发出命令，要他们马上上缴已收税款，命令"有关公务员在四十八小时内，尚不遵照办理，即予撤职。凡挪用任何公社款项者，即以贪污论处"。[20]这一决定对挪用公款者予以严厉警告，狠狠打击了歪风邪气，维护了国家的财政利益。

第四，他体察民情，关心群众疾苦，处处为民着想。瓦尔兰十分关心国民自卫军中的阵亡战士的家属，为保证家属的生活，在他建议下，公社通过了给予阵亡家属子女抚恤金的法令，按月发放抚恤金。即使是在保卫公社的紧张斗争中，瓦尔兰也不忘群众的衣食起居。他曾多次在公社会议上建议，任命一个委员会，专门调查孤儿寡妇的生活，解决他们吃住的困难。在凡尔赛匪徒向公社疯狂砍杀而来的危难之时，瓦尔兰仍然想着人民的生活，他曾贴出第六区区政府公告，说"许多家庭被迫离开他们被毁坏的房屋，来到市区避难。给予他们以兄弟般的接待，是我们应尽的责任"，并要求各区政府"应负责为他们安置住处"。[21]瓦尔兰不愧为人民的好勤务员，他那种忘我为民的崇高品质，永远受人敬佩。

　　第五，他爱护部下，敢于纠正错案。瓦尔兰担任国民自卫军军需处主任后，发现前任军需处主任和分军需处主任穆埃两兄弟被人诬告而撤职错捕入狱的冤案，他敢于坚持原则，立刻重新立案审查，终于弄清了"真假"，亲自写信给穆埃兄弟表示安慰。信中说：通过半个月的调查，证明告发是"没有根据的"，决定"立刻释放你们"。瓦尔兰还表示要向公社"做出实事求是的汇报"。[22] 在他的努力下，错案得到纠正，这表明了瓦尔兰刚直不阿的品格和光明磊落的宽阔胸怀，他不愧为巴黎公社的杰出领导人。

三　为保卫公社而献身的英雄

　　瓦尔兰为保卫公社战斗到最后一刻，他既是出色的指挥官，又是身先士卒的街垒战士。1871 年 5 月初，公社在强大敌人的围攻下，处境已经十分艰难。为保卫公社的正义事业，瓦尔兰不顾个人安危，始终出现在最艰苦的岗位上。为挑起保卫公社重担，他请求从粮食委员会调往军事委员会工作，参加繁重的军事领导工作。5 月流血周开始后，瓦尔兰又被任命为军事代表，担负起全部保卫战的指挥任务。他在战地召开公社委员会议，号召动员一切力量，加固街垒进行决战。他在街垒战中以身作则，出生入死，从炮火连天的勒恩大街到克罗瓦大街，又从班特翁到十一区市政府，最后到贝尔维尔林荫路，手执武器，带头战斗，并鼓励战士加强组织性，誓死保卫公社。5 月 25 日，情况已万分危急，瓦尔兰为指挥战斗，发出了以下通知：

公民费烈：我现在不能增援你，但是你无论如何要坚持。第十一军团的团长和参谋部正在返回自己的地区。军事代表欧仁·瓦尔兰，25日3时。[23]

在瓦尔兰的带领下，公社战士们排除万难，坚持了最后三天的街垒战。5月27日午后，他和几十名公社战士边战边走，在多芬街的一座楼房内，继续向敌人猛烈射击。瓦尔兰因过度疲劳，身体十分虚弱，他仍然与战友们同生共死，坚守阵地，并勉励同伴说："如果凡尔赛胜利了，公社将被镇压，我们将被活活地切成碎块。但是，历史终将会作出结论：公社拯救了法兰西，胜利最后必将属于我们这些普通的工人！"形势越来越危急，公社战士们仍视死如归，奋起抵抗。5月27日晚上，瓦尔兰为保卫公社发出了最后一道命令："一八七一年五月二十七日，夜里二点三十六分。集合命令。听鼓声集合；各营联合起来！军事代表瓦尔兰。"[24]联合起来，坚持斗争，这就是瓦尔兰的最后号召，也是世界无产阶级争取胜利的响亮口号！

5月28日傍晚，瓦尔兰左腿受伤后，在弹尽援绝的情况下，终于被一牧师认出后出卖而被捕。他被残酷折磨游街示众达数小时之久，瓦尔兰的一个眼珠被反动派野蛮地挖了出来，浑身被军刀砍得伤痕纵横，鲜血淋淋，血肉模糊，已难以站立。疯狂的敌人还把瓦尔兰用绳子捆着身子在街上拖来拖去，瓦尔兰虽然身负重伤，仍宁死不屈，以极大的毅力，忍着剧痛，站立起来，连声高呼"公社万岁！"最后，他在罗捷街遭到野蛮枪杀，壮烈牺牲，年仅32岁。瓦尔兰为保卫公社的正义事业献出了青春，他不愧是为保卫公社而献身的伟大英雄。

瓦尔兰虽然还不是马克思主义者，但他以忠于人民、献身革命的实际行动，谱写了自己光辉的历史篇章，他那种大无畏的革命精神和甘当人民公仆的崇高品质，永远激励着全世界无产阶级和革命人民，为创造幸福的明天而斗争，也激励着我们为"四化"而献身！

（原载《兰州学刊》1981 年第 1 期）

注　释

1　普·利沙加勒：《一八七一年公社史》，柯新译，人民出版社，1972，第 346 页。

2　塞瓦埃斯：《第三共和国史（1870—1926）》（ *Histoire de Troisieme Republique 1870-1926* ），巴黎，1926 年法文版，第 76 页。

3　热卢鲍夫斯卡娅：《法兰西第二帝国的倾覆和第三共和国的诞生》（ *La Chute du Second Empite et la Naissance de la Troisieme Republique en France* ），莫斯科，1959 年法文版，第 176 页。

4　斯切克洛夫：《第一国际》，第 147 页。

5　让·勃吕阿、玛尔克·皮奥洛：《法国总工会简史》，卫芒译，三联书店，1962，第 12 页。

6　《共产主义手册》（ *Calin de Commune* ），1971 年法文版第 3 期，第 96 页。

7　凯尔任策夫：《巴黎公社史》，中国人民大学编译室译，三联书店，1961，第 87—88 页。

8　热卢鲍夫斯卡娅：《法兰西第二帝国的倾覆和第三共和国的诞生》，第 235 页。

9　贝尔讷·诺埃尔：《巴黎公社词典》（ *Dictionnaire de la Commune* ）第 2 卷，1978 年法文版，第 272 页。

10　凯尔任策夫：《巴黎公社史》，第 229 页。

11　凯尔任策夫：《巴黎公社史》，第 244 页。

12　伊·阿·巴赫主编《第一国际和巴黎公社文件资料》上册，杭州大学外语系俄语翻译组译，三联书店，1977，第 133 页。

13　法国巴黎公社之友协会编《公社》（*La Commune*）1977 年第 6 期，第 59 页。

14　伊·阿·巴赫主编《第一国际和巴黎公社文件资料》上册，第 139—140 页。

15　伊·阿·巴赫主编《第一国际和巴黎公社文件资料》上册，第 137—138 页。

16　罗新璋编译《巴黎公社公告集》，上海人民出版社，1978，第 23 页。

17　罗新璋编译《巴黎公社公告集》，第 53—54 页。

18　普·利沙加勒：《一八七一年公社史》，第 346、200 页。

19　《巴黎公社会议记录》第 1 卷，第 101 页。

20　罗新璋编译《巴黎公社公告集》，第 946 页。

21　伊·阿·巴赫主编《第一国际和巴黎公社文件资料》上册，第 223 页。

22　阿·阿达莫夫编《巴黎公社史料辑要》，黎星译，商务印书馆，1962，第 131 页。

23　卢利耶：《巴黎公社活动家传略》，中共中央马克思 恩格斯 列宁 斯大林著作编译局译，三联书店，1960，第 43 页。

24　耶克：《第一国际史》，张文焕译，三联书店，1964，第 178 页。

论茹尔·盖得的历史功过

请允许我指出，当前一些年轻的革命者并不能公正地对待盖得。这是令人痛心的；但是，历史将为他保留公平的一席。

——加香1922年在盖得葬礼上的讲话

今年7月28日，是盖得（1845—1922）逝世60周年。半个多世纪以来，在中国史学界，对这位法国工人运动和国际共产主义运动的著名活动家很少评论。为了纪念这位历史伟人，笔者试图通过对盖得历史功过的简略叙述，给他以公平的一席。

一 盖得的生活道路

盖得在世77年，历尽艰辛，走完了漫长而又曲折的人生道路。根据盖得思想的发展，他一生的活动大致上经历了三个阶段。

第一阶段：1876年以前。盖得受到反动政府的迫害，先后流亡瑞士和意大利，从激进资产阶级共和派变成了无政府主义的巴枯宁派，一度公开反对马克思。后来，在社会实践中，逐渐认识到马克思的正确，又从巴枯宁派开始转向马克思派，成为马克思主义的信徒。

第二阶段：1876 年至 1914 年 7 月。这是盖得一生中最重要的时期，他通过长期流亡后，返回法国，积极宣传马克思主义，领导工人运动，成为法国著名的马克思主义宣传家、工人党的创始人和杰出活动家、第二国际的领袖之一，对法国和国际工人运动都作出了杰出的贡献。

第三阶段：1914 年 8 月至 1922 年 7 月，也就是从第一次世界大战爆发一直到盖得逝世。这是盖得一生中的最后阶段，他在突然爆发的世界大战面前，丧失了先前的原则性和革命立场，充当了"保卫祖国"的机会主义大合唱中的一员，犯了严重的沙文主义错误。1920 年以后，盖得逐渐离开政界，1922 年 7 月 28 日，因病医治无效，在塞纳省的圣芒德逝世，度过了复杂而曲折的战斗生涯。

从盖得一生的思想发展中，我们可以看到他从无政府主义者转变为马克思主义者，尔后建立了许多不朽的功绩，也犯过不少反马克思主义的严重错误，表现出明显的大功大过。因此，对这样一位功过都十分明显的历史人物，应该怎样才能给他以公平的地位呢？我们认为必须把他放到一定的历史范围之内，对他的功过进行实事求是的分析。

二　盖得是法国著名的马克思主义宣传家

盖得在一生中建立的最突出的历史功绩，是他忘我地传播了马克思主义，成为法国著名的马克思主义宣传家。可以这样说，盖得把他的毕生精力，把他一生的大部分时间，都倾注在马克思主义的宣传活动之中，他先后创办和主编了《平等报》《解放报》《人民呼吁报》《社会主义者报》等多种报刊，积极宣传土地和生产资料公有制的集体主义思想。他一生还写下了几十本著名的专著和小册子，把马克思主义应用于法国，形成了自己独特的思想，宣传了无产阶级革命和无产阶级专政。这些思想在工农群众中广为传播，引起了深刻的反响。他还经常带着孱弱的身体，跑遍全国，以生动和雄辩的口才，到处发表演说、作集体报告，开展对敌对派别的论战，进行竞选活动，宣传和捍卫马克思主义的基本思想。据统计，到1911年为止，盖得作了将近2000次的报告。[1]不少人抱着怀疑和好奇的神情参加报告会，散会后无不啧啧称赞，并完全折服于盖得的集体主义理论。盖得的集体主义就是马克思主义在法国的运用，不少人团结在盖得的周围，形成了法国的马克思派——盖得派。

盖得同拉法格一样，在进行马克思主义的理论宣传时，首先宣传并坚持马克思主义关于无产阶级暴力革命和无产阶级专政的学说。他强调无产阶级必须坚持暴力革命，夺取政权，建立无产阶级专政，才能取得自身的解放。1883年4月26日，在污蔑他犯煽动"谋杀"和"抢劫"罪而审讯他的陪审法庭上，他义正词严地驳斥说："不对，我没有唆使别人谋杀和抢劫。但是，我曾号召人们使用暴力。我不但不排斥它，而且依靠它。暴力是一切变革的工具。"他接着说："没有革命，没有起义，对我们进行起诉的政治家们就不会掌握政权，……依靠一次新的革命来获得生产工具方面的平等、车间里的选举权、经济领域内的共和国，这是完全合乎逻辑的。"[2]十分明显，盖得不是搞谋杀和抢劫的无政府主义者，而是坚持暴力夺取政权，进而实现政治经济解放的马克思主义者。1886年9月24日，当他因为坚持站在无产阶级一边，断然支持德卡兹维尔矿工大罢工，而又一次被迫害受审判时，盖得泰然处之，在批驳了乱加在他头上的罪名之后，他又一次明确告诉资产者，"我们无产者主张的暴力革命正是从你们那里学来的，你们过去在7月14日、8月10日，以及1830年、1848年，正是用暴力才夺得了政权"。今天，"它也有同样的权利将使工人阶级取得政权"。[3] 他又一次强调,只有暴力夺取政权,才能在经济上剥夺资本家。1900 年 9 月,在第二国际巴黎代表大会上,盖得在讨论夺取政权问题时发表了演说,他再一次旗帜鲜明地捍卫了马克思主义的根本学说,他说,无产阶级要取得解放,"不仅仅必须夺取中央政权,还必须实行无产阶级专政"。[4] 在当时修正主义泛滥的形势下,盖得挺身而出,敢于坚持和宣传无产阶级专政的学说,这不能不说是一个重大的贡献。

其次,盖得在宣传暴力革命的同时,还十分注意从法国的实际出发,根据当时无产阶级处在和平发展积蓄力量的时代特点,大胆地提出并宣传无产阶级可以参加合法的议会斗争,为夺取政权做准备。这种在坚持暴力革命的前提下,主张通过议会斗争,寻求和平取得政权的主张,在当时,也是一个大胆的举动。

长期以来,马克思、恩格斯始终强调暴力夺取政权,而当伯恩施坦跳出来以后,却又出现全盘否定暴力革命、鼓吹和平过渡的思潮,主张只要通过选票,在议会中占据多数,就能和平地过渡到社会主义。接着,在法国就出现了实践的"伯恩施坦"——米勒兰,入阁当了部长,而盖得呢?他坚持马克思的暴力论,又主张无产阶级可以参加议会,利用议会讲台,揭露反动统治,为夺取政权做好准备。同时,他坚决反对像米勒兰那样走改良主义的道路。他曾对主张入阁的饶勒斯说:"你的错误就存在于你的社会主义概念之中,而你的社会主义概念又完全不是社会主义的。你的社会主义起源于共和国,而我们的社会主义起源于集体主义。"[5] 这就是说,社会主义绝不能在资产阶级共和国内通过改良来确立,而必须通过无产阶级革命夺取政权,在生产资料公有的基础上才能实行。所以,盖得认为入阁就是搞阶级调和。他说:"阶级斗争绝不能说成阶级合作。……不可调和的阶级矛盾不容许一个人既代表无产阶级的利益,同时又代表资产阶级的利益。"[6] 盖得认为入阁是无产阶级所不能允许的,而参加议会，这是依靠党自身的力量，是坚持阶级斗争的表现。他为了争取在议会中与资产阶级进行斗争，曾多次发起竞选运动。1893 年 8 月，盖得终于第一次当选为鲁贝地区的众议员。而且，后来他多次当选为议员。盖得在议会中，基本上能坚持无产阶级的独立性，他能够把自己当作一个党的代表、一个阶级的代表而参加活动。他在议会中既揭露资本主义的腐朽统治，又为无产阶级的近期利益而斗争，也没有忘记无产阶级的最终目的。当他在议会发言中多次提出工人有权罢工，并呼吁用法律的形式建立工人每日八小时的工作制时，有人指责他把争取八小时工作日作为宣传社会主义的"万应灵丹"，他严加驳斥说："不对，社会党人不使用这样的说法，并且从来没有给予八小时工作日以这样的功效，它对我们来说，从来只是一个开端。……把这个改革提出来当作我们前进的第一步，我们很注意避免把它和最终的解放混淆起来。"[7] 所以，盖得在议会内外的广泛宣传中，始终没有忘记无产阶级的最终目标。他和拉法格一样，把议员的津贴费全部用作宣传经费。他为法国无产阶级的革命事业，忘我地宣传了大半辈子，正是他把法国无产阶级从麻木状态中直接唤醒，作出了不可磨灭的贡献。

但是，我们也应该指出，在取得议会斗争的胜利面前，他却渐渐萌发出对议会的迷信，甚至强调通过议会可以夺取政权。他把自己被选入议会错误地当作"是一次真正的革命，是将使选民成为自由人的革命的开始"。[8] 对此，恩格斯当即予以批评，指出这"只能被当做笑料。……实在是太过分了"。[9]

三　盖得是法国工人党的实际创始人和领袖

盖得的又一突出历史功绩，就是他与拉法格一起，创建了法国历史上第一个马克思主义的政党。而且，可以说盖得是法国工人党的实际创始人和领袖。法国工人党在创建过程中，虽然得到侨居在伦敦的拉法格的指导、帮助，但起实际的、直接的组织作用的却是盖得。1879年工人党的成立，正是在盖得关于阶级斗争、关于革命、关于生产资料公有的集体主义思想指导下宣布的。所以，工人党一开始就有一个比较正确的指导思想，这显然是盖得努力宣传的结果。

刚刚创建的工人党，就其成员来说五花八门，有布朗基主义、合作派分子、无政府主义者和集体主义者。因此，作为一个政党仍然没有一个完全统一的思想。为使各派的思想真正统一起来，盖得认为，除了在党内进行思想交锋外，还必须有一个为全党共同遵守的统一纲领。于是，他不辞劳累，专程去伦敦求教于马克思和恩格斯，并和拉法格一起共同制定了党的纲领。纲领虽然存在某些缺点和错误，但基本上是马克思主义的。正如马克思所说，"这个很精练的文件在序言中用短短的几行说明了共产主义的目的，而在经济部分中只包括了真正从工人运动本身直接产生出来的要求。这是把法国工人从空话的云雾中拉回现实的土地上来的一个强有力的步骤"。[10] 这个纲领在党的代表大会上被通过后不久，却遭到党内某些派别的反对，引起了工人党的二次分裂。1881年6月，不愿意接受党纲的布朗基派、无政府主义者和合作派分子率先退出了工人党。接着，以布鲁斯、马隆为首的一伙又起而反对党的统一纲领，他们甚至大要阴谋手段，妄图窃取工人党的领导权，两派斗争到1882年9月达到高潮，终于公开分裂。布鲁斯一伙从此变成了机会主义的可能派，正是盖得和拉法格的紧密合作，才粉碎了可能派的进攻，维护了工人党的纯洁和团结。

为了使工人党发挥更大的战斗力，盖得十分注意党的思想和组织建议，尤其注意党的纪律教育，加强党中央的权力。他曾在给瓦勒斯的信中说:"一个政党只有依靠纪律才能生存","只有依靠工人的中央集权才能战胜资本家的中央集权"。[11] 在盖得的领导下,工人党一度十分注意党的严格纪律,并在 1889 年通过选举,产生了工人党全国委员会,作为党中央的常设机构,管理和领导党务,使党的领导机构不断完善。同时,他与拉法格一起,始终强调党的集体领导作用,反对个人的"专权独断"。

盖得还为贯彻党的革命路线忘我工作。他和工人党的其他领导人一起,既反对分裂,又反对一切改良主义。他与拉法格并肩战斗,及时粉碎了可能派妄图篡夺国际共产主义运动领导权的阴谋,顺利地建立了第二国际。而且还与米勒兰的入阁行为进行了果断的斗争。当米勒兰入阁当部长几天之后,盖得和拉法格代表工人党全国委员会,明确表示反对态度,与布朗基派联合发表声明指出,参加资产阶级内阁就是"损害社会主义的荣誉与利益","社会党是阶级斗争的党,而不是入阁的党","社会党不能与资产阶级共同执政"。[12]

1899 年 12 月 3—8 日,盖得参加了在巴黎召开的各派社会主义者联合大会,在对入阁问题的激烈辩论中,他又一次坚决反对入阁,他在发言中说:"当你们使无产阶级相信,给社会党人一个部长职位,社会主义就能真正取得政权时,恰恰相反,这却是政权战胜了社会主义。"[13] 盖得进而指出了入阁的严重后果,认为这是"最不幸的"事件,"如果顺其发展,各国都出现米勒兰,那么国际无产阶级的革命事业就会被毁灭"。[14] 而后,盖得还在第二国际的几次代表大会上,都表示反对入阁,他还建议"有必要禁止任何社会党人参加资产阶级政府",无产阶级"应当采取始终不渝的反对立场"。由上可知,盖得对工人党的创立、发展起了首要的作用,是党的实际领袖。正如鲁贝人民为他竖立的纪念碑上所刻的,"盖得是无产阶级的教育家和组织者"[15]。

四　盖得是无产阶级的国际主义者

盖得的历史功绩还表现在他长期坚持和宣传无产阶级国际主义的原则。他在法国工人党内和国际共产主义运动中，都能坚持无产阶级的国际主义，胸怀着只有解放全人类才能最后解放无产者自己的崇高理想。

1890 年 11 月，盖得在德国社会民主党哈雷代表大会上，明确表示全世界无产者联合起来的国际主义立场，高呼"工人德国万岁"[16]。

1893 年 10 月，在巴黎举行的工人党代表大会上，党认真讨论了坚持国际主义原则的问题，在当时法国民族沙文主义极其严重的情况下，盖得仍代表工人党发表国际主义的宣言，声明国际无产阶级相互声援的必要，宣布工人党完全支持德国、比利时、英国矿工的罢工斗争，并支持各国坚持斗争的社会主义者。但工人党坚持国际主义的原则立场，却受到沙文主义者的疯狂攻击和恶毒诽谤，污蔑以盖得为首的工人党是"反爱国主义"，是"出卖祖国"。盖得和拉法格坚决予以回击，他俩深入北方省城镇，宣传演说，揭穿民族沙文主义者的罪恶阴谋，再次阐明工人党的国际主义立场。他们在《告法国劳动者书》中指出："在对工人党取得胜利进展恨得要命但又无可奈何的情况下，我们的阶级敌人使用了他们手中剩下的唯一武器——诽谤。正如他们过去妄图歪曲我们的社会主义一样，他们现在又在歪曲我们的国际主义。……决不允许他们把我们的光荣口号'国际万岁！'解释成'打倒法兰西！'这样的无稽之谈。""法国无产阶级只有支援所有各国无产阶级的解放才能解放自己！"[17]恩格斯赞扬他做得"完全正确"。

1904 年 8 月，在阿姆斯特丹召开的第二国际代表大会上，盖得又一次旗帜鲜明地坚持无产阶级的国际主义原则，他引证了李卜克内西在

1892 年工人党马赛代表大会上的讲话。他说："对于我们社会主义者来说，不存在国籍问题。我们只承认两个国家：一方面是资本家的资产阶级占有者阶级的国家；另一方面是无产者的、被剥夺阶级群众的、劳动者阶级的国家。你们法国的社会主义者，我们德国的社会主义者，我们大家都属于第二个国家，我们同属一个国家；各国的工人组成他们同意的国家；它和另一个同样是统一的国家相对立。"[18] 他主张被压迫国家的无产阶级应该相互声援，以对付共同的敌人——资本。由此可见，盖得长期以来是坚持无产阶级国际主义原则的，他是一个国际主义者。

仅就上述，我们认为盖得在传播马克思主义理论、创建和领导工人党、坚持国际主义原则诸方面，都作出了杰出的贡献，在法国和国际共产主义运动史册上占有光辉一席，"这将是他永恒的荣誉"。

五　盖得的严重错误及其教训

但是，盖得在一生中也犯过不少严重的错误，尤其是在第一次世界大战爆发后，更犯下了不可饶恕的过错。众所周知，1914 年 7 月 28 日，他还在法国社会党宣言中签名呼吁世界无产阶级起来反抗随时可能发生的战争灾祸，高喊"打倒战争！社会共和国万岁！国际社会主义万岁！"可是，到了 8 月 4 日，他却公开滚进了沙文主义的泥坑，从反对战争到支持本国反动政府参加战争，执行法国总统普恩加莱关于各阶级建立"神圣同盟"的通告，表示社会党将以最大的决心和全部的力量投入"保卫祖国"的战斗。8 月 26 日，法国社会党通过了关于党员参加政府的宣告，宣布社会党"不仅要为祖国的生存和法兰西的尊严而战，并且要为共和国的自由和文明而战"。[19] 盖得还和桑巴一起加入"国防政府"，盖得担任了国务部长。

在短短几天之内，盖得就从一个无产阶级国际主义者走上了沙文主义道路；从坚持阶级斗争，走向全面的阶级合作；从反入阁派变成了入阁派。在客观上他背离了社会主义道路，不自觉地充当了反动政府的工具，给无产阶级革命事业带来了严重的损失。盖得的言行是一种无产阶级所不能容忍的变节行为，其错误的性质是严重的。可是，当他在这样做的时候，却认为自己是在坚持马克思主义，是代表了无产阶级的利益。经受过近 40 年革命锤炼的盖得，为什么会犯如此悲剧性的错误呢？这是值得人们认真总结的，我们认为主要应该从盖得的思想根源和社会根源中去分析。

第一，盖得犯下了如此严重的错误，首先是整个历史时代的社会产物。19 世纪晚期，自从伯恩施坦修正主义出现后，接着在法国又跳出了实践的伯恩施坦主义——米勒兰主义，修正主义的思潮像潮水般向第二国际袭来。20 世纪初，第二国际中许多政党的首脑纷纷走上机会主义道路，大战一爆发，这些平时隐藏在党内的机会主义者就公开跳出来，组成"保卫祖国"的大合唱，公然站在本国资产阶级的立场上，参加互相残杀的帝国主义战争，变成社会沙文主义者。盖得一方面由于对突然爆发的帝国主义战争认识不足，毫无思想准备；另一方面，由于他未能认识隐藏在各国党内的社会沙文主义者的真面目，反而被他们的"爱国"思潮所迷惑，把沙文主义当作爱国主义，终于与他们合流，喊出了"保卫祖国"的沙文主义口号，身不由己地滚进机会主义的泥坑。但是，盖得的这种错误，比之自觉地投靠反动政府的第二国际其他的一些头目，应该有所区别，因为：（1）他毕竟是社会党委派，是由党中央一致决定他参加资产阶级政府的，所以"他参加入阁不能看作是他个人的行动"；[20]（2）当他产生不满时，他就在 1916 年 12 月退出了内阁；（3）他是无意识的，不是像某些人那样去蓄意欺骗群众，自觉投靠帝国主义。所以，他并没有死心塌地去为反动派效劳终身，而是继续坚持他的革命理论，他在 1920 年 10 月给社会党的领导人之一德洛里的信中说："我们党必须保持它原来的样子，用自己能够自由采取的手段继续对资本家阶级的政治和经济的权利进行剥夺，使劳动和人类得到解放，绝不要因为外来的条件而中途停留。"[21] 可见，他仍然一心想着革命，为争取无产阶级的解放而操心。不过，他的严重错误却给了后人以深刻的教训：在乌云翻滚、风雨如晦的严重时刻，尤其是在一种潮流迅速冲来的紧要关头，必须冷静思索、严加识别，不应盲目顺从，要不怕孤立，要敢于阻挡一切反动潮流。

第二，盖得的严重错误是隐藏在他头脑中机会主义思想的继续、发展和彻底的暴露。列宁在论及沙文主义与旧思潮的关系时曾说："十分明显，社会沙文主义的基本政治思想内容同机会主义的基础是完全一致的。它们属于同一种思潮。……机会主义的主要内容就是阶级合作的思想。"[22] 盖得并不精通马克思主义，理论素养也不高，所以当他们领导工人党进行革命活动时，也经常暴露出"左"的和右的机会主义错误，尤其是 19 世纪 90 年代以后，他逐渐走上了迷信议会斗争的错误道路，他的这种阶级合作的思想时有表露，他曾经不惜失去原则与米勒兰共组议会党团，把议会党团中的领导权拱手让给米勒兰。为了捞取农民的选票，他曾与拉法格共同拟定了"南特土地纲领"，明显暴露出与富农合作的阶级调和思想。他还在社会主义各派参加的圣芒德大会上，同意了米勒兰的机会主义的圣芒德纲领。20 世纪初，盖得甚至公开表示只要通过党的批准，在一定条件下，也可以考虑参加资产阶级政府，把阶级斗争逐步融于阶级合作之中。这种阶级调和思想的不断发展，必然走向在大战期间同反动政府在政治上的公开联盟。盖得身上这种隐藏着的机会主义观点的不断蔓延和发展，必然导致他背离社会主义方向，最终同资产阶级合流的可悲结局。这同样给后人以深刻的教训，要使自己沿着革命的道路继续前进，就必须下苦功夫，努力克服自己头脑里的各种错误思想，否则，让其残存，顺其发展、蔓延，在一定的气候条件下就很可能跌入危险的坑内而不能自拔，危害党和人民的利益。

第三，盖得之所以犯如此严重的错误，是同他的教条主义学风分不开的，他把创造性的马克思主义变成凝固不变的教条，因此，不能揭露帝国主义及其侵略的本质。盖得所处的时代，经历了两个重大的发展阶段：资本主义和平发展阶段和帝国主义阶段。盖得的思想并没有跟上发展变化了的形势而相应作出决断，反而仍然引用马克思对自由资本主义时代对待战争的态度的例子作为重要根据，来说明其"保卫祖国"的必要性。把在一定条件下是正确的原则，无条件地加以搬用，大讲1793年革命时期和1870年普法战争时期建立"国防政府"保卫祖国的革命传统，为自己的机会主义观点寻找经典根据，为自己的社会沙文主义立场公开辩护。把在特定条件下"保卫祖国"的思想搬用到疯狂备战的"帝国主义"时期，结果成了帝国主义的实际帮凶，去保卫地主、资本家的祖国。可见，精通马克思主义、灵活运用马克思主义，对一个革命者是何等重要！这对于固守教条，只会生搬硬套，而不从实际出发的人，可谓又一沉痛教训。

通过以上对盖得主要历史功过的具体分析，我们认为盖得一生中所建树的功绩是主要的，其错误毕竟是第二位的。而且对盖得的错误，也必须采取分析态度，不能任意扩大。盖得不是社会沙文主义者，而是一位犯了严重沙文主义错误的历史伟人。革命导师列宁对盖得的分析，是值得我们借鉴的。列宁虽然多次严厉地批评盖得在1914年的变节行为，却始终把盖得看作国际社会主义最伟大的领导人之一，并且劝诫每个革命者都应向盖得学习，列宁说："我们要告诉工人，除了盖得在1914

年公然背叛社会主义的行为以外，他的整个一生都可以作为学习的榜样。"[23] 的确，盖得一生中所表现出来的忘我献身的革命精神和坚强不屈的钢铁意志，永远是后人学习的榜样。

（原载《兰州学刊》1982 年第 2 期）

注　释

1　让·梅特隆主编《法国工人运动人名词典》第 12 卷，巴黎，1975 年法文版，第 350 页。

2　阿·泽瓦埃斯：《茹尔·盖得》，巴黎，1928 年法文版，第 23 页。

3　阿·泽瓦埃斯：《茹尔·盖得》，第 86 页。

4　《第一国际和第二国际历史资料》下册，第 82 页。

5　特·里果：《1871—1961 年法国社会主义史》，巴黎，1962 年法文版，第 167 页。

6　《第一国际和第二国际历史资料》下册，第 82 页。

7　阿·泽瓦埃斯：《茹尔·盖得》，第 126 页。

8　阿·泽瓦埃斯：《茹尔·盖得》，第 121 页。

9　《马克思恩格斯全集》第 39 卷，人民出版社，1974，第 116 页。

10　《马克思恩格斯全集》第 34 卷，人民出版社，1972，第 451 页。

11　阿·泽瓦埃斯：《茹尔·盖得》，第 75 页。

12　艾·诺兰德：《法国社会党的创立》，1956 年英文版，第 97 页。

13　阿·泽瓦埃斯：《茹尔·盖得》，第 147 页。

14　阿·泽瓦埃斯：《茹尔·盖得》，第 109—110 页。

15　让·梅特隆主编《法国工人运动人名词典》第 12 卷，第 351 页。

16　让·梅特隆主编《法国工人运动人名词典》第 12 卷，第 351 页。

17　《马克思恩格斯全集》第 39 卷，第 518、519 页。

18　《加香讲演集》，巴黎，1959 年法文版，第 115 页。

19　《第一国际和第二国际历史资料》下册，第 208 页。

20　让·梅特隆主编《法国工人运动人名词典》第 12 卷，第 356 页。

21　勒弗朗:《第三共和国时期的社会主义运动》第 1 卷，巴黎，1977 年法文版，第 407 页。

22　《列宁选集》第 2 卷，人民出版社，1972，第 648 页。

23　《列宁全集》第 21 卷，人民出版社，1959，第 103 页。

杰出的革命实践家和马克思主义传播者
保尔·拉法格

　　拉法格是法国一位杰出的无产阶级革命实践家，也是一位著名的马克思主义传播者和革命理论家。早在青年时代，拉法格就积极投身社会实践，参加了学生运动和工人运动，尤其是在工人党建立和巩固的过程中，他进行了艰难复杂的长期斗争，作出了重要贡献。拉法格正是在长期参加革命实践和从事各种社会活动和政治斗争的过程中，有机会结识了革命导师马克思和恩格斯，刻苦学习了马克思创立的科学社会主义，才使自己的思想发生根本的转变，从激进的民主主义者转变为马克思主义者，成为"马克思主义思想的最有天才、最渊博的传播者之一"。[1]

　　一

　　拉法格的青年时代，正是路易·波拿巴在法国建立第二帝国并实行军事专制统治的时代，它的残暴的警察统治引起了青年拉法格的强烈不满和反抗。1864 年，拉法格在巴黎大学医学院学习时，同资产阶级共和派一起，积极参加反对帝国的斗争，很快成为当时学生运动中的带头人。拉法格和进步青年共同组织了秘密革命团体"未来社",并经常在第一国际总委员会委员、法国工人运动著名活动家沙尔·龙格创办的民主刊物《左岸》上发表文章,竭力主张共和,反对帝制,猛烈抨击波拿巴的残暴统治。

当时,作为资产阶级共和派的拉法格,还深受蒲鲁东主义的影响,基本上属于蒲鲁东派,但是,他喜欢和工人交朋友,同他们一起进行政治斗争,关心他们的困苦生活。在革命大学生中,他是最早和资产阶级共和派决裂的一个。拉法格后来回忆说:"时间使我睁开了眼睛,今天我们看清了他们(资产阶级共和派——引者)是帝国的支持者,是它的安全阀……于是,我们断然和他们决裂了。我们离开了他们向我们敞开大门的沙龙。我们把自己安顿在拉丁区,并且只和工人们相往来。"[2]

1864年12月底,法国首都巴黎建立了第一国际支部。拉法格不久就参加了这个支部,并成为它的最活跃一员。两个月后,他作为巴黎支部的代表到伦敦向国际总委员会汇报工作。这是拉法格第一次和马克思会见,这次见面给他留下了毕生难忘的印象。回国后,拉法格更加强了与波拿巴斗争到底的决心。不久,他与著名的布朗基主义者雅克拉尔共同发起,于1865年10月底在比利时列日召开国际大学生代表大会。会上,拉法格公开揭露波拿巴的反动独裁统治,号召法国青年团结起来,共同为推翻第二帝国进行坚决斗争。他还大胆地提出"废除三色旗,采用红旗为国旗"[3],因此被学校反动当局永远开除了学籍,这一次意外打击,反而促使拉法格更加坚定地走上革命的道路。

1866年2月,拉法格到达伦敦。在伦敦生活的几年,成为他思想转变的关键时期。他一边进英国大学继续学医,一边积极参加社会实践,把全部空余时间用于革命活动。3月6日,拉法格被选为国际总委员会委员兼西班牙通讯书记。拉法格参加了总委员会的会议和其他社会活动，经常与马克思交往，认真听取马克思的教诲，虚心学习科学社会主义的理论，克服自己思想上的无政府主义影响。拉法格还积极参加在伦敦的第一国际法国人支部的活动，与支部内部的蒲鲁东主义右派展开斗争。在伦敦的近三年时间内，拉法格开始走上了马克思主义的道路，逐渐成为一个积极的马克思主义宣传家和组织家。

1868 年 7 月，拉法格修满医学课程，获得博士学位，不久，就与新婚的妻子劳拉·马克思共返巴黎。他除了行医外，把全部精力投入继续反对第二帝国的斗争。

拉法格在巴黎经常与布朗基派和蒲鲁东主义左派来往，利用一切机会向工人运动活动家介绍马克思的生平事迹和基本思想。他还翻译、出版了马克思的重要著作，尤其是重新翻译被巴枯宁无政府主义者歪曲和篡改了的《国际工人协会共同章程》法译本，用真正的马克思主义武装工人阶级的先进分子。拉法格还十分重视做组织群众的工作，他亲自参加了巴黎沃希拉尔区的第一国际支部，既与支部内以托伦为首的右派蒲鲁东主义者进行斗争，又努力帮助瓦尔兰摆脱托伦的影响，使他成为工人运动的出色领导人。

在拉法格的努力下，法国国际支部力量不断加强。1870 年 4 月 19 日，巴黎各支部召开联合大会，成立了巴黎联合会，拉法格当选为联合会委员。这一年在法国其他城市，也先后成立了三个联合会，第一国际在法国的组织领导工作得到了加强。拉法格以十分喜悦的心情，马上写信给马克思，报告大会的盛况，他说："这次全体会议的积极之处在于：所有的成员都感到有集中起来的必要，工人阶级对于自己作为一个阶级存在以及对于自己和资产阶级的对立有了清楚和明确的觉悟。您，阶级斗争的骑士，如果见到了这种情景，肯定会很高兴的。"[4] 恩格斯得到这个消息后，也很满意，他说："法国工人的行动了不起。这些人现在重新开始活动了，这是他们的拿手好戏，在这方面他们是能手。"[5]

正当无产阶级加强组织，准备与帝国作最后斗争时，波拿巴发动了普法战争，并于 1870 年 9 月 2 日在色当惨败被俘，帝国已名存实亡。9 月 4 日，巴黎爆发了革命，宣告成立第三共和国。移居波尔多的拉法格敏锐地察觉到新成立的"国防政府"实际上是卖国政府。为了实现无产阶级理想的共和国，拉法格决心与它展开斗争。当时，资产阶级共和派想利用他的声望，请他担任省长，拉法格断然拒绝，表示绝不和资产阶级同流合污。他在波尔多创办《国防报》揭露临时政府的卖国行径。在一封公开信中他愤怒地指出："你们使祖国陷于屈辱和毁灭的深渊，难道不怕为此承担严重的责任吗？"[6]他还在波尔多重建国际支部，被选为支部书记，积极宣传抗战到底，打退入侵者。同时，他为争取无产阶级革命的胜利，为成立公社而做好准备。拉法格在波尔多的各项活动中，充分表现出他既是一个炽烈的爱国者，又是一个有远见的社会主义活动家。

二

70 年代以后，拉法格已经作为一个马克思主义者出现于国际、国内政治斗争的舞台上。1871 年 3 月 18 日，当巴黎公社伟大的革命爆发后，住在波尔多的拉法格立即为声援公社而斗争，并于 4 月 6 日，冒着生命危险冲破敌人的重重封锁，到达革命中心巴黎，在巴黎居留 13 天之后，他会见了公社领导人，接受了公社委派的任务。他曾写信给马克思，希望国际加强对公社的领导。回波尔多后，他以《巴黎之行》为题，在报上宣传公社事业的伟大意义，同时，他日夜奔忙，准备在波尔多组织像巴黎公社那样的革命。

公社失败后，他受到梯也尔反动派的追捕，被迫离开法国。到达西班牙后，立即投身于反对巴枯宁无政府主义的斗争，掌握了无政府主义者分裂国际的大量罪证材料。

1872 年 9 月，拉法格作为葡萄牙和西班牙地方联合会的代表，出席了第一国际在海牙举行的代表大会。在这场马克思主义和巴枯宁阴谋集团之间"生死存亡"的决战中，拉法格坚持马克思主义的原则立场，始终站在斗争的前列，发挥了重要作用。会后，拉法格协助马克思、恩格斯共同起草了全面清算巴枯宁阴谋集团的正式文件——《社会主义民主同盟和国际工人协会》。[7]

海牙大会的决议要求各国无产阶级根据本国实际情况，为建立独立的工人政党而斗争。侨居在英国的拉法格深知要取得无产阶级的解放，必须有工人政党的领导。为此，他虽然远离祖国，但对法国的工人运动仍十分关注。他为在法国建立工人政党作出极大的努力，这是拉法格一生中参加革命实践的中心点。

首先，拉法格积极帮助盖得为建党做好充分准备。他多次写信给盖得，提出许多具体的建议，希望盖得办好党报，做好宣传和争取工人群众的工作。他指出办好报纸的关键是必须有一个紧密团结和认真负责的编辑部。而且忠告盖得，要始终把握住政治斗争的正确方向，无产阶级必须通过暴力革命，建立生产资料的集体所有制，才能取得解放。同时，拉法格还严厉批评盖得对争取群众的支持不够，"甚至走错了路"。[8]在拉法格的帮助下，盖得为创立"独立的和战斗的工人党"做了大量工作，在工人中传播马克思主义的思想，为建党工作做了充分的准备。

1879 年 10 月，法国历史上第一个无产阶级的政党——工人党，终于在马赛工人代表大会上正式成立。马克思十分高兴地说，"法国真正的工人党的第一个组织是从马赛代表大会开始建立的"。[9]从此，法国工人运动进入了一个新阶段。

其次，拉法格与盖得一起，共同为制定工人党的纲领而努力。1880年5月初，盖得来到伦敦，通过拉法格的引见，会见了马克思和恩格斯，四人共同商讨并制定了基本上正确的党纲草案。1880年11月，在工人党的勒阿弗尔代表大会上，批判了布鲁斯、马隆等人妄图取消党纲，篡改党的无产阶级性质的无政府主义主张，使党纲正式获得通过。

最后，拉法格始终与工人党同呼吸共命运，为维护党的纲领，坚持党的正确路线，从各个方面对党内的机会主义的可能派进行了长期不懈的斗争。

（1）拉法格强调工人党必须坚持革命的政治路线，反对改良主义。当以布鲁斯、马隆为首的可能派妄图用改良代替革命时，拉法格先是说服、劝告，多次写信给他们，希望他们从速改正错误，站到马克思派一边，参加革命的行列。拉法格明确指出，无产阶级政党必须坚持革命，反对只图眼前利益的改良。党绝不能忘记为之奋斗的最终目标。信中说："我们分歧的根源……在于我们以什么观点看待运动"，"你们'不同意'我们的纲领，而制定了什么'市政纲领'，企图通过改良取得自治权，这是完全违背科学理论的"。[10]但是可能派拒不改正错误，拉法格就同他们坚持斗争。

（2）拉法格强调工人党的集体领导作用，反对个人独裁。工人党建立后，可能派就妄图把马隆推上台，实行个人专断的领导。当这一阴谋被马克思派识破后，他们又嫁祸于人，胡说拉法格在党内要搞个人独裁。拉法格据理驳斥，指出要搞独裁的是可能派，绝不是他，他说："我认为，党既不应该体现在盖得一人身上，也不应体现在马隆一人身上。我力争的是工人阶级的专政，而不是个人的专政。"[11]拉法格还指出，"个人权利是必要的"，但绝不能"专权独断"。[12]他希望工人党必须是真正民主的，成为全体工人阶级利益的代表者，明确强调了党的集体领导作用。他指出，"领袖绝不是制造出来的"，它只能在社会实践中涌现出来，请问："能不能制造出一个马拉？"[13]

（3）拉法格在工人党内坚持原则，不怕分裂。可能派为了窃取工人党的领导权，于 1881 年 10 月，通过精心策划，建立了一个 30 人的工人党全国委员会，他们窃取了其中的 25 个名额。接着，他们准备在 1882 年 9 月圣亚田召开的代表大会上，迫使以盖得为首的马克思派屈从于他们的领导，进而改变建党原则和正确的政治路线。

面对这一严重的挑战，拉法格回法国后，第一次亲身参加了同可能派的面对面的斗争。会前，拉法格和盖得一起，不辞劳苦地深入许多基层党组织，直接向党员群众宣传动员，提醒大家保持警惕，密切注意可能派的突然袭击。会上，可能派果然发起挑战，斗争极为激烈。为了坚持无产阶级革命原则，拉法格、盖得等人在处于少数的情况下，毅然退出会场，以示抗议，并去鲁昂召开对抗性的代表大会，一致宣布保留工人党的名称；再次肯定党纲是党的一切基层组织必须共同遵守的纲领，决定将布鲁斯、马隆等可能派的头目开除出党。之后，可能派改称"社会主义工人联合会"，实际上变成了一个宗派小集团。

拉法格、盖得等人在圣亚田大会上所采取的这一坚持原则的果敢行动，赢得了恩格斯的高度赞扬，他说："在法国，期待了好久的分裂发生了。……争论的问题完全是原则性的……马隆和布鲁斯……牺牲了运动的无产阶级的阶级性，并且使分裂成为不可避免的事。这也好。无产阶级的发展，无论在什么地方总是在内部斗争中实现的，而现在才第一次建立工人政党的法国当然也不例外。"[14] 这就是说，无产阶级政党要维护其纯洁性，就必须坚持党内的原则斗争，这是一切马克思主义政党必须遵循的一条共同规则。可能派被清除后，工人党就更加富有战斗力。

（4）拉法格积极争取主动，粉碎可能派篡夺国际共产主义运动领导权的阴谋。随着各国工人运动的高涨，到19世纪80年代末，各国工人政党迫切需要一个新的国际，来指导共同的斗争。可能派趁机勾结英国工联主义者，盗用法国社会主义者的名义，于1888年11月在伦敦召开筹备会，决定抢先在次年7月在巴黎举行国际工人社会主义者代表大会，成立新的国际组织，以夺取新的国际的领导权。

在形势万分危急的关头，恩格斯立即投入战斗，指示拉法格和工人党迅速行动起来，主动粉碎可能派的篡权阴谋。拉法格和盖得立即采取果断措施，一方面公开揭露可能派耍弄的阴谋，指出"可能派是资产阶级的走狗，他们在社会主义党内制造分裂……为警察局效劳"，[15] 使兄弟党认清其本质；另一方面，积极进行筹备工作，于1889年2月在海牙举行有各国兄弟党参加的筹备会，正式决定于1889年7月14日在巴黎召开国际社会主义工人代表大会。拉法格为大会起草了呼吁书和通知书，工人党还专门举行会议商讨筹备事宜。拉法格亲自主持了大会的开幕式，使会议胜利进行，终于建立了第二国际，并通过了一系列重要决议。可能派也同时举行会议，但处境不佳，变成宗派会议而陷于失败。恩格斯为此而高兴地指出："不管怎样，可能派和社会民主联盟想要各自在法国和英国窃取领导地位的阴谋完全失败了，他们要取得国际领导权的妄想则失败得更惨。"[16] 可能派篡权阴谋被粉碎后，内部产生了分裂，开始走向衰落，而工人党在国际国内的威信却大为提高。

拉法格还在社会主义运动内部始终坚持马克思主义原则，反对机会主义，特别是反对米勒兰主义即"实践的伯恩施坦主义"思潮。

1899年6月，独立社会主义者米勒兰参加了瓦尔德克－卢梭资产阶级内阁，任工商部长。拉法格和盖得一起，坚决反对这一背叛事件，认为无产阶级入阁，就是败坏、损害社会主义的荣誉和利益，就是背叛

社会主义的基本原则，这与革命社会主义者毫无共同之处。在 1899 年
12 月于巴黎召开的法国各派社会主义者联合代表大会上，拉法格在发言
中指出米勒兰入阁是"政治机会主义"，是党员自私的政治利益的反映，
无产阶级必须永远抛弃这种机会主义方式的政治行动。而后，在 1900
年 9 月国际巴黎代表大会上，拉法格坚决支持盖得在大会上的严正发言，
指出这种背叛行为只能使党在工人中威信扫地，强调无产阶级要取得解
放，必须夺取政权，实行无产阶级专政。

　　1905 年法国统一社会党建立后，拉法格作为党的领导人之一，在各
次代表大会上，仍然坚持革命原则，直至 1911 年逝世前几个月，在圣
康坦党代表大会上，他继续反对机会主义者鼓吹通过市政改革进入社会
主义的改良道路，指出无产阶级只有走革命的道路，才能取得解放，从
而坚持了马克思主义关于无产阶级革命的学说。

三

　　在拉法格看来，无产阶级要取得解放，不仅必须有一个独立的无产
阶级政党的领导，而且还必须用科学社会主义理论，即马克思主义这个
强大的思想武器，去武装全党和广大群众。因此，广泛传播马克思主义
思想就成为十分重要的革命任务。拉法格曾写信给恩格斯说："原理已
由你和马克思创立，现在必须找到一些宣传鼓动大家把它传播开来。"[17]
拉法格为在法国传播马克思主义作出了极大的努力。

　　他经常在工人党报刊和其他进步刊物上发表文章，驳斥资产阶级经
济学家对马克思主义的攻击。1891 年春天，知名的资产阶级经济学家勒
卢阿－博利约曾写书公开攻击马克思的政治经济学的基石——剩余价值
学说。拉法格两次在《经济学家》杂志上撰文驳斥他的反动观点，捍卫

了马克思主义的剩余价值理论。1900 年 2 月，拉法格还在《社会主义者报》上发表了《马克思的唯物主义和康德的唯心主义》一文，坚持了马克思主义的唯物辩证法，批判了康德的唯心主义。列宁曾给予其很高的评价，指出拉法格怎样从左边批判康德，批判康德对于自在之物的看法不够唯物。

拉法格还和盖得一起，不辞劳苦，不怕坐牢，奔走全国各地，参加大型辩论会，发表演说，宣传马克思主义，批判阶级敌人对科学社会主义理论的歪曲和攻击。1892 年 1 月，拉法格与盖得一起，在波尔多的一次演说会上，公开批驳了两名所谓基督教社会主义者神父的反动观点，宣传了科学社会主义的理论，得到了听众的热烈拥护和支持。同年 5 月，拉法格在巴黎举行公开演讲，严厉驳斥了马克思主义的敌人德莫连污蔑共产主义只是一种空想、社会主义比什么都坏等种种谬论。拉法格指出，这不是学术讨论，这是一场严肃的战斗，"我想利用这个机会来击破某些对共产主义者的责难"。[18]拉法格根据历史唯物主义的基本原理，从资本主义社会中存在的固有矛盾，即生产的社会性和生产资料的私人占有之间的矛盾出发，论证了社会主义的历史必然性，指出以公有制为基础的社会主义必然要取代资本主义的私有制，并强调指出，共产主义绝不是空想，而是一种科学的社会制度。他说："在共产主义社会里将没有特权的阶级。那里只有劳动者，……一切人都是平等的。"[19]拉法格有理有据的演说，使上千名资产阶级上层人物听了哑口无言，显示出科学社会主义理论的强大生命力。拉法格对那些死心塌地为资本主义制度辩护的御用文人极为痛恨。他曾愤愤地说："应当撕下他们的舌头，并且拿去喂狗。"[20]

拉法格很重视对工人骨干的理论学习和培养工作。从 1884 年 5 月开始，他和法国工人党另一位领导人杰维尔合作，利用每个星期天，在巴黎举办工人理论讲座，宣传马克思主义。拉法格讲唯物主义历史观，杰维尔讲《资本论》纲要。他事先把讲稿寄给恩格斯审阅，获得了恩格斯的好评。拉法格在讲座中批判了形形色色的历史唯心主义，并号召无产阶级骨干分子，一旦时机成熟，就要"手拿武器"，"起来暴动"，夺取政权。他强调"国家政权的夺取成为解放被压迫的、革命的阶级所必需的条件"。"被压迫的阶级……应当掌握国家机器，按照自己斗争的需要改造它并且把它的全部力量转向对付敌对阶级。"[21] 拉法格实际上维护了马克思主义关于无产阶级革命和无产阶级专政的思想。

　　拉法格试图运用马克思主义的基本观点和方法，对社会科学的各个领域进行全面而深入的研究。拉法格为革命宣传的需要，常常通宵达旦，忘我写作。

　　拉法格研究了原始社会史，出版了《财产及其起源》（1895 年），分析了从原始社会开始，各个历史时期所有制的演变和发展，论证了实现社会主义公有制的不可避免。他研究了思想的起源，出版了《思想起源论》（1909 年）这部他一生中最重要的哲学著作，批判了唯心主义，坚持了物质第一性的基本观点，强调了社会实践是认识的基础。他研究了美国的托拉斯，写出了《美国托拉斯及其经济、社会和政治意义》（1903 年），指出资本的大量集中，表明"资本主义已演进到特殊阶段了"。他揭穿了美国并不存在阶级斗争的谎言。他研究了宗教的传说和起源，写出了大量反对宗教迷信的论著，指出宗教是资本家压迫劳动人民的精神工具，上帝不过是为资产阶级追求"物质利益"的偶像，阐明了"上帝的观念既不是天赋的观念，也不是先天的观念，而是后天的观念"。[22] 因此，无产者只能靠自己的斗争去争取解放。拉法格还具有杰出的文学才能，把马克思主义应用于文学批评，写出了《雨果的传说》《左拉的〈金钱〉》等许多著名作品。他的理论著作不但对团结和教育法国工人阶级产生了很大的影响，而且得到国际无产阶级的高度评价，成为各国无产阶级共同的宝贵精神财富。

但是，拉法格并不是彻底的马克思主义者。他虽然长期参加社会实践，而且进行大量的理论著述，但由于个人认识上的局限以及客观条件的限制，不可能对复杂的社会现象都作出正确的判断。因此，无论是在理论上还是在实践中，不免犯有这样那样的错误，有的甚至是严重错误。

在理论上，他在早期的著作中，还受着无政府主义的影响。正是针对这一点，马克思在 1882 年曾经指出："拉法格是最后一个巴枯宁主义者！"[23] 在他后期的作品中，也还存在着错误，在对待无产阶级革命的认识上，表现出左右摇摆。

在实践中，他有时还表现出宗派主义、关门主义的倾向。例如，他曾把嚣张一时的布朗热沙文主义运动当作"人民运动"；把反动派一手制造出来的冤狱德雷福斯案件当作资产阶级内部的争权夺利，不予理睬；在他参与制定的法国工人党土地纲领中，为了争取农民的选票，对小农的私有心理和富农的雇工剥削作了无原则的让步，违背了马克思主义关于土地问题的原则。恩格斯在《法德农民问题》一文以及书信中曾对拉法格的错误提出尖锐批评。

尽管如此，对拉法格来说，错误毕竟是次要的，他始终是法国一位杰出的革命实践家和著名的马克思主义宣传家，他在理论上的贡献是不可磨灭的。他提出的无产阶级必须建立独立政党的思想，必须用马克思主义武装全党的思想，必须坚持党的集体领导的思想，必须坚持革命夺取政权实行无产阶级专政的思想，必须坚持生产资料公有制的思想，至今仍然闪烁着光辉。

还值得一提的是，拉法格在参加革命实践和进行理论宣传时，处处表现出一个无产阶级革命家无私无畏的高尚品格。他的一生是坎坷不平的，曾受到经济上、思想上、政治上的严重打击和迫害，三个孩子在贫病中夭折，妻子劳拉经常卧病不起，无钱治病，负债累累。反动派又多次审讯迫害他，两次把他投进监狱。但是，拉法格置生死于度外，始终充满革命乐观主义精神，怀着对正义事业必胜的信念，顽强地坚持战斗。他的这种一生为无产阶级革命事业顽强不屈的战斗精神，心目中只有人民、关心群众、忘我无私的献身精神，对共产主义崇高思想具有必胜信念的坚定事业心，同样是后人学习的榜样。

（原载国际共运史研究室编《国际共运史研究资料》第 5 辑，

人民出版社，1982，与沈炼之合作）

注　释

1　《列宁全集》第 17 卷，人民出版社，1959，第 286 页。

2　热卢鲍夫斯卡娅：《法兰西第二帝国的倾覆和第三共和国的诞生》，莫斯科，1956 年俄文版，第 99 页。

3　让·梅特隆主编《法国工人运动人名词典》第 13 卷，1975 年法文版，第 167 页。

4　热卢鲍夫斯卡娅：《法兰西第二帝国的倾覆和第三共和国的诞生》，第 227 页。

5　《马克思恩格斯全集》第 32 卷，人民出版社，1974，第 503—504 页。

6　雅克·吉罗：《公社和波尔多（1870—1871）》，巴黎，1971 年法文版，第 217 页。

7　见《马克思恩格斯全集》第 18 卷，人民出版社，1964，第 365—515 页。

8　《拉法格致盖得》（1879 年 6 月），《法兰西年鉴》，1962 年俄文版，第 451 页。

9　《马克思恩格斯全集》第 35 卷，人民出版社，1971，第 111 页。

10　转引自《历史问题》1978 年第 11 期，第 118—119 页。

11、12　转引自《历史问题》1978 年第 11 期，第 118 页。

13　转引自《历史问题》1978 年第 11 期，第 120 页。

14　《马克思恩格斯全集》第 35 卷，第 379—380 页。

15　转引自苏联《近代现代史》1959 年第 5 期，第 129 页。

16　《马克思恩格斯全集》第 37 卷，人民出版社，1971，第 242—243 页。

17　参见《恩格斯与保尔·拉法格、劳拉·拉法格通信集》第 1 卷，北京第二外国语学院法语专业 73 级师生合译，人民出版社，1979，第 273 页。

18　拉法格：《财产及其起源》，王子野译，三联书店，1978，第 1 页。

19　拉法格：《财产及其起源》，第 21 页。

20　拉法格：《唯心史观和唯物史观》，王子野译，三联书店，1965，第 94 页。

21　拉法格：《唯心史观和唯物史观》，第 77 页。

22　拉法格：《思想起源论》，王子野译，三联书店，1978，第 195 页。

23　《马克思恩格斯全集》第 35 卷，第 107 页。

拉法格对帝国主义本质的精辟论述

19 世纪末 20 世纪初，随着现代科学技术的新发展，世界资本主义从自由竞争走向垄断，出现了新的重大变化，开始了帝国主义的新阶段。无产阶级应该怎样正确认识这一新的历史现象呢？"马克思和恩格斯两人都没有活到全世界资本主义进入帝国主义的时代"[1]，因此无法揭示出帝国主义这一新现象的本质。那么是谁第一个揭示出帝国主义的本质特征呢？长期以来，中国理论界和经济学界都一致认为，是列宁在 1916 年写的《帝国主义是资本主义的最高阶段》一书中，才第一次科学地揭示了帝国主义的本质特征。我们认为此说是不够全面的。其实，比列宁早 13 年，法国杰出的马克思主义传播者保尔·拉法格就已经对帝国主义的本质特征进行过揭露，提出了精辟的见解，他先于列宁，为马克思主义作出了新贡献。

一

拉法格在 1903 年写的《美国托拉斯及其经济、社会和政治意义》一书中，对帝国主义的本质特征进行了揭露。众所周知，美国是垄断资本主义高度发展的典型国家。拉法格抓住了典型的美国托拉斯进行了全面的剖析和深刻的揭露，说明随着生产和资本集中趋势的加强，垄断组织迅速发展，并成为全社会经济生活的基础，从而使"资本主义已演进到特殊阶段"[2]，"演变到它的最后阶段"[3]，"走向帝国主义"[4]。拉法格列举大量事实，论证了垄断组织在工业、农业和商业各个领域中所处的支配和统治地位，进而说明帝国主义就是垄断资本主义，垄断是帝国主义的基本经济特征。

但是，这个高度发展、高度文明的社会里却充斥着争夺和残杀。因此，垄断不仅不能消除竞争，反而使竞争更加激烈，一小撮垄断资本家为了攫取更多的垄断利润，不惜采取种种卑劣手段，排挤、扼杀对方。拉法格以美国著名的美孚石油公司的前身——南方改良公司为例，揭露了该公司为了打倒对方，竟采取恐怖手段，不惜"进行残酷的战争以反对独立生产者"，用"武装进攻，用甘油炸弹炸毁工厂，火烧井架"，甚至组织"一批流氓无赖，发给他们左轮手枪和文柴斯太尔式来福枪"，专门对付对方"铺设油管的挖土工人，并且用铁钩把埋入土里的油管拉出来。甚至连大炮也用上了"。[5]就这样，它使用枪炮和炸药吃掉了对方，使石油托拉斯成为当时"美国最大的托拉斯，它统治着全国的石油市场"。[6]

垄断资本家除采取暴力手段进行竞争外，还运用"降价、发奖、依靠巨额资本、改良机器设备以及使这一工业部门国际集中化而降低生产成本"[7]等非暴力手段，进行竞争，吃掉对方。拉法格指出，这在烟草业中表现得尤为突出，结果使"27000个雪茄工厂主，3000个吸烟和嚼烟工厂主，400个卷烟工厂主，2000个外国烟草进口商和6万个零售商"[8]被迫破产，从而形成了独霸一方的全国烟草托拉斯，将"烟草生产全部利润的65%放进了自己的腰包"。[9]拉法格还强调指出，在美国的钢铁托拉斯中，这种竞争表现得更为典型：一方面是大批钢铁企业在竞争中失败而破产；另一方面是越来越少的钢铁托拉斯为所欲为控制一切，到"1901年，它的矿场生产的矿石占美国矿石全部开采量的44%。它生产的生铁，占全国产品的43%"[10]，形成了"由托拉斯组成的托拉斯"[11]。他们贪得无厌地追逐利润，并且与银行资本融合在一起，出现了金融寡头的野蛮统治。

拉法格还针对垄断可以消除危机的谬论，明确指出，垄断不仅没有消除而且也无法消除经济危机，反而加深了经济危机。他认为，在资本主义世界，生产过剩所引起的经济危机是不可避免的，托拉斯也"消除不了生产过剩的危机"，相反托拉斯"由于强化了生产反而成了经济危机的原因"[12]。它"大大促使危机的扩展和尖锐化"[13]，从而使经济危机的破坏性愈益严重。

拉法格还进一步指出，垄断不仅不能缓和矛盾，反而使矛盾更加尖锐，而且垄断的矛盾是多方面的，包括民族矛盾和阶级矛盾。在国际上，由于走向帝国主义，就必然更加肆无忌惮地"用武力征服的方法为托拉斯化的美国工业争夺国外销路。……侵入国际市场"[14]，掠夺殖民地。在国内，"托拉斯……利用完善的生产方式，使劳动更加紧张。为了控制劳动人民，他们向政治和司法当局施加淫威，当局就颁布反对工人的法律，对罢工工人实行镇压，甚至枪杀"。[15]垄断资本家不仅与广大无产阶级尖锐对立，使"工人阶级身上的枷锁变得更沉重了"，而且还"损害了农民和商人的利益"[16]，促进了阶级矛盾的激化。

拉法格从分析帝国主义的重重矛盾入手，科学地阐述了解决这些矛盾的办法：不是在现存制度内进行改良，而是必须实行无产阶级革命。他说："在资本主义制度的范围内谋求解决这一任务，……是办不到的。只有社会主义革命才能解决。"[17]拉法格从帝国主义本身存在的尖锐矛盾中，看到了无产阶级革命的必然性，预言垄断必将导致社会主义革命。

长期以来，资产阶级思想家认为，在美国根本不存在什么阶级斗争，但是拉法格却指出，由于"资本和生产资料的集中也使美国产生阶级斗争了。工人和资本家之间的斗争在那里已经达到这样的规模和如此尖锐的程度，以致出现了内战的前景"。[18] 在垄断资本的统治下，工人开始倾向革命了，而且开始明确自己的革命目标。美国工人思想的这种革命转变，使美国统治者上层惶恐不安，他们惊呼："这场运动将把我们引向社会主义革命。"[19]

拉法格通过对美国托拉斯的全面分析，得出了科学的结论：帝国主义实际上在为社会主义革命"准备条件"，帝国主义必然灭亡，社会主义必将胜利。他说："通过对托拉斯体系的研究，社会主义者对自己的理想得到了新的信心。他们可以更加坚定地确信，这种理想在不久的将来一定会实现。不论是牧师的祷告，还是经济学家的虚构，或者政府当局的欺骗和镇压，一分钟也延迟不了社会危机的到来。这种社会危机将使被剥削者在猛烈的进攻中一举推翻资本主义的寡头统治。"[20] 由此可见，拉法格对帝国主义论述的精辟之处，在于他阐明了帝国主义的垄断性，揭穿了帝国主义的虚假繁荣，指出了帝国主义腐朽、反动的本质，并且把帝国主义与无产阶级的社会主义革命联系起来，坚定了无产阶级必胜的信念。

二

拉法格能够比列宁早 13 年就提出帝国主义的精辟见解，认识到帝国主义就是垄断资本主义，帝国主义是资本主义的最后阶段，帝国主义矛盾重重，必然导致无产阶级社会主义革命，这无疑是对马克思主义的杰出贡献。

但是，拉法格对帝国主义本质的论断，比起列宁的论述来，还有着很大的差距。第一，拉法格只是从最主要方面揭示了帝国主义的本质；而列宁在《帝国主义是资本主义的最高阶段》等著作中，却全面、系统地分析了帝国主义的五大经济特征，进而给帝国主义下了一个更完备、更科学的定义，指出"帝国主义是资本主义的特殊历史阶段。这种特殊性分三个方面：（1）帝国主义是垄断的资本主义；（2）帝国主义是寄生的或腐朽的资本主义；（3）帝国主义是垂死的资本主义"。[21] 接着，列宁还说："垄断代替自由竞争，是帝国主义的根本经济特征，是帝国主义的实质。"[22]

第二，拉法格只是一般地、笼统地论述帝国主义与无产阶级革命的关系，指出了无产阶级社会主义革命的必然趋势。而列宁则更加科学地论证了帝国主义的历史地位，具体地阐明了"帝国主义是无产阶级社会革命的前夜"[23]，并且提出了社会主义革命首先可以在一国取得胜利的学说，为无产阶级夺取胜利指明了斗争道路和具体步骤，使无产阶级在争取自身解放的斗争中更加信心百倍。

值得一提的是，列宁在论述帝国主义灭亡的必然性时，曾经十分辩证地指出："帝国主义是衰朽的但还没有完全腐朽的资本主义，是垂死的但还没有死亡的资本主义。"[24] 这就是说，无产阶级必须用战略眼光去观察帝国主义，不可能将它立即送入坟墓。而拉法格对帝国主义灭亡的估计则过于乐观，似乎革命的风暴很快就要席卷欧美，吞没整个资本主义世界，似乎在全世界实现共产主义指日可待。

第三，拉法格对帝国主义的论述仅仅是逐步的、在个别观点上的独创，并没有形成一种科学的理论体系。而列宁对帝国主义的论述则形成了完整的科学体系，成为马克思主义理论宝库中具有阶段性的科学成果，成为无产阶级革命的行动纲领。所以，虽然拉法格比列宁早 13 年就揭示了帝国主义的本质特征，但其是不完整的、不彻底的。而列宁的《帝国主义是资本主义的最高阶段》虽然晚了 13 年，却仍然具有划时代的意义，因为列宁的论述比起拉法格来，更全面、更具体、更深刻、更科学、更富有时代特征和战斗意义。

不过，我们也应该看到，拉法格在对垄断组织——托拉斯的分析方面，也有列宁所不及的。拉法格在详细研究了托拉斯之后，敏锐地发现了垄断组织托拉斯对无产阶级组织生产的积极意义。他认为，这种严密的组织形式，在无产阶级夺取政权后，仍然有可以借鉴的地方。他说："资本家一旦发了财，往往就离开工作贪图安逸，靠从工人那里掠夺来的财富过活。反之，托拉斯的活动家们却永远是一些献身于自己事业的人，并且为了不断扩大自己的事业而活着。""他们正在创造一种经济形式，人类的未来将会从这种形式中被铸造出来。"[25] 这就是说，无产阶级夺取政权后，在进行经济建设时，为了提高经济效益，可以利用托拉斯这种组织形式，组织生产，为社会主义建设事业服务。

三

拉法格能够在 1903 年对帝国主义本质特征作出正确论述，不是偶然的。这首先是他运用唯物史观分析社会现象的结果。拉法格一生十分注意运用历史唯物主义指导自己的言行，他对资本主义作过长期的、系统的研究，尤其是对所有制的演变更作过精湛的研究。拉法格根据所有制关系的演变分析了历史发展的必然规律，指出了历史就是经济形态发展史和阶级斗争史。他认为，资本主义制度是建立在资产阶级与无产阶级对抗性矛盾的基础上的，这种阶级对抗反映了在资本主义制度下生产的社会性与私人占有方式之间的矛盾。他坚信"资本主义生产的经济力量必不可免地要把社会引到共产主义"[26]，并一再强调"资本主义文明必然会把人类引向共产主义"[27]。拉法格正是在历史发展的必然规律性这一思想指导下，论证了帝国主义灭亡的历史必然性。

但是，拉法格认为帝国主义不会自动灭亡，无产阶级只有通过革命，才能粉碎资本主义所有制，建立无产阶级专政，使无产者"成为自己的社会命运的主人"。[28]由于拉法格牢牢掌握了历史唯物主义，他才能够站在时代的前列，揭示出帝国主义的本质特征。

其次，也是由于拉法格注重实践，善于调查研究。马克思、恩格斯在生前虽然十分重视社会实践和调查研究，但是"马克思不能在自由资本主义时代就预先具体地认识帝国主义时代的某些特异的规律，因为帝国主义这个资本主义最后阶段还未到来，还无这种实践"。[29]在 20 世纪初，资本主义由自由竞争走向垄断，帝国主义已经成为现实，这个现实生活中的巨大变化，给拉法格观察、研究帝国主义的本质特征提供了实际的可能，他在长期实践中，刻苦地进行调查研究，对资本帝国主义社会中的每一个新现象，都细心观察，认真思考。早在 19 世纪 90 年代，拉法格已经密切注意资本主义社会中经济发展的新现象，看到竞争必然走向垄断的趋势，他说："最永恒的和最不可动摇的经济规律之一是竞争，这是一切进步、一切经济发展的泉源。但是竞争本身打败自己，因为工业只有靠集中才能发展。现代生产的大企业——矿山、纺织厂、建筑企业、铁路、信贷机关等等，这都是由逐渐消灭成千的生产者的竞争而形成起来的巨大的垄断组织。"[30]而到了 20 世纪初，他就抓住了美国托拉斯这个世界上垄断组织的典型，进行全面、深入的调查研究和分析，终于透过现象，揭示了帝国主义的本质，提出了自己独创性的见解。

　　拉法格对帝国主义本质特征所作的精辟论述，在当时具有重大的进步意义。恩格斯逝世后，隐藏在第二国际内的机会主义者一时嚣张起来，向马克思主义发起了全面的"修正"和猖狂的进攻，伯恩施坦借口所谓经济发展中的新材料，妄图证明马克思主义已经"过时"，竭力掩盖帝国主义的深刻矛盾，鼓吹危机已经消失，矛盾已经缓和，否认帝国主义的反动本质，成为帝国主义的辩护士。唯独拉法格挺身而出，以无可辩驳的事实，对帝国主义的本质特征进行了精辟的论述，指明了帝国主义的必然灭亡。在这场关于帝国主义的争论的前哨战中，拉法格先于列宁给伯恩施坦之流的修正主义者以当头一棒，在一定程度上坚持和捍卫了马克思主义，为以后列宁对帝国主义的全面论述和对修正主义的全面批判奠定了基础。拉法格对帝国主义本质特征的精湛分析，在马克思主义发展史上所作的贡献是不可磨灭的，至今仍发人深省。

（原载《法国研究》1984 年第 4 期）

注　释

1　《列宁选集》第 2 卷，人民出版社，1972，第 889 页。

2　拉法格：《美国托拉斯及其经济、社会和政治意义》，《国际经济评论》1980 年第 8 期，第 2 页。

3　拉法格：《美国托拉斯及其经济、社会和政治意义（续）》第二章，《国际经济评论》1980 年第 9 期，第 4 页。

4　拉法格：《美国托拉斯及其经济、社会和政治意义（续）》第四章，《国际经济评论》1980 年第 11 期，第 10 页。

5　拉法格：《美国托拉斯及其经济、社会和政治意义（续）》第三章,《国际经济评论》1980 年第 10 期，第 3 页。

6　拉法格：《美国托拉斯及其经济、社会和政治意义（续）》第三章,《国际经济评论》1980 年第 10 期，第 5 页。

7　拉法格：《美国托拉斯及其经济、社会和政治意义（续）》第三章,《国际经济评论》1980 年第 10 期，第 6 页。

8　拉法格：《美国托拉斯及其经济、社会和政治意义（续）》第三章,《国际经济评论》1980 年第 10 期，第 9 页。

9　拉法格：《美国托拉斯及其经济、社会和政治意义（续）》第三章,《国际经济评论》1980 年第 10 期，第 9 页。

10　拉法格：《美国托拉斯及其经济、社会和政治意义（续）》第三章,《国际经济评论》1980 年第 10 期，第 12 页。

11　拉法格：《美国托拉斯及其经济、社会和政治意义（续）》第三章,《国际经济评论》1980 年第 10 期，第 10 页。

12　拉法格：《美国托拉斯及其经济、社会和政治意义（续）》第四章,《国际经济评论》1980 年第 11 期，第 10 页。

13　拉法格：《美国托拉斯及其经济、社会和政治意义（续）》第四章,《国际经济评论》1980 年第 11 期，第 10 页。

14　拉法格：《美国托拉斯及其经济、社会和政治意义（续）》第四章,《国际经济评论》1980 年第 11 期，第 10 页。

15　拉法格：《美国托拉斯及其经济、社会和政治意义（续）》第四章,《国际经济评论》1980 年第 11 期，第 8 页。

16　拉法格：《美国托拉斯及其经济、社会和政治意义（续）》第五章,《国际经济评论》1980 年第 12 期，第 7 页。

17　拉法格：《美国托拉斯及其经济、社会和政治意义》,《国际经济评论》1980 年第 8 期，第 7 页。

18　拉法格：《美国托拉斯及其经济、社会和政治意义》,《国际经济评论》1980 年第

8 期，第 7 页。

19 拉法格：《美国托拉斯及其经济、社会和政治意义（续）》第五章，《国际经济评论》1980 年第 12 期，第 8 页。

20 拉法格：《美国托拉斯及其经济、社会和政治意义（续）》第五章，《国际经济评论》1980 年第 12 期，第 5 页。

21 《列宁选集》第 2 卷，第 883 页。

22 《列宁选集》第 2 卷，第 883 页。

23 《列宁选集》第 2 卷，第 737 页。

24 《列宁全集》第 24 卷，人民出版社，1957，第 431 页。

25 拉法格：《美国托拉斯及其经济、社会和政治意义（续）》第五章，《国际经济评论》1980 年第 12 期，第 5 页。

26 拉法格：《唯心史观和唯物史观》，王子野译，三联书店，1965，第 22 页。

27 拉法格：《财产及其起源》，王子野译，三联书店，1978，第 171 页。

28 拉法格：《唯心史观和唯物史观》，第 23 页。

29 《毛泽东著作专题摘录》第 1 卷，人民出版社，1964，第 898 页。

30 拉法格：《唯心史观和唯物史观》，第 47 页。

拉法格的无神论思想浅论

保尔·拉法格不仅是法国和国际工人运动的著名活动家和马克思主义的杰出传播者，而且是一位伟大的无神论者。在他的大量著作中，对宗教迷信的批判和对无神论思想的论证，占有重要的位置。本文将对拉法格无神论思想的特点及其主要贡献作一粗浅的剖析。这对我们今天建设社会主义精神文明也是有意义的。

一

拉法格宣传无神论思想，主要是在 19 世纪八九十年代，这是对当时法国社会上重新泛起的教权势力和宗教蒙昧主义进行的公开对抗。

众所周知，一切宗教教义都鼓吹"命定论"，宣扬顺从、容忍，轻视现世，渴望来世，甘当奴隶。无产阶级要取得自身的彻底解放，必须打破"命定论"，扫除一切宗教的偏见、盲从和迷信，敢于起来革命，夺取政权，当家做主，这就必须用无神论思想武装自己。所以，宣传无神论思想就成了马克思主义者争取无产阶级解放的一项重要任务。正如马克思所说的，无产阶级"在破除一切对过去的事物的迷信以前，是不能开始实现自身的任务的"。[1] 拉法格为了使无产阶级从宗教迷雾中解放出来,除了广泛宣传关于无产阶级革命的政治学说外,也突出地宣传了无神论思想。

破除宗教迷信,对宗教势力根深蒂固的法国尤为重要。早在大革命之前,法国就是欧洲宗教反动势力的堡垒之一。大革命给予天主教会以猛烈冲击,一度取消了它的合法存在。然而,拿破仑上台不久,又恢复了天主教会的合法地位,并且使教会由封建专制制度的精神支柱转变成了法国资产阶级政治统治的有力工具。此后,历经复辟王朝、七月王朝直到第二帝国,教会以极大的欺骗性得到资产阶级国家的支持,进而相互勾结,继续发展,宗教迷信一直作为法国一股巨大的传统力量,钳制并禁锢着人们的头脑,为资产阶级的反动统治和蒙昧主义效劳。

1871 年巴黎公社革命,"给了身穿袈裟的宪兵以有力的打击"[2],但是,随着公社的失败,教会势力重新恢复,整个社会又被宗教迷雾所笼罩。1872 年 8 月,以德·孟伯爵为首,创立了"天主教工人联合会",出版《天主教联合杂志》,"其目标是在群众中宣传基督思想",要求在"发扬虔诚精神的同时,推进战斗的天主教精神",反对国家世俗化和资产阶级共和国,勾结保皇势力,妄图恢复君主制。与此同时,教会又用小恩小惠笼络人心,进而灌输一切都是上帝施与、创立的上帝万能的思想,甚至鼓吹天主教与社会主义完全一致。

到 19 世纪 80 年代初,教权派还拥有巨大的经济实力。据 1881 年的政府调查,教会的固定财产在 6 亿—7 亿法郎,大大超过了第二帝国时期。而且教会机构十分庞大,全国 3600 个市镇都有教堂,圣职教士达 6 万人,还有 87 个小神学院专门培训圣职人员,在 1876 年总计有学生 11688 人。全国受宗教教育的孩童达 4949591 人。全国教徒多达六七百万人。教会势力还占据一切文化教育中心，渗透到政治、经济各个部门，直接冲击着共和制度，成为当时法国社会的严重公害。

资产阶级共和派为了维护共和政体，在 19 世纪 70 年代一度喊出了"教权主义就是敌人"的口号。针对教会对学校教育的控制，共和派教育部长费里于 1881 年和 1882 年进行学校教育改革，实行世俗的、免费的小学义务教育，废除国立学校中的神学课程。通过改革，教权势力虽略有收敛，但在国立学校内仍规定除星期日之外，学生每周有一天要停课去教堂接受宗教教育。私立学校中神学课程仍是主课，而且继续大量开办教会学校。1890 年，教会学校占私立小学的七分之一，占私立中学的一半。国立学校学生必读的道德课本中仍然写着："上帝是世界的创造者，是众人的父亲……，不管我们的宗教是什么，我们都应该尊重上帝为最高的存在。"这种情况说明，资产阶级温和共和派并没有清除而且也不可能清除宗教对法国社会的污染。尔后，一些激进的共和派也曾为争取政教分离而努力，提出"在政治学上和社会学上，都应当根据理性法则来组织社会"。但是他们仅仅是为了本阶级的私利，是一种"对教权主义举行假自由主义的讨伐"，是"转移群众对社会主义的注意力"的手段，[3] 显然不可能真正解决社会问题。面对教权势力的猖獗和共和派对教权主义的"假讨伐"，拉法格挺身而出。他说："人的智慧只有在摧毁使他昏昏欲睡的宗教和哲学体系时才能进步。"[4] 他一方面与基督教社会主义者进行公开辩论，指出基督教社会主义的目的是要取消阶级斗争，取消无产阶级革命，把宗教蒙昧主义涂上一层新的油彩，在新形势下进行更狡猾的欺骗，帮助群众认清基督教社会主义的反动本质；另一方面，他写下了大量反宗教神学的论著，具体阐发了马克思主义的无神论思想，为反对宗教迷信作出了杰出的贡献。

二

拉法格对无神论思想作出的杰出贡献，首先是科学地否定了上帝的存在。

拉法格认为，有神论和宗教的产生和发展经历过一个漫长的历程。有神论的最初出现是灵魂观念的产生，接着是神的观念，而后才出现了上帝的观念。灵魂观念是有神论的核心思想。他在《灵魂观念的起源和发展》一文中，详细分析了灵魂观念的产生。他说："灵魂的观念起源于野蛮人。"[5] 远古的野蛮人对"睡眠和做梦的谜样的生理现象……一直没有获得完全科学的解释，……为了解释这些现象，他们发明了灵魂"[6]。他们"把人分解为硬的、摸得着和看得见的躯体和像空气一样不可捉摸和看不见的精神"，即灵魂。[7] 他们创造了面貌相同的双重人，当一个人进入梦乡时，另外一个我——灵魂，就离开躯体，出去打猎和战斗。当灵魂返回自己的住宅，即返回躯体时，这个人就醒了。假如灵魂由于某种原因没有回来，那么躯体就不会醒，就会死亡。在原始人看来，躯体是要死亡的，而灵魂却永远不死。人死了，灵魂却依附在头盖骨里，成为鬼。鬼就是死人的灵魂。原始人十分害怕因灵魂离开躯体而死亡，总是千方百计保护自己的灵魂。如赤道上的野蛮人把人影当作灵魂，那里在中午时是投不下影子的，就不敢在这个时刻走出自己的矮屋，害怕失去灵魂而死去。也有的原始民族把人在清澈的水中或光滑的平面上的映像当作灵魂，认为假如捣碎这个映像，人就会死去。有的地方还把画像也当作灵魂，认为带走画像就是带走了灵魂，因此不允许给自己画像。拉法格列举的这些生动事例说明，在远古时代，由于人们愚昧无知，才普遍产生了灵魂观念。

　　拉法格进而指出必须把有神论产生的根源放在特定的社会环境中去分析，从财产和生产方式的变化过程中去理解。在生产力极其低下的原始共产主义社会里，虽然出现了灵魂观念，但还没有神的观念。那时每个成员都共同劳动，共同生活，社会地位一律平等。拉法格说，"经济的平等必然跟着引起物质生活和精神生活其它条件的平等；当野蛮人发明灵魂的时候，他就把灵魂赠与部落的一切成员，不管是男的还是女的，并且为一切灵魂打开天堂之门……所有人的灵魂，不管他们的品德高下和缺点大小，统通送往那里去继续过他们刚刚离开的快乐的共产主义生活"[8]。这就是说，在经济平等的原始共产主义社会里，他们的灵魂观念也是平等的。在他们看来，生前平等人，死后平等魂。由此可见，灵魂观念实际上是原始人头脑中幻想的反映。

　　随着社会生产力的发展，产生了氏族和部落，出现了氏族的酋长和部落联盟的军事首领，在部落成员中显出了差别，于是平等的灵魂观念也产生了演变。一般的成员死后变成鬼，少数酋长、首领死后成了"神"。由于人们科学水平很低，对天地日月、风云雷电等自然现象无法解释，于是又创造了天神、地神、太阳神、月亮神等。可见鬼神同样是人们幻想的产物。

　　随着社会生产力的进一步发展，又出现了私有财产和阶级，人类开始进入阶级社会，产生了国家，确立了人间的最高统治者——君王。于是人们就以人间的最高统治者为模型，仿制了上帝。在这基础上又产生了人为宗教。所以拉法格说，"所谓上帝归根结柢不是别的，只不过是比其它的灵魂更强大有力的灵魂而已。……上帝的观念既不是天赋的观念，也不是先天的观念，而是后天的观念"[9]。"上帝的观念不是一成不变的；它随着时间和地点而改变；它随着生产方式的发展和社会环境的改变而进化。"[10]

拉法格就是这样站在历史唯物主义的立场上，对灵魂、鬼神、上帝和宗教的产生过程进行了通俗的分析，使人们认识到：有神论观念是人类历史上一定生产水平和认知水平下的必然产物；是人们对世界和万物以及对人与人关系的认识和反映；是人们以人的形象仿造出来的。恩格斯说过："一切宗教都不过是支配着人们日常生活的外部力量在人们头脑中的幻想的反映，在这种反映中，人间的力量采取了超人间的力量的形式。"[11]拉法格的分析与恩格斯的论断完全一致，从根本上推翻了有神论。

三

猛烈抨击基督教经典《圣经》的虚伪和欺骗，进一步否定上帝的存在，并揭示出宗教的反动本质，是拉法格无神论思想的又一贡献。

拉法格以无可辩驳的事实，指出《圣经》从头到尾都是自相矛盾的，是胡言乱语。尽管其中许多故事来源于神话，但与神话不同。"神话既不是骗子的谎话，也不是无谓的想像的产物，它们不如说是人类思想的朴素的和自发的形式之一。"[12]神话有积极作用，而《圣经》则是经过加工的宣传"宿命论"的消极的东西。

拉法格在《关于亚当和夏娃的神话》一文中指出，人是上帝创造的这种说法在《圣经》中是自相矛盾、不能自圆其说的。《创世记》第一章中说上帝照着自己的形象造男造女。在第二章中又说"耶和华上帝用地上的尘土造人"，造了亚当而后又用亚当的肋骨造了他的妻子夏娃。第五章中却说亚当既是男人又是女人，活到130多岁生了一个儿子，形象和自己相似，也是雌雄同体的人。三章三个说法，自相矛盾。拉法格指出，人并不是上帝创造的，上帝却是"人的创造物；人随着自己的发展而修改自己的上帝；这个上帝不仅不是指挥者，并且还是历史现实的玩偶"[13]。地球和万物不是像《圣经》说的那样，是由上帝创造的，因为世界万物在上帝出现前就早已存在。"在地球上除了亚当和他的儿子之外，还住着其他的人；河流和各种地形还在亚当创造之前就已获得名称。"[14] 为了驳斥这种上帝造人造物说，拉法格反问道：如果耶稣是耶和华上帝的儿子，那么，耶和华上帝又是谁的儿子呢？难道上帝上面还有上帝吗？他指出"创世说"之所以前后矛盾，是因为《圣经》并非圣人所作，而是许多人先后编写而成，显然是为了要人们相信上帝的存在而编成的。

　　拉法格还考察了《圣经》中关于"禁果"的故事以及由"禁果"引申出来的"原罪说"。他认为，"禁果"来自古代社会中所宣布的"禁忌"。原始公社的部族常常取用动物和植物的名字，并作为自己的祖先。这种动物或植物对于部族的一切成员都是神圣的，严禁采打。也有一些部落和地区把稀少的动植物宣布为"禁忌"，这是防止绝迹而"为了一切人的利益而采取的一种措施"[15]。不过也有把"禁忌"变成一部分人的特权的，如还没有参加猎人和战士行列的年轻的澳大利亚人是禁止吃鹌鹑肉的，在南洋某些岛上妇女不准吃猪肉，等等，谁要是敢取用"禁忌"之物，就会被活活杀死。拉法格认为"《创世记》所说到的生命树显然就是那种被敬为神化的祖先的植物"[16]。《圣经》根据这种传说编造说，亚当与夏娃违反上帝的禁令偷吃"禁果"而犯了罪，结果被上帝逐出伊甸园而到人间受苦受难，以身赎罪。而且以后人类之所以历经苦难，根本原因就在于此。这样就形成了所谓"原罪说"。拉法格指出："原罪说"是基督教学说的主要基础。宣扬人人都身负"原罪"，必须祈求上帝宽赦，这就维护了上帝的特权地位，并劝诫后人要绝对顺从，听其摆布。因为"'样子好看和滋味鲜美'的果实是专为耶和华上帝享用的；吃了它们就等于破坏了后者的特权，等于把自己提到和他们一般高的地位"[17]。这样在现实生活中，又为维护压迫与剥削，维护人间的真正不平等提供了论据。

拉法格还在《割礼，它的社会的和宗教的意义》一文中，揭示了基督教和入教仪式——洗礼的来源。他认为割礼是古代原始部族在青年人达到成人期时举行的一种仪式，有的割去男孩的包皮，有的割去女孩的阴蒂，有的割开血管用鲜血洗礼，有的斩去身上的某一部分使自己变成残废，有的为保全整体而杀死个体，等等。拉法格认为，这是一种野蛮而残酷的原始形式，"在不同的阶段和不同的民族中表现着不同的、特殊的性质"[18]。这种形式早在不能记忆的时代，在埃及人中间就有了。犹太人是从他们那里借用去的。《圣经》认为割礼是从犹太人开始，这是完全错误的，是为了给这种残酷的风俗蒙上一层宗教的面纱。它作为一种入教的仪式，完全是为了使人们宣誓效忠于上帝。所以，拉法格说：割礼"是人与神灵联盟的物质的标志"[19]。

拉法格在《关于贞洁的受孕的神话》这篇比较神话学纲要中，揭露了《圣经》中虚构的耶稣没有父亲，靠天上的光线受孕这种"贞洁的受孕"的荒唐言论。拉法格引用在古代东方流传的大量关于贞洁的受孕的神话故事，如传说"有三个处女，她们靠空气受胎"，有的女神"是靠海风受胎的"，甚至某些动物和怪兽靠海边的西风和北风怀孕等，指出这些神话形成于母权制解体时期，是当时为了妇女的财产和在母权制度家庭中的统治地位而力图迫使妇女服从于自己，并为此目的而争夺妇女在生育行为中的重要作用，"可是妇女为了报复对她的权利和对她的职务的侵害行为因而断定说她在没有男人协作之下能够怀孕"[20]。这种神话在那时出现是可以理解的。而《圣经》宣扬贞洁受孕则是十分荒谬、完全反科学、骗人的。

　　拉法格运用民俗学、神话学和历史学的丰富知识，揭露《圣经》的荒唐和不可信，并指出："神学的创造论的荒诞不经，随着它应用的范围的扩大而变得愈益滑稽可笑。"[21] 在资本主义社会里，基督教"是资产阶级的宗教。……资产阶级常常用基督教来掩盖自己所追求其胜利的物质利益"[22]。"基督教没有带来邻人之爱；它复活了古代的复仇同它的残酷性和一套仪式。……用谄媚的和虚伪的面具来掩盖自己的残酷"，归根结底，基督教是有产阶级的安全阀。[23] "宗教是迫使被压迫的阶级屈服于羁绊之下的主要精神力量之一。"[24] 拉法格对宗教本质的深刻揭露，同马克思说的"宗教是人民的鸦片"、列宁说的"宗教教导他们在人间要顺从和忍耐"的思想完全一致。

　　既然宗教是骗人的谎言，那么为什么在资本主义文明社会里，人们对上帝的信仰却仍然"牢不可破"呢？拉法格认为这是一个十分复杂的问题，需要认真研究。在他看来，主要原因是：第一，由于唯灵论观念的传统思想长期延续下来，"野蛮人"意识中的灵魂和灵魂不灭的观念也钻进了"文明人"的头脑，使其轻信鬼神的存在。第二，由于没有宣传唯物论，人们不懂得"社会现象也同自然现象一样依赖于必然性的规律"。劳动人民不能掌握自己的命运，"他们的唯灵主义的观念和信仰上帝应当归因于对社会界的无知"[25]。第三，为了维护剥削制度，"为了安定自己的社会秩序，有产者所关心的是使雇佣劳动者相信他的财富是他的无数的美德的成果"[26]。教会根据剥削阶级的这种需要，将种种"原始传说和灵魂观念复活起来和加以具体化，借以吸引粗俗的和迷信的穷人"[27]。广大贫穷的人受到这种欺骗宣传的迷惑，为了得到精神安慰，指望死后灵魂升入天国而按"'我们在天上的父'这个祈祷的公式"[28]，去呼唤上帝给予恩典。第四，宗教往往与国家政权勾结在一起，利用政治权力，强行推行宗教迷信，迫害异教徒，迫使广大劳动者顺从。拉法格深刻地指出："劳动剥削者的社会职能要求有产者宣传基督教的宗教，宣扬向那个选拔主人和规定奴仆的上帝谦恭和顺从，并且要求他用民主制度的永久原理来补充基督教的教义。对他非常有利的事是使雇佣劳动者在宗教真理的辩论中和在正义、自由、道德、祖国和其它类似的笨拙的骗局的讨论中耗尽自己的精力，使他们无暇去想自己的贫困的处境和改善之法。"[29]国家与教会互相勾结，互相利用，使宗教成为统治阶级"麻痹群众的精神工具"[30]，"用最坏的毒物去毒化工人的思想"。[31]

四

拉法格对无神论思想的另一贡献，是他揭示了宗教消亡的客观规律，并提出了无产阶级对待宗教的正确态度。

拉法格认为宗教作为一种上层建筑的意识形态，不可能永世长存，永远欺骗和毒害人民。在资本主义社会中，无产阶级随着工业的进步和科学的发展，对世界的认识逐步深化，正在不断觉醒，开始对宗教抱冷淡和疏远的态度。"机器的生产方法……在无产阶级中造成不信宗教的气氛。""现代工场中的工作教会雇佣工人相信科学的定命论。"[32]资产阶级力图改变这种状况，"曾采用过许多办法想使工业无产阶级基督教化，但是完全都失败了；他们想改变无产阶级对宗教的冷漠态度，没有获得成功"。[33]

拉法格进而分析了宗教与资本的关系。他指出，资本的统治已经愈益为群众所识破。他们在日益高涨的革命运动面前，表现出无比的恐惧。为了维护旧统治，就妄图修补旧宗教，形成万能的新宗教，即所谓资本的宗教。其实这不过是绝望的哀鸣，资本最终必将被人民所占有，资本主义必将被共产主义所代替。随着资本的消灭，随着共产主义的最终实现，宗教也将彻底消亡。这就是拉法格的结论。他说："资产阶级的信仰上帝和灵魂不朽是他的社会环境的意识形态现象之一；只有当他被剥夺了他从雇佣劳动者窃取来的财富和从寄生阶级变成生产阶级之时，才能使他摆脱那种信仰。"[34] "当共产主义成为社会的规律时，……上帝的王国便告结束。"[35] 这就清楚地说明了宗教作为一种上层建筑的意识形态，完全是由经济基础决定的。拉法格运用历史唯物主义原理，得出了宗教必然消亡的结论，远远超过了马克思主义以前的各种无神论思想。

拉法格在大量反宗教论著中，还论述了无产阶级及其政党对宗教迷信所应采取的态度。他认为无产阶级政党不能像布朗基派那样，采取简单的办法，把一切宗教宣布为"永远是革命的敌人"[36]，用行政命令把它立刻打倒。他说，1789 年的法国资产阶级革命家，曾经"用命令来取消上帝，把它当作编制之外的官员来处理，而代之以理性的女神"[37]。结果"上帝的观念不仅在人们的头脑中没有消散"，反而更"繁荣旺盛"[38]。有鉴于此，必须同宗教迷信斗争。拉法格认为，长期处于宗教狂热状态的法国，教权势力控制一切，在这种情况下，首先必须宣布国家与教会分离，反对教权合一。他宣传政教分离，提倡"把位置让给理性！把位置让给科学！把位置让给正义！"[39] 当被选为议员后，他又立即在众议院提出了政教分离法案，主张建立一个真正的不受宗教支配的国家。

拉法格的主张与资产阶级共和派提出的政教分离是有着原则区别的。资产阶级共和派主张限制教会势力，力图以反教权派为名，转移无产阶级斗争目标。共和党布里安就说过，政教分离的目的是"开辟法国人之间和睦相处的新纪元"。而拉法格主张政教分离，则完全是为了给宣传无神论廓清场地，以便更彻底地反对蒙昧主义。同时，政教分离还能使无产阶级更加明确自己的斗争目标——反对资产阶级的政治统治，然后，像巴黎公社那样建立无产阶级自己的政权。

拉法格认为，无产阶级政党必须宣传无神论，使无产者相信自己能解放自己。他在《庇护九世上天堂去》一文中，揭露教皇庇护九世是一条"可恶的狗"，是"欺诈的混蛋"，劝诫无产阶级不要受骗上当。他还反复向无产阶级说明，世界上绝没有上帝，绝对不要相信上帝。他风趣地说，如果有天父——上帝，那么工人从早祈祷到晚，为什么天父不赐给他每天的面包，很清楚，"给他以生活必需品的工资是要靠自己的劳动挣来的；他很知道假如他不工作，不管天上有多少'善良的神'和地上有多少慈善家，他还是要饿死。雇佣劳动者自己就是自己的神明"[40]。劳动者自己能够拯救自己。反之，"假如工人也使自己去迷信上帝，……为什么只把劳动和贫困的命运赐给他"[41]。拉法格还形象地说："发电站的工人只要把配电盘上的机柄扳动一下就可以把动力送到若干公里之外去供电车使用或使城市的电灯发光，他只要像《创世记》上的上帝那样说一句：'让那里有光'，那里就有光了……"[42] 万一出了故障，工人们也可以很快找到毛病，或是断了电线，或是齿轮系统出了毛病，而且立即可以把这个"上帝捉住"。这就是说，上帝确实是不存在的，无产阶级只有靠自己去努力争取自身的解放。

为此，拉法格认为，必须让无产阶级懂得只有通过革命，推翻资产阶级统治，消灭雇佣劳动制，实行社会主义，才能为最终消灭宗教创造条件。拉法格说："资产阶级在它的阶级专政和它每天从雇佣工人身上掠夺来的财富被收夺之前，它是不会放弃基督教和丢掉上帝的信仰的。"[43] 资本主义的雇佣劳动制度及其政治统治——资产阶级专政，是基督教赖以存在的经济基础和政治基础。无产阶级只有推翻资产阶级统治，实行生产资料公有，消灭雇佣剥削制，最终实现共产主义，"才能从人的头脑中消灭上帝的信仰"[44]。这样，拉法格就为无产阶级反对宗教迷信指明了正确的方向。

五

在拉法格之前，无神论早已存在。在古希腊时代，伊壁鸠鲁就已指出世界并不是神的安排，也不是命运的玩物，而是从无限的物质运动中形成的，从而否定了鬼神的存在，成了无神论的奠基者。17 世纪荷兰唯物主义哲学家斯宾诺莎一生与有神论和宗教迷信进行斗争，进一步否定了灵魂、鬼神和上帝的存在。不过斯宾诺莎是个自然神论者。他认为世界的万物都是按自然法则存在的，自然就是神，神就是自然。由于在形式上他仍然承认有神，所以他是个不彻底的无神论者。18 世纪时，无神论思想又前进了一大步，出现了以狄德罗为代表的百科全书派。他们以科学事实直截了当地否定鬼神和上帝的存在，而且猛烈抨击教皇是"两脚禽兽"，教士是一伙哄骗人民的骗子，神的观念和宗教迷信，都是他们为麻醉人民而编造出来的，号召人民起来推翻宗教和世俗的封建专制统治。这些对启迪群众的觉悟有着极大的贡献。只是他们还不能科学地说明有神论和宗教产生的根源，因而还没有把无神论发展成为科学。19世纪初出现的费尔巴哈的无神论，使无神论思想发展到了新的高峰。他敢于向当时占绝对统治地位的神学公开挑战，指出不是上帝创造了人，而是人们按照人类自己的形象仿造了上帝。他认为宗教不是凭空产生的，而是现实世界的幻想的反映，"宗教是人类精神之梦"[45]。费尔巴哈的这种解释，比较接近科学。但是他所说的人是抽象的人、超阶级的人，看不到人与人之间的关系首先是阶级关系。他的无神论是"人本主义"的，他所讲的现实世界同样是抽象的，没有阶级内容。尽管费尔巴哈的无神论比百科全书派前进了一大步，却仍然没有把无神论发展成一门完整的科学。

只有在马克思主义产生后，才确立了完整的无神论思想体系，才把无神论发展成为一门真正的科学。拉法格正是根据马克思主义的无神论思想体系，吸收了历史上无神论学派的许多优秀成果，但又摆脱了斯宾诺莎的自然神论，还改造了费尔巴哈的"人本主义"，终于独树一帜地写下了大量论文和专著，形成了自己的无神论思想。他的无神论思想具有许多明显的特点。第一，拉法格比上述各派无神论者站得高、看得远，抓住了有神论观念的核心——灵魂观念，科学地分析了灵魂、鬼神、上帝产生的根源，将有神论连根拔起，给予致命打击，使他的无神论思想具有严密的科学性和很强的说服力。第二，拉法格无神论思想的宣传，避免了空洞的说教和简单的谩骂。他的每一本论著、每一篇文章都以大量无可驳斥的事实为根据，文字通俗易懂，批判尖刻有力，例子鲜明具体，论证翔实，容易被群众接受。第三，拉法格摆脱了马克思主义产生前一切旧无神论者的根本弱点，科学地揭示出宗教消亡的客观规律，把批判有神论与阐述历史发展的规律性结合起来，把宣传无神论、揭露宗教迷信的斗争同无产阶级争取彻底解放的革命结合起来，把消灭宗教同实现共产主义结合起来。这就为无产阶级反对宗教迷信指明了正确的方向，使无产阶级懂得了宗教灭亡的必然规律，并且使无产阶级树立了共产主义必胜的坚定信念。

但是，拉法格的无神论思想还有不够完善的地方，还存在着"左"的错误。他虽然不赞同布朗基派那样用行政命令办法一下子取消宗教，但有时也笼统地把信教者看作无产阶级的敌人，把信仰宗教这种思想意识的问题变成了政治上的敌我问题，这显然不利于团结广大有宗教信仰的群众投入革命。另外，拉法格的著作中强调了宣传无神论的重要性，而没有指出在一定的历史阶段上，还要有个人信教自由，因而容易使人误解，似乎无产阶级在夺取政权后，就要强制人们不信宗教。同时，他没有指出宗教在特定的环境里也可以起一定的积极作用。尽管如此，拉法格仍不失为一位伟大的无神论者，他反对宗教迷信的全部论著，至今仍然是无产阶级进行无神论教育、建设社会主义精神文明的宝贵财富。

（原载《天津社会科学》1983 年第 3 期）

注　释

1　《马克思恩格斯选集》第 1 卷，人民出版社，1972，第 606 页。

2　《列宁全集》第 17 卷，人民出版社，1959，第 123 页。

3　《列宁选集》第 2 卷，人民出版社，1972，第 383—384 页。

4　拉法格：《唯心史观和唯物史观》，王子野译，三联书店，1965，第 50 页。

5　拉法格：《思想起源论》，王子野译，三联书店，1963，第 120 页。

6　拉法格：《思想起源论》，第 121 页。

7　拉法格：《思想起源论》，第 121 页。

8　拉法格：《思想起源论》，第 140 页。

9　拉法格：《思想起源论》，第 195 页。

10　拉法格：《思想起源论》，第 209 页。

11　《马克思恩格斯选集》第 3 卷，第 354 页。

12　拉法格：《宗教和资本》，王子野译，三联书店，1963，第 2 页。

13　拉法格：《思想起源论》，第 11 页。

14　拉法格：《宗教和资本》，第 4 页。

15　拉法格：《宗教和资本》，第 14 页。

16　拉法格:《宗教和资本》,第 13 页。

17　拉法格:《宗教和资本》,第 14 页。

18　拉法格:《宗教和资本》,第 36 页。

19　拉法格:《宗教和资本》,第 32 页。

20　拉法格:《宗教和资本》,第 44 页。

21　拉法格:《唯心史观和唯物史观》,第 56 页。

22　拉法格:《思想起源论》,第 190 页。

23　拉法格:《思想起源论》,第 188—189 页。

24　拉法格:《唯心史观和唯物史观》,第 52 页。

25　拉法格:《思想起源论》,第 203 页。

26　拉法格:《思想起源论》,第 199 页。

27　拉法格:《思想起源论》,第 189 页。

28　拉法格:《思想起源论》,第 197 页。

29　拉法格:《思想起源论》,第 215 页。

30　拉法格:《思想起源论》,第 220 页。

31　拉法格:《唯心史观和唯物史观》,第 53 页。

32　拉法格:《思想起源论》,第 217、219 页。

33　拉法格:《思想起源论》,第 216 页。

34　拉法格:《思想起源论》,第 207 页。

35　拉法格:《宗教和资本》,第 108 页。

36　《布朗基文选》,皇甫庆莲译,商务印书馆,1979,第 93 页。

37　拉法格:《思想起源论》,第 191 页。

38　拉法格:《思想起源论》,第 191 页。

39　拉法格:《宗教和资本》,第 122 页。

40　拉法格:《思想起源论》,第 217 页。

41　拉法格:《思想起源论》,第 217 页。

42　拉法格:《思想起源论》,第 219 页。

43　拉法格:《思想起源论》，第 220 页。

44　拉法格:《思想起源论》，第 220 页。

45　《费尔巴哈哲学著作选集》下卷，第 17 页。

论拉法格对马克思主义的新贡献

　　长期以来，在我国世界近代史和国际共产主义运动史的教学研究中，流行着一种传统观点，认为在马克思、恩格斯身后与列宁主义诞生之前存在着一个机会主义独占统治的时期。似乎在恩格斯逝世后，在相当长的时间内，没有人对马克思主义的发展作出过新贡献。我们认为，这是一种不顾事实的片面之说。大量资料表明，此时在德、法、俄等国，先后涌现出一批信仰马克思主义的信徒，诸如倍倍尔、李卜克内西、梅林、普列汉诺夫和拉法格等，他们在各自的国家，为坚持和丰富马克思主义作出了杰出的贡献，为列宁主义的诞生奠定了基础。本文仅就拉法格对马克思主义的新贡献谈点看法，不妥之处，恳请指正。

一

　　拉法格是法国一位才华横溢的马克思主义理论家和革命实践家，他在许多问题上对马克思主义理论作出了新贡献，对帝国主义的研究和论述，是拉法格的重要贡献之一。

　　19 世纪晚期和 20 世纪初，随着现代科学技术的新发展，出现了第二次产业革命的高潮，又一次极大地推动了生产力的发展，从而使世界资本主义由自由竞争走向垄断，开始了帝国主义的新阶段。

应该如何认识垄断这一新的历史现象呢？恩格斯虽谈论过垄断"包含着更猛烈得多的未来危机的萌芽"，[1] 但马克思、恩格斯两人都没有活到全世界资本主义进入帝国主义的时代。因此"不能在自由资本主义时代就预先具体地认识帝国主义时代的某些特异的规律"。[2] 恩格斯逝世后，隐藏在第二国际内部的修正主义"祖师爷"伯恩施坦立即跳出来，以马克思主义代言人的身份，还以恩格斯的遗嘱继承人自居，发表一系列文章和声明，借口所谓"经济发展中的新材料"，证明随着垄断组织的出现，资本主义已经具有新的"适应能力"，资本主义矛盾已经缓和，危机将因此而"根本消除"，[3] 鼓吹马克思主义已经"过时"，似乎帝国主义可以永世长存了。正当伯恩施坦公然充当帝国主义的忠实辩护士，向马克思主义发起猖狂进攻之时，拉法格却深入调查研究，细心观察现实生活，对帝国主义这一新的历史现象进行系统的研究，终于在1903年出版了《美国托拉斯及其经济、社会和政治意义》一书，以无可辩驳的事实全面地揭示出帝国主义的本质特征，进而揭穿了伯恩施坦的谎言。

拉法格在论述帝国主义这一新的历史现象时，首次揭示了帝国主义的基本特征和历史地位。大家知道，在欧美一些主要资本主义国家先后由自由竞争走向垄断的过渡中，美国垄断组织的发展是十分典型的，拉法格像过去马克思抓住英国的经济发展作为典型进行解剖一样，紧紧抓住美国托拉斯这一典型进行周密研究，认为从自由竞争走向垄断，这是经济发展中的必然现象，因为竞争必然引起资本的集中，而集中最终必将形成垄断。所以，随着垄断组织的迅速发展，"资本主义已演进到特殊阶段"，"演变到它的最后阶段"，即"走向帝国主义"阶段。[4] 拉法格的上述论断比列宁提出的"帝国主义是资本主义的最高阶段"还早13年，足见拉法格贡献之卓著。

拉法格不仅提出了帝国主义是资本主义的特殊阶段和最后阶段这一著名论断，而且还论证了构成资本主义这一特殊的和最后阶段的某些基本特征。他列举大量事实，说明垄断组织在工、农、商业各个领域中所处的支配和统治地位。他指出，垄断这种"新的历史现象，它对资本主义世界的影响是如此之大，以致最近四十年来发生的一切经济的、政治的和科学的现象都退居第二位了"。"托拉斯不仅统治着经济领域，而且使美国人民的宗教生活、政治生活和精神生活也都屈从于它们。"托拉斯成为一个"至高无上的政权"和"总司令部"，不仅控制和管理美国的全部财富，而且"操控着国家的对外政策"。[5] 垄断成为帝国主义最基本的经济特征。拉法格对帝国主义这一基本特征的揭示，无疑是对马克思主义的新贡献。

拉法格在剖析帝国主义的特征时，对垄断组织的正负面作用作了令人信服的论述。他认为从自由竞争走向垄断是一种历史的进步，因为：第一，所有巨大的垄断组织都采用科学的方法组织和管理生产。"托拉斯把以前彼此独立发展起来的各种各样的工业部门合并和集中在统一的领导之下，这样就产生了一个新的、严整的、各部分有着合理联系的生产机构。"在相当大的范围内用有计划的生产取代了原先的无政府状态生产，而且把力量放在组织和发展生产方面，"引向生产方法的改进和生产工具的改善"，从而极大地提高了劳动生产率。第二，托拉斯体系不只是注重组织生产，也"不忽视产品的销售。它甚至对零售商也实行监督，还设置了专门的警察去监视这些商人不得伪造商品，不得违反核定价格出售商品"。还规定所有零售商必须"按照厂方在标签上标明的定价出售货物"，[6] 严格防止伪造商品的出现和小贩的任意抬价，从而提高了公司的信誉并保证了公司的高额利润。

正因为托拉斯在组织生产、领导生产、推销产品等方面所起的积极作用，所以，拉法格对托拉斯的活动家给予高度赞扬，他说："资本家一旦发了财，往往就离开工作贪图安逸，享用从工人那里掠来的财富。反之，托拉斯的活动家却永远是一些献身于自己事业的人，并且为了不断扩大自己的事业而活着"，托拉斯"在一定范围内，调整了资本主义生产"，促进了生产力的提高。[7] 拉法格从托拉斯所起的正面作用中还敏锐地发现了这种组织形式对已经取得政权的无产阶级所具有的借鉴作用，他高兴地指出，"他们正在创造一种经济形式，人类的未来将会从这种经济形式中被铸造出来"。[8] 胜利了的无产阶级在进行社会主义现代化建设的过程中，为了有效地推动生产力的发展以取得更大的经济效益，可以利用托拉斯这种组织形式和管理形式，借鉴托拉斯组织生产、管理生产和销售产品的一整套经验，为社会主义建设服务。

但是，拉法格在论述其正面作用时，并没有忽视托拉斯的负面作用，即揭示它的本质。他认为，托拉斯虽然极大地推动了生产力的发展，使资本主义出现了"蓬勃"生机，然而，这一切都无法掩盖资本主义的腐朽本质，垄断不能消除竞争，也不能缓解矛盾，更无法消灭危机。

拉法格认为，垄断与竞争并存，垄断引起更加激烈的竞争和残杀。他以美国著名的美孚石油公司的前身，即南方改良公司为例，揭露了该公司在竞争中的种种丑行，为搞垮对手，"他们是不择手段的，武装进攻，用甘油炸弹炸毁作坊和工厂，火烧井架"，甚至组织"一批流氓无赖，发给他们左轮手枪和文柴斯太尔式来福枪"，专门用来对付"铺设油管的挖土工人，并且用铁钩把埋入土里的油管拉出来。甚至连大炮也用上了"。垄断组织之间的竞争简直就像是一场内战。美孚石油公司靠枪弹和炸药吃掉对方，使自己成为"美国最大的托拉斯，它统治着全世界的石油市场","把经过提炼的石油运往世界上几乎一切国家"。它还把制造油桶、铁罐、煤油灯和煤油炉的一些小型工厂也合并到自己的工厂里，还建造化工厂加工炼油中得到的一切副产品，甚至利用废料作燃料。总之，"托拉斯把一切都利用起来"，从而攫取巨大的利润。

拉法格在论述垄断组织的生产和发展时，还分析了垄断与银行的关系，他说："托拉斯企业要求迅速而大量地动用资本，以致拥有集中资本的银行也难以满足这种要求，承担不了这样的任务。为了适应这种新的需要，必须增加集中在每个银行的资本数额，并把一些银行联合起来。"⁹最终形成了由少数人控制的联合银行和银行同盟。而原先的一些垄断公司，诸如摩根公司、洛克菲勒公司也纷纷加入银行集团，结果使工业和银行很自然地联合起来，银行的作用也就发生了根本的变化，从过去单纯起到支付、中介作用，转化为支配整个社会货币资本的万能垄断体。工业资本与银行基本就这样互相渗透，混合生长，融为一体，形成了一种新的最高形态的垄断资本，即金融资本的独占统治。拉法格在这里形象地说明了金融资本的产生过程，实际上揭示了垄断资本的统治就是金融资本的统治。拉法格一下抓住了帝国主义的这一核心问题，无疑是对马克思主义经济学的新贡献。

拉法格针对垄断可以从根本上消除危机的谬论，明确指出，垄断不可能消除也无法消除危机，相反却加深了危机。他说："资本主义制度由于不能使生产资料和产品与需求相适应，因此由生产过剩所引起的危机是不可避免的。""尽管托拉斯力图调节生产，使生产资料和产品与需求相适应，他们还是消除不了生产过剩的危机。"所以，资本主义制度的存在是危机的根源，垄断组织尽管可以在一定程度上调节生产力与生产关系的矛盾，但无法根除危机的发生。

拉法格在论述帝国主义时期危机不可避免的同时，还详细分析了帝国主义自身存在的种种矛盾。并指出，解决矛盾的唯一办法就是革命。

在拉法格看来，最基本的矛盾是阶级矛盾和民族矛盾。就阶级矛盾而言，首先是加深了垄断资本与本国无产阶级之间的矛盾。尽管垄断组织的发展，在一定程度上促进了生产力的发展，也使工人收入在一定时间内有所提高，但是，托拉斯"对劳动力丝毫也不关心，完全不考虑如何减轻工人的劳动强度，……他们利用完善的生产方式，使劳动更加紧张。为了控制劳动人民，他们向政治和司法当局施加腐蚀性影响，当局就颁布反对工人的法律，对罢工工人实行镇压，甚至枪杀"。所以，垄断无法改变资本主义奴役劳动人民的本质，也不可能消除压迫与剥削，相反，垄断"使资本主义统治套在工人阶级身上的枷锁变得更沉重"。

其次，加深了垄断资本与中小资产阶级，尤其是与广大农民的矛盾。随着垄断组织的发展，不少中小工商业资本家因无力竞争而被兼并，"因此在竞争中遭到破产而变穷了的工业家便和陷入托拉斯体系罗网的商人们一起形成一个人数日益扩大的不满阶层"。这些人群反对托拉斯的兼并，力图恢复昔日靠剥削而发财致富的幸福时代，"而托拉斯体系则用同样强大的力量打击地主、工业家和商人"。这就加深了剥削者之间的矛盾和对立。又由于托拉斯向农村迅速扩展，在农业生产的一切部门中都建立了托拉斯，结果促使无力竞争的中小农场主和广大小农纷纷破产，严重损害了他们的利益，尤其使农民受到的托拉斯的压迫比以前更甚，迫使农村重新出现骚动，使美国社会充满着矛盾和危机。美国社会绝不是世外桃源。

最后，加深了各国垄断资本家之间的矛盾，同时也加深了其与殖民地人民之间的矛盾。拉法格断言，托拉斯是一种国际现象，"这一小撮资本家不仅剥削美国，而且把手伸到全世界"。他们公开叫喊"需要世界市场"，而且软硬并举。一方面，千方百计"入侵欧洲"，靠投机倒把和玩弄交易所的把戏，控制欧洲投入美国的资本，然后又把这些资本输入欧洲用以剥削欧洲的工业，攫取高额垄断利润；另一方面，又利用诡计和暴力，征讨和夺取殖民地，扩大势力范围，先后占领南美市场和亚洲一些国家和地区。美国垄断资本家的所作所为，不仅促使国际垄断资本之间矛盾加深，而且大大激化了其与殖民地之间的矛盾，美国托拉斯"给人们带来的并不是和平与幸福，而是对内和对外的战争"。拉法格的论述深刻揭示出帝国主义的侵略本质。

那么，怎样才能消除帝国主义的矛盾，摆脱其危机呢？拉法格认为在现存制度内进行改良是不行的，他说："在资本主义制度的范围内谋求解决这一任务，如同想要消灭资本家阶级一样，是办不到的。只有社会革命才能解决这一任务。"在这里，拉法格从帝国主义本身存在的尖锐矛盾中，看到了无产阶级革命的历史必然性，预言垄断统治必将导致社会主义革命。所以，拉法格实际上提出了帝国主义是无产阶级社会主义革命前夜的思想。他说："通过对托拉斯体系的研究，社会主义者对自己的理想得到了新的信心。他们可以更加坚定地确信，这种理想在不久的将来一定会实现。不论是牧师的祷告，还是经济学家的虚构，或者政府当局的欺骗和镇压，一分钟也延迟不了社会危机的到来。这种社会危机将使被剥削者通过猛烈的进攻一举推翻资本主义的寡头统治。"垄断—矛盾—革命—社会主义，这就是拉法格对帝国主义进行分析后所得出的结论，对此，法国马克思主义史学家克洛德·维拉尔给予高度赞扬，指出这"无疑丰富了马克思的政治经济学"，"具有独创性"。[10]这一结论的提出，不仅粉碎了伯恩施坦之流对马克思主义的猖狂进攻，而且捍卫和发展了马克思主义的理论，为以后列宁对帝国主义的全面而科学的论述奠定了坚实的基础。[11]

二

对共产主义理想和信念的坚持，是拉法格对马克思主义的又一重要贡献。共产主义是人类最崇高最美好的理想，人类社会最终必将实现共产主义，这是马克思、恩格斯运用唯物主义历史观得出的科学结论。同时，也是他们坚定不移的信念和终身为之奋斗的目标。可是，随着两位导师的先后去世，在共产主义运动中却冒出了一股逆流，借口形势的变化，猖狂反对马克思主义，公然否定共产主义的历史必然性。德国的伯恩施坦公开抛出"最终目的是微不足道的，运动就是一切"的修正主义公式，毫不掩饰地叫喊共产主义只是"空想"，"历史倒是惯于把这一切空想一笔勾销的"。[12]而法、德两党中的某些党员也觉得共产主义只不过是遥远而渺茫的"空想"，一时间失去信心。在这剧变、动荡的时刻，拉法格却始终坚信共产主义的崇高理想和美好事业，他不怕孤立，勇往直前，坚定地捍卫了共产主义的理论和思想。

拉法格义正词严又充满信心地指出，共产主义绝不是空想，而是历史发展的必然。他说："马克思……没有……设计出乌托邦，而是……分析了资本主义生产的现象，研究了这些现象的起源、发展，指出它们必然导致的终点。这个终点就是共产主义。我们以及我们后代的责任就是要掌握这个过程，迫使它为人类的福利和幸福服务。"

拉法格在论述共产主义是人类历史发展的必由之路时，同时强调，共产主义也是资本主义经济发展的必然。1892 年 5 月，他在与社会主义的公开敌人——法国《社会科学》杂志主编、反社会主义联盟的创建人德莫连——的一场关于赞成共产主义和反对共产主义的辩论中，明确指出："经济现象的发展必然会导致共产主义的重建。"[13]因为，第一，资本主义的经济关系促使社会充满矛盾和灾难。这种贫富两极分化必然引起无产者和资产者之间阶级的矛盾对抗和冲突，并促使无产者推翻资本主义的人间地狱，最终建立起共产主义新制度。第二，拉法格又乐观地指出，资本主义社会又为向共产主义过渡奠定了物质的和精神的基础。资本主义社会化的机器大生产为实现共产主义准备好物质前提，也"是共产主义的生产方式的奇迹之一"。工人们必须面对复杂机器的巨大轮子，分别地在它的旁边工作，这就培养了他们的集体意识和公有财产观念，"共产主义的鼓动家只不过唤醒这些观念和使它实现"。所以，正是资本主义大工业创造了自己的掘墓人，资本主义经济现象的发展必将引起生产资料的社会化，最终进入美好的共产主义社会。

但是，共产主义不可能一帆风顺地实现，因此在没有革命形势时，无产阶级不能盲目行动，而必须立足现实，争取在资本主义社会中一切有利于无产阶级的改良。拉法格强调，"我们主张改良，我们并不是改良主义，恰恰相反，我们仍然是革命者"，"只要不从根本上铲除资本主义，就不能限制资本主义的统治权"。在这里，拉法格把远大的共产主义理想与活生生的现实联系起来，只要对工人眼前有利，他不拒绝任何改革，即使是很微小的改革。可见，他绝不是空想主义者，而是胸怀大志、脚踏实地的革命实践家，他始终没有忘记恩格斯教导的作为一个共产主义者的老规矩："不要只看到运动和斗争的现状，而忘记运动的未来。而未来是属于我们的。"[14]

19世纪晚期，正当修正主义思潮汹涌袭来，一些人纷纷抛弃共产主义理想，动摇信念之时，拉法格挺身而出，坚持并捍卫了马克思关于共产主义的理论，这无疑是对马克思主义的杰出贡献。当然，由于思想和时代的局限，拉法格没有认识到共产主义作为社会制度分为初级和高级两个阶段，更不懂得共产主义初级阶段，即社会主义的长期性和复杂性，因而在他的思想里还带有一定的理想主义的色彩。在阐述共产主义理想时，拉法格还常常把共产主义的现实简单地归结为原始共产主义的"复归"，甚至把资产主义的大生产也说成具有"共产主义性质"，似乎资本主义正在长入共产主义，这也表明了他的理念还有不成熟之处，但这绝不影响他对共产主义理论所作的新贡献。

三

对知识分子地位作用的论述是拉法格对马克思主义的另一重要贡献。如何正确对待知识分子，这对无产阶级的解放事业具有十分重要的战略意义。革命导师恩格斯在晚年已经敏锐地意识到这一点，他曾称一部分知识分子为脑力劳动无产阶级，认为无产阶级政党必须拥有自己宏大的知识分子队伍。拉法格在恩格斯思想的影响下，更具体地阐述了在知识分子问题上的一系列重要观点，同样丰富了马克思主义。

第一，拉法格明确指出，靠脑力劳动谋生的知识分子是无产阶级的一部分。他把无产阶级分为两部分：一部分是靠出卖自己的脑力为生的脑力劳动者，另一部分是靠出卖自己的体力为生的体力劳动者。同时，他分析了两者的密切关系。他认为，随着大工业的发展、严密的机器生产，使用大脑设计的脑力劳动无产阶级和用双手操作的体力劳动无产阶级既互相分离又互相依存，没有这两者的紧密配合，大生产就无法进行，生产力也无法提高，体力劳动者不能离开工程师、化学家、农艺师和各类机器的设计师，脑力劳动者同样离不开体力劳动者的两手操作，否则就无法进行高效率的生产。所以，脑力劳动无产阶级在现代化社会已经成为工人阶级的重要组成部分，而且在生产管理和科技活动中起着越来越重要的作用。

第二，拉法格认为，知识分子不是一个独立的阶级，因社会经济地位的不同而分属不同的阶级。他详细分析了知识分子地位的变化，指出在资本主义社会里，知识分子的智力同样变成了商品。

拉法格根据知识分子的社会经济地位的不同，把知识分子分为三类。其中极少数人，他们或进入统治集团，或被资本家所收买，成为大资产阶级的代理人，担任大企业中的主管和经理，不仅得到丰厚的报酬，还享有种种特权，成为大资产阶级的一部分。这些人处处维护统治集团和大资产阶级的利益，敌视整个无产阶级，更反对社会主义运动。拉法格气愤地称这帮人为"危险的阴谋家"、"资产阶级雇佣的文人"、工人阶级的败类。[15]

另一类知识分子，在动荡中生活。拉法格指出，这些人在资本主义经济发展需要人才而人才又缺乏时受雇于资本家，其劳动报酬相对而言比较高；而在经济萧条或不景气时，社会出现劳动无产阶级这种智力商品的过剩，这时，资本家只要出很低的报酬"就可以在市场上找到化学家、工程师、农学家"。

而绝大多数知识分子，则"同那些体力劳动者一样屈从于资本主义的带侮辱性的桎梏之下。这只是一些工资收入微薄的雇工"。他们经常处于挨饿状态，同样受资本家的残酷剥削。所以，拉法格认为，这部分知识分子与体力劳动的无产阶级一样，他们不满资本主义统治，不甘忍受资本主义的奴役，他们倾向社会主义，成为无产阶级革命的中坚力量。

第三，拉法格指出，搞革命和建设都需要有宏大的知识分子队伍。众所周知，在法国工人运动中，长期以来存在着一种排斥、贬低知识分子的倾向，一些体力劳动的工人，总是笼统地把脑力劳动者看作是资产阶级的一部分，从而排斥知识分子参加工人运动，尤其反对知识分子参加领导工作。拉法格曾经气愤地指出，人们"把问题弄错了，……不从事体力劳动的盖得，要比曾经是一位工人……的马隆聪明一千倍，有用一千倍"。[16] 因此，他强调要取得革命的胜利，要争取人类的解放，必须有一大批优秀的有才能的知识分子参加并领导革命，才有希望。他说："一个阶级只有在自己内部有一切领导才能的人，才能作为一个成熟的阶级领导全人类。这种成熟程度，无产阶级已经达到了，因为在体力无产阶级一边，存在着有管理才能和掌握知识的无产者。"[17]

知识分子同样应当成为经济建设的中坚力量，拉法格称生产领域中的知识分子为"优秀劳动者"，经济发展需要靠他们去"从事发明，思考，管理"，需要让这些脑力劳动者"担任经理、管理员、技师、工程师、化学家、农学家等等的职务"。他认为，必须对在科技上有贡献的脑力劳动者实行奖赏，应该提高他们的社会地位，让他们在社会里坐"第一把交椅"。在这里，拉法格虽然并未意识到科学技术是第一生产力，却已经看到了以科学技术为业的知识分子对生产力的巨大推动作用。

第四，拉法格预见到，在共产主义社会里，脑力劳动和体力劳动之间的差别将会消失。他认为，在未来的共产主义社会里，生产完全自动化，生产力高度发展，物质极大丰富，智力充分发展，"每个人将只需要履行自己的社会义务，就可以享受全部社会财富"。[18] 所有社会成员之间的体、脑分离将随之消失。因为在高度发达的社会里，文化知识显得十分重要，只有使脑、体无产阶级融为一体，使全体工人和人民知识化，才能适应现代化的要求，才能走向共产主义。

重温拉法格对知识分子所作的种种论述，至今仍备感亲切。国家要兴旺，经济要发展，离不开知识和知识分子。知识水平的高低和知识分子比例的多少，已经成为一个社会文明程度的重要标志。

拉法格对马克思主义的贡献是多方面的，他在哲学、政治学、经济学、伦理学、宗教学、民族学、民俗学、美学和语言学等各个领域中都捍卫并丰富了马克思主义理论，以上只是其中的三个方面，但从中已经可以看到，"拉法格对马克思主义的理论宝库，对马克思主义学说的传播和捍卫马克思主义学说免遭资产阶级和小资产阶级的种种歪曲作出了重大贡献"。[19]他的理论和思想代表了一个时代，在马克思主义与列宁主义之间起了承先启后的作用。所以，认为马克思身后与列宁主义诞生之间有一个机会主义独占统治的时代的说法是站不住脚的，因而是不可取的。

拉法格能够坚持并丰富马克思主义理论，这绝不是偶然的。最根本的原因就在于他有崇高的理想和坚定不移的信念，而且在任何时候也不动摇，即便是陷于孤立、挫折、失败之时，也始终坚信自己事业的正义性。

拉法格之所以有坚定不移的信念，就是因为他一生都十分注意运用马克思的历史唯物主义指导自己的言行和研究，这是他对人类社会发展历史寻根究源、深入探索的结果，也是他对私有制的产生、演变、发展进行系统研究的必然结果。通过研究，他才对历史发展的必然规律深信不疑，才从内心深处真正懂得，"资本主义文明必然会把人类引向共产主义"。

拉法格能够在理论上作出杰出贡献的另一重要原因，是他立足现实，扎根群众，深入参加社会实践。这也是拉法格一生活动的最大特点，他不只是理论家，而首先是社会实践家。西方一位马克思主义者说得好：拉法格"不失为一个彻底的马克思主义理论家"。[20]

当然，这不是说拉法格就没有错误，他在作出理论贡献的同时，同样存在着某些非马克思主义的成分，但这无关大局。他的一系列理论和观点，至今仍然是国际共产主义运动的宝贵财富，仍然闪烁着时代的光辉，仍然激励着我们去认清形势，跟上改革开放的步伐，为共产主义崇高理想而奋斗！

（原载《浙江社会科学》1993 年第 1 期）

注　释

1　《马克思恩格斯全集》第 25 卷，人民出版社，1974，第 554 页。

2　毛泽东:《实践论》，人民出版社，1992，第 7 页。

3　参阅伯恩施坦《社会主义的前提和社会民主党的任务》。

4　国际共运史研究室编《拉法格文选》（下），人民出版社，1985，第 212、226、272 页。

5　《拉法格文选》（下），第 213、217、220 页。

6　《拉法格文选》（下），第 257、265、266 页。

7　克洛德·维拉尔:《盖得派》，1965 年法文版，第 455 页。

8　《拉法格文选》（下），第 284 页。

9　《拉法格文选》（下），第 270 页。

10　参考国际共运史研究室编《国际共运史研究资料》第 5 辑，人民出版社，1982，第 163 页。

11　详见拙文《拉法格对帝国主义本质的精辟论述》，《法国研究》1984 年第 4 期。

12　参阅彭树智《修正主义的鼻祖——伯恩斯坦》，陕西人民出版社，1982，第 286 页。

13　《拉法格文选》（上），第 363 页。

14　《马克思恩格斯全集》第 36 卷，人民出版社，1975，第 310 页。

15　《拉法格文选》（上），第 281、292 页。

16　莫姆江:《拉法格与马克思主义哲学》，第 35 页。

17　埃米尔·鲍提若里、克洛德·维拉尔编《法国工人党的诞生》，杭州大学历史系法国史研究室、杭州大学政治系国际问题研究室译，中国人民大学出版社，1986，第 63 页。

18　拉法格:《财产及其起源》，王子野译，三联书店，1978，第 25 页。

19　《马列著作编译资料》第 18 辑，人民出版社，1981，第 233 页。

20　普雷德腊格·弗兰尼茨基:《马克思主义史》，李嘉恩、韩宗翃等译，人民出版社，1986，第 291 页。

专题二

欧洲史与法国革命研究

法国大革命反思

今年是法国大革命 210 周年，也是新中国成立 50 周年。半个世纪以来，我国史学工作者在马克思主义指导下，在对法国大革命史的研究中取得了可喜的成就，特别是改革开放 20 年来，更是取得了一系列独创性的成果，值得我们庆贺，也值得我们认真总结和反思。[1]

本文仅就其中大革命的分期问题、大革命与政治现代化的关系问题和大革命的负效应问题，谈点看法，以求教同行。

一 大革命的分期

历史的演变本无分期，进行分期不过是历史学家为了叙述和理解的方便作出的一种解释。法国大革命当然也不例外。正因为如此，所以对法国大革命如何分期，史学家历来众说纷纭，未有共识。首先，他们对大革命的起讫就议论纷纷，各持己见。至于内中分段，更难统一。[2]

为了更好地理解和掌握这场波澜壮阔、曲折多变的大革命历程，也为了更好地认识和总结大革命的发展趋势与经验教训，我们认为将它分为如下五个阶段较为妥当。

第一，大革命的开始阶段。关于何时开始大革命，法国著名思想家、史学家托克维尔早在 1856 年出版的名著《旧制度与大革命》一书中，就提出 1787 年是大革命的开始，因为这一年贵族开始了反叛。而后，法国著名史学家马迪厄、勒费弗尔等也都认为，1787 年贵族反叛是大革命第一阶段开始的标志，他们甚至提出这个阶段可以称为"贵族革命"。不过在法国，更多的史学家则认为大革命应从 1789 年开始，从米涅、梯也尔直到索布尔，都把 1789 年 7 月 14 日巴黎人民攻打巴士底狱作为大革命开始的标志。

我们认为，将贵族的反叛作为大革命的开始并不可取，因为它混淆了资产阶级革命的原则界限，资产阶级革命只能是资产阶级起来推翻封建特权的革命，贵族本身就属于封建特权阶级，不可能作为一个阶级将反封建革命进行到底。贵族反叛只能说明封建特权阶级内部矛盾尖锐，难以统治下去，这就为革命造成了形势、提供了可能，但绝不是革命。而将 7 月 14 日作为大革命的开始，才符合这次革命的本意，而且极富典型性。因为首先，巴士底狱的被攻占，意味着法国封建制度的堡垒被攻克；其次，成立了革命权力机关——巴黎市政府常务委员会，并选出巴伊为市长，任命拉法耶特为国民自卫军司令，表示革命政权已经建立；最后，革命群众已经控制了全巴黎，国王被迫承认革命，权力已经转移，革命继续发展。总之，7 月 14 日巴黎人民攻占巴士底狱是一场轰轰烈烈的反封建特权的人民革命，反映出大革命的本质特征，理所当然地成为法国大革命开始的标志。所以，到 19 世纪晚期，法兰西第三共和国就通过法律，确定 7 月 14 日为国庆节，直至今日。

第二，大革命的发展阶段，亦可称为君主立宪与吉伦特共和国阶段。这个阶段的特点就是革命沿着上升路线发展。过去，我国史学界往往把君主立宪派与吉伦特派——判定为保守或反革命的统治，这是不公平的。事实上，这两派在特定的历史环境中先后领导了这场大革命，推动了这场革命不断沿着上升路线发展，不仅不是反动的，更不是反革命的，而是扮演了革命领导者和革命推动者的角色。他们从根本上动摇和推翻了封建特权统治，为法国的政治现代化奠定了基础，有何理由称其为反革命呢？！

众所周知，君主立宪派在任三年，为反封建革命做了许多事情。正是君主立宪派颁布了《八月法令》，废除封建特权，允许贸易自由，明确宣布封建制度的灭亡；也正是君主立宪派通过制宪会议公布了为世人瞩目的《人权宣言》，其宣布人生而自由，在法律面前人人平等，成为新制度的诞生证书，从而确立了资产阶级治国的基本原则，成为大革命的政治纲领；君主立宪派还在制定和颁布许多反封建法令的同时，于1791年9月颁布了宪法，即1791年宪法，是法国历史上第一部宪法。宪法规定法国是君主立宪制国家，并将《人权宣言》置于宪法之首，强调国家主权属于人民，实行三权分立。新宪法开创和奠定了法国资产阶级的现代国家管理制度。只是后来，由于国王勾结内外敌人制造动乱，君主立宪派无力抗争，才被持不同政见的吉伦特派所推翻。但是，君主立宪派基本上完成了破除旧制度、建立新政权的历史使命，它是大革命的创业者。

吉伦特派显然比君主立宪派在反封建斗争中更激烈。吉伦特派的当政虽然为时短暂，却为大革命立下了汗马功劳。它发动并领导了共和运动，结束了君主制在法国的统治，庄严宣告法国为共和国；它出台了一系列政治经济措施，将反封建特权的斗争推向深入；它发动和组织群众与国内外敌人斗争，取得了反对外国武装干涉的初步胜利。只是在如何治理共和国的方略上，与雅各宾派发生严重分歧，因政见的不同而最终被更激进的雅各宾派所推翻，这完全是革命内部的分歧和斗争，绝对不能因此而断定吉伦特派是反革命派。事实上，正是吉伦特派的努力促进了大革命平稳发展。

第三，大革命的高峰阶段，亦可称为雅各宾共和国阶段。雅各宾派上台后，在内外敌人夹攻的特殊环境中，在群众的压力下，采取了一系列果断激进的革命措施：接连颁布了三个土地法令，将反封建斗争推向最高点；公布1793年宪法，以资产阶级民主自由的要求改造国家，这是历史上最民主的资产阶级宪法；颁布总动员令，改组军队，严厉镇压国内叛乱，粉碎外敌入侵；实行统制经济政策和全面限价，严厉打击囤积垄断的投机商人；颁布嫌疑犯法令，实行恐怖政策，镇压一切反对者。所有这些措施，使雅各宾专政在反对封建势力和保卫巩固大革命的既得成果方面，作出了杰出的贡献，表明了法国大革命的彻底性。但是，雅各宾派毕竟走得太远了，以至于超越了资产阶级革命的目标，它将斗争的矛头同时指向了资产阶级，终于引起了资产阶级的不满和反对，雅各宾共和国终被热月党人所推翻，革命的上升路线被打断。

国内外不少学者以热月政变作为大革命的终点，我们认为此说法并不妥当，因为大革命的任务尚未最终完成，法国资产阶级的现代国家尚未建立，革命何去何从尚难定局。

第四，大革命的转折阶段，亦可称热月党与督政府共和国阶段。我们认为，热月党绝不是反革命，督政府亦不能称为腐败政府，因为它们都没有反对大革命，而是希望维护革命成果，克服动乱，实现稳定，建立起资本主义的正常秩序。所以，这是大革命从雅各宾专政的非常时期进入正常时期的转折点，热月党上台后所做的第一件事，就是结束人人不满的恐怖统治，释放嫌疑犯，实行平反昭雪；第二件事就是终止统制经济体制，废除普遍限价，提倡经济自由发展和竞争，为资本主义的发展扫清道路；同时，热月党坚持共和，镇压王党复辟叛乱，打退外敌入侵，维护民族独立；此外，热月党还制定和颁布共和三年宪法，即 1795 年宪法，实行两院制，建立法治政权；如此等等。这对稳定社会秩序，维护革命成果，无疑起了重要作用。

至于根据宪法组成的督政府，则继续坚持热月党的方针、政策，努力建立资本主义的正常秩序，一度还惩治过腐败。至于督政府中的腐败分子，不能代表整个政府，怎能称其为腐败政府？只是由于时局的动荡和督政官们的软弱和分裂，才未能形成强有力的国家政权，无力稳定动荡局势。但热月党和督政府毕竟守住了大革命的阵地，维护了革命的成果。

第五，大革命的最后阶段，亦可称为拿破仑统治阶段。拿破仑于 1799 年发动雾月政变后建立了执政府，5 年后又成立拿破仑帝国，从执政府到帝国都是军事独裁统治，在形式上明显是一种倒退。但是，实质上这是当时形势的需要，是一种新的稳定。拿破仑上台后，继承了督政府的内外政策，维护和发展了大革命的成果，并且采取强制手段实现社会的稳定。在政治上，通过改革，建立了高度集权的新型的国家权力机构，并颁布《拿破仑法典》，使集权与严密的法制相结合，确保资本主义的统治；在经济上，改革经济体制，发展工农商业和交通运输业，促进了经济发展；在军事上，多次粉碎反法联盟的进攻，镇压王党的叛乱，确保社会安定和民族的独立与尊严。可是到了后期，拿破仑因野心勃勃，妄图称霸世界，在联合起来的欧洲反动势力打击下，遭到失败。

但是，拿破仑毕竟完成了大革命所没有完成的事业，建立了资产阶级的现代国家大厦，从而确立了资产阶级在法国的统治。所以，拿破仑时期是大革命的稳定和巩固时期，实际上是大革命的最后阶段。正如列宁所说："任何一个自觉地对待历史的人都会说，法国革命虽然被粉碎了，但它毕竟是胜利了，因为它为全世界奠立了曾是无法消灭的资产阶级民主、资产阶级自由的基石。"[3]

我们认为，把 1814 年拿破仑帝国的灭亡作为法国大革命的终点是比较妥当的。国际史学界中诸多史学大师，诸如米涅、勒费弗尔、索布尔多次强调，"波拿巴继承督政府的事业，改善机构，加强国家权威。但是他并未改变其性质"[4]。拿破仑时期是"稳定和巩固革命的时期"，是拿破仑"完成了这种稳定，巩固了革命"。[5] 所以，作为摧毁旧制度，建立新制度的革命，无论从新旧权力的转移还是从现代制度的确立来看，只有到 1814 年才可以说基本完成。同时，这样的分歧，也更能反映出这场革命的激烈、曲折与反复的全过程，体现出这场革命的法兰西民族性。

二　大革命与政治现代化

什么是政治现代化？一般西方学者认为，政治现代化就是在政体上实现"集权化、平等化与民主化"。我们认为，这一提法基本上概括了西方资产阶级政治现代化的理论要点。所谓集权化，就是要从封建君主的专制化中摆脱出来，实现选举基础上的中央集权制；所谓平等化，就是要从封建特权化中解放出来，实现法制化，在法律面前人人平等；所谓民主化，就是要"创造大众社会"，"对民众开放普选"[6]，实现大众参与，"主权在民"。

由此而论，法国大革命不仅开创了政治现代化的新局面，而且大革命本身表明：它称得上是西方资产阶级政治现代化的新典型。因为这场革命，法国大步迈向了以法治国的历程，始终强调人权与法治的原则。正如我国早期杰出的马克思主义者李大钊所说："十九世纪全世界之文明如政治或社会之组织，罔不胚胎于法兰西革命血潮之中。"[7]

法国大革命中提出的现代国家的理念框架，集中反映在从《人权宣言》到《拿破仑法典》的各种宪法与法律条文中，其基本要素可概括为：人人平等，私有财产不可侵犯，主权在民，三权分立，法兰西统一不可分割，普选制与议会制，契约自由，等等。简言之，就是建立民主、自由、平等、博爱的现代资产阶级国家，实现人权与法治。

根据上述理论框架，在大革命中形成的政治现代化实践模式，也就是在大革命中建立起来的三权分立的中央权力机构——民主共和国。

一个政治现代化理论的框架，一种可供操作的政治现代化实践模式，这就是法国大革命的创造，大大推动了西方资产阶级政治现代化的进程。

政治现代化的核心是民主化，这在法国大革命中表现得十分突出。它首先表现在法制化。法律高于一切，依法行事成为革命的最重要武器。所以，革命者非常重视立法，在1789—1815年期间，不同阶段所制定的宪法就达六部之多。至于具体的法律和法令，诸如《八月法令》《组织国民自卫军法令》《创设革命法庭法令》《创设救国委员会法令》《粮食法令》《土地法令》《严禁囤积垄断法令》《全民动员法令》《嫌疑犯法令》《全面限价法令》《风月法令》直至《拿破仑法典》，等等，更是数以百计。革命者对立法的态度十分严谨，每一部宪法、每一个具体法令都经过充分准备、反复辩论、逐条逐句推敲后才公布执行，这些法律和法令成为全面改革旧制度的有力工具，也成为新国家的最高权威。革命者对执法也是极其严肃认真的，任何个人和派别均不得随意更改和违抗，更不许凌驾于法律之上。在法律面前绝不允许有特殊和例外，即使是革命中的功臣，一旦确认有罪，必受制裁。当然，在大恐怖时期，曾发生不少滥杀无辜而背离法治的事，但大多数情况下还是依法行事的，即使是罗伯斯比尔为剪除政敌丹东而将他杀害时，亦是通过法律程序进行判决的。所以，以法治国、依法行事，实现国家法制化，这无疑是政治现代化的重要标志，也是一切国家走上政治民主化道路的重要保证。

在法国大革命中，民主化还表现在根据法律确立了一整套坚持三权分立的国家权力机构，使立法、行政、司法严格分开，分别成立专门机构；行政实行从自治转向中央集权的元首制；立法实行民选议员组成的议会制；司法实行独立审判的法院制。三者各自独立，相互制约。尤其强调司法独立的原则，例如1791年宪法就明文规定："在任何情况下，司法权不得由立法议会或国王行使。"[8] 当然，法院也不得干涉立法权的行使或者停止法律的执行。至于议会，在大革命开始后，虽然在形式上经历过一院制、两院制和多院制的变化，但它在国家政治生活中却一直起着重要作用，往往是国家的决定力量，即使对议会不满的拿破仑，也不敢取消议会这一重要的立法机构。不过在三权分立这一点上，大革命时期由于特殊的环境，在执行过程中并不十分完美，但毕竟开始实行。

在法国大革命中，民主化还表现在大众参与政事。法国现代议会制就是在大众参与下确立起来的。

正是大众的参与才使法国的传统议会——三级会议转变成国民议会，从而使法国议会迈向了现代化之路。正是在大众参与下，议会成员不再由君主指定，而是民选产生；议会代表的构成不再只是三个等级的代表，更是由多成分、多层次的代表构成，其中中产阶级与知识分子占据主导地位；议会的职能也从国王的附庸转变为国家最高权力机关，成为政治活动的中心，也成为政治民主化的象征，为日后世界上许多国家提供了借鉴模式。

在法国，大众参与不仅表现在议会的选举和辩论上，还表现在社会活动的参与程度上。例如在舆论宣传方面，通过启蒙思想的传播、抨击性小册子的出版和革命报刊的发行，极力宣扬人民的无限主权思想，使大众主动关注国家的政治生活；还通过众多俱乐部和民众社团的活动、广场政治、街头演说辩论、议会旁听和公民请愿等活动，热烈讨论国家大事，积极宣传人民民主思想，发动并组织民众表明自己的政治观点和主张；甚至采用抵制、抗议乃至暴力等强制方式，干预国家政治生活，迫使政府作出让步，推进革命按民众意愿大步向前发展。这种广泛的又常常是非理性的大众参与，使革命表现出异乎寻常的激进和彻底，使大革命打上了深深的法兰西烙印。

轰轰烈烈的法国大革命，正是在大众直接参与下，靠大规模的群众运动，才真正将反封建的斗争进行到底，与旧制度"完全决裂"，最终筑起资产阶级的现代国家大厦，为资本主义发展创造了合适的环境。

三　大革命的负效应

关于法国大革命的负面效应问题，长期以来在我国史学界很少被正面提及。其实，这场惊心动魄的革命同样产生了无法预料的负面效应，留下了难以消除的印记。这种消极面突出地表现在两个方面：一是非理性的群众运动；二是扩大化的恐怖统治。

盛大的群众运动，是这场大革命的力量源泉，从国民议会的召开直到雅各宾专政的建立和发展，群众的支持和参与无时不在，无处不在，在决裂信念和危机意识的支配下，强调政治"透明度"，冲决一切封建特权；在横扫一切、怀疑一切、打倒一切的感情冲动中，出现了人名、地名革命化，语言一统化，服装一色化，甚至跳舞政治化和各派之间的对立化，加大了各派之间思辨的力度和斗争的暴烈性，以致各派矛盾陷入无法调和的境地，使政治斗争演变成为感情而不是为理智所左右，在大革命中形成一种各派之间无休止的内战式政治风格。如同托克维尔所说，"当我考虑这个民族本身时，我发现这次革命比它历史上的任何事情更加惊人。它在行动中如此充满对立，如此爱走极端，不是由原则指导，而是任感情摆布"。[9]

正是这种隐藏着的任凭感情摆布、爱走极端的一面，使大众参与和群众运动同时引发了无节制、无约束、难以驾驭的过激行动，出现了领导者被群众所左右，或群众被领导者所利用的状况，导致了民主秩序和法制的破坏，造成了政局的动荡和社会的混乱。可见，非理性的群众运动，如果它变得过于剧烈，走上极端，就有可能变成一支无法控制的野性力量，给社会安定带来严重破坏。

至于法国大革命中出现扩大化的恐怖统治，这是情理之中的事。大革命刚刚开始，就有人高呼：革命绝不能半途而废。革命应当踢开一切前进的绊脚石，坚定不移地进行到底。正是在这一思想支配下，革命集团中的精英分子，一批比一批更激进、更极端、更彻底，终于合乎逻辑地出现了雅各宾派的恐怖统治。恐怖本来对革命者是必要的，它也确实保卫和发展了革命的成果。但是，如果超过界限，滥施恐怖，对待不同政见者一律采用暴力手段来达到排斥异己的目的，这就错了。结果不仅保护不了自己，最终也难保共和国。雅各宾派的致命伤就在于此。它在"彻底消灭一切温和派、骗子、野心家和叛徒"的口号下，采取"打倒一切"的办法，即使是最亲密的革命战友之间的意见分歧，也看作你死我活之争，也只采取一种办法：上断头台，消灭其肉体。从而演出了一幕幕同室倒戈、阋墙而斗的惨剧，先后处决了吉伦特派、忿激派、埃贝尔派和丹东派的许多代表人物，直到把丹东送上断头台后，他们还在大声疾呼：断头台工作得越繁忙，共和国就越巩固。于是，雅各宾派的精英们不仅把断头台继续对准不同政见者，而且还对准平民百姓，在

《牧月法令》通过后不到 50 天里，仅巴黎一地就处死 1376 人，最多时每天达 50 人。据估计，在恐怖期间未经审判而匆忙处死者约 4 万人，其中第三等级占到了 80% 以上。同时，还把成千上万一时不理解大革命的农民也一律认定为反革命，予以大规模的剿杀，在"旺代战争"中，大约有 10 万至 15 万人死于非命，有的村庄几乎被杀光，连儿童、婴儿也难幸免。可是，这些革命的掌权者，还在重复"杀人越多，共和国就越巩固"的荒唐口号。事实恰恰相反，断头台越忙，共和国越不安宁。他们终于自己酿成了苦酒，制造了悲剧，这些自称最爱国、最革命的雅各宾派精英，最后也被推上了断头台。历史有情亦无情，滥施恐怖者，必被恐怖所埋葬，这是血的教训，也是血的经验，后人不可不记。

（原载《浙江大学学报》1999 年第 2 期,《新华文摘》1999 年

第 10 期全文转载）

注　释

1　陈崇武教授在《中国的法国史研究》一文中已经作了系统的总结，详见《历史研究》1998 年第 3 期。

2　关于法国大革命的起讫与分期的各种说法，请参阅王养冲《关于法国资产阶级大革命分期的若干问题》,《历史学》1979 年第 4 期。

3　《列宁选集》第 3 卷，人民出版社，1995，第 829 页。

4　阿尔贝·索布尔:《法国大革命史》，马胜利等译，中国社会科学出版社，1989，第 491 页。

5　王养冲编《阿·索布尔法国大革命史论选》，华东师范大学出版社，1984，第

229—230 页。

6 库马:《社会的剧变——从工业社会迈向后工业社会》,台北:志文出版社,1984,第 119 页。

7 《李大钊选集》,人民出版社,1959,第 104 页。

8 吴绪:《十八世纪末法国资产阶级革命》,商务印书馆,1989,第 71 页。

9 托克维尔:《旧制度与大革命》,冯棠译,商务印书馆,1992,第 241 页。

五十年来中国的法国大革命史研究

新中国成立五十多年来，中国学者一直关注法国大革命史的研究，而且步步深入，使研究工作取得了飞速的发展和巨大的成就。据不完全统计，五十多年来，中国出版有关法国大革命史研究的译著、专著 100 多部，发表论文、译文 800 多篇，是国内在整个法国史研究中成果最为丰硕的领域之一。

法国著名史学家托克维尔早在 1856 年就在他所著《旧制度与大革命》一书中说："没有任何事情比法国大革命史更能提醒哲学家、政治家们要谦虚谨慎；因为从来没有比它更伟大、更源远流长、更酝酿成熟但更无法预料的历史事件了。"[1] 德国思想家威廉·狄尔泰读了《旧制度与大革命》之后说："对过去现实的新分析可以产生对目前现实的更深刻的理解。"[2] 这就是说，大革命是一件伟大又很难诠释的事件，它可以使你从中得益多多，就像一座宝藏，任凭你去开挖，挖掘出你所需要的财宝。所以，多少年来，法国大革命一直是各国哲学家、政治家、史学家们潜心研究的对象。中国也不例外。

由于篇幅所限，本文只能择其要者，略作评述，以此可以窥见中国人心目中的法国大革命史形象。

一

中国五十多年来的大革命史研究，走过了崎岖曲折的历程，大致可分三大阶段。新中国成立直到"文化大革命"前夕（1949—1966），这17年时间，可谓第一阶段。在这个阶段中，中国学者在马克思主义指导下，开始了研究的起步阶段。尽管在学术研究上受到极左思潮的严重干扰，而且还明显地表现出照搬照抄苏联学术观点的教条主义习气，但毕竟开启了研究和宣传法国大革命史的大门，也取得了一定的成绩。据统计，17年中出版了译作、著作18种，发表了论文、译文41篇。其中主要的译著有《十八世纪末叶的法国资产阶级革命》[3]、《法国革命（1789—1799）》[4]、《法国革命史》[5]、《法国大革命中的群众》[6]、《罗伯斯比尔》[7]等。此外还选译出版两本资料集：《十八世纪末法国资产阶级革命》[8]、《革命法制和审判》[9]。这些译著的出版，不仅为我国学者研究大革命提供了资料，也开拓了研究思路，为我国学者的大革命研究打下了基础。

中国学者正是在吸收这些成果的基础上，才先后撰著并出版了一批新中国最早的大革命史著作，其中主要有《十八世纪法国资产阶级革命》[10]、《法国资产阶级革命》[11]、《罗伯斯比尔》[12]、《法国资产阶级革命》[13]等。这些著作的出版，为普及大革命史知识和深入研究大革命奠定了基础，使大革命史开始成为世界近代史和法国史教学中的重要组成部分，同时也反映出中国在研究大革命史起步阶段的水平和明显的时代烙印。在这些著作中，也包括在这17年中发表的论文，多强调政治性，缺乏学术性，甚至具有明显的片面性，例如论著和论文的作者们，往往过分批判资产阶级的局限性和反动性，却完全忽略了资产阶级在反封建过程中"非常进步的作用"。

　　"文化大革命"十年（1966—1976）为第二阶段。正当中国学者开始认识到法国大革命在世界历史发展中的重要地位，并准备开展深入研究之时，科研工作却被"文革"所打断，法国大革命的研究被迫停顿了十年之久。十年中，出于政治需要，仅仅出版过一本小册子和发表过 7 篇政治性的文章，将学术研究政治化，反映出畸形的影射史学，法国大革命几乎变成了当时派系斗争的工具，毫无学术可言。

　　"文化大革命"结束直至今日，可以说是中国大革命史研究的第三阶段。1976 年粉碎"四人帮"、结束"文化大革命"之后，开创了改革开放的政治新局面，政治的自由迎来了学术的自由，自由研究法国大革命史的春天终于到来。1979 年 8 月，在纪念法国大革命 190 周年的学术讨论会上，中国法国史研究会宣布成立，这是中国学者自行发起组织、在中国大地上建立起来的第一个国家级群众性学术团体，同时创办独立的学术刊物《法国史通讯》，编发大量研究大革命史的论文。从此，在中国法国史研究会的领导和策划下，中国的大革命史研究进入了快速发展的轨道。中国学者们在充分自由的学术氛围中，解放思想、独立思考、百家争鸣，开创了大革命史研究的新里程，尤其是 1977 年以来，在大约 25 年的时间里，把中国的大革命史研究推向纵深：在全国开展有组织有计划的研究；举办法国大革命史 200 周年国际学术讨论会；在历届年会中设大革命专题研讨；组织翻译和撰述各种大革命史的专著与论文。据统计，在最近 25 年中，出版的法国大革命史译著、论著达 80 多部，发表的论文、译文亦有 700 余篇。这一成果远远超过了中国学者近百年研究成果的总和，充分反映出中国学者对法国大革命史的浓厚兴趣和在该研究领域的卓越成就。

　　在短短二十几年中，中国学者不仅翻译了一大批法国大革命史的名著，还撰写了多部颇具特色的专著。而法国名家所撰的大革命史专著，几乎都有中译本。除前述已出版的名著之外，尚有下列译著：

1. 米涅:《法国革命史》，北京编译社译，商务印书馆，1977、1981。

2. 王养冲编《阿·索布尔法国大革命史论选》，华东师范大学出版社，1984。

3. 让·饶勒斯:《社会主义史·法国革命》第一卷《制宪议会》，陈祚敏译，商务印书馆，1989、1995。

4. 勒费弗尔:《法国革命史》，顾良译，商务印书馆，1989。

5. 巴纳夫:《法国革命引论》，王令愉译，华东师范大学出版社，1989。

6. 柏克:《法国革命论》，何兆武等译，商务印书馆，1998。

7. 托克维尔:《旧制度与大革命》，冯棠译，商务印书馆，1992。

8. 王养冲、陈崇武选编《罗伯斯比尔选集》，华东师范大学出版社，1989。编译罗伯斯比尔的讲话、论文30多篇，计372页。

9. 热拉尔·瓦尔特:《罗伯斯庇尔》，姜靖藩等译，商务印书馆，1983。

10. 菲·邦纳罗蒂:《为平等而密谋》，陈叔平、端木美译，商务印书馆，1989。

11. 塔尔列:《拿破仑传》，任田升等译，商务印书馆，1976。

12. 约翰·霍兰·罗斯:《拿破仑一世传》，商务印书馆，1977。

13. 勒费弗尔:《拿破仑时代》，端木正校译，商务印书馆，1978。

14.《法国民法典》，李浩培等译，商务印书馆，1979。

15.《拿破仑文选》，陈太先译，商务印书馆，1980。

16. 王养冲、陈崇武选编《拿破仑书信文件集》，上海人民出版社，1986。共744页，收录了约300份文件和书信，是研究拿破仑的第一手重要资料。

17. 吉尔贝·马蒂诺:《拿破仑的最后岁月——圣赫勒拿岛流放记》,仓友衡、王正瞳译,世界知识出版社,1988。

以上名著及原始文件的翻译和出版,大大拓宽了中国史学工作者理解法国大革命的视野,为重新研究和独立思考法国大革命奠定了坚实的基础。

由中国学者所撰的著作,我认为最具代表性且值得推荐的有下列7种:

1. 端木正主编《法国大革命史词典》(中山大学出版社,1989,全书317页)。该书由中国法国史研究会名誉会长端木正教授主编,集合研究会成员20余人历时五年完成,在中国具有开创性意义。全书共收词目643条,还设词条专门介绍中国的大革命史部分专家。该书全面反映了法国大革命(1789—1799)。该书在吸收国外优秀研究成果的基础上,根据中国读者需要,经过多次学术讨论后撰写而成,因此颇具中国特色。

2. 刘宗绪主编《改变世界历史的二十五年》(河北人民出版社,1989,全书381页)。该书主编刘宗绪(1933—2003)为北京师范大学教授,曾任中国法国史研究会副会长,毕生把主要精力倾注于法国大革命史研究,发表多篇极富创见的论文。该书书名就表明了作者对大革命史的总体评价,书中全面反映了中国学者对大革命史研究的新成就,作者对大革命史的一系列重大问题,诸如旧制度、启蒙运动、“八九年原则”,以及对斐扬派,吉伦特派,雅各宾派的恐怖统治,热月党人,大革命中的土地问题,拿破仑帝国等,都作了专题的深入分析论证,提出了反传统的创新观点,反映出中国学者在这一研究领域的新水平。

3. 高毅著《法兰西风格:大革命的政治文化》(浙江人民出版社,

1991，全书 342 页）。高毅是北京大学的年轻教授，中国法国史研究会
副会长。该书是他的博士学位论文经过全面改写后完成的一部专著。作
者在书中以全新的视角，运用年鉴史学、心态史学、政治文化史学的新
史学方法，独创性地论述了法国大革命的政治文化，对决裂信念、危机
意识、民族性格、革命象征物、人名地名革命化以及谣言等方面，都作
了深入透视，开辟了大革命史研究的新领域，颇具独创性和开拓性。该
书是中国年轻一代史学家研究大革命史的代表作。

4. 陈崇武著《罗伯斯比尔评传》（华东师范大学出版社，1989，全
书 316 页）。陈崇武是华东师范大学教授，曾任中国法国史研究会会长，
长期研究法国史，重点从事大革命史尤其是罗伯斯比尔的研究，先后发
表过多篇评述罗伯斯比尔的学术论文。该书是他对罗伯斯比尔研究的一
个总结，书中对罗伯斯比尔的一生作了全面细致的评析，不仅材料新颖
丰富，而且处处体现出创新之见，达到了中国学者对罗氏研究的最高
水平。

5. 李元明著《拿破仑评传》（中国社会科学出版社，1984，全书
336 页）。李元明（1931—1989）原是中共中央党校教授，曾任中国法
国史研究会秘书长。该书是作者长期研究拿破仑的总结，书中对拿破仑
一生的活动和性格，包括对其青少年时代及思想、政治、军事、外交、
内政等方面均作了全新的诠释和描述，提出了不少鲜为人知的见解。全
书资料丰富、观点新颖、风格独特、文笔优美，反映出作者对拿破仑研
究的深厚功底，成为当时国内最高水平的传记。

6. 刘宗绪等著《法国大革命著名政治活动家》（商务印书馆，1988，
全书 360 页）。这是一部由商务印书馆编辑的"外国历史小丛书"合集，
全书由八篇文章组成，辑录了七位革命家。第一篇是刘宗绪所撰《18 世
纪法国大革命》，全文系统全面、新见迭出，放在该书最前面，既是总

论又是背景。接着是高韵青、张宗诚的《拉法叶特》、孙娴的《罗伯斯比尔》、刘北成的《马拉》、楼均信的《丹东》、郭华榕的《罗兰夫人》、姜芃的《圣茹斯特》及俞曾元的《拿破仑》。虽是"小丛书",但论述系统、全面、深入,材料丰富新颖,且都对传主作出独特的评价,反映出新水平。

7. 马生祥著《大革命与现代化：1789—1830 年的法国》（中国档案出版社,1998,全书 392 页）。马生祥是河北师范大学教授,多年从事法国史和大革命史研究。作者在书中从现代化的大视野出发,研究大革命在法国现代化进程中的地位作用,而且将大革命的终止时间定为 1830年七月革命,这在中国还是第一次。作者在论述大革命与现代化关系时提出的这一新思路,使该书在国内独树一帜,耐人寻味。

二

中国学者不仅在其相关论著中提出种种新观点,而且在他们发表的大量学术论文中,更具明显的创新意识,在诸多重大问题上,均有自己的独立见解。现就其中争论最多、最具创新之见的八个方面作扼要介绍。

1. 热月政变的性质

中国学者对法国大革命史真正具有创新意义的研究,严格地讲是从改革开放后才开始的,而这一研究的突破口就是对热月政变性质的翻案,这一翻案人就是刘宗绪。

众所周知,新中国成立后,我国学者长期固守苏联学者对法国大革命史的传统观点,无一例外地称热月政变是反革命政变。粉碎"四人帮"之后,当国人还在传统观点上沉睡时,刘宗绪教授便以其独到的历史眼光、敏锐的观察力和判断力，开启了对热月政变性质的新研究。1978 年，在北京师范大学校庆科学讨论会上，他不怕政治压力，冒险提交《试论热月政变的性质》一文，1979 年 7 月更在《历史研究》第 7 期上公开发表此文，运用大量人所不知的材料，大胆提出热月政变不是反革命政变的新观点，否定了几十年来的传统旧说。

刘宗绪在论文中明确指出：不能因为热月党反对雅各宾派，就因此判定它为反革命。他说，在当时衡量革命与反革命，只能以是否反对封建制度、是否坚持资本主义制度为统一标准。雅各宾专政在后期所采取的种种非常措施，不仅遭到广大群众的不满，也使资产阶级不能容忍，超越了资产阶级革命的范围。所以，热月政变实际上是结束雅各宾专政的非常措施，建立资本主义正常秩序的一个转折点。热月党仍然是资产阶级的一部分，它虽然推翻雅各宾统治，但并没有改变政权的资产阶级性质。于是，他在论文中提出了一个十分重要的历史现象，即所谓反动和倒退。他认为，热月政变对雅各宾专政而言，确实是一种反动、一种倒退，但关键是要看热月党究竟"倒退"到什么地方，或者说"反动"到何种程度。他列举大量史实，说明"热月党坚守资产阶级的阵地，对封建势力坚决不肯退让，这就从根本的问题上同反革命划清了界限"。[14]总之，热月党的"倒退"只不过是要废除雅各宾专政的曾经是必需而后来却过时的那些非常措施，使历史退回到资本主义正常发展的轨道，结束动荡局面。它绝非要封建复辟。刘宗绪提出的关于"热月政变不是反革命政变、历史上出现的倒退与反动现象"这一新观点，在史学界立即触发了一场引人注目的学术争辩。有人暗中赞成，有人公开反对，认为不应该歌颂"反动"和"倒退"，这是离开阶级斗争学说，是不可取的。但更多的人开始反思，并投入新的研究，引发了我国学界重新研究大革命史的新高潮。此文亦开启了国内法国史学者重新审视法国大革命的先河，成为我国研究大革命史的一个转折点。此后，研究延伸到大革命的其他方面，诸如大革命史的分期问题，各党派的历史地位与作用问题，对罗伯斯比尔、丹东等人物的评价问题等都提出了新观点，大大深化了对大革命史的研究。直至最近，有的学者还撰文[15]强调热月政变是法国资产阶级大革命的继续。实际上，对热月政变性质的评价，已经关系到如何重新审视大革命史学观和方法的问题。

2. 大革命史的分期

关于法国大革命的起讫时间及内中分期，中国学者此前一直照搬苏联学者的观点，认为大革命开始于 1789 年 7 月 14 日攻占巴士底狱，结束于 1794 年 7 月 27 日热月政变，同时将法国大革命的全过程分为三大阶段：君主立宪派统治、吉伦特派统治与雅各宾派统治。1977 年之后，这一传统说法开始被打破，诸多学者提出了新的看法。例如，关于起讫时间，有人提出应以 1787 年贵族反叛作为开始，也有人认为应以 1789 年 5 月 5 日三级会议召开为起点，还有人建议以 1789 年 6 月 17 日成立国民议会为标志。[16] 但大多数学者仍然坚持以 1789 年 7 月 14 日攻占巴士底狱作为大革命的开始，认为这个日子突出了大革命的暴力特色。

关于法国大革命的下限，同样说法不一。有人认为 1799 年雾月政变应为大革命的终点；也有人提出执政府的建立应是大革命的结束；还有人从现代化的视野出发，将大革命一直延至 1830 年的七月革命，认为七月革命才是法国大革命的终点。当然，也有人仍然坚持以热月政变作为大革命的终结。但更多学者同意王养冲教授的观点，把大革命终点定在 1814 年 4 月 6 日或 1815 年 6 月 22 日拿破仑两次退位，即帝国终结时。因为拿破仑帝国的存在，表明资产阶级国家机器的初步完成。

关于内中分期，中国学者大致上有三种看法。一种意见仍然坚持传统观点，即分为君主立宪派、吉伦特派和雅各宾派三个统治阶段。最早提出反对意见的是王养冲教授，他一反我国 30 多年来的传统的三阶段分期法，认为法国大革命应以封建王朝的削弱和覆亡、新的政治体制的出现和改变为分期的标志。因此，他提出了六阶段分期法：立宪君主国时期、吉伦特共和国时期、雅各宾共和国时期、热月党的督政府共和国时期、执政府共和国时期和拿破仑帝国时期。这一分期法反映了法国大革命复杂多变的全过程，已为中国多数学者所认可。另有一种观点，认为法国大革命应以其革命过程中表现出来的趋势特色为标志进行分期，提出了五阶段分期法，即大革命的开始阶段、大革命的发展阶段（雅各宾共和国）、大革命的高峰阶段（雅各宾共和国）、大革命的转折阶段（热月党与督政府共和国）、大革命的最后阶段（拿破仑统治阶段）。拿破仑虽然破坏了大革命的民主成果，甚至践踏了大革命的一些重要原则，但是他毕竟继承和完成了大革命的事业，建立了资产阶级的现代国家大厦，实际上成为大革命的组成部分，作为大革命的最后阶段，是较为妥当的。

　　总之，中国多数学者已经从三阶段分期法中摆脱出来，而且把拿破仑统治纳入了法国大革命之中，不管六阶段分期法与五阶段分期法孰优孰劣，这样分期，毕竟比较符合历史的真实，不仅可以更加完整系统地反映出法国大革命波澜壮阔和曲折反复的全过程，而且开始与国际史学接轨。

　　3. 大革命中各党派的地位作用

　　法国大革命中一个奇特的现象是党派斗争十分激烈，往往都是你死我活，而且在政治舞台上常常交替执政又迅速崩溃。其中最突出的是三个派别：君主立宪派、吉伦特派和雅各宾派。多少年来，中国学者对这些党派都未能进行独立思考，作出自己的评价，而是沿用苏联学者的传统旧说。

对君主立宪派的评价。国内学者一直采取完全否定的态度，认为它是"王党大资产阶级的代表"，"投身革命、领导革命是假，伪装革命、反对革命是真"，因此称其为"反革命派"。直到改革开放后，中国学者终于解放思想，大胆地提出了自己的独立看法。刘宗绪在《法国大革命的根本任务和革命的上升路线》[17]一文中认为，法国大革命的根本任务是"用资本主义取代封建主义"，"君主立宪派统治的时间最长，相对来说也最稳定"。他还强调说："改造封建制度、建立资本主义制度的任务，基本上在君主立宪派执政时期已完成了，它的政策符合历史发展的要求"，"革命的真正成熟的果实，就是君主立宪派的统治"。[18]

高韵青在《论法国大革命中的君主立宪派》一文中，也明确指出："掌权达三年之久的立宪派，对改造封建社会，建立资本主义制度起了重要的奠基作用，创建了巨大的历史功绩。"[19]文中引用大量史实，从君主立宪派成员的组成成分，该派实行的政治纲领、社会经济措施等方面，详细论述了君主立宪派是革命的领导阶级，它颁布的《八月法令》和《人权宣言》，向全世界宣布了新社会的诞生。所以，君主立宪派基本上摧毁了旧制度，建立了资本主义的新国家体制，完成了它所肩负的历史任务，只是由于政见不同，才被吉伦特派推翻。

楼均信在《法国大革命反思》[20]一文中，也同样肯定了君主立宪派的历史进步作用，认为"君主立宪派基本上完成了破除旧制度、建立新政权的历史使命，他们是大革命的创业者"。总之，中国的多数学者原则上肯定了君主立宪派的历史进步作用，认为它是大革命的领导者，也是革命派。

对吉伦特派的评价。在中国史学界，研究者对吉伦特派也是一直采取否定态度，称吉伦特派是"反革命派"，是"失败主义、分裂主义、投降主义"的代表。直到20世纪80年代初才完全改变了对吉伦特派的评价。

贾东海等人在《吉伦特派在法国大革命中的历史地位和作用》[21]一文中认为：吉伦特派为反对封建专制，废除王权、保卫革命成果、镇压王党叛乱、实行共和、反对欧洲反动势力对革命的干涉，抗击侵略，为促进资本主义发展和民主制在法国的确立，做了大量工作，起了巨大作用，应该予以肯定。刘宗绪也认为，吉伦特派"作为工商业资产阶级的代表，他们同封建制度有深刻矛盾，主张打倒王权，也坚决反对复辟"。[22]所以，吉伦特派无疑是反封建的革命派。楼均信也持相同看法，认为"吉伦特派的当政虽然为时短暂，却为大革命立下了汗马功劳。……只是由于……政见的不同而最终被更激进的雅各宾派所推翻，这完全是革命内部的分歧和斗争，绝对不能因此而断定吉伦特派是反革命派。事实上正是吉伦特派的努力促使大革命平稳发展"。[23]

对雅各宾派的评价。雅各宾专政将法国大革命推向顶峰，因此历来成为革命的象征。改革开放后，诸多学者认为对雅各宾专政一味颂扬的观点有失公正，必须重新评价。刘宗绪在《雅各宾专政在法国大革命中的地位》[24]一文中指出，对雅各宾专政必须采取一分为二的具体分析。其"恐怖统治"对推进革命起过历史进步作用，为反封建立下了不可磨灭的历史功勋，但在后期犯了恐怖扩大化的严重错误，排斥异己，镇压不同政见者，结果葬送了自己。

许多学者还对雅各宾的恐怖政策作了具体分析，不同意苏联学者将雅各宾的恐怖称为"红色恐怖"而大喊"恐怖万岁"的论述，认为对"恐怖"必须具体分析，既要看到"恐怖"在特定条件下的必要性和进步性，又要看到因恐怖扩大化而带来的种种灾难。何平在《论雅各宾派专政》[25]一文中指出：雅各宾派正是由于在后期实行恐怖扩大化，而造成最终覆灭的悲剧。关勋夏在《雅各宾派专政失败的原因》[26]一文中也认为：雅各宾派的灭亡还在于在恐怖政策上犯了严重错误，它从严肃的、有原则的、有节制的革命恐怖政策，发展成肆意的、扩大化的、荒谬的恐怖政策，导致了自己的失败。对雅各宾专政采取两点论的分析方法，显然比过去全面肯定的一点论更客观、更科学。

4. 对历史人物的评价

实事求是地评价大革命中的各类历史人物，是正确理解大革命的关键之一。过去，我国学者往往为政治所需而采取实用主义的任意评判。随着刘宗绪对热月政变性质的重新评判，我国学者对大革命中的诸多人物在弄清事实的基础上作出新的价值判断，例如对一贯作为反面人物的拉法耶特，高韵青却反其道而称其为一生"一贯反对封建专制、争取自由的不屈战士"。郭华榕认为罗兰夫人度过了悲壮、短暂的一生，其贡献是巨大的，绝不是反革命。

但是，在诸多人物中争议最多的是罗伯斯比尔、丹东和拿破仑。

对罗伯斯比尔的评价。中国史学界一直采取全盘肯定的态度，认为他才是大革命的真正英雄。陈崇武则与众不同，成为中国重新评价罗伯斯比尔的第一人。他于 1979 年 10 月率先在《历史研究》上发表《评罗伯斯比尔》一文，接着又发表多篇论文，还与法国史学家艾蒂埃展开讨论，对罗伯斯比尔作出了独创性的评价。陈崇武认为：罗伯斯比尔是杰出的资产阶级民主主义者，而不是社会主义的先驱；是革命的现实主义者，而不是伪善者；是有节制的恐怖主义者，而不是一个嗜血的暴君。在充分肯定罗伯斯比尔历史进步作用的同时，陈崇武又指出了罗伯斯比尔严重的历史局限性与错误，认为罗伯斯比尔在后期对恐怖扩大化、剪除异己应负责任。接着，孙娴在《罗伯斯比尔》小传中认为，罗伯斯比尔是杰出的资产阶级革命家，但又犯有严重过错。她说，罗伯斯比尔"对扩大恐怖、未能及时停止恐怖负有不可推卸的责任"。还说，"他严于律己，但不能宽以待人。他……对别人的缺点和错误，总是不肯轻易放过，……伤人过多。他对人冷漠、疏远，沉默寡言"。[27] 孙娴认为，罗伯斯比尔的这种性格也是他后期犯严重错误的原因之一。随后，中国学者展开了对罗伯斯比尔评价的讨论，发表了多篇文章，总体上对罗伯斯比尔采取一分为二的态度，认为罗伯斯比尔既是伟大的革命领袖，又在后期犯过严重错误。

对丹东的评价。中国学者一直坚守苏联学者的传统观点，认为丹东是"叛徒""反革命""卖国贼"。直到 1982 年 8 月，楼均信在《世界历史》上发表中国第一篇为丹东翻案的文章《略论丹东的宽容政策》，才改变称丹东为叛徒反革命的传统旧说。他认为，历来对丹东作出不公正评价，是由于对其宽容政策的错误认识。他在论文中通过对宽容政策产生的背景、内容、目的、实质及其社会基础诸多方面的分析，肯定了宽容政策的合理性与进步性，认为丹东是一位革命家、爱国者，并无通敌卖国。此文发表后，引起很大反响。1984 年 7 月，中国法国史研究会年会上，时任会长的张芝联先生还作了《开展对丹东的研究》的学术报告，与会者重点讨论了对丹东的评价。张芝联还在《略论丹东》[28] 一文中指出，长期以来蒙在丹东身上的许多罪名是罗伯斯比尔等人强加的。丹东在革命过程中有过动摇，但基本上是一个革命者、爱国者。丹东确曾贪财受贿，但并不等于出卖祖国。丹东虽对罗伯斯比尔派怀有敌意，但绝无恢复君主制之意。而后，许多学者又先后发表了近 20 篇重新评价丹东的论文，对丹东的宽容政策、历史作用及其两面性等问题进行深入探讨，基本上肯定了丹东顺应历史发展的进步作用，尤其强调丹东在关键时刻的种种表现。例如，在 1792 年秋，大敌压境，政府要员纷纷提出把首都迁出巴黎时，丹东严词斥责，认为放弃巴黎就是认输投降，并发表著名演说："必须勇敢、勇敢、再勇敢，这样法国才能得救！"号召法国人民奋起反抗、保家卫国。他还把七旬老母从外地接到巴黎，决心与巴黎共存亡。1794 年春，由于内部矛盾激化，罗伯斯比尔准备逮捕丹东，有人密报丹东，劝他尽快逃离法国以免一死。丹东说："走！难道把自己的祖国也放在鞋底下带走吗？"把祖国放在自己的生命之上，爱国之心，昭昭可见。1794 年 4 月 5 日，丹东被反对派处死，在上断头台前，他却充满自豪，认为自己是忠于祖国，为革命而献身。所以，他对刽子手大声说："把我的头拿去给人民看看吧，它是值得一看的！"从上述丹东在生死关头的种种表现，我们没有理由说他是反革命、卖国贼，而只能看出他是一个坚定的爱国者、革命家。过去认为丹东是"叛徒""反革命"的说法，实属偏颇。

当然，也有人至今仍称丹东为"阴谋家""双面人"，还把丹东列为世界十大阴谋家之一，说丹东"日渐沉溺于玩弄阴谋，为自己谋取财富和权力，最终被时代的狂飙所吞没"。[29]

对拿破仑的评价。拿破仑是中国学者长期以来研究的大热门。不仅对拿破仑进行总体评价，而且对拿破仑发动的雾月政变，执政府与帝国的内政外交、军事思想、宗教政策、文化教育及对外战争等各个方面，均有研究和论述，并提出许多新观点。认为拿破仑发动的雾月政变不是反革命政变，而是大革命的继续和发展。拿破仑帝国是大革命的最后阶段。拿破仑的对外战争不能一概斥为侵略战争，而是具有阶段性和双重性，必须具体分析。拿破仑的历史功绩应予肯定。因篇幅所限，不再详述。

5. 关于人权的研究

人权是最具敏感性的问题之一。长期以来，中国学者在研究法国大革命和分析《人权宣言》时，也只讲《人权宣言》的虚伪性和资产阶级民主的欺骗性，完全否定资产阶级民主和《人权宣言》所倡导的"法律面前人人平等"的社会价值,似乎民主、人权只是资产阶级的专利,与中国人无关,更与中国学者无关。

改革开放后,我国学者终于解放了思想,大胆地肯定了人权的重要性,实事求是地论证了《人权宣言》巨大的历史进步性。对《人权宣言》作出积极评价的第一位中国学者是王德祥。他在 1979 年第 5 期《世界历史》上发表的《略论〈人权宣言〉的历史意义》一文中指出:《人权宣言》在历史上具有不可忽视的重大意义,它不仅代表资产阶级的利益,也反映了广大人民群众的需要。他认为确认人权与争取人权,对社会生产力的解放具有积极的推动作用。

20 世纪 80 年代末 90 年代初,中国学者对《人权宣言》的研究更为深入,尤其强调《人权宣言》对近世社会政治文明所产生的深远影响,肯定其人权思想和主张对后世社会的贡献。华东师范大学王养冲教授在《〈人权和公民权宣言〉与 1789 年原则》一文中说:"对于《人权和公民权宣言》……在于探求它的根本精神:人人自由、平等,用国民的最高主权来替代君主的最高主权,用法律来替代专断,这是共和主义和民主主义最根本的一条。特权、不公正、压迫让位给平等、公正、人的不可剥夺的权利。恢复人的尊严,让人在'不损害别人'这个唯一的限制下各自发挥自己的聪明才智,为使人类社会更加文明进步作出贡献。"所以,他强调说:"《人权宣言》……从理论上奠定了人权的时代,有着无可估量的历史意义。如果在今天的世界上,人权的状况还并不理想的话,那么重温这个学说和《宣言》,显然是富有现实意义的。"[30]

马胜利在《法国大革命中的四个人权宣言》[31]一文中,详细论述了大革命时期的"四个人权宣言",即 1789 年《人权与公民权宣言》、1791 年《妇女与女公民权利宣言》、1793 年《人权与公民权宣言》、1795 年《人与公民的权利和义务宣言》。他认为这四个人权宣言在近代人权发展史上占有极其重要的位置。《人权宣言》不是资产阶级的专利品，它还是革命人民群众斗争的产物。《人权宣言》尽管有着历史的局限性，但它强调了人的民主、人的自由、人的平等、人的尊严和解放。所以，它具有永久的历史价值，是人类社会宝贵的精神财富。

洪波也认为："人权宣言为当时及尔后法国和世界上许多国家制定宪法和人权法案提供了理论依据，甚至成为直接的参照物。"[32]

《人权宣言》发表距今已有两百余年，今天世界人权运动已有了巨大的发展和变化。但重温历史仍然意义重大。我国学者对《人权宣言》的重新研究和评价，对资产阶级民主的历史进步性的肯定和分析，无疑是对大革命史研究的新突破。

6. 关于农民和土地问题的研究

对于法国大革命是否解决了农民的土地问题，中国学者有不同的看法。管佩韦曾在 1982 年撰文《法国资产阶级革命和土地问题》[33]指出，大革命解决了农民土地问题的两大任务，废除了农民的封建贡赋并分配给农民土地。该文认为在斐扬派与吉伦特派时期，解决了封建贡赋；雅各宾派则解决了土地问题。姜芃则认为：法国大革命在解决土地问题上有自己的特点，所走的道路有其典型性。大革命在解决土地问题上面临废除封建权利、改造封建大地产和解决农村公社公有土地问题等三大任务。虽然基本上解决了三大任务，但是，各类土地立法都首先有利于富农经济的发展，一大批农民得到了小块土地，反而使小农人数大量增加，同时封建残余还是存在。[34]

金重远在《法国大革命和土地问题的解决》[35]一文中指出，尽管在解决土地问题时资产阶级得到很多土地，但小农所有制却在大革命期间得到进一步发展。这种小农经济对法国社会产生深远影响，在经济上，妨碍了工业的发展和国内广阔市场的形成；在政治上，导致了政局的动荡与不稳定，共和制度难以巩固。

崔丕并不同意上述观点，他认为雅各宾派并未解决农民的土地问题。他在《十八世纪法国资产阶级革命时期雅各宾派土地政策的再认识》[36]一文中指出，所谓解决土地问题，是指把封建土地所有制改造成为资本主义土地所有制，而不是分给农民土地。法国革命前，上千万的贫民、半无产阶级依然保存下来。因此，雅各宾派的功绩不在于解决农民的土地问题，而是进一步满足资产阶级和富农对土地所有权的要求。

刘宗绪与众不同，他认为必须明确什么叫"解决土地问题"。他说："所谓解决土地问题，从根本意义上来说，就是改变土地所有制的性质，从封建性质的所有制改造成资本主义的所有制。至于采取什么方式改造，改造结果是否有利于农民，则属于另一个问题。"[37]他还多次强调：资产阶级革命不承担分配农民土地责任，因此，不能以农民是否得利来作为衡量革命是否彻底的尺度。

7. 关于反革命现象的研究

法国大革命是场极为复杂的革命，每一派都称反对派为"反革命"，尤其是雅各宾派，把所有不同政见者一概斥为"反革命""阴谋家"。谁要是反对雅各宾派，谁就作为"反革命"而被送上断头台。难道意见相左就是反革命吗？大革命中真的有那么多反革命？中国学者从20世纪70年代末开始，就思考和研究这一"反革命"现象。多数学者认为：不能以派划线，必须明确革命与反革命的界限。有人提出：只有那些在言行上坚持旧制度、复辟封建君主制并公开推翻革命政府者，才是真正的反革命。不同派别、个人，对革命策略、方法等有分歧而抵制甚至反对革命政府者，不能笼统地称为反革命，必须具体分析。君主立宪派、吉伦特派、丹东派、热月党人等派别，他们反对最高限价、反对恐怖政策，提出各自的政治主张而不满雅各宾派的统治，但他们坚决反对封建复辟。因此，他们不是反革命，而仍然是革命派。

特别值得注意的是对"旺代叛乱"这一反革命现象的重新认识。众所周知，1793年以旺代为中心的几个省的数十万农民参加了武装叛乱，反对革命政府。这一叛乱行为，在中国史学界，长期以来一致被认定为反革命。1989年，中国青年学者许虹对这一传统观点提出了挑战，她在《1793年法国旺代农民叛乱原因新探》[38]一文中，吸收国外最新研究成果，引用大量新颖资料，对广大农民的心态作了详细分析，提出了反对革命政府不是反革命，农民叛乱事出有因，称不上是反革命叛乱。为什么农民拿起武器参与叛乱却不是反革命呢？许虹认为，农民之所以参与叛乱，其根本原因在于守旧保守的农民对大革命推进的政治现代化的不理解、抵制和反抗。因为旺代地处西部，远离巴黎，交通闭塞、城乡阻隔，天高皇帝远，虽不满贵族，却向往好皇帝，所以从意识上倾向国王。大革命打破了他们世代相袭的平静传统的生活。大规模的非基督教化运动，亦触犯了他们的宗教信仰，引起广大农民教徒对宗教政策的强烈不满。革命后乡镇行政区划的改革和调整，又引起农民心理习惯上的不适应和日常生活上的不方便，从而产生对现代行政制度改革的不满。尤其是革命政府发布强制的征兵令之后，强迫农民应征入伍，使大批壮劳力远离农村，这就引发了农民对征兵政策的极度不满。怀着不满、怨恨和愤怒，几十万农民走上了与革命政府的对抗之路。本来应该是革命受益者的农民，却在一些教士和贵族的蒙骗下，即时参加了反政府的武装叛乱。其实，他们的本意绝不想复辟封建旧制度。所以，广大农民反对革命绝不是反革命。对政府不满，不能因此就判定是反革命。这一有说服力的分析，改变了中国学者多年来公认的"旺代叛乱"就是反革命的简单化结论，拓宽了人们的视野，大大深化了对农民问题的研究，不仅具有重要的学术价值，而且有着深远的历史意义，为历史学家研究各种反革命现象提供了借鉴。

8. 对大革命经验教训的研究

法国大革命究竟给了我们什么启示？有什么经验教训值得后人吸取？中国学者有多种论著对此进行分析论证。我个人认为，最值得介绍的有如下两点。第一，大革命提倡的反封建反特权的思想和民主、自由、平等、人权等原则，应该借鉴和发扬。刘宗绪曾指出：大革命创立的人权、自由、民主、平等之基本原则，至今没有过时。他特别强调："奠基于自由的商品经济之上的人权和法治原则，是大革命最主要的基本原则，……这些原则不仅属于法兰西，也属于全世界；不仅是反封建斗争的强有力武器，而且也是一切文明国家管理中不可或缺的指导原则。只要人类文明社会在发展，这些原则在任何地方都是需要的。"[39]第二，大革命为西方政治现代化提供了一种模式。楼均信认为：法国大革命开创了政治现代化的新局面，成为西方政治现代化的新典型。因为大革命中提出了现代国家的理论框架，即建立民主、自由、平等、博爱的现代国家，实现人权与法治。更重要的是根据这一理论框架，提出了一种可供操作的政治现代化实践模式，即建立三权分立的中央权力机构——议会制民主共和国。[40]而且他还认为，这是法国大革命的创造，它大大推动了西方国家政治现代化的进程。尤其是在实行政治民主化中所强调的法制化和大众参与政事，同样是大革命的精神财富。

洪波在《法国大革命与政治现代化》[41]一文中也认为，法国大革命对西方政治现代化产生了巨大的作用和深远的影响。他说："政治现代化的核心内容是政治民主化。……法国大革命……是法国政治发展的转折点。它加速了政治管理制度化和政治参与民主化的进程，为政治现代化开辟了广阔的道路。"《人权宣言》和历次宪法提出了政治现代化的基本理论原则"，即主权在民原则、分权与制衡原则、人权与公民权原则、法制原则。"这些理论与原则的提出与实施，开创了法国乃至欧洲政治现代化的新时代。"

也有学者提出不同看法，例如高毅在《法国革命文化与 20 世纪初中国革命崇拜的确立》[42] 一文中认为：法国大革命对人类历史的主要贡献不是创立什么模式，而是"创造了一种人类历史上前所未有的新政治文化"。他说："法国大革命的世界意义主要就在于向世界提供了一套影响极为深远的政治文化。"但高毅在 2002 年 12 月的中国法国史研究会年会上提交的《法国大革命在现代政治民主化运动中的地位》一文中，却强调了大革命对政治现代化的贡献，他说："法国大革命在现代民主政治创制方面的贡献非同一般，它是世界政治发展史上的一座划时代的里程碑。"[43]

法国大革命带给后世的教训同样也是深刻的。有的学者认为这场惊心动魄的革命给后人留下难以消除的印记，产生无法预料的负效应，最突出的表现在两大方面。第一，非理性的群众运动。群众运动是大革命的力量源泉，也是推进革命的强大动力。但是，凭着感情冲动的非理性的群众运动，却引发出怀疑一切、打倒一切的无节制、无约束、难以驾驭的过激行动，出现领导被群众所左右，或群众被领导所利用的情况，导致无法无天的派系斗争，导致了民主秩序和法制的破坏，造成政局的动荡和社会的混乱。所以，非理性的群众运动，如果任其发展，就会走上极端，变成一支失控的野性力量，给社会安定带来严重破坏，这就是说群众运动并非都是合理的。

第二，扩大化的恐怖。恐怖政策实际上就是暴力手段，它在大革命中在镇压王党敌对势力中起过极为重要的积极作用。但是，雅各宾派在革命政权基本稳定的 1794 年春天，却继续坚持暴力，并将暴力用来对付不同政见者和平民百姓，还在"杀人越多，共和国就越巩固"的荒唐口号下，滥施暴力，镇压异己，将吉伦特派、忿激派、埃贝尔派和丹东派的大批代表人物，直至众多百姓送上断头台。结果是断头台越忙，共和国越不安宁。滥施暴力者，结果被暴力所埋葬，这是大革命最惨痛的教训，也是宝贵的财富，后人不可不记。[44]

三

综上所述，可以看出，50 多年来中国大革命史的研究，尽管有过曲折和停顿，但从全局看，成绩是卓著的。尤其是近 20 年来，可以说已经走上了独立思考、创新发展的研究轨道。无论是研究成果的数量、内容的创新、研究队伍的成长、研究领域的拓宽，还是新史学方法的运用，其成就之大，都是前所未有的，这完全是中国改革开放带来的成果，令人欣慰和自豪。

但是，我们必须清醒地认识到，我国学者对大革命史的独立研究时间不长，基础亦不厚实。与西方学者相比，尤其是与法国同行相比，差距很大：至今没有形成大革命史研究的中国学派；至今还没有出版过一部为世界公认的高水平的大革命通史；大革命时期的宗教问题、人口问题、农民问题、妇女问题、流亡者问题、民众心态问题、物价与日常生活问题、反革命问题、国际关系问题、大革命与中国的关系问题等，极少有人专门研究。这都需要我们认真对待，作出成绩。

令人不安的是，近年来，在我国市场经济的冲击下，许多单位强制规定年度应发表学术论文指标，为完成指标，被迫追求短期效应，学术界出现了急功近利的急躁情绪，缺乏长远计划。在大革命史的研究领域，创新意识薄弱、佳作难觅的情况，更时有发生，有些文章甚至是低水平的重复。这对我国深入研究法国大革命史十分不利。

我们企盼在 21 世纪，中国的大革命史研究工作者能够克服急躁思想，排除干扰，克服偏见，引进新方法，拓展新领域，强化创新意识，继续脚踏实地作深入研究，奉献更多的学术精品，引导中国法国史研究达到新的水平，跻身世界先进水平的行列。

我们相信，在中国法国史研究会的指导、协调下，在继续拓展与法国学者交流合作的基础上，在老中青专家的齐心协力、奋发努力下，中国的大革命史研究一定能上新的台阶，取得更加辉煌的成就。

（原载《历史研究》2003 年第 5 期）

注　释

1　托克维尔：《旧制度与大革命》，冯棠译，商务印书馆，1992，第 40 页。

2　托克维尔：《旧制度与大革命》，第 23 页。

3　曼佛列德：《十八世纪末叶的法国资产阶级革命》，方兆珏译，三联书店，1955。

4　索布尔：《法国革命（1789—1799）》，端木正译，三联书店，1956。

5　马迪厄：《法国革命史》，杨人楩译注，三联书店，1958，1963 年、1964 年重印。

6　乔治·鲁德：《法国大革命中的群众》，何新译，三联书店，1963。

7　卢金：《罗伯斯比尔》，吕式伦等译，傅娟校，商务印书馆，1963。

8　《十八世纪末法国资产阶级革命》，吴绪、杨人楩选译，三联书店，1957。

9　罗伯斯比尔：《革命法制和审判》，赵涵舆译，商务印书馆，1965。

10　王荣堂：《十八世纪法国资产阶级革命》，上海人民出版社，1955。

11　曹绍濂：《法国资产阶级革命》，湖北人民出版社，1956。

12　孙娴:《罗伯斯比尔》,商务印书馆,1956。

13　刘宗绪:《法国资产阶级革命》,商务印书馆,1965。

14　刘宗绪:《人的理性与法的精神——史学研究与历史教育论稿》,中国社会科学出版社,2003,第307页。下文简称《人的理性与法的精神》。

15　王道远等:《热月政变是法国资产阶级大革命的继续》,《成都行政学院报》1999年第1期。

16　请参考林贤报、程镇芳《略谈法国大革命的分期问题》,《福建师大学报》1980年第2期;廖士虎《关于法国大革命开始的时间问题》,《西南民族学院学报》1983年第1期。

17　刘宗绪:《法国大革命的根本任务和革命的上升路线》,《世界历史》1981年第2期。

18　刘宗绪:《人的理性与法的精神》,第318—319页。

19　高韵青:《论法国大革命中的君主立宪派》,中国法国史研究会编《法国史论文集》,三联书店,1984,第141页。

20　楼均信:《法国大革命反思》,《新华文摘》1999年第10期。

21　贾东海等:《吉伦特派在法国大革命中的历史地位和作用》,《山东大学文科论文集刊》1981年第1期。

22　刘宗绪:《人的理性与法的精神》,第320页。

23　楼均信:《法国大革命反思》,陈崇武主编《法国史论文集》,学林出版社,2000,第69—70页。

24　刘宗绪:《雅各宾专政在法国大革命中的地位》,中国法国史研究会编《法国史论文集》。

25　何平:《论雅各宾派专政》,《社会科学》1982年第8期。

26　关勋夏:《雅各宾派专政失败的原因》,《广西大学学报》1984年第1期。

27　孙娴:《罗伯斯比尔》,刘宗绪等:《法国大革命著名政治活动家》,商务印书馆,1988,第124、132—133页。

28　张芝联:《略论丹东》,《历史研究》1985年第2期。

29　彭树智主编《世界十大阴谋家》,三秦出版社,1998,第135页。详见该书

《丹东》篇。

30　王养冲：《〈人权和公民权宣言〉与 1789 年原则》，刘宗绪主编《法国大革命二百

　　周年纪念论文集》，三联书店，1990，第 267、268 页。

31　马胜利：《法国大革命中的四个人权宣言》，楼均信主编《法兰西第一至第五共和

　　国论文集》，东方出版社，1994，第 58 页。

32　洪波：《走向普遍人权的历史——从法国〈人权宣言〉到〈世界人权宣言〉》，陈

　　崇武主编《法国史论文集》，第 51 页。

33　管佩韦：《法国资产阶级革命和土地问题》，《历史教学》1982 年第 2 期。

34　刘宗绪主编《改变世界历史的二十五年》第七章，河北人民出版社，1989。

35　金重远：《法国大革命和土地问题的解决》，《史学集刊》1988 年第 4 期。

36　崔丕：《十八世纪法国资产阶级革命时期雅各宾派土地政策的再认识》，《东北师

　　大学报》1983 年第 5 期。

37　刘宗绪：《人的理性与法的精神》，第 104 页。

38　许虹：《1793 年法国旺代农民叛乱原因新探》，《历史研究》1989 年第 4 期。

39　刘宗绪：《人的理性与法的精神》，第 157 页。

40　楼均信：《法国大革命反思》，《新华文摘》1999 年第 10 期。

41　洪波：《法国大革命与政治现代化》，《历史教学问题》1999 年第 6 期。

42　高毅：《法国革命文化与 20 世纪初中国革命崇拜的确立》，陈崇武主编《法国史

　　论文集》，第 81 页。

43　高毅：《法国大革命在现代政治民主化运动中的地位》，《世界历史》2003 年第 2 期，

　　第 125 页。

44　参阅楼均信《法国大革命反思》，《新华文摘》1999 年第 10 期。

1848 年巴黎无产阶级六月起义

恩格斯在 1893 年写的《共产党宣言》意大利文版序言中讲到 1848 年革命时指出："这次革命到处都是由工人阶级干的：构筑街垒和流血牺牲的都是工人阶级。只有巴黎工人在实行推翻政府的同时也抱有推翻资产阶级统治的明确意图。"[1] 这段话清楚地阐明了法国二月革命的性质和特点，明确指出了巴黎无产阶级和资产阶级之间存在着的不可避免的对抗。这种两大阶级间的矛盾、对抗和斗争，从二月革命取得胜利时起就已经开始。在短短的四个月时间内，斗争步步激化，终于达到了巴黎工人六月起义的最后战斗阶段。所以，六月起义这场"比以往任何一次革命都要伟大的革命"[2]，完全是当时法国两大阶级矛盾、对抗、斗争的必然结果。

伟大阶级斗争的初次交锋

临时政府成立后，巴黎街上的最后街垒尚未拆除，工人还保持强大的武装，实际上统治着巴黎。在工人的强大压力下，资产阶级不得不伪装让步，先是设立了一个劳动委员会，即卢森堡委员会，来代替劳动部，其实只是以讨论劳动求业为名来麻痹和欺骗工人的工具。同时，还创办了一个国家工场，以安置大批巴黎和外地的失业工人为名，为未来向工人进攻做准备。而工人们却一心一意想成立一个能使自己摆脱压迫和剥削的"社会共和国"。他们受了路易·勃朗阶级调和思想的影响，以为建立国家工场，就可逐步地和平过渡到社会主义，因此对共和国抱有不切实际的幻想，一时出现了欢乐、和睦、友爱的戏剧般场面。但是这个场面只是昙花一现，很快就消逝了。资产阶级的地位稍微巩固以后，他们就聚集力量，准备反攻。他们收买流氓无产者，组成了二十四营别动队，作为反革命的支柱。他们又设法拉拢国家工场一部分不满的工人，组成第二支大军，来反对工人自己。他们还利用挑拨离间的手法，使无产者得不到农民的支持而陷于孤立。资产阶级在做好这一切准备后，便决定在4月9日举行制宪议会选举，以便成立清一色的资产阶级政府，实现他们的独占统治。

无产阶级在继续受苦的切身感受中，开始朦胧地认识到这个"共和国"并不是工人理想中的"社会共和国"，因此，他们在街头张贴布告，宣称"我们的不幸应归咎于自私和短见的政府"，表示"还不能放下武器"。这样，一场激烈的阶级斗争便在无产阶级和资产阶级之间展开了。

3月17日，布朗基派组织了十万多人举行示威游行。工人们的最初目的是要临时政府回到革命的轨道上来，在必要的时候，把资产阶级阁员排除出去，并使国民议会的选举延期举行。但是，在游行的前一天，资产阶级为了先发制人，发动了自己的一部分国民自卫军，举行了反对临时政府的示威游行，其实，他们的真正目的是要把赖德律·洛兰排除出临时政府，以便顺利地进行改组。在这种情况下，3月17日示威的工人群众不得不喊出"赖德律·洛兰万岁""临时政府万岁！"的口号。工人们为了打退右翼的进攻，只得暂时保护他们认为是处于危急状态的资产阶级共和国，因而巩固了临时政府的地位。资产阶级看到无产阶级的伟大力量，更加深了它对工人实行残酷镇压的狠心。

4月16日，十万工人再次举行集会，讨论国民自卫军总部将要举行的选举问题。可是，资产阶级却趁机造谣说"共产主义者要造反"，甚至说什么十万工人就要从那里开始去进攻市政厅，建立共产主义政府。临时政府立即发出警报，在市政厅结集了大批别动队、国民自卫军，到处都有人高呼："打倒共产主义者！""打倒卡贝！""打倒布朗基！打倒拉斯拜尔！"4月16日事件因此成为政府把军队召回巴黎的借口。

3月17日事件和4月16日事件，表明了两大阶级之间的矛盾已不可调和，它"是资产阶级共和国内部所蕴蓄的伟大阶级斗争的初次交锋"[3]。资产阶级的反动性已完全暴露出来，为了对付无产阶级，其不但联合了地主保皇派分子等一切右翼势力，而且还利用一切宣传工具在群众中进行反革命煽动。结果，在制宪议会的选举中，资产阶级共和派和保皇派取得了85%的议席，占了压倒优势。

面对即将上台的右翼势力，工人们极度失望和不满，许多地方爆发了武装起义，尤其以4月27日和28日在鲁昂发生的武装冲突最为激烈，均遭资产阶级残酷镇压。资产阶级反革命势力已开始转入公开的进攻，两大阶级之间的斗争进入一个新的阶段。

巴黎人民冲入国民议会

1848年5月4日，制宪议会正式开幕，临时政府宣布解散，由议会选出五人组成执行委员会，作为国家行政首脑。它的成员中，四个是资产阶级共和派右翼分子，且保留一个小资产阶级民主派赖德律·洛兰作为点缀品，把工人阶级代表一脚踢出政府，实行了清一色的资产阶级专政，采取了一系列反动措施：在内政方面，它否决了设立劳动部的提案，通过了禁止人民集会请愿，只准递书面请愿书的决议；在对外政策方面，它秘密勾结沙皇俄国和奥地利帝国的反动统治者，支持他们镇压波兰等国的革命运动。

为了回击统治者的反动措施，以支持波兰人民的革命斗争，巴黎工人演出了震动全国的 5 月 15 日冲入制宪议会的重大事件。

5 月 15 日这一天，在巴黎革命俱乐部总部即"俱乐部中央委员会"的领导人于贝尔等领导下，15 万人参加反政府的游行示威。其中有14000 名国家工场的工人也冲破牢笼，第一次参加巴黎的工人运动。他们在巴士底广场集会，通过了一份要求政府援助波兰革命的请愿书。11时，游行队伍向议会所在地波旁宫进发，沿途高呼"波兰万岁！"等口号。当时，国民议会正在讨论对外政策，愤怒的人群冲进议会大厅，还派出拉斯拜尔、布朗基、巴尔贝斯等五位代表相继发言，要求政府声援波兰。布朗基在讲话中，强烈要求政府对欧洲反动的君主国家采取明确的反对态度，全力支持波兰起义人民。巴尔贝斯在讲话中，要求政府把留在巴黎城内的正规军调出首都，组织一支派遣军开赴波兰进行支援。他还建议向富人征收一种特别税来支付派遣军的费用。然而这些正义要求遭到政府无理拒绝，群情愤怒达到了极点。示威群众坚持斗争到下午3 点也不肯退出会场，反动政府已下令发出总集合警报，准备镇压。在这个关键时刻，于贝尔忽然在人群中出现，他走上讲台，当众宣布："公民们！国民议会拒绝对人民作出答复！好吧！我现在以被他们的代表愚弄的人民的名义，宣布国民议会解散！"[4]群众中有人提出不同意见，不少人离开了会场。可是，忽然又有人提出一个名单，名单上有巴尔贝斯、布朗基、阿尔伯、科西迪耶尔等，并将巴尔贝斯和阿尔伯拥向市政厅，在之前宣布成立资产阶级临时政府的大厅里，宣布成立了临时革命政府。

资产阶级立即调来国民自卫军和正规军把市政厅包围起来，喊着"打倒共产主义者"的口号，把巴尔贝斯和阿尔伯逮捕了，并关进监狱。接着，拉斯拜尔、布朗基等人也先后被捕入狱。革命组织的主要领导人均遭逮捕，400多人被镇压。马克思对此曾十分惋惜地指出："无产阶级以自己的行动加速了结局的到来：它在5月15日冲入了国民议会，徒劳无益地试图恢复自己原有的革命威望，结果只是使自己精干的领袖落到了资产阶级狱吏手中。"⁵又指出："五月十五日事变的结果，不过是使革命共产主义者布朗基及其拥护者，即无产阶级运动的真正领袖，在我们所考察的整个时期内，远远离开了政治舞台罢了。"⁶

正当无产阶级失去自己精干的领袖的严重时刻，资产阶级反革命的进攻却步步紧逼。他们嚎叫"这种情况必须结束！"这嚎叫表明国民议会要迫使无产阶级进行决战的决心。5月17日，执行委员会任命屠杀北非人民的前阿尔及利亚总督卡芬雅克为军政部长，调进大批听其驱使的军队进入巴黎。6月21日，又悍然下令解散国家工场，规定凡18—25岁的未婚男工一律编入军队；其余工人全部发往外地垦荒或做其他苦役。这一反动法令把十万工人逼上绝境，成了六月起义的导火线。

"工人们没有选择的余地：若不甘愿饿死，就要展开斗争。他们在6月22日以大规模的起义做了回答——这是现代社会中两大对立阶级间的第一次伟大战斗。"⁷

六月的伟大决战

解散国家工场的法令公布后，工人们曾派出代表到政府交涉，要求放弃这一无理决定，可是马利代表执行委员会进行公开威胁说："如果工人不愿意自动离开，我们就要用武力把他们赶出巴黎。"这激起了工人的极大愤怒。6 月 22 日整天，成千上万的工人走上街头，举着红旗，进行游行示威，高呼："打倒马利！""打倒国民议会！""我们决不去外地做苦工！"据当时巴黎警察总督报告，游行的人数从早晨的三四百人，很快发展到上万人。人群中正在酝酿用武力反对国民议会。晚上 10 点，中央共和社理事会理事布若尔（Pujol）在火把的火光照明下，向示威群众讲话，号召工人必须加紧构筑街垒，并宣誓要拿起武器准备战斗。一夜之间，工人们筑起了 600 多个街垒，布满了巴黎的东半部，这些街垒比过去的街垒都高而且坚固，有的像四层楼房一样高，顶端插着红旗，旗帜上写着："不能劳动而生，毋宁战斗而死！""民主的和社会的共和国万岁！""打倒人剥削人的制度！"充分体现了六月起义的无产阶级性质。

6 月 23 日到 26 日，两大对抗阶级间的一场伟大的决战在巴黎展开。这是巴黎无产阶级一次被迫而起的自发斗争。它既没有革命政党的领导，又缺乏明确的政治纲领，且没有一个统一的指挥部。领导武装斗争的是在各街区作战的各个街垒指挥员，他们彼此之间没有足够的联系。这些街垒指挥员大多是革命俱乐部的活动家和国家工场的干部或工人代表，其中著名的有机械工人拉卡里，曾参与秘密团体"财产平均主义者工人协会"的组织工作，多次领导过罢工运动。在六月起义期间，他领导孚日广场的保卫战，表现了巨大的毅力，并以言语和行动鼓舞了工人的斗志。参加过秘密共产主义团体"四季社"的青年机械工人巴特来米，出色地指挥了另一个区的街垒战。担任社会主义报纸《劳动组织》的编辑和圣安东郊区一个俱乐部主任的拉卡隆日，在六月起义中也起了重要作用。当起义工人占领第八区市政公署时，他被任命为这个区的区长。

　　起义的军事行动计划的制定者是"人权社"行动委员会主席、退伍军官盖尔索济。他是拉斯拜尔的朋友，是三四十年代著名的革命家。但他的总的作战计划，因为缺乏统一的领导和指挥，无法得到全部实现，只能取得局部的胜利。根据盖尔索济的作战计划，起义工人应分成四个纵队从四路集中进攻市政厅、推勒里宫、波旁宫以及其他政府大厦。各纵队的作战基地应该是塞纳河左右两岸郊区工人的居住区。恩格斯曾肯定这个作战计划是制定得很好的，但也指出它的唯一缺点就是完全没有注意到巴黎西部资产阶级住宅区也有工人集中的居住点，如果在这里安置第五个纵队，既可切断市政厅的交通，又可在这个突出的据点附近钳制敌人的大量部队，给敌人以有力打击。后来的事实证明恩格斯的批评完全正确，起义军的防线就是从这里被突破的。但是，恩格斯仍给盖尔索济以很高的评价，称他是"巷战的最初的组织者"，"他以第一个街垒战指挥者而名垂史册"，[8] 对这位在战斗中不幸被俘牺牲的革命家深感痛惜。

　　6 月 23 日清晨，起义工人与政府军队之间的战斗开始了。参加这场伟大决战的有男女老幼广大劳动群众，其中有参加过里昂工人起义的多次冲锋陷阵的老一辈工人，也有刚过 20 岁的年轻工人，有 76 岁高龄的女工，还有不满 10 岁的儿童，他们都齐心协力投入殊死的街垒战。他们在巴黎东北郊的圣丹尼林荫路和克列里街一带展开了第一次激战，一次又一次地打退了敌人的反扑，涌现了一个又一个的动人事迹。在克列里街的争夺战中，一队占绝对优势的反革命武装再次由侧面向克列里街垒进攻，街垒的守卫者只剩下七个男人和两个姑娘。其中一位男工登上街垒，高举旗帜，鼓舞其余的人向敌人猛烈射击。旗手不幸中弹倒下了，一位身材高大的漂亮姑娘立刻举起旗子，越过街垒，向反动派冲去，她也被残暴的敌人杀害了。另一位年轻姑娘又马上冲了上去，抓住旗子，扶起她的女战友的头，看到她牺牲了，就满腔怒火向敌人冲去，并用石子狠狠打击敌人，可是她也被资产者的子弹击倒，壮烈牺牲了。留下的六名起义者，坚守阵地，继续战斗，多次打退敌人的猖狂进攻。资产者不得不增派大量援兵，起义者视死如归，战斗到最后一人，街垒才被敌人占领。起义者英勇不屈地和敌人进行搏斗的场景到处都是。

面对起义工人这种宁死不降的英雄气概，连敌人的一个上尉军官也不得不承认说："火力是非常可怕的。大街到处被染红了血。我的士兵们在起义者的子弹射击下倒下去了；起义者像狮子似的抵抗。我们进攻了二十次，但被打退了二十次。死的人数是很大的，伤的数目更大的多。……我的 112 名士兵中，被打死了 53 名。"[9]

在这一天，激烈的战斗一直继续到深夜，巴士底广场和通向广场的各个要冲都在起义工人控制之下，起义者的人数达 5 万，每个街垒都由同一行业的工人分段负责，进行严密的防守和进攻。

6 月 24 日凌晨，战斗又打响了。这一天起义者有很大进展，打得反动派狼狈不堪，节节败退，先后攻占了第八区和第九区区公署，市政厅岌岌可危。到中午时分，起义者占绝对优势，资产者惊恐万状，他们在众议院里公开宣布，市政厅很可能在一小时后被起义者占领。于是，随即进行密谋，制定对策。他们一方面假装与起义者谈判，而工人一度受了骗与卡芬雅克部下的杜维维埃（Duvivier）将军谈判，给反动派以喘息之机；另一方面，执行委员会宣布辞职，并决定授予卡芬雅克军事独裁大权，做好屠杀的准备。贪生怕死的梯也尔还提出建议，立即把议会迁到布尔日去。狡猾的卡芬雅克听后大发雷霆说："议会离开巴黎，一切就完蛋了。如果梯也尔再讲这些话，我就枪毙他。"为稳定反革命军心，镇压起义者，他宣布巴黎戒严，继续调进大批军队，总计达 25 万名反革命武装人员，然后用霰弹、榴弹、燃烧弹等极端野蛮的手段轰击起义者的街垒、居民区及一切公共建筑，疯狂屠杀起义工人。

在野蛮而强大的敌人面前，起义者毫不畏惧地英勇战斗。下午3点，距市政厅不远的花河沿街发生了主要战斗。在这里，600名起义者占领了有名的"丽人"服装店，并把它变成坚固的堡垒，进行无比英勇的抵抗。卡芬雅克用大炮轰塌这里的墙角，然后威胁工人投降，扬言不投降就要把工人全部消灭。起义工人坚决拒绝投降，刽子手们就用更猛烈的榴弹、燃烧弹，把房屋全部轰倒、烧毁。起义工人仍然进行抵抗，多次打退敌人进攻，最后，有80名工人献出生命。到了晚上，反动派逐步占了优势，但起义者仍坚守着全城68个街垒。

6月25日，斗争愈来愈紧张，愈来愈残酷，愈来愈猛烈。资产者疯狂地污蔑"工人是一群强盗，因此应当像屠杀野兽一样杀掉他们"[10]。可是，卡芬雅克这伙真正残暴成性的刽子手，他们连被俘的起义者也不经任何审讯就枪杀了。这一天开始他们还集中了40门大炮，向起义者占领的克洛－圣拉查尔、坦普尔和圣安东三区，整整轰击了一天，工人们沉着应战，毫不动摇。在蒙马特尔，起义工人表示："不是他们消灭我们，就是我们消灭他们，我们决不后退。"表现出决战到底的大无畏精神。反动派每占领一个街垒，都要付出极大的代价。到了傍晚，起义者被迫退出市区。

6月26日，决战进入了最后阶段，反动派准备向革命的最后阵地圣安东郊区发起总攻。这里是巴黎各次起义的真正策源地，筑有最坚固的街垒和巧妙的工事，街垒彼此形成三角形，既可相互掩护，又有从房屋里射出的交叉火力来支援。敌人要攻取这些街垒，是十分困难的。反动头目先是诱降，后是亲自督战，内政部长、巴黎副市长、国会议员等上层头目都到营地督战，自称是社会主义者的蒲鲁东也混在这伙人的行列中，当有人责骂他时，他却为自己的叛卖行径辩解说：来这里只是为了

"欣赏大炮轰击的高尚的和恐怖的景象"。其实，资产者是想叫他充当劝降的工具。起义工人决心用自己的生命捍卫这最后的阵地。在反动派使用大炮进行的空前残酷的轰击下，到了黄昏时刻，六月起义的最后一个街垒终于被敌人占领，起义被残酷地镇压了。

六月起义失败后，白色恐怖笼罩着巴黎。被枪杀的工人达 11000 多人，被捕、被判刑、被流放的总共近 3 万人。但是，六月起义的战士并没有被死亡所吓倒，他们在刑场上，在法庭中，在流放所内，继续和反动派进行斗争。法国工人这种为着崇高的革命理想，英勇顽强、宁死不屈、敢于斗争的精神，是永远值得人们学习的。

六月起义的伟大历史意义

马克思曾说，法国"无产阶级至少是带着不愧进行过世界历史性的伟大斗争的光荣而失败的；不仅法国，并且整个欧洲都被六月的地震所惊动"[11]。的确，六月起义是当时惊动法国和欧洲的最重大的革命事件，具有伟大的历史意义。法国无产阶级以英勇不屈的战斗精神，把自己推上了"欧洲运动的领袖"地位，在整个欧洲起了反对资产阶级统治的首创作用，成为欧洲无产阶级的榜样，极大地鼓舞和推动了欧洲各国人民的革命斗争。所以，"历史将给他们以特殊的地位，把他们看作是无产阶级第一次决战的牺牲者"[12]。法国无产阶级用鲜血在争取自身解放的史册上写下了光辉的一页。因此，它引起了各国反动派的恐惧和仇视。充当国际宪兵的沙皇尼古拉一世积极准备绞杀六月起义。事后，其又拍出贺电"大声赞誉卡芬雅克的壮举"，为镇压六月起义唱赞歌，这也从反面证明了六月起义在国际无产阶级革命史上崇高的地位。

六月起义向全世界宣告，真正被打败的不是无产阶级，而是他们的敌人。因为它无情地揭露了资产阶级的残暴，彻底地暴露了一切小资产阶级空想社会主义的丑恶嘴脸和反动面目。列宁说得好："1848 年的革命，给了马克思以前的一切喧嚷叫嚣、五花八门的社会主义派别一个致命的打击。""最终地证明了只有无产阶级具有社会主义本性。……一切关于非阶级的社会主义和非阶级的政治的学说，都是胡说八道。"[13] 血的事实使路易·勃朗之流鼓吹的通过建立国家工场可以过渡到社会主义的万应药方彻底破了产，终于使无产阶级得到了锻炼，提高了觉悟。历史将表明：未来是属于无产阶级的，"三色旗的共和国今后只有一种颜色，即战败者的颜色，血的颜色。它成了红色共和国"。[14]

六月起义是世界历史上第一次真正触犯资产阶级旧秩序的伟大斗争，是无产阶级试图推翻资产阶级统治和建立无产阶级统治的第一次大搏斗。过去的许多次法国资产阶级革命"没有一次曾侵犯过秩序……六月革命侵犯了这个秩序"[15]。巴黎工人用武装起义的手段，向资产阶级旧秩序，即资本主义的罪恶制度发起了猛烈的冲击，工人们决心推翻资本主义的统治，实现没有人剥削人的理想社会，而且看到了自己责任的重大，工人们曾说："如果巴黎戴上镣铐，整个欧洲也将受到奴役。"马克思、恩格斯对这一次"为保存或消灭资产阶级制度而进行的战斗"[16]极为重视，他俩始终站在巴黎工人一边，坚决支持工人的英勇斗争，并及时地总结了六月起义的宝贵经验，为无产阶级争取未来的解放指明了方向。马克思、恩格斯明确提出：无产阶级要取得真正的解放，必须坚持暴力革命，推翻资产阶级的统治，建立无产阶级专政。马克思愤怒地揭露了资产阶级共和国野蛮专政的本质，他说："资产阶级共和国在这里是表示一个阶级对其他阶级实行无限制的专制统治。"[17] 因此，无产阶级要在资产阶级共和国范围内稍微改善一下自己的处境只是一种空想，这种空想在一开始企图加以实现的时候就会成为罪行。因此，必须"由一个大胆的革命战斗口号取而代之，这个口号就是：推翻资产阶级！工人阶级专政！"[18] 马克思还指出，无产阶级要取得革命胜利，必须注意同盟军的问题，要团结大多数人一起搞革命，尤其是在小资产阶级汪洋大海的法国，农民占大多数，因此无产阶级必须与农民结成联盟，才能取得革命胜利，否则"法国的工人们是不能前进一步，不能丝毫触动资产阶级制度的。工人们只能用可怕的六月失败做代价来换得这个胜利"。[19] 马克思、恩格斯对六月起义经验的深刻总结，成了国际工人运动的宝贵财富。

六月起义虽然失败了，但它有力地证明了无产阶级才是资产阶级的真正掘墓人，无产阶级的革命精神将永远放射出灿烂的光辉。

（原载《历史教学》1979 年第 8 期，与沈炼之合作）

注　释

1　《马克思恩格斯选集》第 1 卷，人民出版社，1972，第 248 页。

2　《马克思恩格斯全集》第 5 卷，人民出版社，1958，第 135 页。

3　《马克思恩格斯选集》第 1 卷，第 411 页。

4　让·多特里：《1848 年第二共和国》第二部分八《巴黎人民冲入国民议会》。

5　《马克思恩格斯选集》第 1 卷，第 414 页。

6　《马克思恩格斯选集》第 1 卷，第 610 页。译文根据法译本略有更改。

7　《马克思恩格斯选集》第 1 卷，第 415 页。

8　《马克思恩格斯全集》第 5 卷，第 176 页。

9　原载《新莱茵报》1848 年 6 月 28 日第 28 期，第 2 页，转引自恩格斯《1848 年的

　　六月起义》，沈炼之译，《史学译丛》1956 年第 4 期，第 10—11 页。

10　《马克思恩格斯全集》第 5 卷，第 147 页。

11　《马克思恩格斯选集》第 1 卷，第 611 页。

12　《马克思恩格斯全集》第 5 卷，第 152 页。

13　《列宁选集》第 2 卷，人民出版社，1972，第 438 页。

14　《马克思恩格斯全集》第 5 卷，第 153 页。

15　《马克思恩格斯选集》第 1 卷，第 416—417 页。

16　《马克思恩格斯选集》第 1 卷，第 415 页。

17　《马克思恩格斯选集》第 1 卷，第 611 页。

18　《马克思恩格斯选集》第 1 卷，第 417 页。

19　《马克思恩格斯选集》第 1 卷，第 403 页。

巴黎公社流放者在新喀里多尼亚岛上的斗争

新喀里多尼亚岛是公社战士的主要流放地。多年来，法国的一些历史学家对在该岛的公社流放者的生活和战斗作过一些专门的研究。最早当推《一八七一年公社史》的作者普·利沙加勒，他作为公社战士，在公社失败后五年，以耳闻目睹的事实，写下了"第一部真实的公社史"[1]，并设专章描述了新喀里多尼亚岛上的公社流放者。后来，一些曾经流放在该岛的公社战士也写下了一批珍贵的回忆录，如茹尔德的《新喀里多尼亚岛上的公社殉难者》、阿·罗什福尔的《我的生平奇事》、茹·阿列曼的《从街垒战到苦役刑》、路易丝·米歇尔的《公社》等，为后人研究流放者的活动提供了宝贵的资料。近年来，法国对公社流放者的研究又前进了一大步，展开了追忆新喀里多尼亚岛上公社流放者的活动，还在该岛举办了公社流放者的展览，用流放者的血泪史实，进一步揭露凡尔赛政府虐杀公社流放者的罪行，赞颂公社流放者维护正义的斗争。但在我国史学界，对公社流放者的活动尚乏研究，本文就此问题略作论述。

一

巴黎公社失败后，嗜血成性的凡尔赛反动政府向赤手空拳的公社战士和劳动人民实行了极其残酷的大逮捕、大屠杀、大审讯，历时四年之久，总计有 10.7 万人蒙难[2]，连七八岁的儿童也难幸免。1871 年 10 月 21 日，恩格斯在给他母亲的信中曾愤怒地指出了这帮匪徒杀人之多，他说，"凡尔赛分子枪杀已经解除武装的四万男人、妇女和儿童"[3]，整个巴黎冤狱遍地，血流成河。

继大屠杀后，就是大审讯，从 1871 年 8 月 7 日到 1875 年 1 月 1 日，全法国 24 个军事法庭共审判了 43522 人，其中 7213 人缺席审判，实际审判 36309 人。结果，2415 人宣告无罪，33727 人免予起诉，10137 人判了罪：死刑 93 人，终身强劳 251 人，流放到新喀里多尼亚苦役刑监狱的 4586 人，其余则判处了期限不一的监禁。[4]

1872 年 3 月 23 日，国民议会正式决定把新喀里多尼亚岛作为流放者苦役刑监狱。新喀里多尼亚岛是法国在太平洋上一个海外领地，1853 年被法国占领，1864 年起成了刑事犯的流放地。凡尔赛政府这时又把它作为政治犯苦役刑监狱，这是有其险恶的政治目的的。第一，该岛是一个在太平洋上的狭长多山的火山岩岛，远离法国 10000 多英里，离最近的澳大利亚亦有 900 多英里，满目荒凉。凡尔赛政府把流放者押送到这里，企图使他们与世隔绝，永远防止其反抗。对此，一个管理委员会的报告公开承认说："越狱逃跑的危险也可排除。"[5] 第二，企图利用流放者的劳动力，来"开拓"殖民事业，并阴谋用劳动手段"感化"公社战士，为凡尔赛建立一个殖民"新世界"。对此，一个关于终身流放法的报告人在议会辩论中毫不忌讳地承认："我们怀着强烈的愿望，希望完成这项刑事殖民化的伟大尝试。"[6] 另一个保守派的代表约瑟夫·德·克莱龙·哈索维尔伯爵也在议会上说："他们将来要自己建立一个新世界，他们将很快地承认主宰各个社会统治的法律是永存的，承认法律对于一切暴动都是必要的。"[7]

1872 年 5 月 3 日，第一批流放者 300 人由"达内"号三艘船运载，去新喀里多尼亚。随后出发的有"莱茵"号、"盖利埃尔"号、"加隆"号、"伐尔"号、"西比勒"号、"奥尔内"号、"卡耳伐多"号、"维尔吉尼"号、"雅热"号等船只。最后一批流放犯，是在 1878 年由"罗莱"号运送的。他们从法国西岸各港口的"仓库"出发，从非洲海岸到美洲海岸，再从美洲海岸经非洲之角，然后到澳大利亚，最后到新喀里多尼亚省的省会努美阿。他们横渡两大洋，穿越赤道线，航行的时间最短也要 88 天，最长达 156 天，[8] 才能到达新喀里多尼亚岛。

流放者在几个月的航行生活中，受尽了"水上监狱"的种种折磨。出发时，"他们要根据哨音脱衣服，经人检查过身体，然后扔给他们囚衣，他们登上水上监狱时连头都不能回一回"。[9]"达内"号是暴虐行为最残酷的船只。流放者在警卫的严密监视下，被迫走到船的平台。然后，在全副武装的船长的命令下，被带到船舱中的铁囚笼里。中舱有四个囚笼，"真像巴黎动物园中的关猛兽的铁笼子，稍矮而略长"[10]，在大约 3.5 米宽、20 米长、1.5 米高的囚笼里，关押着 75—80 个流放者。在笼子的尽头，一门大炮面对铁栏栅，一个武装哨兵看守着铁门，另一个哨兵在狭长的通道上来回巡逻。流放者们在船上过着非人的生活。一天两餐，早餐 10 点开始，晚上 6 点钟才吃晚餐，10 人一组，围着木桶，用仅有的一只杯子，经常喝带咸味的水，轮流喝几口咖啡、菜豆汤，啃一小块发霉的面包干，而食物桶脏得同农村里"喂猪的饲料槽一样"[11]。每天下午 2 点，到甲板上"放风"半小时，然后重新关进囚笼。下舱的条件更加恶劣，流放者们脚上戴着铁镣，关押在一个大约长 1.1 米、高

1.4 米的囚笼里。他们既不能站立,也不能躺直,只能坐着或曲卷着腿打瞌睡,被憋得喘不过气来。在"西比勒"号,船长竟然命令把两个流放者系在锅炉外面,活活烤伤致死。船舱内阴暗、拥挤、潮湿、闷热,以及极其恶劣的饮食与卫生条件,使"监狱船"上流行坏血病。以"奥尔内"号为例,在 588 个流放者中,3 月 2 日至 4 月 13 日坏血病患者有 175 人,4 月 14 日增到 200 人,而到 4 月 21 日竟多达 321 人。[12] 在"伐尔"号,下舱的 354 人中竟有 174 人得了坏血病。[13] 不少流放者被坏血病夺去了生命,他们的尸体被看守们扔入大海。

一批批流放者经过 3—5 个月"水上监狱"的折磨,死里逃生到达了新喀里多尼亚岛。在岛上,凡尔赛反动派采取分而治之的政策。流放者被分为三类,分别在三个地方服苦役劳动。

第一类,流放在松树岛,它是距离本岛南海岸 30 英里的小岛,共有 3047 个普通流放犯(其中妇女 13 个)安置在该地。[14] 他们与当地土著居民库尼埃斯人分别居住,在那里修路、整理要塞,开办鞋厂和服装厂,有的种植园地,生产蔬菜、养育家禽。由于衣食不足,受尽折磨,没有医疗条件,在 1873 年一年中就有 40 人相继死去。后来,通过斗争,有些流放者可在"大土地"(Grande-Terre)自由居住,也有一些人可被雇用当会计、出纳员或医生。可是,自从 1874 年 3 月罗什福尔逃跑之后,反动当局又加强了残酷镇压,"自由居住"被取消,流放者每天都要站队点名,还恢复了肉刑,实行新的管制法,宣布"从现在开始 12 个月内,凡是不劳动者就不能获得应有的食物"[15]。而在沿海地区则看守得更为严密,还禁止流放者与土著居民的一切交往。

第二类,流放在杜科半岛(在新喀里多尼亚西部),它是一个荒凉狭长的半岛。有 918 名(其中妇女 11 人,阿拉伯人 24 人)被判流放要塞的流放者关押在那里。[16] 流放者在海边、在山腰中盖起一些棚屋,在恶劣的条件下修筑道路。他们一度得到一些贷款，还组成了细木工人、裁缝、铁匠的小生产工场，并到努美阿推销产品。可是不久，他们就被中断了贷款，禁止出售产品，梅利内部长公然在会议上宣布："如果允许流放者有劳动的权利，人们不久就会看到 1848 年国家工场的丑闻重演。"[17] 因此，流放者只得在贫瘠的土丘上，终年光头赤脚、日晒雨淋地耕作，谁要拒绝劳动，就被罚入狱。许多流放者被活活折磨而死，短时期内死亡的有男流放犯 81 人、女犯 1 人、犯人妻子 1 人、小孩 6 人，死亡人数占岛上所有人数的 8.9%。[18]

第三类，流放到努岛。该岛在新喀里多尼亚的中部，面对杜科半岛，靠近省会努美阿，是一所苦役刑犯监狱，324 名被判有期与无期徒刑的强劳役犯被监禁在这里，[19] 遭受最残酷的虐待。流放者双手戴上镣铐，而且常常两个人锁在一起，脚上拖着沉重的铁球，终年干着挖石灰石、烧石灰等笨重劳动。据被判处 8 年苦役刑的阿列曼回忆，他曾被叫去装运石灰，扬起的灰粉使他的喉咙疼痛异常。而且劳动条件极为恶劣，几乎每星期都因塌方而引起伤亡事故。由于过度劳累，饮咸水，严重缺乏食物，三个月内，他的小组 29 个人中只留下 15 人，14 人病危或死亡。因此，愤怒的人们把石灰窑取名为"公社社员屠宰场"[20]。政治迫害有增无减，流放者稍有不顺，就被当场审讯、受刑。看守常常把流放犯的手脚捆绑在铁杆上，宣布判刑后，即用 12 根皮带做成的鞭子猛烈抽打，打得鲜血四溅。反动当局还使用极端野蛮的"指铐"肉刑，用一种特别的工具拔去犯人的指甲，犯人稍有反抗，就立即被枪杀。[21]

凡尔赛反动派对新喀里多尼亚岛上的流放者采取如此野蛮的手段，使该岛成为公社流放者悲惨的人间地狱，一个"杀人不见血的断头台"。[22]

二

　　流放在新喀里多尼亚的公社社员，虽然遭受着精神上的残酷折磨、肉体上的野蛮虐待、物质上的极端艰难困苦，但是，他们在荒凉死寂的孤岛中，仍然表现出坚强不屈、勇敢无畏和沉着乐观的革命精神，怀念着远离自己的祖国，继续为公社的崇高事业而斗争。他们几乎在每年的3月18日都举行集会和发表演说，来纪念无产阶级这个光辉的节日，表示他们对公社事业的忠贞不渝。有的流放者还在书信中表示在艰苦环境中决不屈服的信念，说"虽然如此，您可以相信我不会屈服。我问心无愧，感觉到自己很坚强。只是我的健康可能跟我恶作剧，但是我对自己有把握；不会软化……"有的在临死时还不忘战斗，例如公社战士、新闻记者马罗托于1875年3月17日病死在拘留所里，只有25岁，他在临终时对站在旁边的朋友说："死，我不觉得可怕，但是我宁愿死在萨多利的刑柱前，也不愿死在这个病榻上。"[23]3月18日这一天，所有的公社强劳犯集中在拘留所里，大约60个人为马罗托送葬，由4个人抬着他的遗体把他送到苦役刑犯的墓地，安葬在海拔70米的小山丘的山腰上。[24]他们带着忧伤而愤怒的心情，以安葬自己同伴的实际行动，表示对反动派的抗议，表达对公社事业的怀念。当公社委员韦尔杜尔病死后，800个流放者抬着饰有花圈的棺材，为他送葬。"棺材放进坟穴了，一位朋友说了几句悼词，每个人都把手里的小红花扔在死者棺木上，大家高呼：'共和国万岁！公社万岁！'"[25]他们在墓地还为死者立碑，写着"向在流放中牺牲了的兄弟们致敬！""纪念1871年公社流放战士"[26]。这些墓碑至今仍屹立在那里，成为流放者们坚持斗争的哑证。他们这种顽强不屈的大无畏精神，使当时的总督雷布也不得不承认："政治犯是一些能够在淤泥中保持纯洁的男子汉。"[27]

　　流放者们还为争取生存权利进行了坚决斗争。在新喀里多尼亚流放集中营里，本来就很少的配给食品、生活用品，由于看守的层层克扣，更加少得可怜，流放者们忍饥挨饿，过着非人的生活。为了生存，公社流放者展开了反饥饿的斗争。他们不顾迫害，自己修筑简陋房屋，还生产碗、橱、桌、床、箱子、大衣橱等物，运往努美阿出售，换得一些生活必需品。流放者还通过斗争，迫使反动当局同意少数人在"大土地"自由居住。他们在斗争中从不屈服，也决不肯低头请求赦免。当公社女英雄、流放犯路易丝·米歇尔听到有人假冒其名要求赦免一事后，她立即写信给总督，愤怒地指出："我请求您保护我免受人们的侮辱，他们不顾我的坚决反对……在报纸上用我的名义发表请求赦免的信件和申请书。我不止一次地说过，只有同所有的流放者和苦役犯（公社委员们）一起，我才离开这里。"[28] 她决心共同战斗到底，迫使反动政府实行大赦。后来反动当局把她送到准备释放的营地中去，她坚决声明，如果当局违法行事，她就要自杀。人们都十分尊敬她，称她为"红色贞童"。

　　流放者们还积极开展越狱斗争。虽然，由于看守森严，大部分越狱者没有成功，但却表现了他们顽强反抗的毅力和意志。1874年3月20日，茹尔德、罗什福尔、巴斯蒂安、帕斯克尔·格鲁塞、奥利维埃·潘、巴利埃雷和格朗梯利埃等7个流放者，在澳大利亚人的同情和支持下，通过千难万险，搭船逃出火坑，到达澳大利亚。在狱中的流放者为他们的胜利庆幸。晚上，当看守集体点名，叫到罗什福尔时，一个流放者巧妙地答道："他去点燃他的灯了。"[29] 一语双关，给看守一个尖刻的讽刺。事后，凡尔赛反动派将总督里舍利埃撤了职，并派海军准将里布尔为全权特派员，对流放战士进行了残酷的镇压。流放者并没有屈服。不久，逃到澳大利亚的流放者格鲁塞和茹尔德发表了《新喀里多尼亚的政治犯》的小册子，愤怒地向全世界揭露了凡尔赛当局对流放者的残酷迫害。

1875 年 3 月 11 日，公社委员拉斯图尔和其他 19 名社员从松树岛逃
到了他们秘密制成的舢板上。不幸，他们由于船翻而全部淹死。[30] 1876
年 11 月 2 日，以阿列曼等为首的 12 名苦役刑犯在努美阿港附近偷取了
一艘拖船，出海逃离。结果被看守发觉。反动当局派"塞德雷"号战舰
疯狂追赶，越狱者被全部抓回，受到法庭严厉判处。[31] 据利沙加勒说，
实际逃跑成功的不到 15 起，[32] 大多数都失败了。但是，流放者的逃跑
反抗，不管是成功还是失败，都给反动当局以沉重打击，揭露了反动当
局镇压流放者的严重罪行，这对于促进法国人民掀起赦免运动起了重大
作用。1876 年以后，国内要求大赦的运动广泛开展，新喀里多尼亚流放
者也一致行动起来，来昂·布尔多等人发出了号召，喊出了"回到法国
去"的响亮口号。[33] 反对迫害流放者的斗争不断深入发展。

新喀里多尼亚岛上的流放者，在保卫自身权利、反抗迫害的同时，
还竭尽一切可能加强与土著居民的团结，努力声援他们的斗争。凡尔赛
政府的阴谋之一，是制造流放者同土著居民之间的隔阂和对立，煽动他
们之间的冲突。但是，共同的命运使他们紧密连在一起。公社委员、教
师维尔杜尔和路易丝·米歇尔对土著居民加纳克人（Canaques）深表同
情，他们利用一部分时间从事土著居民的教育工作，教他们的孩子识
字。当 1879 年加纳克人举行起义以反抗法国当局的残酷压迫时，不少
流放者站在起义者一边，声援土著居民的正义斗争。阿列曼还愤怒指责
总督把两个起义领袖送往巴黎的罪行，并且认识到"起义的真正原因远
不会给所谓的殖民主义者贴金"。路易丝·米歇尔对加纳克人的斗争更
是态度明朗，坚决支持，她说："他们同样也是为了他们的独立，为了他
们的生活，为了他们的自由。我们与他们一起参与起义、暴动，一起夺
取胜利，就好像和巴黎人民在一起一样。"[34] 她还大胆地走进村寨，同

这个部族的首领交谈，启发他们不能一概说"凶恶的白人"，要区别好人和坏人，耐心指出，"在法国，有好人也有坏人。坏人就是那些压迫给富人做工的人民的人。我和我的许多朋友都想从坏人手里夺取政权"[35]，使土著首领认识到被压迫人民之间都是兄弟和朋友。流放者的行动，不仅有力地声援了土著居民的正义斗争，而且完全证明了他们也是反殖民主义的勇士。

流放者们在新喀里多尼亚岛进行的可歌可泣的反抗斗争，是公社革命斗争的继续。他们是公社崇高事业的继承者，他们同散居各国的公社流亡者一道，组成了两股继续向旧世界宣战的重要力量，不断揭露凡尔赛反动派的恐惧不安和残暴真相，向全世界宣告公社社员们还活着，还在坚持斗争！

但是，由于公社惨遭镇压，由于流放地的艰苦环境，一些流放者因经不起考验而产生了灰心丧气、悲观失望的情绪，甚至出现了酗酒、殴斗、自杀等现象。就连公社的英雄战士米歇尔，也受了无政府主义的影响，走上了无政府主义的道路。不过，这只是革命前进道路上不可避免的小插曲。"尽管当局千方百计地贬低流放者，他们并没有丧失自己的荣誉。相反地，他们做出了榜样。"[36]

三

新喀里多尼亚公社流放者的苦难遭遇，受到了国内外人们的深切同情，他们的斗争得到了支持正义人们的广泛声援。从流放的第一天起，这种声援就开始了。1871年11月，当流放开始时，人们自发地涌向港口码头，以同情和友好的敬意送别公社战士。在土伦，人们更是向他们欢呼致意。被流放的社员曾激动地回忆土伦的情景："凡尔赛政府咒骂我们，而你们却赞扬我们。在那里，我们碰到了比我们先来的兄弟，他们说，法国有人为保卫共和而斗争。"[37] 当"奥尔内"号停泊在墨尔本码头时，当地居民为流放者募集了 1500 英镑，可是船长拒绝接济流放者。

1873 年 4 月，里昂资产阶级激进派巴罗德首先在国民议会补选时提出大赦要求，这个提案虽遭到拒绝审理，但产生了很大影响。1875 年 12 月，资产阶级激进派又一次提出讨论大赦的建议，并要求公开投票，再次被拒绝。在 1876 年 2 月的选举运动中，激进党还把大赦要求写进了选举纲领。5 月，国民议会对大赦展开激烈辩论。5 月 22 日，法国著名作家、国会议员雨果在上议院发言"要求大赦"，他说："我要求完全地、全面地大赦。无条件地、无限制地大赦。大赦就是大赦！""镇压既然没有限度，那么大赦也将没有界限！""是平息人们良心震荡的时候了。我要求完全地、无条件地赦免同 3 月 18 日一切有关的人！"[38] 一些资产阶级激进分子要求大赦公社流放者，这在客观上起了重要的进步作用，推动了大赦运动的发展。

新喀里多尼亚流放者的斗争同样得到了公社流放者的大力支持和声援。逃亡在比利时、瑞士和英国的公社战士，都展开了声援流放者的斗争。在英国还组织了公社逃亡者协会。1874 年 6 月，这个协会在伦敦召开会议，决定进行永久性募捐，以接济流放到新喀里多尼亚的公社战士。不久，收集了捐款 3000 法郎。1875 年又募集了 1000 法郎。1876 年 6 月，召开了认捐者会议，公布已开始寄发的募捐款数，并成立了新的委员会，以便继续工作。1877 年 4 月，还建立了一种有实物奖品的摇彩，将摇彩所得的收益用来支持流放者。他们发出号召，指出"委员会向全体流亡者，向和我们有同样政治和社会信仰的各族人民，向那些了解了政治犯痛苦生活感到激愤的人发出号召，要求他们提供生产的产品和其他能够作为摇彩奖品的物品""在千里之外，那些曾经为捍卫人民的利益而遭不幸的人，在铁蹄的蹂躏下缺吃少穿，挣扎在死亡线上，我们，作为他们的兄弟，要使他们永远相信，我们从来也没有把他们忘记掉"。[39] 这个号召性的通报在比利时报纸 *Mirabeau* 和匈牙利报纸 *Munkas-Hetiskronica* 以及一些德国报纸上发表后，立即引起了广泛的响应，很快得到了超过 2000 法郎的奖品。流亡在各国的公社社员有的献出实物，有的不顾政府的禁令，纷纷认购彩票。在俄国，老巴黎公社成员皮迪组织了募捐，总计有 5 块银手表、1 块铜手表和 2 个八音盒。汝拉协会的钟表匠为摇彩专门制作了一块银表，献给流亡者。布鲁日的市民赠送了 4 块金表，伦敦的珠宝首饰工人赠送了价值 1000 法郎的首饰。总计所赠送的礼品约值 25000 金法郎。出售彩票的宣传在各国秘密进行着。在美国，欧仁·鲍狄埃于纽约和"社会劳工党"合作组织了委员会，出售了 5701 张彩票。在德国，尽管政府严厉禁止出售彩票，禁止在报上通报，然而摇彩还是在热烈进行着，*Worwaests* 报编辑曾出售了 504 张彩票，结果被判处 8 天监禁，可是出售仍在继续。比利时、瑞士也在热烈出售彩票。所有这些，都充分表现了声援流放者的国际团结。[40]

在国内外进步力量的声援下，国内要求大赦的运动声势越来越大。以法国工人党为首的工人阶级站在运动的前列。1879 年马赛代表大会后，要求全面大赦的宣传鼓动大大加强。1880 年 4 月 3 日，公社委员弗鲁朗斯逝世纪念日，在拉雪兹神父墓地前举行了工人和工人党的集会。同年 5 月 23 日，在公社墙附近举行了第一次群众性示威，很多示威者虽遭到警察的逮捕，但仍然坚持斗争。工人们还利用合法斗争，选举了前公社委员特兰凯为拉雪兹区参议员。资产阶级共和派眼见工人力量不断壮大，就被迫让步，于 1879 年 3 月实行部分赦免。1880 年，国民议会以 312 票对 136 票的多数，又通过了全面大赦法案，尽管大多数参议员和高级军官反对，仍然在 7 月 11 日正式宣布实行全国大赦，大批流亡者和流放者纷纷返回祖国，流放者近十年的反迫害斗争，终于取得了重大胜利。

公社流放者反对资产阶级反动政府的斗争，是公社革命事业的组成部分，这不仅是法国无产阶级和进步人士反对反动阶级的斗争，也是国际无产阶级反对法国反动派的一场尖锐的政治斗争。这场坚持不懈的英勇斗争表明，"当无产阶级敢于起来捍卫自己的权利时，统治阶级的疯狂暴戾能达到何种程度"[41]，那些口喊"秩序""法律""文明"的凡尔赛反动派，对革命者是绝不会发善心的，无产阶级只有联合起来，通过各种方式的斗争，才能取得胜利；这场长达十年的反迫害斗争也显示了法国无产阶级英雄顽强、宁死不屈、敢于斗争的革命传统。但是，道路是曲折的，斗争是艰苦的。公社流放者的斗争，由于缺乏马克思主义革命理论的正确指导，导致一些人消极悲观，以致蜕化、堕落，另一些人则成了怀疑一切、打倒一切的无政府主义者。这说明坚持马克思主义革命理论来指导思想和行动是何等的重要，否则就会毁灭自己、损害革命事业。

（原载《杭州大学学报》1981 年第 2 期，与戴成钧合作）

注　释

1　《马克思恩格斯全集》第 34 卷，人民出版社，1972，第 188 页。

2　乔治·迪伯：《1789—1790 年的法国社会》，巴黎，1972 年法文版，第 193 页。

3　《马克思恩格斯全集》第 33 卷，人民出版社，1973，第 307 页。

4　雅克·鲁热里埃:《1871 年的自由巴黎》,巴黎,1971 年法文版,第 257 页。

5、6　法国巴黎公社之友协会编《公社》1978 年第 9—10 期合刊,法文版,第 6 页。

7　《公社》1978 年第 9—10 期合刊,第 7 页。

8　《公社》1978 年第 9—10 期合刊,第 10 页。

9　普·利沙加勒:《一八七一年公社史》,柯新译,人民出版社,1972,第 398 页。

10　《公社》1978 年第 9—10 期合刊,第 24 页。

11　《公社》1978 年第 9—10 期合刊,第 25 页。

12　《公社》1978 年第 9—10 期合刊,第 32 页。

13　《公社》1978 年第 9—10 期合刊,第 36 页。

14　《公社》1978 年第 9—10 期合刊,第 44 页。

15　《公社》1978 年第 9—10 期合刊,第 17 页。

16　《公社》1978 年第 9—10 期合刊,第 14 页。

17　贝尔纳·诺埃尔:《巴黎公社词典》(*Dictionnaire de la Commune*)第 1 卷,1978 年法文版,第 200 页。

18　《公社》1978 年第 9—10 期合刊,第 14 页。

19　《公社》1978 年第 9—10 期合刊,第 10 页。

20　热卢鲍夫斯卡娅:《1871 年的巴黎公社》第 2 卷,莫斯科,1961 年俄文版,第 540 页。

21　《公社》1978 年第 9—10 期合刊,第 10 页。

22　伊·阿·巴赫主编《第一国际和巴黎公社》上册,三联书店,1978,第 228 页。

23　普·利沙加勒:《一八七一年公社史》,第 404—405 页。

24　《公社》1978 年第 9—10 期合刊,第 12 页。

25　普·利沙加勒:《一八七一年公社史》,第 402 页。

26　《公社》1978 年第 9—10 期合刊,第 20 页。

27　普·利沙加勒:《一八七一年公社史》,第 406 页。

28　卢利耶:《巴黎公社活动家传略》,中共中央马克思 恩格斯 列宁 斯大林著作编译局译,三联书店,1960,第 205 页。

29　《公社》1978年第9—10期合刊，第16、44页。

30　参见普·利沙加勒《一八七一年公社史》，第408页；热卢鲍夫斯卡娅：《1871年的巴黎公社》第2卷，第541页。

31　《公社》1978年第9—10期合刊，第16页；热卢鲍夫斯卡娅：《1871年的巴黎公社》第2卷，第541页。

32　普·利沙加勒：《一八七一年公社史》，第408页。

33　《公社》1978年第9—10期合刊，第20页。

34　《公社》1978年第9—10期合刊，第22页。

35　卢利耶：《巴黎公社活动家传略》，第264页。

36　普·利沙加勒：《一八七一年公社史》，第408页。

37　热卢鲍夫斯卡娅：《1871年的巴黎公社》第2卷，第539页。

38　《雨果全集》第15卷，莫斯科，1956年俄文版，第613、617、624页。

39　《公社》1978年第9—10期合刊，第92—93页。

40　《公社》1978年第9—10期合刊，第94—95页。

41　《马克思恩格斯选集》第2卷，人民出版社，1972，第332页。

马克思与法国工人党的创立

法国工人党是法国历史上最早出现的无产阶级政党，也是继德国社会民主党之后，在国际共产主义运动史上出现的第二大党。工人党的创立，对法国和国际共产主义运动是一个重要贡献。革命导师马克思曾经十分关注法国工人运动的发展，并对法国工人党的创立作了极大的努力和具体的指导。回顾马克思在法国工人党创建时期的理论和实践活动，总结创建法国工人党的历史经验，仍然具有积极意义。

一

法国工人党的创立是马克思主义在法国长期传播的结果，也是马克思主义与法国工人运动相结合的产物。

长期以来，马克思十分关注法国工人运动的发展，他从 1843 年起，一生中曾先后六次到法国定居、考察，累计时间达两年半。在法国期间，马克思认真研究法国的历史与现状，深入钻研启蒙思想家和空想社会主义者的思想和著作，积极参加法国先进人士和工人的社交活动，关心和支持法国的工人运动，团结和培养法国知识分子与工人群众中的先进分子，撰写法国阶级斗争和工人运动的历史以及有关法国政治、经济、社会等方面的重要著作。马克思的崇高思想和渊博知识，尤其是他那种革命家的大无畏精神，逐步在法国无产阶级先进分子中扎了根。所以，到 19 世纪 80 年代初，马克思的名字已经深深印记在法国工人阶级的心坎里，正如拉法格在致恩格斯的信中所指出的："当前，马克思的名字传遍各地。哪怕是连他的著作一个字也没有读过的人，对于他的学识、他那'钢铁般的'逻辑也推崇之至。"[1]

但是，马克思主义在法国的传播走过了曲折而漫长的历程。在巴黎公社前，马克思的思想和著作还很少为法国群众所了解。马克思的著作最早传入法国是在 1845 年。这一年的 5 月 9 日，他在给德国出版商勒文塔的信中说："请您立即以我的名义并由我出钱……寄三本《神圣家族》到巴黎去。"[2]此书是寄给当时侨居在法国的两位著名德国诗人海涅和海尔维格，以及激进派政论家贝东奈斯的，一般群众不可能见到。1847 年 7 月，马克思的《哲学的贫困》一书在巴黎和布鲁塞尔同时用法文出版，但印数很少，影响不大。[3]直到 50、60 年代，蒲鲁东和布朗基的思想仍然在法国工人运动中占统治地位。

马克思主义在法国的传播，并在法国工人群众中真正产生影响，则是在第一国际成立以后，特别是在巴黎公社失败之后。当时，马克思和恩格斯一起，同在伦敦的公社流亡者保持着密切联系，关心和支持法国无产者及国际法国支部的斗争。马克思还通过第一国际的法国支部宣传国际章程，在报刊上登载国际章程，同歪曲章程的蒲鲁东主义者和巴枯宁进行斗争，促进国际章程在工人中的传播，从而使法国先进工人接受科学共产主义思想。恩格斯在 1871 年 12 月 9 日给拉法格的信中说："我们在法国的情况很好，有二十六家报纸愿意刊登我们的文件。"[4]

与此同时，马克思著作的法文译本也陆续出版。1872 年 6 月，《法兰西内战》法文版在布鲁塞尔出版，发行了9000册。8月，《资本论》法文版以小册子的形式出版了第一分册，发行了一万册。[5] 马克思亲自校对译稿："整段整段地加以改写，以便使法国读者读懂。"[6] 直到1875年5月，《资本论》法文本最后一个分册亦出版发行，至此，《资本论》第一卷法文版全部出齐。该书在法国的出版，"对马克思主义在法国的传播产生了极其重大的作用。法国革命者掌握了这个强大的武器，从而使他们能够以严肃的科学态度来宣传社会主义"。[7] 当时定居在巴黎的德国社会民主党人加尔·希尔施曾在给马克思的信中证实了马克思的《资本论》较为广泛的传播。[8] 希尔施本人也承担了传播的任务，他经常深入巴黎索菲尔咖啡馆和青年小组的同志结识，向他们推荐《哲学的贫困》《共产党宣言》等著作，彼此共同研究、热烈讨论有关政治和社会问题，使科学社会主义理论深入到先进分子中间。后来成为工人党领导人之一的杰维尔，曾在希尔施的帮助下和青年小组的同志共同讨论，写成了《资本论浅释》一书，[9] 使许多革命青年开始懂得"青年就是未来，青年就是力量"，决心"联合起来，为了共同的进步事业而奋斗"。[10] 马克思主义在法国初期的传播，使法国工人运动逐渐摆脱了机会主义的影响，同时哺育了一代杰出的马克思主义宣传家和活动家，其中最优秀的代表就是茹尔·盖得和保尔·拉法格，他们在法国进行了深入的马克思主义宣传。

正是由于盖得和拉法格进一步的在法国无产阶级中间广泛和通俗的宣传，马克思主义才日益与法国工人运动相结合。尽管公社被镇压后梯也尔一伙高喊彻底"埋葬了"社会主义，但工人运动很快从沉寂中苏醒过来，重新开始了斗争。罢工运动不断高涨：1871年为52次，1872年达151次，1873年为44次，1874年为58次，1875年为101次，1876年为102次。[11] 工人中的先进分子在多次惨遭镇压的沉痛教训中，在马克思主义的影响下，开始懂得了组织起来的必要。拉法格说得好："无论是 1848 年还是 1870 年，无产阶级都没有领导革命的准备。无产阶级虽然能夺取胜利，但却不会利用胜利的果实，原因是没有纲领和组织。"[12]第一国际海牙代表大会在总结公社失败的血的教训后，作出了明确的决议："工人阶级这样组织成为政党是必要的，为的是要保证社会革命获得胜利和实现这一革命的最终目标——消灭阶级。"[13]法国无产阶级中的先进分子为了争取本阶级的解放，决心筹建自己的组织，并积极地投入了准备工作。

1876 年 10 月，在巴黎召开了第一次全国工人代表大会，虽然主张合作主义的温和派在会上占多数，但要求组织起来的想法却是共同的。盖得曾对此次大会给予充分的肯定。他说："不管人们用同情还是恐惧的眼光来看这次代表大会，朋友和敌人几乎一致地承认这个代表大会的重要性：第一，这是法国无产阶级第一次得到许可坐在一起开会，并使别人听到它的呼声；第二，这个会议是在五月流血周过了五年之后，在同一个地方举行的；第三，代表们的第一句话，第一个行动，就是为了和一切现存的其他政党区分开来……"[14]这就是说，法国无产阶级中的先进分子已经在下决心为创建一个与一切资产阶级政党完全不同的无产阶级自己的政党而努力。

此时此刻，盖得从比利时回到法国，他决心以德国社会民主党为榜样，肩负起两大任务：向无产阶级宣传科学社会主义，并创立一个工人阶级的独立政党。[15]拉法格也随即从伦敦写信给盖得，希望盖得抓紧创办报纸，宣传科学社会主义，并密切联系群众，为建党做好准备。

1877 年 11 月 18 日，法国第一张宣传马克思主义的周报《平等报》第一期正式出版。在创刊宣言中，盖得公开宣称自己是共和主义者和无神论者，而且首先是社会主义者。他要求实现平等，而且是实现事实上的，而不仅是法律上的平等。为此，他主张对所有制进行改造，明确提出了实行生产资料集体所有制的思想，强调"人类的自然发展和科学发展必将导致人类实现土地和劳动工具的集体所有"。[16] 盖得在此提出的生产资料集体所有，实际上就是马克思提出的社会主义公有制，因为考虑到法国工人的实际水平，才采取集体主义这一用词。这一点，后来拉法格作过说明，他在 1891 年 11 月给一位朋友的信中说："盖得和我，我们开始宣传共产主义理论时，为了不使人害怕，就用集体主义这个词掩盖起来。"[17] 所以，在当时公有制与集体所有制是同义语，是马克思主义在法国的具体运用。集体所有这一思想很快深入工人群众，使它与工人运动相结合，并在工人运动中产生了强烈的反响。《平等报》虽几度被查封，但它宣传的马克思主义却日益为工人群众所接受，革命社会主义小组在巴黎、特鲁瓦、马赛、波尔多和尼姆等地纷纷涌现出来，要求联合起来的呼声继续高涨。马克思、恩格斯高度赞扬了《平等报》，说它"第一次成了真正的'法国的'工人报纸"。[18] 他们还经常为《平等报》撰稿，向法国工人宣传科学共产主义基本原理，批判形形色色的机会主义流派。不久，拉法格也成为该报编辑部成员，几乎在每一期上都发表理论文章。这对促进马克思主义在法国的传播，都起了极其重要的作用。

1878 年 1 月底至 2 月初，第二次全国工人代表大会在里昂举行。会上，社会主义的集体主义派已经作为一股重要的力量出现了，不少代表从巴尔贝勒的合作主义转向了集体主义，走上了社会主义的道路。其中影响最大的是巴黎雕刻工人夏尔·夏贝尔，他曾经是第一次全国工人代表大会的发起人之一，坚决的合作主义者。可是通过本次大会，他的思想发生了根本的转变，他说："我曾长期反对集体主义，但是，现在我认识到个人主义的危险，我有信心说，未来是属于集体主义的。"[19] 马克思主义的集体主义思想已经在会上成为法国先进工人的思想武器。到 1878 年中期，当时巴黎最革命的工人、木匠、裁缝、店员等六个工人合作社，已经成功地转向盖得派的集体主义一边。[20] 对此，连《天主教协会》杂志也不得不承认："在人类的思想史上，也许从没有一种学说在如此短暂时间内，在如此多的困难环境下，竟取得如此迅速的进展。"[21] 由此可见，正是马克思的光辉思想照亮了法国工人运动前进的道路，正是马克思主义理论与法国工人运动相结合，才使法国工人党的创立成为可能。

而当时法国的政治形势，也为法国工人党的创立在客观上提供了有利条件。法国虽然在 1870 年 9 月 4 日的革命中建立了共和国，但是保王势力十分强大，共和制度并未巩固，共和派与保王派之间争夺统治权的斗争异常激烈。资产阶级共和派为了巩固共和政体，把主要精力集中到与保王势力的斗争上，暂时放松了对工人运动的镇压，在工人的斗争下，国民议会顺利地通过了赦免公社社员的法律，使大批公社流亡者和流放者得以返回法国，成为社会主义运动中的骨干力量，其中许多公社战士在创建工人党的活动中起了重要作用。所以，恩格斯曾说，共和派与保王派之间因争夺统治权而出现的政治"危机造成这样一种形势，即使得法国社会主义者有可能通过报刊、会议和工会来进行活动以及组成工人党"。[22]

二

法国工人党是在马克思的直接帮助下创立的。马克思亲自草拟了工人党纲领的理论部分，为法国无产阶级树起了鲜明的马克思主义旗帜。

法国第二次全国工人代表大会后，盖得等人深入巴黎和郊区以及省外的工人区，召开座谈会和举行多种集会，热情宣传马克思主义，评论政治生活中的重大问题，而广大工人群众也急切希望尽快创立自己的政党来领导斗争。正在这个时候，马克思与盖得建立了直接的通信联系。马克思向盖得指出了在法国建党的重要性，希望盖得努力宣传科学共产主义，做好建党的准备。盖得表示完全接受，并付诸行动。可惜我们找不到马克思给盖得的原信，但是，从 1879 年 4 月或 5 月盖得给马克思的回信中可以得到证实。盖得在信中表示：“请您相信，在我这方面，甚至当我在第一国际问题上和您发生意见分歧时，我对《共产党宣言》和《资本论》的作者，总还是表示最热情的钦佩。然而，我今天可以说，如果我当时对您有更深的认识，至少在我这方面，是绝不会产生这种分歧的。因为您在来信中所表达的思想，和我的想法相同——而且我一向是这样想的。我和您一样认为需要暴力，以便朝着集体主义或共产主义方向解决社会问题……我和您一样，确信在考虑采取行动以前，必须进行长期的和积极的宣传，以组织一个党———一支有觉悟的部队。”信中还指出：“我回国以后，就从事创立这个独立的和革命的工人党，照您完全正确的声明，由于行将到来的事件，这个党具有高度的重要性。但是，为使这个党成为独立的和战斗的，一方面应当把工人从资产阶级激进主义影响下摆脱出来，另一方面要说服他们，只有斗争才能得到解放。”[23] 大约与此同时，盖得也和恩格斯、拉法格建立了直接联系。恩格斯在 1879 年 6 月给伯恩施坦的信中谈道，“至于法国的运动，我们不仅同此地的党内同志，而且直接同巴黎建立了联系，一般地说，在国际时期建立的联系从来没有中断过”。[24] 马克思的指示，对盖得思想的发展和建党活动有很大推动。到了 1879 年下半年，罢工运动进一步发展，工团运动也进一步倾向革命，集体主义进一步得到了传播，社会主义组织在各地不断增加，建党条件已经成熟。

1879 年 10 月，第三次全国工人代表大会终于在马赛召开。全国 45

个城市共130名代表参加会议。社会主义的集体主义者在会上占了优势，盖得平时宣传的关于实行生产资料集体所有制的原则和无产阶级必须积极参加政治斗争等重要思想，已为到会多数代表所接受。会议开始后一致宣布把大会的名称改为：法国社会主义者工人代表大会。[25] 会上，集体主义派与合作主义者和无政府主义者展开激烈辩论，最后，以73票对27票的多数，[26] 通过了原则上符合马克思主义的重要决议。指出："私有制是物质上和精神上不平等的根源，它既不能满足人们的愿望，也不能发挥人们的才能；为了人类的集体的利益，大会主张对土地、矿藏、机器、交通、建筑物以及积聚起来的资本统统实行集体所有。"决议还具体分析了为什么必须实行集体所有制，指出这是"由于：（1）赎买的办法、办合作社的办法或劳资合作等，无论在理论上和实践中都已证明是完全无效的；（2）在目前情况下，不论以何种方式征收的累进税或固定税，最后总要落到劳动人民头上；（3）劳资双方互相矛盾的利益冲突中，不可能取得任何的谅解。"决议明确提出："必须采取一切可能的手段实行生产资料的集体所有。"[27] 实际上，他们所说的一切可能的手段，主要是指通过暴力革命的手段，因为在盖得等人看来，在当时不可能用投票来解决所有制问题。

　　为了保证实现社会主义集体所有制即公有制，就必须通过革命，要革命就必须有一个革命的政党，这种建党的迫切心理，大会组织委员会成员、首饰工人让·隆巴尔说得很清楚，他说："我们争得了共和制，但自己却一无所得，在击退失败了的党派的反扑之后，现在不是我们建立自己的党派的时候了吗？"于是，大会一致决定，创立类似德国社会民主党那样的工人政党，并将它命名为"法国社会主义工人党联合会"[28]，即法国工人党，下属六个地区联合会：中央区（巴黎）、北部区（里尔）、东部区（里昂）、西部区（波尔多）、南部区（马赛）和阿尔及利

亚区。中央设执行委员会以联系工作，任期到下届代表大会召开时为
止。法国历史上第一个马克思主义政党，就这样在马赛工人代表大会上
宣告成立。

　　马克思对法国工人党的创立十分满意，他说，"法国真正的工人党
的第一个组织是从马赛代表大会开始建立的"。[29] 马赛大会成为法国无
产阶级进行斗争的一个新的起点。法国无产阶级经过几十年的摸索，终
于有了自己政党的领导，这是无产阶级进行革命斗争的前提条件和争取
解放的根本保证。从这一意义上看，马赛代表大会确实是"永存的"。[30]

　　但是，无产阶级政党要真正带领群众前进，就必须有一个正确的政
治纲领作为全党的行动准则，《平等报》曾指出制定党纲的重要性："党
应该光明正大地讨论这个纲领，以科学的武器击败敌人的攻击，并使纲
领在工厂和农村中实现家喻户晓，然后以最大的忠诚、最快的速度和
最有力的手段把纲领付诸实施。"[31] 为此，工人党成立后，盖得和马隆
等人就立即着手起草党纲的工作。盖得建议把自己早先草拟的《法国革
命社会党纲领草案》作为党的纲领，而马隆以"全部地掌握法国的历史
方法和一般的科学社会主义"自居，反对盖得的纲领，决定自己起草纲
领，让盖得起草纲领的"工业和商业部分"，拉法格起草纲领的"农业
部分"。[32] 由于意见分歧，无法统一，法国社会主义者就推派盖得去请
求马克思、恩格斯的指导。1880 年 5 月，盖得专程到达伦敦，由拉法格
引见，在恩格斯家里与马克思共同商讨了党的纲领。他们四人逐条逐句
进行讨论、修改，马克思还口授了纲领的导言（即理论）部分。后来，
恩格斯曾回忆说，"导言就是在这里，在我的房间里，我和拉法格都在
场，由马克思向盖得口授的"。[33] 正是在无法制定出统一纲领的关键时刻，
马克思亲自参加了党纲的制定工作，为工人党指明了正确的航向。正如
恩格斯所说："马克思由于他在理论上和实践上的成就已经赢得了这样的

地位，各国工人运动的最优秀的人物都充分信任他。他们在紧要关头都向他请教，而且总是发现他的建议是最好的。"[34] 可以想见，要不是马克思的直接帮助，工人党很可能还会在"黑暗中徘徊"。

法国工人党纲领分理论和实践两大部分，其中又分理论、政治和经济三个方面。这个纲领虽然在具体条文中存在着某些缺点和错误，但基本上是马克思主义的，特别是在纲领里提出这样几点：（1）"生产者阶级的解放是不分性别和种族的全人类的解放。"[35] 即无产阶级的最终目的就是在全世界实现共产主义，彻底解放全人类。（2）"法国社会主义劳动者提出努力的目标是从政治上和经济上剥夺资本家阶级，并使全部生产资料归还集体。"[36] 即剥夺资本家，实行生产资料公有制。（3）必须使用无产阶级所拥有的一切手段，夺取政权，实行生产资料的公有制。（4）必须组成无产阶级的独立政党，以领导并保证革命的胜利。（5）提出了近期内，在经济上、政治上必须采取的具体措施，诸如出版、集会自由，取消宗教预算，八小时工作日，男女同工同酬等。

可见，这个纲领既提出了远大的共产主义理想，又规定了眼前的政治、经济等具体要求，同时还指出了斗争的道路和方法。这就使无产阶级既明确了崇高的理想，又找到了正确的方法和具体的措施，使党具有统一思想和行动的前提条件。马克思高度赞扬这个纲领，他说，"这个很精练的文件在序言中用短短的几行说明了共产主义的目的，而在经济部分中只包括了真正从工人运动本身直接产生出来的要求。这是把法国工人从空话的云雾中拉回现实的土地上来的一个强有力的步骤"。[37]

由于盖得固执己见，纲领的具体条文仍然存在着一些错误。例如错误地规定工人的最低工资额，这实际上是拉萨尔"铁的工资规定"的变种，无论在理论上和实践上都是错误的，因为资本家往往把最低工资额变成最高工资额，工人不可能改变其受奴役受剥削的地位。在讨论纲领时，就受到马克思的批评，他严肃指出，"如果法国无产阶级仍然幼稚到需要这种诱饵的话，那末，现在就根本不值得拟定任何纲领"。[38] 而盖得却拒绝修改，后来，恩格斯说："因为对纲领负责的不是我们而是法国人，所以最后我们只得随他的便，虽然他也承认这一点在理论上是荒诞无稽的。"[39] 此外，纲领中关于废除常备军、废除遗产继承权等的提法，也都不够确切、不够科学。

尽管纲领中存在着不少缺点和错误，但对法国的社会主义运动来说，它仍然是一份极其重要的文献，比起德国社会民主党的《哥达纲领》来则前进了一大步，它毕竟是一个奠定于马克思主义原理基础上的纲领。

盖得从伦敦带回这个纲领草案后，于 7 月 18 日在中央区联合会的代表大会上讨论，结果以 100 票对 9 票的多数批准了这个纲领草案。[40] 与此同时，纲领在《平等报》《无产者报》《社会主义评论》上分别公布。工人党的地方组织也纷纷支持这一纲领。仅一个月内，就有 24 个同盟或协会承认了马克思、恩格斯、盖得、拉法格共同起草的工人党纲领。[41] 四个月以后，即 1880 年 11 月，提交在勒阿弗尔（La Havre，旧译哈佛尔）举行的工人党第四次全国代表大会讨论。会上，合作主义者控制了大会，制造了分裂，反对党纲。布鲁斯、马隆等人表面上赞成，暗地里反对。通过辩论，结果以 43 票赞成、10 票反对、6 票弃权通过了党的纲领，马克思主义派取得了胜利。会后，布鲁斯和马隆等人就公开走上反对党的统一纲领的歧途，布鲁斯公然污蔑"这是盖得与其他三位未受选民委托的人物鬼鬼祟祟起草的纲领，因此，它不是法国的纲领，也不是国际的纲领，而是个人的宗派的纲领"[42]，是"从伦敦大雾中带回来的强加于党的统一纲领"，是特殊的教条，是企图把无产阶级引诱进去的狭隘的思想框框。他们集中火力攻击共产主义的远大理想，鼓吹眼前利益，说什么"我只是想得到某些能够立即得到的实际东西，我们不想接受那种根本什么也得不到的'一步登天'的原则"，"我们现在所争取的是为了1881年，而不是2000年"，[43] "我们必须把理想的目标分成好几个阶段，并以某种方式要求立即实现眼前可达到的要求，以便使所有要求最终成为可能"。[44] 他们有意把党的最终目标与目前的实际行动割裂开来，又片面强调用眼前的物质利益来代替并进而取消共产主义的远大理想。因此，他们被称为"可能派"。

　　盖得派以马克思主义为武器，与可能派展开激烈的交锋。一方面，通过《平等报》登载的恩格斯两篇关于《俾斯麦先生的社会主义》的文章与马克思的《哲学的贫困》，从马克思、恩格斯的著作中看到了支持的力量。盖得在给恩格斯的信中说："亲爱的公民！我收到了两篇论德国的文章，同意您指出的条件即不署名刊登。《平等报》编辑部由于您给予它的同情，从您的十分珍贵的合作中得到了新的力量，深感荣幸。"[45] 盖得在《平等报》上进行了广泛的宣传。另一方面，《平等报》向"全体革命者"指出："在我们的队伍里，任何机会主义都没有它的位置。"[46] 盖得在演说中也多次揭露了可能派鼓吹改良主义的谬论，尖锐地指出："你以为资产阶级会自杀吗？不会的，它必须别人去强迫它自杀。"因此，他认为要实行生产资料集体所有，就必须剥夺资本家的财产，而经济剥夺必须以政治剥夺为前提条件，必须通过坚持革命夺取政权。同时，盖得派还指出，无产阶级政党必须有一个正确而统一的纲领，没有统一的纲领，就不会有党的统一行动。党纲的通过，表明一个以马克思主义为指导的法国工人党终于在巴黎站立起来了，它"虽然还处于萌芽状态，但是只有它一个算是站在各种色彩的资产阶级政党对面的"。[47] 盖得派在与合作主义者和可能派的初次交锋中，已经显示出马克思主义的强大生命力，从而为工人党的独立发展奠定了基础。

三

马克思还帮助盖得派为纯洁和维护法国工人党的领导权，捍卫党的纲领，作出了巨大的努力。

勒阿弗尔代表大会虽然通过了党的纲领，但是，它并没有解决工人党的领导权问题，更没有解决如何把纲领贯彻到群众中去的问题。当时，在组织上仍然存在着完全对立的两派。以布鲁斯为首的可能派，在勒阿弗尔代表大会后，开始暗中策划，阴谋夺取党的领导权。他们一方面制造舆论，妄图搞臭党的领导人，在《无产者报》上发表十篇荒谬的文章，污蔑盖得、拉法格等工人党的主要领导人要在党内神化"领袖"，实行"独裁"。另一方面，又伪装公正的面目，叫喊要"建立一个排除独裁的可能性的组织"。[48] 他们以反"独裁"为幌子，发起建立一个法国工人党全国委员会，提出每个联合会派五名代表组成这个委员会。接着，他们又玩弄阴谋手段，笼络多数，在六个联合会中窃取了五个，结果在 30 名全国委员中，可能派占据了 25 名，从而夺得了全国委员会的领导权。

可能派为使窃取的权力合法化，于 1881 年 10 月在兰斯举行的党的第五次全国代表大会上，用同样卑劣的手法，控制全国代表大会，批准了可能派掌握的全国委员会为党的最高领导机关，取代了原来的执行委员会，进而排斥了盖得派的领导。同时，他们还宣布勒阿弗尔代表大会通过的党纲不符合法国"劳动人民多方面的意愿"，并规定各地区有权自行制订纲领，[49] 公然否定了全党必须遵守的统一纲领，公开举起了分裂的旗帜。与此同时，左翼资产阶级政党为了保持在工人中的威望，争取在普选中的胜利，也打出了"保卫社会主义"的旗帜对抗工人党的纲领。

面对可能派的反党活动和资产阶级激进派的欺骗，盖得派在马克思、恩格斯的具体帮助和积极支持下，为维护党的领导权，捍卫党的纲领，进行了坚决的斗争。

第一，在马克思的积极支持下，盖得派无情地揭露了可能派的篡权罪行，坚持了党的统一纲领。为使党员辨明是非，五名盖得派全国委员会成员宣布退出全国委员会，进而驳斥可能派主张各地区有权自行制定党纲的谰言，指出这样做就是要使地方党和中央之间产生"相互矛盾的纲领"，从而取消统一纲领，而全国委员会就是篡夺党权、改变纲领的第一步。因此，拉法格愤怒地指出，"什么全国委员会，这是马隆的阴谋产物，是扰乱和离间党员群众的阴谋机关"，建立这样的全国委员会，"这就意味着把权力交给阴谋家"。[50]马克思对拉法格等人对可能派的揭露表示坚决支持，他说，可能派不过是一伙"以'制造云雾'为生的骗子手"。[51]而且进一步指出，布鲁斯"在著述方面和理论方面是一个绝顶的庸材，却非常善于搞鬼"。[52]恩格斯也一针见血地指出："他们指责别人有独裁的欲望，而自己却不顾党的决议，想在维护'自治'的幌子下实行统治。"[53]马克思主义者的深刻揭露，使可能派的阴谋家嘴脸暴露无遗，使人们清楚地看到，原来可能派大肆散布别人在党内制造"独裁者"的谎言，实际上是要"在我们队伍中拨弄是非，企图把工人党变成资产阶级激进派的社会主义联盟的翻版"，[54]变成可能派手中的工具。因此，盖得派告诫党内同志，必须提高警惕，认清他们的真面目，随时粉碎他们的阴谋，坚持党的正确领导和统一纲领。

第二，在马克思的支持下，盖得派强调党的集体领导权，反对在党内搞个人专权。马克思对个人凌驾于党之上，搞个人专断，一贯深恶痛绝，盖得派在马克思主义的影响下，也坚决反对个人独裁。当时布鲁斯曾写信给拉法格，希望党能设主席职务，并暗示马隆可以担任。拉法格毫不犹豫地回答说："党不需要领袖，党需要的是有干劲的、有头脑和忠诚的人。"[55] 当可能派了解到拉法格"准备坚决抗议任何主席职务"时，他们就反咬一口，胡说拉法格"企图强加一个领袖、独裁者给党"。拉法格愤慨地指出："我认为，党既不应体现在盖得一人身上，也不应体现在马隆一人身上。我力争的是工人阶级的专政，而不是个人的专政。""个人权力是必要的，但绝不是'专权独断'。"[56]

第三，在这个时期，马克思对工人党的最大帮助是支持盖得派与可能派在组织上实行彻底决裂，从而纯洁和维护了工人党的领导权。兰斯代表大会后，可能派利用其窃据的领导权，在党内大搞分裂，任意开除盖得派的党小组和党员，并积极策划召开新的全国代表大会，以便制定和通过机会主义的纲领，最终取代勒阿弗尔纲领。

1882年9月，工人党第六次全国代表大会在圣亚田举行。可能派故伎重演，采取填发空白委托书的卑劣手法，终于在112名代表中窃占了86名。他们妄图操纵多数，迫使盖得派通过机会主义的纲领。因此，两派分裂不可避免。盖得派在会前充分预计到这一点，所以拉法格和盖得事先就深入基层，向党员群众说明真相，"决心做好准备，防止可能派的突然袭击。……要党的小组对我们预料的分裂做好准备，……如果必要，我们就召开一个对抗性的代表大会"。[57] 大会开始后，双方矛盾果然无法调和。盖得派坚持原则，不怕分裂，于第二天毅然退出会场，到鲁昂召开对抗性的代表大会，称工人党第六次全国代表大会，将党的名称正式命名为法国工人党。

马克思、恩格斯坚决支持盖得派坚持原则，与可能派公开决裂的革命行动。恩格斯说："在法国，期待了好久的分裂发生了。……马隆和布鲁斯……牺牲了运动的无产阶级的阶级性，并且使分裂成为不可避免的事。这也好。无产阶级的发展，无论在什么地方总是在内部斗争中实现的，而现在才第一次建立工人政党的法国当然也不例外。"[58] 这就是说，无产阶级政党内部需要团结，但是，还有高于团结一致的东西，这就是无产阶级的党性原则，必须以党的纲领为最高准则，必须团结在共同遵守的统一的党纲基础之上。如果一个政党的领导权被野心家阴谋分子所窃取，他们已经改变或正在改变党的统一纲领，而又无力在党内纠正时，再"宣传团结就是十足的愚蠢"[59]。

鲁昂大会再次明确肯定了勒阿弗尔纲领的正确，并宣布所有地方党组织都必须严格遵守这个纲领，同时还专门通过了一个关于夺取政权的决议，强调无产阶级必须摧毁资产阶级国家，建立工人的革命政权。这样，不仅维护了党的正确政治路线，而且坚持了全党的统一和团结。大会还谴责了可能派的分裂罪行，宣布全国委员会是背叛党的宗派阴谋机关，决定剥夺其权力，并将布鲁斯、马隆等人开除出党，在组织上维护了党的纯洁性，以马克思主义为指导的工人党，实际上得到了重建。

留在圣亚田的可能派，则公开走上了反马克思主义的道路，宣布取消勒阿弗尔纲领，并通过了机会主义的可能派纲领。他们把自己机会主义的宗派组织称为"社会主义劳动者联合会"，也叫"革命社会主义工人党"，实际上，是一个"背信弃义的联合会"。[60] 恩格斯讥讽说："这个所谓的圣亚田党，不仅不是工人党，而且根本不是一个党，因为它实际上没有任何纲领：它至多只是一个马隆—布鲁斯党。"[61] 由于他们直接背叛马克思主义，所以内部不断分化，很快就衰落。

而盖得派的鲁昂代表大会，则标志着法国工人党历史上的一个重要阶段开始，工人党在斗争中最终成立，并开始巩固。虽然在人数上大大减少了，但在组织上却更加纯洁，思想上更加统一，因此，在行动上更加富有战斗力。所以，恩格斯说："暂时处于少数——在组织上——

而有正确的纲领，总比没有纲领而只是表面上拥有一大批虚假的拥护者要强得多。"[62] 对此，拉法格也说过："至于我们目前虽然只有十五个小组，……聚集在我们周围的是些具有坚强信念的人。"[63] 正因为这样，所以工人党在群众中的影响不断扩大，党组织在斗争实践中也不断壮大。这又一次说明，马克思主义具有不可战胜的生命力。

第四，在盖得派与可能派进行公开斗争的时候，马克思、恩格斯坚决站在盖得派一边，恩格斯说："既然现在斗争已经公开进行，当然我们完全同情盖得和他的朋友。"[64] 同时，马克思、恩格斯还经常在斗争策略上给盖得、拉法格以具体指导和严肃的批评，帮助他们在同可能派的斗争中，要掌握时机，有理有节，密切注意可能派的阴谋活动，切勿轻信上当。可是，盖得、拉法格不顾马克思、恩格斯的一再警告，"他们还是一再犯策略上的错误"[65]，以致落入可能派的圈套，使自己脱离群众，陷于孤立。因此，马克思、恩格斯多次严肃、尖锐地批评了盖得派在斗争中表现出来的教条主义、宗派主义倾向和策略上的不够灵活等错误，劝告他们不要"醉心于革命的词句和毫无根据地渴望行动"[66]。由于革命导师的大力帮助，盖得、拉法格等人领导的工人党，基本上是马克思主义的，而且对法国的社会主义运动作出了重要的贡献。

但是，盖得派并不是彻底的马克思主义者，因此，在马克思、恩格斯逝世后，由于认识水平上的主观片面，而理论水平又不高，加上时代条件的局限，他们领导的工人党到了后期，逐步离开了马克思主义的轨道，犯了许多严重的机会主义错误，给法国革命事业造成了不可弥补的损失。这说明，一个政党坚持马克思主义与本国实践相结合是何等重要，而偏离马克思主义又是多么危险！

综上所述，我们认为法国工人党是在马克思主义哺育下和马克思的直接帮助下创立的，也是在马克思、恩格斯的关怀和支持下，并在粉碎了可能派的反党活动后，开始巩固起来的。马克思离开我们虽然已经整整一个世纪，但是他与恩格斯对支持、帮助法国工人党创立的历史经验，诸如无产阶级要取得解放，必须建立自己的政党；无产阶级政党必须以马克思主义为指导，并与本国的实际密切结合；无产阶级政党必须坚持原则，坚决维护和执行统一的纲领，敢于同一切反对党纲、自行其是的宗派集团彻底决裂并展开坚决斗争；无产阶级政党必须加强集体领导，反对党内个人专权；无产阶级政党必须注意将无产阶级的眼前利益与长远目标相结合，永远不能忘记为实现共产主义崇高理想而奋斗的最终目标。所有这些，至今仍然闪烁着灿烂的光辉，激励着每个革命者奋勇前进！

（原载《杭州大学学报》1983 年第 3 期）

注　释

1 《恩格斯与保尔·拉法格、劳拉·拉法格通信集（一）》，北京第二外国语学院法语专业 73 级师生合译，人民出版社，1979，第 249 页。

2 《马克思恩格斯全集》第 27 卷，人民出版社，1972，第 458 页。

3 阿·泽瓦埃斯：《马克思主义在法国的传播》，巴黎，1947 年法文版，第 34 页。

4 《马克思恩格斯全集》第 33 卷，人民出版社，1973，第 359 页。

5 阿·泽瓦埃斯：《马克思主义在法国的传播》，第 41 页。

6 《马克思恩格斯全集》第 33 卷，第 478 页。

7 巴赫等编《第一国际》第 2 卷，山东师范学院外语系俄语教研室译，三联书店，1981，第 258 页。

8 别尔金:《盖得和拉法格为在法国建立工人党而斗争》,1952年俄文版,第119页。

9 别尔金:《盖得和拉法格为在法国建立工人党而斗争》,第119—120页。

10 别尔金:《盖得和拉法格为在法国建立工人党而斗争》,第121—122页。

11 米歇尔·佩罗:《1871—1890年的法国工人罢工》第1卷,1974年法文版,第86页。

12 拉法格:《工人党的纲领:它的历史、绪论和条款》,巴黎,1883年法文版,第52页。

13 《马克思恩格斯全集》第18卷,人民出版社,1964,第165页。

14 阿·泽瓦埃斯:《盖得传》,1929年法文版,第35—36页。

15 克洛德·维拉尔:《盖得派》,1965年法文版,第13—14页。

16 《1870—1975年的法国》,1976年法文版,第40页。

17 克洛德·维拉尔:《盖得派》,第17页。

18 《马克思恩格斯全集》第34卷,人民出版社,1972,第450页。

19 阿·泽瓦埃斯:《盖得传》,第40页。

20 别尔金:《盖得和拉法格为在法国建立工人党而斗争》,第119页。

21 《天主教协会》第10卷,第703页。

22 《马克思恩格斯全集》第19卷,人民出版社,1963,第133页。

23 全文见阿·泽瓦埃斯《马克思主义在法国的传播》,第92—95页,译文参见沈炼之译《茹尔·盖得致卡尔·马克思的信》,《世界史研究动态》1979年第2期。

24 《马克思恩格斯全集》第34卷,第355页。

25 克洛德·维拉尔:《盖得派》,第16页。

26 让·马利·梅也尔:《第三共和国的开始(1875—1898)》,1973年法文版,第98页。

27 保·路易:《法国社会主义史》,1926年法文版,第254页。

28 里果:《法国社会主义史》,1962年法文版,第35页。

29 《马克思恩格斯全集》第35卷,人民出版社,1971,第111页。

30 阿·泽瓦埃斯:《马克思主义在法国的传播》,第98页。

31　《平等报》1878年2月16日。

32　别尔金:《盖得和拉法格为在法国建立工人党而斗争》,第232—233页。

33　《马克思恩格斯全集》第35卷,第224页。

34　《马克思恩格斯选集》第4卷,人民出版社,1972,第424—425页。

35　卡姆·埃里克:《社会和政治:1814年到现在的法国》,巴黎,1977年法文版,第64页。

36　卡姆·埃里克:《社会和政治:1814年到现在的法国》,第65页。

37　《马克思恩格斯全集》第34卷,第451页。

38　《马克思恩格斯全集》第34卷,第451页。

39　《马克思恩格斯全集》第35卷,第224页。

40　阿·泽瓦埃斯:《马克思主义在法国的传播》,第102页。

41　别尔金:《盖得和拉法格为在法国建立工人党而斗争》,第243页。

42　《恩格斯与保尔·拉法格、劳拉·拉法格通信集(一)》,第193页注。

43　阿·泽瓦埃斯:《马克思主义在法国的传播》,第119页。

44　西尔万·安贝尔:《可能派》,巴黎,1911年法文版,第6页。

45　别尔金:《盖得和拉法格为在法国建立工人党而斗争》,第253页。

46　《平等报》1881年12月11日。

47　《马克思恩格斯全集》第35卷,第25页。

48　《马克思恩格斯全集》第35卷,第222页。

49　阿·泽瓦埃斯:《马克思主义在法国的传播》,第123页。

50　《拉法格致霍·梅萨的信》,《历史问题》1978年第11期。

51　《马克思恩格斯全集》第34卷,第451页。

52　《马克思恩格斯全集》第35卷,第222页。

53　《马克思恩格斯全集》第35卷,第249页。

54　《拉法格致〈平等报〉报社小组的信》(1881年11月30日),《历史问题》1978年第11期。

55　《拉法格致布鲁斯的信》,《历史问题》1978年第11期。

56 《拉法格致布鲁斯的信》,《历史问题》1978 年第 11 期。

57 《马克思恩格斯全集》第 35 卷，第 380 页。

58 《马克思恩格斯选集》第 4 卷，第 433—434 页。

59 《马克思恩格斯全集》第 35 卷，第 371 页。

60 阿·泽瓦埃斯:《马克思主义在法国的传播》，第 129 页。

61 《马克思恩格斯选集》第 4 卷，第 431 页。

62 《马克思恩格斯选集》第 4 卷，第 434 页。

63 《恩格斯与保尔·拉法格、劳拉·拉法格通信集（一）》，第 174 页。

64 《马克思恩格斯全集》第 35 卷，第 249 页。

65 《马克思恩格斯全集》第 35 卷，第 267 页。

66 《马克思恩格斯选集》第 4 卷，第 432 页。

试论法国工人党与农民问题

法国工人党是 19 世纪晚期欧洲工人运动中仅次于德国社会民主党的第二大党，也是法国历史上第一个无产阶级政党。该党不仅在宣传马克思主义、领导法国工人运动方面起过重要的作用，而且在争取农民问题上也作出过很大努力。但是，长期以来，我国史学界对法国工人党在农民问题上所作的努力却采取完全否定的态度，认为工人党"一向对农民问题持冷漠态度"，"忽视同盟军的问题"，甚至说工人党"制定了同属机会主义性质的纲领"[1]，"主张保护农民私有制"[2]。这种说法值得商榷。一个无产阶级政党究竟应该如何正确对待农民问题，这不仅是当时国际共产主义运动中一个重大的原则问题，而且至今仍然有着深刻的现实意义。

一 争取农民的重要性和迫切性

在法国，农民是人口、生产和政治力量的非常重要的因素。自大革命以来，法国农业人口一直占全国总人口的绝大多数，即使是在工业革命完成直至进入帝国主义时期也还是如此。例如，1881 年农业人口为

2457.6 万人，占总人口数的 65.2%；1896 年，农业人口为 2350 万人，占总人口数的 60.9%；1911 年，农业人口为 2209.6 万人，占总人口数的 55.8%。[3] 农业人口不仅在总人口中占多数，而且其从事农业生产的人数也远远超过从事工业生产的人员。例如，1856 年，从事农业生产的人员为 730.5 万人，而从事工业生产者为 441.8 万人；1876 年，从事农业生产的人员为 799.5 万人，从事工业生产者为 545.2 万人；直到 1906 年，从事农业生产的人员为 884.5 万人，而从事工业生产者为 593.6 万人，超出近 300 万人。[4] 由此可见，即使到了帝国主义阶段，其农业人口仍然远远超过工业人口，而且占总人口的绝对多数，法国是个道地的农业国。

占人口大多数的农民，常常在政治斗争中造成阶级的优势，起着举足轻重的作用，这一点已经被无数的历史事实所证明。18 世纪末的法国大革命，正是由于广大农民的积极参加，才取得了反封建的伟大胜利。1852 年 12 月，正是由于农民的选票，波拿巴才当了总统，进而又登上皇帝的宝座。而 1848 年巴黎六月起义和 1871 年巴黎公社革命的惨痛失败，都是由于得不到农民的支持，才使无产阶级陷入孤军作战的境地。马克思正是从这种正反两面的历史教训中，总结出了农民对于无产阶级的极端重要性，证明了工农联盟是无产阶级革命成败的关键。到了 19 世纪 80 年代以后，随着法国农民贫困的加剧和阶级斗争的新高涨，如何争取农民更成为无产阶级政党十分迫切的课题。众所周知，到 19 世纪晚期，法国广大农民的地位发生了剧烈的变化，农村中阶级分化加剧，土地愈益集中在大农手里，并且开始出现了垄断组织。例如，1892 年，占地 10 公顷以下的小农户占总农户的 76%，人数虽多，占地却很少；而只占农户总数 4% 的大农场主（占地 40 公顷以上）却占有全国耕地的 47%，即将近一半。农民的小块土地迅速集中在农业资本家手中，从而形成了农业垄断组织。这种农业辛迪加，在 1885 年还只有 39 个，而到 1895 年就达 1900 个。垄断促进了竞争，竞争又加剧了小农的破产，加深了小农的苦难。小农所负担的赋税成倍增长，1830—1885 年的 50 余年中，直接税增加 144.8%，间接税增加 394.5%。[5] 许多小农无力负担，只得出卖小块土地或举债以小土地作抵押，结果抵押债务不断增长：1840 年为 127.1 亿法郎，1876 年上升到 143.7 亿法郎，1906—1910 年则高达 150 亿—200 亿法郎。抵押债务使农民的小块土地名存实亡，而更多的小农则被迫出卖自己的小块土地。据统计，1880—1887 的 7 年内，有 865.8 万起出卖土地的案件，总计出卖了 1571.6 万公顷土地。尤其是农业危机的侵袭，大大加速了小农的破产。在南方各省，1882—1892 年的 10 年中，有 523734 户贫农和中农被剥夺了土地，至少有 300 万小农沦为长工和短工。[6]

19 世纪 80 年代后期，广大农户被迫起来斗争。90 年代初，在法国的中部与南部很快形成了农民运动的两大中心。

在中部，以谢尔省和涅夫勒省的大森林地区为中心，掀起了长时间的伐木工人总罢工。这两个省有 15 万户农业工人和贫苦农民靠出卖劳力过活，一年中有 8 个月忙于农场劳动，而冬天的 4 个月则在森林里劳动，为农场主和森林主耕种田地和砍伐木材。但是，农工们的工资却被不断地削减，80 年代从每天 2—2.5 法郎降至 1—1.25 法郎，90 年代初，每天只有 50—75 生丁。[7]1891 年初，伐木农工拒绝低工资，离开森林区举行罢工。他们成立了罢工委员会，罢工遍及几十个村镇。11 月，他们再次举行罢工，并将临时性的罢工委员会改组成经常活动的工会，领导罢工斗争，给木材商人以沉重的打击。1892 年 12 月，罢工斗争进入高潮，先后有 24 个省的伐木工人同时宣布罢工，并且到处都成立了伐木工人工会，坚持罢工斗争达 4 个月之久，终于取得了局部的胜利，使工资增加了一倍。[8]

在南部，以南方各省的葡萄酒小农为核心，展开了规模巨大的斗争。葡萄酒农因天灾人祸而纷纷破产，在 1882—1892 年的 10 年中，至少有 50 万名酒农破产。他们决心为改善自己的生活而斗争，纷纷成立工会，组织集会和游行，抗议政府过度的压榨。1893 年 12 月，埃罗省3 万名酿酒工人举行游行示威。1894 年 1 月，南方十省派出代表在蒙彼埃举行代表大会，强烈要求提高工资，降低酒税。接着，各地先后举行游行示威和公众集会，愤怒的酒农喊出了"或者是面包，或者是子弹"的口号，还警告统治者，准备"响应巴黎工人的号召，起来推翻你们"。[9]酒农的大规模斗争，迫使政府作出了让步，1894 年 3 月，众议院召开紧急会议，通过了减轻酒税的决议草案。

除上述两个农民运动中心之外，在法国北部、西部地区，农民斗争也时有发生。可以说，到 90 年代初，法国的农民运动已经具有全国规模。这场轰轰烈烈的农民运动具有许多新的特点。第一，法国广大小农中的贫雇农和农业工人成为这次运动的主体和骨干力量，使运动更富有战斗力。第二，农民运动开始走上了有组织的斗争道路，都在罢工委员会和工会的领导下进行斗争。根据农业工会年鉴记载，在 1891 年已有农业工会 900 个，总计会员达 100 万人。[10]第三，广大小农的思想觉悟有了很大的转变。他们深深痛恨资产阶级，开始倾向社会主义，并向工人党靠拢。一些先进农民表示："只有集体主义化的社会主义才能解放劳动人民。"农民运动的高涨和广大小农思想上的转变，使统治阶级惊恐万状。他们悲叹："社会革命在今天完全可能，至于明天则更是充满着威胁和危险。"[11]

农民运动的巨大力量和农民觉悟的转变，迫切需要无产阶级政党去支持和领导广大小农，使农民运动与社会运动相结合。法国的马克思主义者拉法格在当时就指出:"现在在农村里,受到托拉斯的压迫比以前更甚,又重新出现骚动。但是,不论农民发动什么样的运动来推翻资本家的桎梏,只要它不同社会主义运动结合起来,是注定要失败的。"[12]

二 工人党对农民问题的重视和支持

1879年法国成立了工人党,但三年之后,工人党出现了分裂,分成了盖得派和可能派,此外还有布朗基派和独立社会主义者等。显然,社会主义运动处于分裂之中。但是,在这些派别中,唯有盖得派信仰马克思主义,而且在群众中有较高的威望。所以,与各派相比,盖得派是最有条件去解决当时的农民问题的。事实上,工人党(即盖得派)从一开始就注意到农民问题,重视并支持占法国人口大多数的农民。

早在建党初期,马克思主义的传播者盖得就在理论上进行宣传,强调土地公有制的思想。在1877年11月的《平等报》创刊宣言中,盖得写道:"人类的自然发展和科学发展必将导致人类实现土地和劳动工具的集体所有。"[13]这就明确告诉农民,实行土地公有将是不可抗拒的社会发展规律,是科学进步的必由之路,从而指明了小农的光明前途。

1876年和1878年召开的法国全国工人代表大会,还把农民问题列为大会议程之一。代表们热烈地讨论了工人与农民的关系,讨论并肯定了实现土地集体所有的重要性。盖得号召先进工人在农民中传播与无产阶级合作的思想,共同填平资产阶级在工农之间挖掘的鸿沟,为社会主义共和国的胜利进行同心协力的斗争。

1878年,盖得因发起国际工人代表大会而被判6个月监禁。在监狱里,他写出了《法国革命社会主义者的纲领和宣言》,再一次强调了土地公有的思想。他认为,土地的"个体占有方式违背全社会的利益",

因此，"应该重新归社会所有，并且成为社会或国家不可分割的和不可转让的财产，将交给生产者团体自由支配"。[14] 盖得还在这个宣言中向小农反复说明，只有土地归集体所有才会有富裕和幸福。他指出，1789 年农民们得到了小块土地，但实际上并没有获得解放，相反却陷入长期的痛苦之中。盖得主张公开制定一个纲领，使土地公有的思想在工厂和农村中家喻户晓，然后以最大的忠诚、最快的速度、最有力的手段把它付诸实施，用科学的武器击败敌人的攻击，使小农得到真正的解放。

1879 年 10 月，在马赛召开了第三次全国工人代表大会。会上，除正式宣布成立工人党之外，还通过了一项关于生产资料公有化的决议，明确指出："私有制是物质上和精神上不平等的根源，……为了人类集体的利益，大会主张对土地、矿藏、机器、交通线、建筑物以及积累的资本统统实行集体所有。"[15] 决议中强调，要采取一切可能的手段保证实行公有制。关于土地公有的思想，还被工人党明确地写进了党纲。1880 年的勒阿弗尔纲领中是这样写的："生产者只有在占有生产资料（土地、工厂、船舶、银行、信贷机构等）时才能自由"；工人党的"奋斗目标是政治上和经济上剥夺资本家阶级，把全部生产资料归还给集体"。[16] 工人党反复强调土地的公有制，并且指出这是历史的必然，也是党的奋斗目标，这无疑是对法国社会主义运动的一个重大贡献。

盖得派除了在理论上对农民问题进行正确的宣传之外，还批判了蒲鲁东主义者维护小私有制的思想，说明在资本主义的制度下农民必然破产，只有走集体主义的道路才能有光明的前途。

工人党在初创阶段，并没有把工作的重点放在农村，而是放在城市，放在工人群众之中。这样做，完全是当时形势发展的需要，是党在政治上和组织上的需要。因为工人党必须首先在工人群众中进行宣传鼓动，吸收工人中的先进分子入党，以建立和扩大党的组织，从而使党在城市中站稳脚跟，更何况当时的斗争主要是在城市的无产者与资产者之间展开的。此外，工人党当时还缺乏到农村去的必要的人力和物力，因而难以去农村从事宣传活动。可见，当时没有把农民问题列为党的工作重点，这是客观条件的限制，我们没有理由因此而指责工人党不重视农民问题。事实上，工人党的领导人并没有忘记农民问题，拉法格曾明确地说："把农民争取到革命方面来，在法国是社会主义政党的重大任务之一。"[17] 党的活动家泽瓦埃斯的话也是最好的见证，他曾说："党没有忘记也不可能忘记，除了机器的奴隶之外，还有更多的比较分散的土地的奴隶，有朝一日，当自己的力量足够强大的时候，要把他们吸引到党的周围。"[18]

从 80 年代后期到 90 年代初，随着农民运动的兴起，工人党逐步将农民问题列入党的工作日程，把工作重心转移到农民问题上，从理论宣传转而进行实践活动。党的主要领导人拉法格、盖得等都亲自深入农村，向农民进行广泛的社会主义思想宣传，并积极支持农民运动，为农民争取眼前利益，从而使广大小农不断倾向社会主义。党的基层组织也在农村进行广泛的宣传工作，有一位年仅 19 岁的工人党党员，从 1885 年到 1888 年在马恩省农村进行了整整三年的宣传鼓动工作和调查研究，还写出了《香巴尼的革命》一书，号召农民组织起来，粉碎酒商和酒厂厂主的种种压榨阴谋。与此同时，工人党在中央机关报上也不断刊登文章，指明农民的斗争方向。1891 年，《社会主义者报》多次发表文章，具体揭露法国中部伐木工人贫困的惨状，并指出贫困的真正原因在于资本主义制度，说明现行政府的政策是保护资本家利益的政策。1892 年12 月 11 日，该报发文再次明确写道："为职业斗争而组织起来的谢尔和涅夫勒两省的伐木工，必须为政治斗争组织起来，必须懂得：只要他们手中还没有社会政权，现行的政权就将反对他们，就将和你们的剥削者干共同的勾当。"[19]

由于工人党在农村中进行广泛的宣传鼓动，广大小农的觉悟有了普遍的提高。中部谢尔省的农民在全省伐木工人联合会上通过的决议中明确提出："通过必要的措施以保护伐木工人的权益，反对剥削者和反对用各种手段支持剥削者的当今政府"，"痛斥现政府成员的可耻行为"。他们认为，农民觉悟的提高应归功于工人党的宣传，因此，他们感谢工人党的所有成员，感谢工人党在全国各地进行的工作，呼吁大家沿着工人党指明的道路前进。广大小农已经被社会主义思想所吸引，他们开始从经济斗争转向政治斗争，积极支持工人党的市政选举。1892 年各地的市政选举中，有 736 名工人党党员当选为地方的市、镇议员。

三　工人党解决农民问题的实践步骤

工人党在农村进行广泛宣传鼓动的基础上，还对农民的要求进行了全面、细致、深入的调查。

党中央的领导机关——全国委员会专为农民问题广泛征求各地农民及有关人士的意见，向所有农业区域的社会主义团体和农村的积极分子发了约 10 万份调查表。党中央根据从全国各地反映上来的农民的想法和要求，进行分析研究，制定了专门的土地纲领草案，并提交 1892 年 9 月在马赛的工人党第十次全国代表大会讨论，还破例邀请农民代表参加党代表大会，共同讨论广大农民十分关心的重大问题。拉法格称这次代表大会是工人党历史上"重要的里程碑"[21]，代表们在认真讨论的基础上，第一次通过了党的土地纲领草案，它立即得到农民的广泛支持和坚决拥护。接着，又对此进行了修改补充，并于 1894 年 9 月在南特召开的工人党第十二次全国代表大会上正式通过。

　　法国工人党的这一土地纲领究竟是一个机会主义的纲领，还是一个适合法国国情的社会主义纲领呢？只要全面分析土地纲领的内容，就会发现，这是一个基本正确的纲领。第一，这个纲领是通过全面调查之后，从小农在法国占优势这一实际情况出发制定的，因此，它完全符合法国国情。这是"落实团结农民政策的一个实践关键"，充分体现了法国这个"小农经济的典型国家"[22]的特点。第二，土地纲领的18条具体内容，大多反映了法国广大农民的近期要求，代表了农业工人、小农和佃农等各类农民的利益，因此，理所当然地受到广大农民的欢呼和支持，南方各省的广大农民还把这个纲领看作他们的"福音"。第三，土地纲领继续肯定了党的总纲所规定的土地公有制的原则，强调在社会主义共和国里"土地归还给国家"，同时指出在资本主义社会里小块土地所有制将"不可避免地注定要灭亡"，"劳动和社会的解放只有靠城乡劳动者组织起来和共同努力。夺取行政和立法的权力才能实现"。[23]这样，工人党把农民的解放与建立城乡工农联盟和夺取政权联系起来，这不仅与过去工人党的一贯思想相一致，也是基本上符合马克思主义原则的。所以，当有人指责工人党的土地纲领与自己的理论相矛盾时，泽瓦埃斯作为党的领导成员之一，挺身而出进行驳斥，他说："土地纲领不但与社会主义的基本学说没有矛盾，而且和党以往的策略也没有矛盾。"[24]他还驳斥了制定土地纲领纯粹是为了多捞选票的无稽之谈，指出党对小农的一贯思想不是去加速其灭亡，而是帮助它尽可能保护自己的小块土地，从而改善自己的生活，以便进一步为夺取革命的胜利做准备。工人党根据法国一百年来一直存在着小块土地所有制的事实，提出将保护小块土地所有者的利益作为眼前争取的目标，这在资本主义社会一定时期内也是可能做到的。所以，从整体、全局来看，土地纲领是基本正确的，其积极意义是主要的。

当然，无可否认，土地纲领也存在着错误，而且有的地方还背离了社会主义原则，这突出地表现在以下两点。第一，过分强调小农的眼前利益，强调党的迫切职责是保护农民的小块土地，忽视了长远的根本的利益，迎合迁就了农民的私有心理。拉法格甚至违心地提出与过去自相矛盾的观点，说："社会主义政党在取得政权后并不想妨碍农民私有主安静地占有他自己……的小块土地。"[25] 这就使人们误认为小农可以永世长存，带着小块土地所有制也可以获得解放，这就偏离了小农在革命胜利后应走的合作化道路。第二，纲领把农民看作受压迫的整体，却不进行阶级和阶层分析，也不作区别对待，以至为资本主义性质的富农进行辩解，对富农的剥削意图让步；更严重的是，纲领把封建土地所有制看作党在农村中的主要敌人，说什么要联合各类农民，"一起反对封建土地所有制这一共同敌人"。[26] 在当时的法国，资本主义类型的农业耕种达 80% 以上，封建土地所有制已微不足道，工人党却仍然把反封建作为主要任务，显然是舍本逐末，颠倒主次。此外，纲领的具体条文中也存在着错误。例如，条文中要求规定农业工人的最低工资限额，这其实是拉萨尔观点的翻版，因为农业资本家往往会把最低工资额变成最高工资额。

正是由于纲领中存在着错误，其才引起了恩格斯的重视，他除了写信不断指出工人党土地纲领中的错误之外，还专门写了《法德农民问题》一文，在指明小农光辉前景的同时，尖锐恳切地批评了土地纲领中的机会主义错误。恩格斯认为，必须把生产资料公有制"作为应当争取的唯一的主要目标"，"你们企图在小农的所有权方面保护小农，这不是保护他的自由，而仅仅是保护他被奴役的特殊形式而已；这是延长他的求生不成求死不得的状况"，是"根本违反社会主义的基本原则"的。[27] 恩格斯甚至气愤地指出，法国工人党"为了一时的成就准备牺牲党的未来"，这是愚蠢的。[28] 为了纠正土地纲领中的错误，即小农在资本主义社会里不可避免地将走向灭亡，但无论如何不要以自己的干预去加速其灭亡，社会主义者应该带领小农夺取政权，然后通过示范和社会帮助，耐心地引导他们自愿地逐步走向合作化的道路，促进土地私有制向集体所有制过渡。同时，提倡农副结合，使集体农民能够经营各种副业生产，这是小农摆脱贫困的唯一正确的途径。[29] 但是，恩格斯这篇重要文章并没有全面评述工人党在农民问题上的功过。因此，我们不能以此文为依据，断定法国工人党的土地纲领就是只顾农民眼前利益的机会主义纲领，从而完全否定土地纲领的积极意义。这样理解就偏离了恩格斯的本意，也违反了《法德农民问题》的基本观点。事实上，恩格斯没有全盘否定过土地纲领，更没有说过土地纲领是机会主义纲领。相反，他在《法德农民问题》一文中，曾多处肯定了工人党的土地纲领。例如，恩格斯在分析土地纲领的具体条文之后明确指出："我们说这一些，只是为了说明纲领的特征，决不是要责难它，——而是恰恰相反。"接着，恩格斯写道："利用一切纲领，党在法国各个不同地区的农民中间都获得了很大的成功"，"法国纲领的原理是绝对正确的"。[30]

可见，恩格斯在《法德农民问题》中，既肯定了土地纲领的正确面，又严肃地批评了其中的错误观点。恩格斯本来不打算公开批评"南特土地纲领"，只是由于德国社会民主党内以福尔马尔为首的机会主义者在德国滥用这个纲领，扩大和发展了其中的错误观点，并制定了一个充满机会主义观点的德国党的土地纲领，把小农进一步说成社会主义农业的基础，表示要永远保护小农的小块土地。而且说，这是得到恩格斯赞同的。对此，恩格斯十分气愤，为清算德国社会民主党的这一机会主义的说教，才发表此文，对错误观点作了系统的批评，以表明自己对农民问题的态度。这并不能证明"南特土地纲领"就是机会主义纲领。

应该看到，法国工人党的土地纲领是欧洲乃至世界历史上无产阶级政党制定的第一个土地纲领，即使有很多的错误，后人也不应苛求它，相反，它说明法国工人党在实践上已经注意到去努力解决农民问题，说明工人党对农民问题的重视。遗憾的是，当时法国工人党并没有听取恩格斯在《法德农民问题》一文中所提出的正确方向，在实践中认真地解决法国的农民问题。

四　工人党未能最终解决农民问题的原因与教训

照理，法国工人党在恩格斯的直接帮助下，完全可以在实践中改正土地纲领中的错误，使农民问题得到圆满解决，但事实上工人党既没有接受恩格斯的建议和批评，又没有进一步根据法国的实际情况灵活地运用恩格斯提出的原则和方法，反而在对待农民问题上明显地走上了机会主义的道路。这是什么原因呢？

其根本原因就在于工人党还不是一个彻底的马克思主义政党。工人党始终没有完全形成一个坚强的领导核心，领导成员的马克思主义水平不高。一贯宣传马克思主义的盖得，在思想深处隐藏着各种机会主义的思想残余，并时有暴露。拉法格虽然称得上是法国最好的马克思主义者，却有严重的教条主义习气，而且在90年代后又开始摆脱党务转向学术著述。党的理论家杰维尔也在许多地方把马克思的个别论点绝对化，用简单、僵化的观点宣传马克思主义，且逐渐脱离党的政治活动。此外，如多尔莫瓦、特鲁尔、瓦莱尔等党的重要领导人又先后去世，这就严重削弱了党的领导力量。而且，党的领导成员对农民问题分歧严重。例如，杰维尔坚决主张社会主义者当政后，必须立即剥夺小农的小块土地，而拉法格虽然坚决反对，却未能说服对方，更无力作出统一的决断，也提不出对农业实行社会主义改造的具体方案，致使农民问题未能找出正确的解决办法。

工人党也没有形成一条始终如一的坚定的政治路线。90 年代以前，工人党一直坚持通过暴力革命实现无产阶级专政的政治路线。可是，90 年代以后，随着社会主义者在议会选举中取得的胜利，它不是冷静地坚持暴力与合法斗争的两手政策，而是被选举胜利冲昏了头脑，开始迷恋于议会选举，把议会选举看作夺取政权的唯一手段。尤其是盖得，他从鼓吹暴力转为咒骂暴力，说什么党使用暴力来达到自己的目标是残酷的；他片面歌颂议会选举的胜利，称"选举是一次真正的革命，是将使你们成为自由人革命的开始"，[31] 党内的许多成员也随声附和。这样，工人党就逐渐背离了自己过去的诺言，以至对正在掀起的农民运动也采取了错误做法。盖得曾带头反对农业工人的罢工斗争，说"罢工是一把双刃刀，使用时非常危险"，[32] 单纯提倡合法的议会选举，把轰轰烈烈的农民运动纳入了议会主义的轨道。当资产阶级恶意宣传工人党一旦当政，农民的小块土地就会被没收时，工人党不是阐明党的政策，而是害怕小农倒向资产阶级一边，结果违背原则，匆忙向小农声明：工人党绝不剥夺小块土地，即使夺取政权后，也不会去打扰"用自己的汗水灌浇的小块土地上耕种的小农"，甚至不惜从蒲鲁东主义的武库中找出片言只语为自己的错误辩解，说什么"哪里劳资双方携手并进，哪里的财产就神圣不可侵犯"，[33] 公然使党成为机会主义观点的传声筒。工人党这种违心地欺骗小农的做法，说明他们对广大小农的革命积极性并没有真正的认识，不懂得只要正确地宣传引导，小农必然会与无产阶级站在一起共同反对资本的统治，彻底粉碎资产阶级的阴谋诡计，夺取革命斗争的胜利。

法国工人党在当时的大好形势下，未能正确解决农民问题，其教训是深刻的。这说明，无产阶级要真正解决农民问题，必须有一个坚定的、统一的马克思主义政党的领导，这是一切事业成败的关键，也是正确解决农民问题的保证。同时也说明，在农民的国度里，对待农民问题不只是策略问题，更是事关全局的战略问题，无产阶级政党必须冲破一切旧的私有观念，摆脱旧的习惯势力，制定出切实可行的方针政策，坚持眼前利益与长远利益相结合的原则，绝不要为了一时的成功而忘记原则，迎合小农的私有观念；否则，不但不能争取农民建立巩固的工农联盟，反而会使党走上蜕变的道路。

（原载《世界历史》编辑部编《欧美史研究》，

华东师范大学出版社，1989）

注　释

1　中国人民大学国际政治系编《国际共产主义运动史》，中国人民大学函授学院，1985，第 398 页。

2　王荣堂主编《世界近代史》下册，吉林人民出版社，1984，第 64 页。

3　布罗代尔等：《法国经济社会史》第 4 卷，巴黎，1979，第 101 页。

4　迪比：《法国史》第 3 卷，巴黎，1972，第 17 页。

5　苏联科学院：《近现代史学术论丛》第 3 期，莫斯科，1957，第 10 页。

6　苏联科学院：《近现代史学术论丛》第 3 期，第 16 页。

7　L. 罗贝兰：《谢尔省和涅夫勒省的伐木工人》，巴黎，1903，第 86 页。

8　《1892 年罢工统计》，巴黎，1893，第 17 页。

9　《社会主义评论》1894 年 3 月号，第 287 页。

10 热拉尔·瓦尔特：《法国农民史》，巴黎，1963，第 421 页。

11 《法国经济学家》1893 年 8 月号，第 265 页。

12 拉法格：《美国托拉斯及其经济、社会和政治意义》。

13 克维斯蒂：《1870—1975 年的法国》，巴黎，1976，第 40 页。

14 阿·泽瓦埃斯：《1871 年后的法国社会主义》，巴黎，1908，第 31—32 页。

15 保·路易：《法国社会主义史》，巴黎，1908，第 254 页。

16 埃·卡姆：《1815 年以来的法国政治和社会》，巴黎，1977，第 65 页。

17 国际共运史研究室编《拉法格文选》（上），人民出版社，1985，第 257 页。

18 阿·泽瓦埃斯：《1871 年后的法国社会主义》，第 105 页。

19 《社会主义者报》1892 年 12 月 11 日。

20 《1893 年工人党年鉴》，第 68 页。

21 《拉法格文选》（下），第 32 页。

22 《马克思恩格斯选集》第 4 卷，人民出版社，1972，第 299 页。

23 阿·泽瓦埃斯：《1871 年后的法国社会主义》，第 183—184 页。

24 阿·泽瓦埃斯：《1871 年后的法国社会主义》，第 108 页。

25 《拉法格文选》（上），第 422 页。

26 阿·泽瓦埃斯：《1871 年后的法国社会主义》，第 422 页。

27 《马克思恩格斯选集》第 4 卷，第 302、303、305 页。

28 《马克思恩格斯全集》第 39 卷，人民出版社，1974，第 308 页。

29 参见《马克思恩格斯选集》第 4 卷，第 310、312 页。

30 《马克思恩格斯全集》第 22 卷，人民出版社，1965，第 570—571、580 页。

31 阿·泽瓦埃斯：《茹尔·盖得》，巴黎，1928，第 121 页。

32 《社会主义者报》1892 年 2 月 7 日。

33 苏联科学院：《近现代史学术论丛》第 3 期，第 90 页。

论德雷福斯案件

德雷福斯案件是 19 世纪末法国政治生活中出现的一起震惊全欧洲的大冤案。它对当时法国的政局产生了重大影响。

案件发生的历史背景

德雷福斯案件的出现，是当时法国严重的政治危机和精神危机的反映。

19 世纪 90 年代，法国逐步向帝国主义阶段过渡，社会经济和政治生活发生了急剧转变。随着 90 年代中期的工业发展，资产阶级，尤其是大资产阶级的经济实力加强了。1873—1891 年，10% 的人掌握了总财富的 92.8%。1894—1895 年，年收入在 10 万法郎以上的有 3000 人，握有的总金额达 37200 万法郎，而年收入在 2500 法郎以下的有 9509800 人，握有的总金额仅为 1234200 万法郎。工业资本家、银行资本家与国家高、中级官员形成了资产阶级新权贵。旧贵族尽管在政治上已失去了地位，但在经济上仍有很大实力，他们往往是矿业或其他公司、银行的大股东。新旧剥削阶级融为一体，向广大农民和无产阶级发起了新的进攻。

90 年代的法国，农村人口仍然占优势。由于八九十年代持续的农业危机，农民生活日趋贫困。在诺尔省农村，有 25 万人靠慈善机构的救济为生。无产阶级的劳动条件日益恶化，工作日一般是 10—12 小时，有的长达 16—17 小时。女工的工资比男工少一半。当时法国几乎没有什么有效的社会立法，工人的物质生活和民主权利得不到应有的保障。因此，国内阶级斗争和政治斗争日趋激烈。

法国无产阶级与资产阶级展开了新的斗争，出现了工人运动的高涨。1890 年，法国工人响应第二国际的号召，举行了历史上第一次"五一"示威游行。1891 年 5 月 1 日，里昂的示威群众与军队发生了激烈的殴斗。在诺尔省的工业小城富米尔，在法国工人党号召下，工人们也举行了"五一"游行示威。企业主和政府当局慌忙从边防军第 84 团、第 145 团各抽 2 个连队到富米尔。游行群众与军队发生了冲突，军队开枪射击，10 名工人被打死，30 人受伤。但是，富米尔屠杀并没有阻止罢工运动的发展。5 月 25—27 日，巴黎公共汽车、电车驾驶员和售票员 7000 人罢工，要求增加工资，缩短工时。1892 年 8 月 15 日，卡尔莫煤矿 3000 名工人宣布罢工。总理卢贝派兵 1200 人前往镇压。工人坚持斗争 3 个月，终于取得了胜利。煤矿公司经理、保皇派索拉热被迫辞去阿尔比第二选区的议员。翌年 1 月，社会主义者饶勒斯取代索拉热当选为议员。1893 年，罢工运动达到了高潮，1871—1892 年平均每年罢工 157 次，而 1893 年一年就达到 634 次，有 17.2 万人参加，是 1870 年以来罢工最多的一年。

随着工人运动的发展，法国社会主义运动愈来愈在政治舞台上显示出它的力量。法国工人党的队伍扩大了。它的党员由 1889 年的 2000 人增加到 1893 年的 1 万人。社会主义各派联合的倾向也有所加强。在

1893 年的议会选举中，社会主义各派获得了 60 万票，有 50 名社会主义者当选为议员。这是社会主义派空前的重大胜利。

工人运动和社会主义运动的迅速发展，使法国统治集团非常害怕。资产阶级的温和共和派政府日趋反动，公开宣称"社会主义就是敌人"。此后颁布两项"最恶毒的法律"，禁止出版自由，加强镇压措施，矛头直指社会主义。同时，竭力鼓吹与教会妥协的"新精神"。1894 年 3 月初，卡西米尔－佩里埃内阁的宗教部长西皮勒公开扬言，现在是"同一切狂热作斗争，反对一切宗派的时期"。他向教会表示："你们能够依靠政府的津贴以维护国家的权利。在'新精神'下推动法国社会的一切公民趋于和解。"6 月，卡西米尔－佩里埃当了总统。议会中的社会主义党团向全国发表声明，反对这个反动的奥尔良分子为总统，高呼"打倒反动派"。9 月 20 日，《喧闹报》发表题为《打倒卡西米尔》的文章，最后指出："今天，公民们在他路过时沉默不言，明天，将响彻人民的呼声：'打倒卡西米尔！''劳动者的共和国万岁！'"经过几个月的激烈斗争，卡西米尔－佩里埃被迫辞职，大皮革商费里克斯·富尔继任总统。此后，法国政治舞台上，派别斗争激烈，内阁更迭频繁，政治危机重重。随着巴拿马丑剧[1]的发生，共和派威信扫地，全社会动荡不安。一些保皇派和教权派趁机利用民族主义和反犹主义来反对共和制度。

在法国，自从在普法战争中失去了阿尔萨斯、洛林之后，长期以来普遍存在着对德复仇情绪，因此，民族主义猖獗一时。反犹主义则成为民族主义的重要表现。而法国军队就成为反犹主义、民族主义的重要阵地。保皇派面对共和制度的胜利，并不甘心退出政治舞台。在 1893 年选举中，七月王朝的后裔巴黎伯爵利用一切手段，甚至从自己的私人资金中拿出 250 万法郎，供沙文主义的布朗热分子从事选举活动，妄图重登皇位。保皇派残余势力在教会、军队中窃居要位。如总参谋长布瓦代弗尔是著名的保皇党人和教权主义者。情报处长桑德埃尔是狂热的反犹主义者。他的助手亨利也是个反动的反犹分子。陆军部长梅西埃尔是个不学无术的教权主义者。这些反动军官都充满了反犹主义情绪。虽然法国的犹太人总数不多，但在法国的社会生活中影响很大。由于法国的犹太人曾积极地参加了普法战争，因此，犹太人团体发展很快，其成员由1870年的4万人增加到1894年的8万人。军队里的犹太军官也有相当数量，约有500人。犹太人在法国经济界，特别是在金融界更拥有强大的实力。犹太资本家与法国的资本家集团常常发生尖锐的冲突。法国军队中的高级军官眼看犹太军官迅速增加，产生了严重的不满和仇视。犹太人成了当时民族主义、教权主义、军国主义的主要危险。德雷福斯案件就是在这种错综复杂的情况下发生的。

德雷福斯案件的发生

阿尔弗莱德·德雷福斯（1859—1935）出生在阿尔萨斯省牟罗兹镇一个犹太血统纺织厂主家庭。因为家乡被普鲁士侵占，从小就有强烈的爱国感情。他11岁立志从戎，想当一名爱国军官。1892年以优异成绩毕业于圣·西尔陆军学校后，进入陆军部总参谋部，任上尉见习参谋。1890年4月，他和巴黎珠宝商的女儿露西耶·阿达马尔特结婚。他们有两个孩子。1894年，德雷福斯被诬告为出卖祖国的间谍，蒙受不白之冤达12年之久。

冤案的编造是十分离奇的。1894年9月中旬，在德国驻巴黎大使馆充当女仆的法国侦探巴斯蒂安，在德国武官冯·施瓦茨科本上校办公室的废纸篓里，发现了一张被撕成碎片的便笺，既无日期，又无署名，上面开列了5项有关法国国防机密文件的清单，记有：（1）120毫米口径大炮水压制动器及其性能的情报；（2）关于边防部队部署的情报（按新的作战计划会有一些变化）；（3）关于炮兵部队部署变动的情报；（4）关于马达加斯加的情报；（5）野战炮发射说明书草案（1894年3月14日）。这就是被人称为向德国间谍提供情报的"清单"。

情报处副处长亨利少校获得清单后，明知这是出于他的同伴埃斯特拉齐少校的手笔。可是，他隐瞒真情，于9月25日向情报处军官出示了这一清单，商议侦破事宜。四局局长法布尔上校认为清单的字迹与德雷福斯相似，立即逐级上报总参谋长布瓦代弗尔将军和陆军部长梅西埃尔将军。梅西埃尔指示法布尔派巴蒂·德·克朗少校查明清单真相。因为德雷福斯是犹太人，他就以笔迹雷同作为依据，向他的上级报告德雷福斯就是罪犯。亨利为掩护自己，拼命散布谣言，使人相信德雷福斯的罪行是无疑的。然而，鉴于德雷福斯的平日表现，陆军部的另一些军官向梅西埃尔建议：在掌握确凿证据之前不要表态。于是，陆军部又装模作样请了一些笔迹专家鉴定。10月13日，法兰西银行的笔迹鉴定专家戈贝尔提出了报告，认为"笔迹有明显差别"。可是，同一天，在上司的授意下，警察局鉴定处的阿尔方斯·贝蒂荣却提出了相反的报告，认定"明显出自同一手的笔迹"。陆军部长梅西埃尔就以后一种意见为根据，单独会见总统卡西米尔－佩里埃、总理迪皮伊，并在内阁会议上断言犹太军官德雷福斯有罪。10月15日，陆军部长下令逮捕德雷福斯，并由巴蒂·德·克朗负责进一步调查。

在德雷福斯被捕的当天中午，他们搜查了他的家，德·克朗威胁德雷福斯的夫人说："一个字，哪怕是泄露一个字，都将给你的丈夫带来无法挽回的损失，拯救你丈夫的唯一方法就是沉默。"德·克朗还到监狱对德雷福斯进行逼供、诱供。与此同时，巴黎警察局奉司法部指令，又指派3名鉴定人对笔迹进行新的鉴定，仍然说法不一，得不出一致结论。

这时，亨利为把罪责强加到德雷福斯头上，向反犹报和天主教报泄露了正在侦查中的案件情况，进一步断定德雷福斯犯罪属实。

10月29日，反犹主义的《自由言论报》发表短文，谴责道："最近，依照军事当局指令逮捕了一名重要的权势人物是真的吗？被捕人被控为侦探。如果消息属实，军事当局为何保持沉默？"11月1日，大多数报纸都披露了德雷福斯的姓名。《自由言论报》则登出大字标题"大背叛，犹太军官德雷福斯被捕"。梅西埃尔也于11月17日、27日，两次向《晨报》《费加罗报》的记者公开宣布德雷福斯的犯罪是无可争辩的。

11月中旬，第一军事法庭开始审理德雷福斯案件，共提审了12次，于11月29日结束。每一次审讯，德雷福斯都严正表明自己没有犯罪，并对所提问题作了准确无误的回答。12月19日，军事法庭不顾德雷福斯辩护律师德茫热的反对，决定进行秘密审判。亨利以所谓证人的身份出庭作证，一口咬定德雷福斯有罪。辩护人德茫热据理辩驳，表示没有证据不能服人。庭长蛮横打断律师的讲话，表示"他不需要任何证据"，并威胁律师"不再允许你继续这样做""我要逮捕你"。接着，庭长以"任意决定权"宣布休庭。判决之前，在没有任何旁听的情况下，陆军部向法庭送来了保存在参谋部的"密档"，里面有几份材料，其中提到"我会见了那个叫D的家伙，他要我随信附上12份关于尼斯的地图"。其实，稍后发现这完全是一种栽赃。"D"是指交地图的"杜波依斯"，而且原信本无日期，估计是1892年或1893年发的，可是却伪造为1894年3月。法庭就以捏造的材料为依据，于12月22日判处德雷克斯终身流放。

1895年1月5日，德雷福斯被正式革除军职。但是，他毫不畏惧地表示："我对我的妻子和孩子起誓，我是无罪的。法兰西万岁！"4月中旬，德雷福斯被押送到法属圭亚那附近的魔鬼岛服刑，囚禁在简陋的石砌小屋里，艰难地煎熬了1500多天。

争取重审的斗争

德雷福斯在被提审的最初日子里，完全与世隔绝。只是到了12月初，即被捕7个星期之后，才被允许给他妻子写信。12月6日，他在给妻子的第一封信中表示，对强加在他头上的莫须有罪名深恶痛绝，决心保持自己的理智，维护自己的名誉，要找出那出卖祖国的小人，对待这叛徒的惩罚将是无情的。以后，他不断给妻子写信，表示："站在战友面前的我，将是一名无愧的、无懈可击的战士"，"我已把自己所有的力量和能力献给了祖国，我因此而无所畏惧"。

德雷福斯的妻子露西耶、兄弟马蒂厄·德雷福斯都坚信德雷福斯是无罪的，并为重审这个案子，为恢复德雷福斯的名誉，进行了长期的、艰苦的努力。1894年12月30日，他的妻子鼓励他说："你必须坚强、果断，永远也不要灰心丧气"，"你切不可自我折磨，我们全都一心一意，同心同德地致力于这件事，你可以完完全全地信赖、依靠我们"。马蒂厄·德雷福斯原来也是个军官，是棉纺厂主，在社会上有一定影响。从1895年2月开始，他与其朋友、新闻记者贝尔纳德·拉扎尔联络，并通过他与参议院副议长休雷·凯斯特内取得联系。他们确信德雷福斯是无罪的，且用一切方式向军事当局提出了抗议，从而使他们的营救活动在文化知识界得到了越来越大的反响。

同年7月，皮卡尔上校升任为情报处长。他也是毕业于圣·西尔军校的犹太人，曾代表陆军部参加对德雷福斯案件的审讯，对审理的案子提出过怀疑。他上任后，更加关注案情的发展。1896年3月，他截获了德国武官施瓦茨科本上校给埃斯特拉齐少校的"气压传递信"，当时人们称为"Petit bleu"（气压传递的急件，一般用蓝纸）。埃斯特拉齐是出生于匈牙利的法国军官，生活腐化，混在情报处从事间谍活动，为德国提供情报。后来，皮卡尔确定清单的作者、真正的罪犯是埃斯特拉齐。他一面叫部下亨利监视埃斯特拉齐，一面于8月向总参谋部报告。可是，副总参谋长贡斯将军却敷衍搪塞。皮卡尔坚持要认真调查，并审问埃斯特拉齐。贡斯等反动军官却要维持原判。9月15日，他对皮卡尔说："德雷福斯已关在魔鬼岛，你为什么要如此坚持己见？""这是个不再重审的案件"，"如果你不说，任何人也不会知道"。正当双方争执之时，亨利为掩护埃斯特拉齐和自己的罪行，于11月初，拿出一份意大利武官帕尼扎尔蒂给德国武官的信件。信中提到一个议员对德雷福斯问题的质询，并承认他自己"曾同这个犹太人有关系"，要求德国武官也这么说，以统一口径，最后伪造署名为亚历山大里内。贡斯将军就以亨利的伪造为依据，维持原判。为了遮人耳目，总参谋部决定把皮卡尔调离法国本土，去突尼斯南部边境服役，而由亨利接替了皮卡尔的职务。这就为重审德雷福斯案件设置了新的障碍。

但是，争取重审案件的斗争仍在发展着。皮卡尔临行时，把揭露案件真相的致共和国总统的信交给了他的朋友勒布卢瓦律师。11月6日，犹太血统的作家贝尔纳德拉扎莱发表了《一个错误的审判，关于案件的真相》小册子。马蒂厄·德雷福斯也多次找参议院副议长休雷·凯斯特内、议员让·饶勒斯、作家左拉等人，呼吁他们主持公道。1897年7月，凯斯特内公开声明他站在德雷福斯派一边，要求政府重新审理。10月29日，他求见总统、激进党人费里克斯·富尔。他声明说，他认为对德雷福斯的判决是不公正的。他决心尽一切可能为重新审理案件而斗争。接着，他又奔走陆军部长、内政部长、总理等要员家中，都受到了冷遇。于是，他决定诉诸公众舆论。11 月 14 日，《时代》报发表了他的公开信。第二天，马蒂厄·德雷福斯写了另一封公开信。他们揭露埃斯特拉齐是真正的罪犯，要求重审德雷福斯案件。

两大对立阵营的严重搏斗

1898 年 1 月 11 日，军事法庭宣布埃斯特拉齐无罪，而主持公道的皮卡尔却遭到了逮捕。当局的卑鄙行径立即引起了社会舆论的公愤。

1 月 13 日，著名作家左拉在克雷孟梭主编的《震旦报》上以《我控诉》的头条通栏标题，发表了致共和国总统费里克斯·富尔的公开信，揭露了法国总参谋部在德雷福斯案件中的各种阴谋诡计，并控诉陆军部长、总参谋部的主要官员以及埃斯特拉齐案件中的笔迹专家，蓄意制造冤案，诬陷无辜者。左拉在公开信的结尾愤怒地写道："真理在前进，任何力量都无法阻挡……当人们把真理埋在地下，它就会在地下积聚起来，汇成爆炸性的巨大力量；而且一旦爆发，就会使一切归于毁灭。""至于我所控告的那些人，我并不认识他们，也从未见过他们，我对他们既无怨又无仇。在我看来，他们只不过是心怀社会邪恶灵魂的几个实体罢了。而我在这里所做的工作，仅仅是促使真理和正义早日大白天下的一种革命手段……我的愤怒的抗议只是发自我心灵的呼声。让他们把我带到刑庭受审吧！但审讯必须公开进行！我期待您的回答。"

左拉的公开信在法国和国际上引起了广泛而强烈的反响。人们竞相争购登载公开信的《震旦报》，在当天就销售了 30 万份。各国的进步人士纷纷打电话给左拉，对他不畏强暴、主持正义的果敢举动深表钦佩和支持。侨居在法国的著名作家契诃夫当即给友人写了信，高度赞扬左拉的公开信。他写道：这封公开信"像新鲜空气一样，使每个法国人都感到：谢天谢地，世间尚有公理存在，如果有人受到冤枉，还有人替他申冤明理"。

左拉的公开信激起了各界人士对德雷福斯案件的密切关注，许多原来对此漠不关心的民众，也参与了这场支持正义的斗争。在法国很快形成了相互敌对的两大阵营：德雷福斯派和反德雷福斯派。一些资产阶级共和派、开明知识分子、新教徒及广大的先进工人和部分社会主义者，组成了保卫人权和公民权同盟，坚决站在左拉一边，主张重审此案，成为德雷福斯派，代表了法国的民主势力。反动的军国主义者、民族沙文主义者、君主主义者、反犹太分子及教权派，组成了法兰西同盟，坚决反对重审德雷福斯案件，成为反德雷福斯派，代表了法国的反动势力。两大对立阵营怀着不同的政治目的展开了激烈的搏斗，从而使一起冤屈的诉讼案件顿时演变成全国性的政治事件。

在这场严肃的斗争中，法国的大多数社会主义者认为这是资产阶级的内部混战，社会主义者不应帮助任何资产阶级派别，因而采取了"不介入"的错误策略。1898 年 1 月 19 日，即左拉的公开信发表 6 天后，社会主义者议会党团的代表向全国工人发表声明，公开表明了对这一案件的立场，认为德雷福斯案件实质上"变成了资产阶级对垒的两个派别、两大资产阶级集团即机会主义派和教权派的战场"，号召工人阶级"不要加入这场资产阶级内战中的任何一方"，提出必须"打倒犹太资本主义和基督教资本主义！打倒教权主义！打倒军阀！"社会主义者各派的著名代表，如盖得、杰维尔、饶勒斯、米勒兰、瓦扬等 22 人均在声明中签了名。

但是，饶勒斯很快就放弃了上述声明中的不介入立场，坚决站在德雷福斯派一边，与反动势力展开了猛烈斗争。法国的反动势力眼见左拉公开信的强大威力，惶恐不安，把左拉交付法庭审讯。以总参谋长为首的一批高级军官为左右裁决结果，以武力和辞职相威胁，狂喊"如果法庭拒不同意我们所要求的判决，我们就要立即辞职，放弃我们负责的国防不管"。在军国主义者通牒式的威胁下，2月23日，法庭指控左拉污蔑军队，犯了诽谤罪，判处一年徒刑和3000法郎罚款。左拉被迫逃往英国。对左拉的无理判决，激起了法国民主势力的强烈不满，他们继续与反动势力搏斗。饶勒斯毅然出庭为左拉作证，在法庭上发表了长篇演说，为德雷福斯申冤明理。饶勒斯有力地揭露军国主义者的教权派的罪恶勾当，揭穿了政府的虚伪和欺骗，指出"在一个自称享有自由的国家里，无论是制定法律的地方还是执行法律的地方，都无法知道法律是否被人遵守，这真是咄咄怪事"。他指责政府说："你们对左拉的拙劣指控，首先暴露出来的是谎言连篇、懦弱无能。"

　　饶勒斯的行动得到了广大群众的同情和支持，也促进了社会主义者内部的激烈分化。可能派和阿列曼派 [2] 紧跟在后，转向德雷福斯派。独立社会党人米勒兰、维维安尼等人，坚决反对介入此案。盖得派和布朗基派中的多数成员，也坚持不介入立场。但盖得和瓦扬等领导人是赞同饶勒斯的见解的，认为德雷福斯是无罪的。盖得还把左拉的公开信称为19世纪最伟大的革命行动。可是，他们的党却继续告诫党员不要介入这场争论。1898年7月24日，盖得派的法国工人党全国委员会发表了告法国劳动者书，再次阐明两派都是无产阶级的敌人，无产阶级"既不要站在这一边，也不要站在另一边"。

　　当时，保尔·拉法格作为工人党的领导人之一签发了这一文件，但他个人并不同意这一声明所采取的立场，他认为工人党不能采取模棱两可和袖手旁观的态度，而应该投入这场斗争。随着斗争的深入发展，工人党的态度略有改变。1898年9月举行的工人党全国代表大会，通过决议表示"党必须围绕最近的军事、司法、政府方面的丑闻展开必要的鼓动，以便补充对无产阶级进行社会主义教育和革命教育"。要求坚决谴责民族主义和反犹太主义。

在议会内外，围绕着德雷福斯案件的争论，两派斗争深入发展。1898 年 7 月 7 日，新上任的陆军部长卡芬雅克在议会中的一次演说中，公然宣称他掌握了证明德雷福斯有罪的新证据，还煞有介事地公布了所谓罪证确凿的三个"新文件"，即几封与德国间谍机关来往的密码信，证明德雷福斯是道地的叛国者。这是反动势力向进步势力反扑的信号。在一些反动分子的要求下，还将这一新文件印发张贴各个镇。鼓吹民族沙文主义的爱国者同盟的头目德鲁莱德随即从席位上跳起来高呼："我以法兰西的名义感谢您！"反德雷福斯派借此机会准备大规模地迫害德雷福斯派。卡芬雅克还秘密拟订了一份决定送交最高法院审判的人员名单，其中有克雷孟梭、饶勒斯和左拉等德雷福斯派的著名人物。

饶勒斯不顾个人安危，在《小共和国报》上连续发表文章，提供大量关于德雷福斯无罪的确凿证据，并且得出这样的结论："（1）德雷福斯被判罪纯属非法，被告的各项基本权利全遭践踏；（2）德雷福斯一案纯属错案，无辜者受尽折磨，真正的罪犯却逍遥法外。"同时指出，所谓三个新文件只有其中一个牵连到德雷福斯，而且明显是伪造的，不足为凭。

在进步力量的积极努力下，饶勒斯的结论很快得到证实。1898 年 8 月 30 日，总参谋部情报处长亨利中校被迫向卡芬雅克供认，三个新文件中最重要的那一份材料是他伪造的。政府只得将他逮捕，次日早晨发现亨利在狱中自杀身亡。亨利的供认与自杀轰动了全国，舆论强烈谴责反动当局，一直要求惩办真正的凶手。与此案有直接牵连的埃斯特拉齐闻讯后，立即畏罪潜逃。总参谋长布瓦代弗尔和陆军部长卡芬雅克在群情激愤中被迫辞职。10 月，当权的希里杜内阁害怕事态扩大，随即表示要按法律程序提交最高法院重审此案。

　　反动势力继续顽抗，反德雷福斯派纠集在一起，不惜为亨利伪造文件的卑鄙行为辩护，说亨利伪造文件是一种"爱国行动"，完全出于策略考虑。他是用伪造的文件来代替某些一时无法公开的真实叛国罪证。因为这种文件如果公布，就有同德国发生战争的危险。从而，把亨利打扮成真正的"爱国者"。与此同时，他们还纠集各种反动的民族主义组织，在1898年秋冬多次召开反对重审德雷福斯案件的大会，一些民族主义分子和反犹太分子还在巴黎和一些市镇组织游行示威，狂喊"打死犹太人，军队万岁！"甚至疯狂冲击德雷福斯派组织的群众大会，进行暴力恐吓。

　　反动军事当局卑鄙伪造阴谋的被揭穿以及反德雷福斯分子的横行不法，使广大群众和进步人士无比愤怒。1898年9月13日，巴黎1.7万名建筑工人宣布罢工，接着许多行业的工人也纷纷举行罢工，以示抗议。两派斗争趋向白热化。反动政府于10月上旬将大批军队调进巴黎，占领主要街道、火车站及各交通要道，宣布巴黎戒严，准备对付罢工者。与此同时，社会上流传巴黎卫戍司令泽林顿和第四军司令梅西埃尔正在合谋策划军事政变，以推翻共和国，建立军事专政，法国共和政体再度出现严重的政治危机。

　　在共和国处于严重的危机之时，法国社会主义者议会党团一面通过决议反对巴黎戒严，一面号召各社会主义政党联合起来，采取一致行动，以对付反动势力。各派社会主义者开始从分裂状态中摆脱出来，逐步走向统一。工人党宣布放弃不介入政策，投身斗争行列。10月16日，召开了各社会主义政党的代表大会，成立了统一的常设机构——警惕委员会，会议结束时发表声明，号召所有的社会党人团结一致，准备应付一切突然事变，表示"决不允许军国主义的阴谋触动绝无仅有的一点共和制自由，也绝不会听任反动派在街头横行无阻，为所欲为"，并决心

"依靠整个无产阶级来保卫共和国"。警惕委员会虽然不久因共和危机的消失而解散，但它表明在反动势力面前，社会主义者正在团结起来，与之斗争。

争取重审的胜利

正当两大阵营斗争白热化之时，1899 年 2 月 16 日，共和国总统富尔因脑出血突然死去，倾向重审德雷福斯案件的共和党人卢贝当选总统。德雷福斯派表示坚决支持卢贝。该派的首领之一克雷孟梭在卢贝当选的第二天，就以醒目的标题在《晨报》上撰文："我投票支持卢贝！"反德雷福斯派却以新总统纵容德雷福斯派为名，组织一系列的游行示威进行反对。爱国者同盟还利用在 2 月 23 日举行的富尔总统的葬礼，煽动军队向爱丽舍进军，以发动军事政变，可是，因响应者寥寥无几而流产。在进步势力的压力下，1899 年 6 月 3 日，最高法院被迫宣布撤销军事法庭的原判，决定重审此案。反德雷福斯派极为恼怒，煽动不满分子举行游街示威表示反对。他们还把不满发泄在新任总统身上，6 月 4 日，卢贝总统在观看一年一度的跑马比赛时遭到了保皇分子的辱骂和殴打。为了回击反动势力的挑衅，在社会党的号召下，6 月 11 日，在龙香跑马场举行了有 10 万人参加的大规模示威游行，抗议反动势力的卑劣行径，显示了进步势力的强大力量。

德雷福斯派和反德雷福斯派各自进行了针锋相对的示威游行，愈来愈多的群众投入了德雷福斯派的斗争行列，两派斗争已经发展到了顶峰，争端如再不解决，就有可能引起新的暴力冲突。为平息事态，巩固统治，1899 年 6 月 22 日，瓦尔德克－卢梭奉命组阁，他吸收各派政治代表参加内阁，从中调和，以欺骗群众。他看到德雷福斯派的巨大力量，就表示支持重审此案。他一方面解除了反对重审此案的所有将军的职务，以阴谋颠覆共和政权的名义先后逮捕了爱国者同盟的头目德鲁莱德及其成员 24 人；另一方面，将德雷福斯从魔鬼岛转移到雷恩陆军监狱，并于 8 月开始重新审讯。军事法庭对德雷福斯是否有罪的问题进行了长达 33 天的激烈辩论，在一些高级军官的压力下，法院于 9 月 11 日仍然以 5：3 票的多数作出德雷福斯有罪的判决，但迫于形势改判为 10 年徒刑。反德雷福斯派在报纸上大肆宣传判决的胜利，称此次对德雷福斯的有罪判决是"一次新的奥斯特里茨战役"，是法国人的一次"伟大的胜利"。

但是，判决却激起了法国广大群众和世界上近 20 个国家的示威抗议。德雷福斯派不断在报纸上揭露军事法庭重新作出的有罪判决是对德雷福斯这位无辜者的玷污和侮辱，是公然侵犯人权，违反人道。为平息事态，卢贝总统只得于 9 月 10 日下令宣布赦免德雷福斯，并号召各派从此实行和解，表示对德雷福斯派的军官也不追究。1900 年 12 月 18 日，议会通过大赦法案，赦免所有由于德雷福斯案件而被判刑的人员。1903 年，法国进步人士又一次掀起要求对德雷福斯重新进行公正审判的斗争。经过长期的斗争，直到 1906 年 7 月 12 日，最高法院不得不再次重审此案，宣判德雷福斯无罪，并撤销原判。7 月 13 日，众议院以 432 票对 32 票，参议院以 182 票对 30 票的压倒多数，通过关于德雷福斯无罪的法律。7 月 20 日，授予德雷福斯荣誉军团勋章，并恢复了军职。因主持正义而遭诬陷的皮卡尔也同时平反，晋升为将军。

法国广大人民群众和民主人士始终坚持法国光荣的民主传统和发扬不屈的斗争精神，开展长期的英勇斗争，终于使长达 12 年的沉冤得到昭雪。然而，这一案件中的真正罪犯并未受到法律追究。可见，民主势力的胜利是不彻底的。

德雷福斯案件是法国反动军阀、保皇派和教权派为了煽动民族沙文主义和反犹太主义情绪进而反对共和制度、镇压民主力量以及围剿犹太人而蓄意制造的大冤案。这一案件的受理过程，充分说明了在资本主义社会里民主的虚伪性，彻底暴露出资本主义制度的腐败和专横以及资产阶级法庭的反动实质。这一案件"证明了资产阶级费尽心机企图掩盖这样一个真理：即使在最民主的共和国内，实际上也是资产阶级的恐怖和专政居统治地位"[3]。

［原载朱庭光主编《外国历史大事集》（近代部分·第三分册），

重庆出版社，1985，本文与戴成钧合作］

注　释

1　1880 年，"开凿巴拿马运河公司"为筹集资金发行股票。1888 年，工程停顿，不久公司破产，几十万名股票持有者遭受了很大的损失。一个由 33 人组成的委员会调查此事发现，不少参议员、众议员、部长已被开凿巴拿马运河公司收买。巴拿马丑剧即官商勾结的欺骗勾当。

2　阿列曼原属可能派。1890 年 9 月分裂出来，组成阿列曼派，又称革命社会主义工人党。宣扬"市政社会主义"，鼓吹"工人自治"。

3　《列宁选集》第 3 卷，人民出版社，1972，第 721 页。

论法兰西第三共和国的久治长安

有一位法国史学家在谈到第三共和国时曾感慨万分地说，有人把第三共和国看作一切灾难的渊源，其实这个共和国曾有过辉煌的时刻，而且无数法国人的心脏也曾为它而跳动过。此话不假，第三共和国确实有过灾难和痛苦，但也存在着欢乐与创造。

1870 年第三共和国刚成立时，大多数的法国人并不欢迎它。可是，共和国缔造者们经过 8 年艰苦努力，打败了传统的复辟势力，使共和国得以确立。又经过 20 年励精图治，全面改革，终于使共和国得以巩固，并开始了"美好的时代"，大多数法国人在得到实惠的现实中，认识到共和政体才是法国最理想的统治形式，从而使共和国经受住了第一次世界大战的考验。在大战中，法国虽然遭到了巨大的破坏，但在战后很快得以重建和恢复。几年之后，到 20 世纪 20 年代中期，法国经济又出现了新的起飞，工农业得以迅速恢复与发展，并重新成为欧洲的头等强国，使共和国得以进一步的发展。只是到了 30 年代之后，由于统治集团没能及时采取有效的调整与改革措施；由于世界经济危机的冲击；也由于在民众中滋长着对政府的不满和绝望、对战争的厌恶与恐惧心理；更由于统治集团内部的分裂与争吵，尤其是在政府权力机构中隐藏着一批力图搞垮共和国的投降派、卖国贼，第三共和国开始衰落，终于到1940年7月，在纳粹德国的炮火中灭亡，共和政体一度中断。

但是，法国人民和进步人士仍然坚持抵抗，反对投降，为维护共和理想而英勇奋斗。在第二次世界大战结束后一年，饱经战争磨难的法国人民再次坚定地选择了共和制，直到今日。

法国政体的演变

在第三共和国之前，法国政体曾出现过多次反复。我们在这里所说的政体是相对国体而言的，国体指的是国家的阶级内容，即社会各阶级在国家中的地位，实质是哪个阶级当权，对哪个阶级进行政治统治。而政体则是指国家政权的组织形式，统治阶级用什么形式来组织政权机关以实现其统治。政治形式很多，主要有君主制、总统制、议会共和制等。近代法国政体形式更易频繁，经历了长期的反复与演变，它既不像英国，在资产阶级革命中一度出现的共和制被君主立宪制取代之后，再也没有反复，也不像美国那样，在独立战争中一经确立总统制之后，就稳稳地站住了脚跟，成为美国唯一的统治形式。法国自从1789年大革命推翻了长达1000多年的君主专制统治之后，政体一直不稳固，先后出现了君主立宪制（1789—1792）、第一共和国（1792—1804）、第一帝国（1804—1814，1815）、波旁复辟王朝（1814—1830）、七月王朝（1830—1848）、第二共和国（1848—1852）、第二帝国（1852—1870）、第三共和国（1870—1940），接着又出现了贝当的法兰西国家和两个共和国，即第四共和国（1946—1958）、第五共和国（1958年至今）。共和国在法国历史的长河中为时短暂，至今总共只有130多年，最长的共和国只存在70年，最短的仅仅只有4年，其间3次被君主立宪和 2 次被帝制所取代，其形式之多样、反复之频繁、斗争之激烈，可谓世界之最。

为什么法国政体会出现多次反复？这是国内外史学界长期争论不休的热门课题。我们认为这是由法国的特殊国情所决定的。众所周知，法国是一个封建专制特别强大、特别顽固、特别专横的国家，以国王为首的封建贵族特权等级是资产阶级与人民大众的死敌，他们之间誓不两立，没有丝毫调和的余地。所以，1789 年的大革命更为彻底，它用真正革命的手段彻底摧毁封建制度，坚决打倒特权等级。因此，革命者在新政权中不允许保留代表封建势力的君主的位置，显然，就不愿长期建立君主立宪制。更重要的是，在法国，每一次反封建势力的革命斗争，都有人民群众的广泛参加和果断行动，而且起了决定作用，而自身并不强大的法国资产阶级为了战胜敌人，只得联合民众。革命胜利后，资产阶级为了本阶级的利益，不能也不敢与封建势力妥协，更不肯与其结成联盟。而人民群众要求民主共和的呼声高、力量大，参与意识迫切，也驱使法国资产阶级最终选择共和制而反对实现君主立宪制。共和制就成为历史发展之必然，封建残余势力则不甘心于自己的失败而退出历史舞台，这决定了法国政体演变的长期性和曲折性。

资产阶级共和制是与封建君主制根本对立的一种新的体制。一种新体制要能够完全立足并牢牢扎根，还必须有经济、政治和社会的相关条件做保证，否则新的政体是很难确立和巩固的。法兰西共和制之所以多次反复，除上述旧势力的强大和顽固之外，还在于缺乏坚实的资本主义经济基础和强有力的工业资产阶级统治集团，也由于广大农民思想观念的保守性，新社会阶级的基础相对薄弱。相反，封建专制主义历史传统的阴魂却长期不散，复辟势力时有反扑，国外反动势力又常有干扰，种种因素促使共和制在法国多次反复而迟迟未能巩固。

第三共和国的历史地位

法国共和政体虽出现多次反复，难以稳定，但它一直是法国民众和进步人士追求的理想。自从 1792 年第一共和国成立后，在政体的多次反复中，资产阶级共和派和广大民众始终为争取并捍卫共和制而斗争，法国大革命之后，1848 年、1870 年又两次发动革命，两度重建共和，而且在 1870 年 9 月建立第三共和国之后，又经历多年的反复较量和艰苦努力，才最终结束了长达 100 多年的政体之争，开始了历时 70 年之久的第三共和国，成为法国共和史上统治时间最长的共和国，法国史学家们因此称第三共和国为长寿的共和国。

70 年的共和国史大致分成两大时期，即以 1914 年 7 月为界，大战爆发以前称第三共和国前期，大战开始后为后期。其前期又大致分为三个阶段：共和国确立阶段（1870—1879）、温和共和派统治阶段或共和国巩固阶段（1879—1899）、激进共和派统治阶段或共和国发展阶段（1899—1914）；后期亦分为三个阶段：大战阶段（1914—1918）、战后重建与繁荣阶段（1918—1932）、危机与衰落阶段（1932—1940）。从这一分段中，大致反映出这个被誉为长寿共和国的第三共和国，它所经历的从确立、巩固、发展、重建、繁荣直至衰亡的运行轨迹。

法兰西第三共和国为什么能如此长寿呢？从理论上讲，进步取代落后，革命取代反动，这是历史之必然，民主的共和制必然要战胜专制的君主制，这是无法抗拒的法则。但事实上，一种进步的新体制如果不采取得力的措施来保证其机构的正常运作，也难以稳固。第三共和国之所以长寿，就在于其统治者能够适时地在政治、经济、教育等各个领域进行全国改革，才使共和政体得以稳固和发展。

在政治上，实行了以加强民主、扩大议会权力为中心的一系列政体改革。建立了典型的议会内阁制，使国家权力机构主要由总统、议会、最高法院和内阁组成。规定议会是国家的最高权力机关，既拥有立法权力又具有组织并监督政府的权力。而总统是国家元首，但不掌握实际权力，也不能独立行使权力。最高法院是国家的最高司法机关，拥有独立的最高司法权。内阁由总理和阁员组成，掌握国家实际的最高行政权。以议会为核心的三权分立的国家权力机构的最终形成，使共和国既具有共和色彩又具有自由色彩，清除了政界、军界中的保守势力和反对派，使国家权力牢牢掌握在共和派之手。而普选权的实行，给了中小资产阶级以参政的机会，从而扩大了民主范围，结束了长期以来大资产阶级独占统治的局面，扩大和巩固了统治基础，使法国在政局动荡中始终保持政体的稳定。所以，正是政治改革为巩固共和制提供了根本的保证。对此，甘必大曾直言不讳地说："经过重新整顿的法国，如今它依靠谁呢？依靠共和国，只能依靠共和国。法国只承认、只热爱、只服从一个观念，这就是共和国！"

在经济上，巴黎公社后法国经济一度走上了相对缓慢发展的道路，政府实行了以优先发展交通运输业为中心的保护工农业发展的各项改革措施，才促进了交通运输业和工农业在艰难条件下的较快发展。1870—1914 年，法国国民收入总值几乎翻了一番，工业生产总值增长了 2 倍，外国投资额增长了 6 倍。法国的小麦出口仅次于美国和俄国，位居世界第三。改革促进了经济的现代化，使工人得到实惠，使广大小农冲破危机走向稳定，开始从思想深处拥护共和制，从而为巩固共和制奠定了坚实的物质基础和社会基础。

但是，一种新的政体的巩固，不仅需要有相应的权力机构和经济基础，还需要国民具有相应的思想观念，使共和成为人所向往的理想，这是新制度赖以生存和巩固的精神力量和思想基础，而奠定这一思想基础的主要途径就是教育。因此，法国在进行政治、经济改革的同时，还展开了声势浩大的教育改革，法国政府率先进行教育领导体制的改革，清除教育最高负责机构中的教权势力，使教育的最高领导权牢牢掌握在共和派手中；同时全面改革教育内容，颁布一系列法令，实行世俗的免费的小学义务教育。废除国立学校教育中的神学课程，禁止教士施教，把世俗化与爱国主义列为小学教育的主要内容，使共和主义纳入爱国主义之中，教育孩童爱共和国就是爱祖国，使举国上下有一种共同的信念，这就是热爱共和国，从而使学生真正懂得第三共和国的制度是最好的制度。为保证学龄儿童上学，政府规定 6—13 岁的儿童一律强制免费入学，违者罚款，直至追究家长的法律责任。对小学教师既规定必须由政府任命的世俗之人担当，又给予他们很高的政治地位和较优厚的物质待遇，使每一个教师都有一种光荣的使命感，他们自觉地教育一代又一代的少年高唱：一个法国人应当为共和国而生存，一个法国人也应当为共和国而献身。正是教育的力量，使法国广大人民在很大程度上摆脱了愚昧的宗教观，树立起崭新的共和观，这就从根本上巩固了共和政体，成为第三共和国能够长寿的精神支柱。

第三共和国的研究及其意义

第三共和国 70 年的历史，它的成功与失败，它的兴旺与衰落，成为史学家们经久不息的研究课题。尤其是法国的史学家们十分重视对第三共和国史的研究。早在第三共和国存在期间，就有人开始研究和著述其历史。到 20 世纪 60—70 年代，史学家们展开了系统全面的研究，到 80 年代研究更趋深入化。其研究成果除全面阐述第三共和国通史之外，还有各种专门史和专题研究，诸如第三共和国时期的党派史、政治史、宗教史、经济史、人口史、妇女史、殖民史、金融史、思想文化史、工会运动史、社会主义史、罢工史等。还有各种人物传记和重大事件的研究，诸如梯也尔、麦克·马洪、甘必大、茹尔·费理、克雷孟梭、普恩加莱、瓦尔德克－卢梭、盖得、拉法格、饶勒斯、米勒兰、勃鲁姆等人的评传以及布朗热危机、德雷福斯案件、富尔米枪杀、第一次世界大战、人民阵线等。总之，根据不完全的统计，研究第三共和国史的著作在 500 种以上，可见其研究之深广。

就第三共和国史而论，值得我们注意的有以下几种。泽瓦埃斯（A.Zévaès，1873—1953）的《第三共和国史》，作者是法国著名的社会主义者和历史学家，曾经是法国工人党党员、工人党全国委员会委员。他以亲身的经历，撰写了法国最早的第三共和国史，第一版出版于 1926 年。此时第三共和国尚在发展之中，书中内容只写到 1926 年，1946 年出版了第二版，终于写出了第三共和国的全过程，他以比较客观的观点来研究和撰写不平凡的第三共和国史，全书以政治史为主线，把第三共和国的政治统治、阶级斗争的发展叙述得非常清楚，重点突出，资料丰富，文字简练，使人一目了然。书后附有历届总统、内阁任期表和大事记，极便查考。

夏斯特纳（J.Chastenet，1893—1978）的《第三共和国史》共 7 卷，新版为 4 大卷，总共 2000 多页，可谓长篇巨著。作者是法兰西学士院学士、理论政治科学院院士，长期从事新闻工作，任杂志主编，也是著名史学家。该书是他的代表作，从 1952 年出版第 1 卷直到 1963 年出齐 7 卷，前后花了 10 余年时间。这是迄今为止最详细、最完备的一部第三共和国通史，在第三共和国研究中具有相当高的地位。书中全面、细致地阐述了 70 年的第三共和国史，包括政治、经济、社会、思想、文化、科技、教育等，几乎涉及法国社会的各个领域。其中对第三共和国时期的重大事件，如德雷福斯案件、米勒兰入阁事件等均有较深入细致的论述，观点亦比较客观。当然，由于篇幅巨大，不免有冗长、烦琐之感，而对梯也尔等人物的评述也欠妥帖。

阿泽马与维诺克（Azema et Winock）合著的《法兰西第三共和国》，两人均出生于1837年，是法国较年轻一代的史学家。该书篇幅不大，1970年出版，1976年再版。该书出版后即引起法国史学界和国际史坛的重视，短时间内发表多篇书评，给予很高评价。该书不是单纯的史实罗列，而是重在分析。作者以独特的方法对第三共和国进行自成一体的论述，提出了独创性的观点，作出了令人信服的解释，使该书既具有较高的学术价值又富有强烈的现实感。作者紧紧扣住第三共和国诞生与灭亡的原因，进行多角度的深层分析，认为第三共和国存在70年之久，其长寿的原因不能仅仅从政治和经济角度去解释，还必须从思想和心理方面去寻找。第三共和国能够得到长期的稳定和巩固，应归功于意识形态所起的作用，即强调人们心目中所树立的牢固的共和思想对制度所起的作用。作者的这一创见，大大深化了对第三共和国史的研究。该书亦有不足之处，如对巴黎公社性质的认识不甚清楚，对法国的殖民扩张、工人运动几乎没有涉及。

皮埃尔·米盖尔（Pierre Miquel，1930—）的《第三共和国》。作者是法国著名史学家，国家文学博士，巴黎大学教授。他知识渊博，著作颇丰，已先后出版史学著作10部，该书是1989年出版的新著，是他的代表作之一，全书740页。米盖尔站在比较公正和客观的立场，书中以共和为主线，详细叙述了第三共和国从动荡中确立，直至最后在炮火中崩溃的全过程，分析步步深入，反映了第三共和国史研究的最新成果。

在第三共和国史研究中值得一提的还有威廉·夏伊勒（William L.Shirer）著的《第三共和国的崩溃》，该书也是很有地位的。作者是美国著名的新闻记者兼作家，曾以撰写《第三帝国的兴亡》而闻名于世。他在二战前曾到法国居住和工作长达 10 年之久，该书以他的切身经历和大量珍贵的档案资料为依据，对第三共和国的强盛与毁灭作了生动而形象的叙述，尤其是对法国被希特勒击败而投降的全过程作了十分细致的描述，成为该书的最大特色。但作者对第三共和国开始的 40 年叙述中，对工人运动与殖民扩张更少涉及，过分注重了军事史的叙述，因而很难反映出第三共和国的全貌。

以上只是列举浩繁研究成果中的个别成果，对第三共和国史的研究，法国史学界还在继续深化，而且永远不会终结。历史能促人清醒，历史也能催人奋进。现在，距第三共和国的灭亡已经半个多世纪了。然而，今天我们研究第三共和国的兴衰，仍然可以从中吸取有益的养料。

第三共和国从成立到灭亡经历了确立、巩固、发展、衰亡诸阶段，它在战争中诞生，又在战争中灭亡的历程，给后人提供了耐人寻味的启迪，一种制度应该如何保持其长久稳定而立于不败之地呢？

法国素有"民主的摇篮"之称。自从 1789 年大革命提出自由、民主、平等之后，经过百年努力，在第三共和国时期终于建立起典型的议会民主，从而使资产阶级民主制得以完善。它同样给后人提出了一个值得深思的问题，即便是最典型的法国式民主，是否应该是人们追求的最理想的民主制了呢？

法国可谓社会主义之故乡。从梅叶、巴贝夫、圣西门到布朗基、盖得、拉法格和饶勒斯等无数的思想家和革命家，他们前赴后继都为实现自己的理想而奋斗。直到 1879 年创建法国工人党，法国的社会主义者为努力实践自己的理想，经受了分裂与统一的痛苦磨炼，直至今日，仍在从理论或是实践上寻找解放之路。这同样给后人提出了一个问题,那么路在何方呢?

第三共和国曾经有过蓬勃向上的辉煌时期,这是统治者顺应潮流进行了政治体制与发展经济的全面改革,更是对教育的深入改革,才使法国人民热爱自己的祖国,法国的有识之士曾喊出"谁掌握了学校,谁就掌握了国家的统治权"。这种注意全面改革,尤其重视教育的做法是否也值得借鉴和吸取呢?

（原载《世界历史》1995 年第 2 期）

试论法国的工业近代化

近代化是一个国家在政治、经济、社会、文教、观念等方面全面变迁的过程，工业近代化是其关键所在。本文试就法国整个近代化的过程与特点作一初步探讨。

一

工业近代化完成的标志是什么？我们认为，大致上可以从两方面理解：一是生产工具的变革，即由机器代替手工劳动，机器生产的近代化工厂代替手工工场，开始机械化时代；二是生产总值的转变，使工业总值在国民生产总值中占优势。要实现这两项，在法国绝不是通过一次工业革命就能达到的。因为一次工业革命的结束并不等于工业近代化的完成，但工业革命的展开却是工业近代化的开始。那么，在法国究竟何时才是工业革命的开始呢？对此，在经济学界和史学界长期以来说法颇不一致，有的学者认为法国工业革命开始于 18 世纪末 [1]；有的则说到 19 世纪 20 年代初才逐渐开始 [2]；有的说开始于 1840 年前后，也有的说开始于 1895 年 [3]。凡此种种，我们认为都带有一定的片面性。法国工业革命的开始不像英国那样有明显的年代标记，所以，我们只能大致上从大革命算起，其工业近代化也可以此为起点，分为四个阶段。

大革命至 1815 年为工业近代化的第一阶段，即工业近代化的准备与起步阶段。通过法国大革命确立起来的政治近代化，无疑为工业近代化提供了政治保证。英国工业近代化使许多新发明的机器陆续传入法国。早在大革命前夕，一些部门就开始使用蒸汽动力，如昂赞煤矿就采用了 12 台蒸汽机。在勒克勒佐还拥有第一套英国式的工业设备。[4] 大革命开始以后，政府力促工业近代化，在拿破仑执政期间，先后颁布各种法令，大力发展近代工业，奖励创造发明，从而促进了技术的革新，推动了工业生产的发展，使法国工业近代化取得了一定的成效。

1815—1848 年为工业近代化的第二阶段。由于法国农业的不发达以及能源的缺乏，其工业近代化不像英国那样突飞猛进，而只能是艰难地前进。在复辟王朝与七月王朝统治时期，政府利用国内的政治安定局面，使工业革命得以全面展开，从而推进了工业近代化的发展。这个阶段工业近代化的最主要标志是蒸汽动力的使用数量激增。据不完全统计，1815 年法国共拥有 200 台蒸汽机，到 1830 年就增加到 625 台，1848 年则达 5200 多台。[5] 与此同时，在纺织业、冶金业中机械化程度不断提高，机器制造业也开始确立，交通运输业也开始向近代化迈进。1823 年法国建造了第一条铁路[6]，到 1848 年法国铁路的长度已达 2222公里[7]。铁路带来了资本主义的近代文明，扩大了它对各种形式的人类活动的影响，推动了法国工业近代化的进程。

1848—1870 年为工业近代化的第三阶段。这是法国工业近代化的关键时期。1848 年法国革命失败，1852 年路易·波拿巴建立了法兰西第二帝国。在波拿巴统治的 20 年中，通过国家的干预，法国"工商业扩展到极大的规模"[8]，工业革命基本完成。此一时期，法国的冶金业、纺织业和交通运输业都得到迅速的发展。煤、铁的产量增加了 2 倍，钢的产量增加了 8 倍，仅次于英国，居世界第二位。随着钢铁工业的发展，机器制造业也同步发展，汽船、机车及蒸汽机的数目均增加 4 倍以上。[9]在纺织业中，机械化程度明显提高，在阿尔萨斯建立了法国第一个纺织机器制造厂，技术也是第一流的。在孚日省，1856 年自动纺纱的纱锭只占总数的 9%，到 1868 年已提高到 80%。最令人瞩目的是交通运输业的发展，尤其是铁路的建筑，从 1851 年的 3558 公里增加到 1869 年的16994 公里。[10]巴黎建成了 12 个火车站，成为世界上最大的交通枢纽之一。铁路运货量猛增近 10 倍。铁路的发展又推动了工业革命的高潮，法国工业总产值开始超过农业总产值。法国的机器生产在工业中的比例大幅提高，近代化的工厂制度开始确立。法国已经成为一个仅次于英国的农业工业强国，法国的工业近代化趋于完成。正如一位著名学者所说：第二帝国"是法国由'经济起飞'进入'自立成长'（Self-sustainedgrowth）的一刻"[11]。

　　1870—1913 年为工业近代化的第四阶段，是法国工业近代化的继续发展和完成时期。在这个阶段中，法国开始了第二次工业革命，工、农、商业和交通运输业各方面都得到进一步的发展。例如煤的产量从1880 年的 1930 万吨增至 1913 年的 4080 万吨；生铁产量从 172.5 万吨增至 502.7 万吨；钢的产量从 38.2 万吨增至 468.7 万吨；蒸汽机从41772 台增至 81740 台。[12]尤其是电力的应用，使工业化又向前跨进了一步。法国在工业中的许多新领域，诸如化学工业、电气工业、制铝工业、汽车制造业均居世界领先地位。在这个时期，法国政府比较重视科学技术与教育工作，这就保证了工业近代化的继续与完成。

　　从上述法国工业近代化的整个过程中，我们可以看出，法国的工业近代化时间长、速度慢，没有明显的起讫标志，它至少持续了上百年的缓慢发展过程。同时，法国的工业近代化程度不高，它"在工业中新技术的传播是缓慢的、很迟的、不平衡的"[13]。"法国社会在很深的程度上仍然是地方化的、乡村式的和农业性的，大量的劳动仍然在手工业的水平上进行。"[14] 直至20世纪初，法国农业产值在国民生产总值中仍占40%，法国仍然是一个以农业为主的国家，农业人口仍占大多数。因此，我们不能对法国的工业近代化估计过高。所以，法国与英国不同，它的工业近代化并不典型，但它所走过的历程却具有自身明显的特点，这些特点给后起的以农业为主体的不发达国家带来了有益的思考和启迪。

二

法国工业近代化的特点之一就是政府十分重视交通运输业的发展。众所周知，法国工业化是在政府干预下进行的，交通运输业的发展尤其如此。

在铁路时代以前，法国的交通运输主要靠公路和运河。法国早在中世纪就建立了公路网，至于沟通运河更为历代君王所重视，大革命前已拥有1000公里的运河。大革命开始后，由于政局动乱，交通运输业虽一度陷于停顿，但即使在战乱频繁的第一帝国时期，拿破仑也不忘其发展。他常常巡视各地，敏捷地组织各郡行政，下令开凿运河，开辟港口，建造桥梁，修筑公路。其中著名的工程有：修筑巴黎大码头，改良18条运河，新辟200公里运河线，修建从巴黎到里尔、马赛、波尔多、斯特拉斯堡和布勒斯特的各条公路。在帝国后期，为保证修筑公路的经费来源，还将主要的公路分为国家公路和省级公路，后者费用由地方政府负担，从而促进了地方交通运输业的发展。拿破仑不愧为"第一流的公路和桥梁建筑家"[15]。

在复辟王朝和七月王朝时期，随着工业化的发展，交通运输业更加受到重视。政府在全面调查的基础上，继续修复、扩建公路和运河。为加快整治运河的步伐，复辟王朝以运河收费为保证发行了特别公债，解决了资金不足的问题，从而使 930 公里的新运河得以通航。七月王朝为疏通运河所做的努力尤为突出。政府大规模地开凿运河，在不到 20 年时间里新增加了约 2000 公里的通航水道，还沟通了连接各个河流盆地的现存大运河，使莱茵河同罗纳河、马恩河等河流都连接起来。为排除一些河道航行困难的河段，还开凿了与河流平行的侧运河，其中以马恩河、卢瓦尔河和加龙河的侧运河最为著名。运河的开凿扩大了内河航运网，有力地促进了商业的发展。

至于对公路的修筑，法国政府同样抓得很紧。在复辟王朝时期，除了对因战争而毁坏的极大部分公路进行全面修复以外，还将公路分成国家、郡、县三级分别管理，并修筑了一些新的公路。七月王朝为了进一步发展公路，还颁布法律，规定公路管理权限及资金来源，除原来的三级公路外，还创立了一种介于二级、三级之间的公路，称为"地区大交通公路"（de grande Communication）。这种公路使郡和县都能得益，规定由郡、县共建，郡政府负责维修。政府还把重点放在三级、四级公路的建设方面，这样不仅减轻了国家的财政负担，而且使公路交通得以顺利发展。到 1848 年以前，法国仅国家公路就约有 34000 公里，运河约 3200 公里。所以，在铁路交通兴起前，法国的公路和运河一直是交通运输的大动脉，为法国工业近代化发展和商品的流通提供了重要的条件。

法国工业革命开始后，因受英国铁路建筑的影响，法国国王也准许企业家建筑铁路。1823 年 2 月，法国建造了从圣亚田到安德雷齐奥的第一条铁路，全长 20 公里左右，主要用于运煤，车皮是靠牲口拖拉的。由于当时建筑铁路费用昂贵，每公里达 37.5 万法郎[16]，一些当权者为此公开反对建筑铁路。在这种情况下，铁路建造极为缓慢，直至 1830 年，法国只建成了 38 公里的铁路，但已经使用火车头拖拽旅客和货物。

在七月王朝时期，铁路建筑才受到国家重视，数十家铁路公司纷纷成立，国家通过立法给公司以种种优惠，或给予特许权，或给予低息贷款，或保证其利息，鼓励公司兴建铁路。1842 年 6 月，政府通过法令公布全国铁路网计划，决定扩建 8 条线路，其中 6 条以巴黎为中心，向四周辐射，通往海峡各港口及大城市。并规定由政府征购土地，负责路基、车站建设，地方政府提供部分经费，铁路公司负责铁轨、车辆与维修，从而使铁路建筑得到较快的发展。到 1848 年，法国已建成铁路2200 多公里 [17]，铁路成为重要的陆上运输线。

在第二帝国时期，由于工业革命的飞速前进，铁路建筑也突飞猛进，到 1869 年总共建成铁路近 17000 公里。1841—1869 年法国铁路长度、火车头数、运送旅客人数及运输货物吨数如表 1 所示。[18]

表 1　法国铁路的发展（1841—1869）

年份	铁路长度（公里）	火车头数（台）	运送旅客人数（人次）	运输货物吨数（吨）
1841	596	167	6378666	1059293
1848	2222	729	11907425	2921198
1849	2861	875	14811665	3418504
1851	3558	1006	19936339	4627189
1853	4063	1204	24685320	7172659
1855	5553	1855	32941471	10645282
1857	7445	2607	41616844	14966639
1859	9084	2973	52405021	19947799
1861	10004	3276	61924634	27897094
1863	12032	3733	72221578	28888290
1865	13610	3963	83634978	34024436

年份	铁路长度 （公里）	火车头数 （台）	运送旅客人数 （人次）	运输货物吨数 （吨）
1867	15634	4435	103799344	38566502
1869	16994	4822	113688007	44013433

由表 1 可见，第二帝国时期，铁路长度每年以建成约 600 公里的速度递增，铁路所运送旅客和运输货物逐年大幅度增加，并超过运河与公路的载运量，1869 年已达 53.7%。尤其是火车头的大幅度增加，表明马拉火车的局面已经终结，铁路开始成为法国经济发展的大动脉，火车成为主要的交通运输工具。初步形成的全国铁路网，为国家带来可观的财政收入。据统计，法国每公里铁路的纯收入在 1855 年就达 30000 法郎。

第二帝国时期为什么铁路的建筑取得如此飞速的发展？究其原因，除了国内有较长时间的安定局面，提供了客观可能性之外，政府的政策也起了决定作用。拿破仑三世把发展交通放在重要的位置上，为保证铁路建筑的顺利进行，采取了如下措施：第一，统一制定建设铁路网的整体规划，取消 1842 年铁路法中关于基础与上层的硬性规定；第二，大力整顿铁路公司，将原有的 42 家各自为政的铁路公司合并成为拥有实力的六大公司，将全法国的铁路干线的建筑权转让给六大公司；第三，国家给大公司以 99 年的特许权，并帮助公司发行股票，保证资金来源；第四，与公司签订协定，将铁路分成旧线与新线，保证新线的利润，从而鼓励了公司投资修建边远新线。

当然，在第二帝国时期，波拿巴并没有放弃对公路和运河的修筑，恰恰相反，它使公路、运河与铁路有机配合，使许多新辟公路深入铁路未能达到的内地，犹如铁路之延伸。政府又出资购买所有运河，并减低内河税收，继续疏通与开辟上千公里运河。水陆交通的发展，加速了商品的流通和贸易的发展，进而刺激了重工业的发展，加快了工业近代化的进程。

对交通运输业的重视已成为法国历届政府的一个传统，在第三共和国初期，交通运输业继续得到优先发展。19世纪70年代末，法国公共工程部长、工程师弗雷西讷制订了全力发展交通运输业的计划，即著名的弗雷西讷计划。该计划的目标是完成铁路网的建设，补足可航行的水陆体系，使商港拥有现代化设备。[19]为实现这一目标，从80年代开始，政府拨出50亿法郎的专款，用于此项建设。经过20年时间，法国修筑了近20万公里的公路、3万公里的铁路，开凿了200公里的运河，新辟和疏浚了勒阿弗尔、南特、波尔多、鲁昂、敦刻尔克等10个港口。这个时期，法国在发展水陆交通方面与过去相比有明显的不同，它特别重视全国的布局，并注意设备的自动化与运输效率的提高。例如在建造铁路时，政府强调对边远地区，特别是在西部和西南部交通比较闭塞的地区营建新线，并对承担新线的公司实行重点补贴；对在一些确无公司承包的地段，则由国家经营，公共工程部长掌管线路的建筑，从而保证了全国铁路网的完成。在水运方面，政府主要提高水运的效率，使运河船只载运的吨位成倍增长。20世纪初，法国已拥有铁路近5万公里，运河5000公里，公路约25万公里，水陆交通体系已完全形成。汽船的大量启用，汽车的发明和大规模制造，使交通近代化趋于完成，所有这些大大提高了水陆交通运输的效率，缩短了工农业原料和产品的运作时间，降低了运费，满足了工业发展的需要，保证了法国经济的协调发展。

三

法国工业近代化的特点之二就是大中小企业互相依存，共同发展，而小企业又占有优势。法国是个有着优秀传统的工场手工业国家。大革命前，手工工场就十分发达，尤其在丝织、毛织、麻织等纺织品以及花边、绦带、服装、首饰、器皿、地毯、瓷器、精美家具等奢侈品行业中，为国家创造了大量财富。随着工业近代化的发展，这些工场成为不同类型的中小型企业，它在国民经济的发展中，不仅没有被排挤，反而继续发挥出优势，即使到了垄断资本主义阶段，法国的中小企业，尤其是传统工业仍然占有重要地位。

法国堪称中小企业占优势的国家，这一点我们可以从工人在中小企业中所占的人数、企业的比例和机械化程度诸方面得到证实。19世纪60年代末，法国工业革命已基本完成，可是现代化的大工业却占极少数，传统的中小工业仍占绝对优势，不到10个工人的中小企业占企业总数的75%，全国69%的工人在中小企业里工作，每个企业平均只有2.17名工人，手工工场仍然到处可见，许多行业中均有70%以上还是手工劳动。中小企业创造的生产总值成倍超过大企业。

19世纪末20世纪初，法国与其他资本主义国家一样，生产从集中走向垄断，开始过渡到帝国主义，但是，现代化的大企业在法国仍占少数（见表2）。[20]

表2　1896年和1906年法国不同规模企业占比

企业类型	所占比例（%）	
	1896年	1906年
不到10人的企业	62	59
10—100人的企业	17	16
100人以上的企业	21	25
合计	100	100

就工人人数而论，多数工人仍在中小企业里工作。例如 19 世纪末，法国共有 330 万名工人，在 100 人以下的中小企业里工作的工人就有 220 万名，而且多数集中在食品、纺织、服装、皮革、家具等传统轻工业行业中。就企业平均雇工而论，直至 19 世纪晚期，每家企业平均也只有 5.5 名工人，与英、美诸国相比，法国企业的规模小得可怜。就机械化程度而论，法国水平也是很低的。据不完全统计，法国有超过 50 万家企业，可是使用蒸汽或电气动力的企业却很少，绝大多数企业根本不使用动力，即使使用动力的企业其马力数也是小得难以想象（见表 3）。[21]

表 3 法国工厂使用马力数情况

年份	工厂数（家）	马力总数（匹）	每家工厂平均马力数（匹）
1852	6500	76000	11.7
1862	15000	205000	13.7
1872	23500	338000	14.4
1882	37500	612000	16.3
1892	47700	966000	20.3
1902	58700	2000000	34.1
1912	63000	3235000	51.3

从表 3 可见，法国工业中迟迟未发生动力革命，直至 1912 年平均每个企业使用的马力也只有 51.3 匹。动力问题不解决，工厂的机械化、现代化是很难实现的，这就难怪有的学者认为法国只不过是一个手工业的家乡，法国从来没有经历过工业革命。[22] 这种情况就决定了法国企业中手工劳动与机械化劳动长期并存的局面，直至 1903 年，在里昂地区手摇纺织机的数量仍然远远超过动力纺织机的数量。

在法国工业近代化的过程中，出现上述大中小企业并存、中小企业占优势，现代化工厂与手工工场并存、手工劳动占优势的奇特现象，这是历史原因和许多行业的特殊性造成的。法国长期以来的工业结构与一些传统工业以手工劳动为主，而且在近代化过程中，手工业始终发挥着它的优越性，为国家创造了大量财富。这说明在工业并不十分发达的国家里政府应该充分发挥中小企业的优势。当然，这种大中小企业长期并存而小企业又占优势的局面，也给法国经济带来不良影响，产生消极作用，它人为地阻碍了新技术的推广和应用，影响了劳动生产率的提高，放慢了近代化的进程，削弱了与别国的竞争能力。

四

法国工业近代化的特点之三就是工农业同步发展，小农始终占据重要地位。法国与英国不同，英国随着工业革命的展开，不仅小农很快被消灭，而且农业跟不上工业发展的步伐而长期相对萎缩。在法国，则是农业一直跟随工业发展，并在国民经济中占很大比重，但小农却始终是农业中的大多数。

我们知道，早在第一帝国时期，拿破仑在强调工业近代化时就十分注意发展农业，他一再强调："农业，是帝国的灵魂，是帝国的首要基础。"[23] 并且采取种种措施奖励发展农业，努力改变农业结构，保护小农的生产积极性，在发展工业的同时，推动农业的发展。

从复辟王朝到七月王朝，法国农业虽然发展不快，却长期保持着稳步发展的势头。例如小麦播种面积从 1815 年的 450 万公顷增至 1847 年的 600 万公顷，产量从 1830 年的 52 亿升增至 1847 年的 90 亿升，土豆产量从 1815 年的 21 亿升增至 1845 年的 96 亿升，农业总产量在复辟王朝时期增长 29.8%，七月王朝时期增长 37%。在第二帝国时期，农业生产的发展更为明显，波拿巴先后颁布《垦荒法》和《排水法》，还推广农业机械和化肥，使耕地面积扩大了 150 万公顷，农业总产值增长了 58%，均达历史最高水平。所以，有人称"第二帝国是农业的黄金时节"[24]。

19 世纪晚期到 20 世纪初，法国虽一度出现严重的自然灾害和农业危机，但政府及时采取各种保护政策，诸如实行《梅林高关税法》，强制提高小麦收购价格，减轻农业税，设立农业奖励金，兴办农业技校，加强农业机械化，等等，终于使农业摆脱困境，从播种面积到产量都有所发展（见表 4、表 5）。

表4　1872—1910 年法国农业的种植面积

年份	小麦播种面积（千公顷）	人工牧场面积（千公顷）
1872	6938	
1875	6947	
1885	6957	2465
1895	7002	2584
1905	6510	3865
1910	6554	4051

资料来源：M.Chaulauges, *Textes Historiques,1848-1871*，1978，p.137.

表5　1815—1913 年法国主要农作物的产量

年份	土豆产量（百万担）	谷物产量（百万担）	葡萄酒产量（百万升）	工业用甜菜产量（百万担）
1815—1819	24.6	36.5		
1827			36.8	
1840				15.7
1861—1865	87.7	76.3	49.8	44.3
1873				77.4
1874—1878	93.6	78.7	58.7	
1889—1893	116.5	78.3	32	64.8
1909—1913	133.1	88.4	46.4	70.7

资料来源：François Caron, *Histoire economique de la France XIXe-XXe Siecles*，Paris，1981，p.28.

从 20 世纪初开始，法国小麦的播种面积虽然整体不断减少（见表4），但年均产量却不断提高，例如同 1876—1885 年相比，1896—1905年提高 13%，1906—1909 年又提高 19%。这说明每亩单产在提高。人工牧场面积增加幅度更大，这就从侧面证明了法国畜牧业也在迅速发展。据查，1913 年法国有牛 1478.8 万头，几乎超过了美国的一倍，为欧洲之最。从表 5 我们可以看到作为主粮的土豆，其年产量更是直线上升。所以，法国当时已经成为西欧的主要农业国之一，直至 1913 年农业产值在国民生产总值中仍占 40%。

但是，法国与英国相反，在农业资本主义的近代化中大农业很少，生产效率不高，而农业人口和小农却长期占据着优势。自大革命以来，法国农业人口一直占绝大多数，到 1846 年，在全国 3540 万总人口中，农业人口占 2675 万，为总人口的 76%，即使在工业革命完成和进入帝国主义时期，其农业人口仍占多数。例如在 1881 年占 65.2%，1896 年占 60.9%，到了 1911 年，还占总人口的 55.8%。[25] 至于实际从事农业生产的人员，更是大大超过从事工业生产者（见表 6）。[26]

表 6　1856—1906 年法国从事农业生产和工业生产人数对比

年份	从事农业生产者（万人）	从事工业生产者（万人）
1856	730.5	441.8
1875	799.5	446.9
1896	846.3	545.2
1906	884.5	593.6

从表 6 可见，虽然从事工农业生产的人数都在增加，但从事农业生产者的人数却比从事工业生产者的人数增加得更快，直至 1906 年，从

事农业生产者比从事工业生产者多出近 300 万人。

　　法国不仅农业人口占总人口的大多数，而且在农业人口中占地 10 公顷以下的小农又占绝大多数，而占地 40 公顷以上的大农却很少（见表 7）。

表 7　1826—1908 年法国不同农业人口人数及土地占比

	1826 年		1882 年		1908 年	
	占农业人口的比重（%）	占有土地的比重（%）	占农业人口的比重（%）	占有土地的比重（%）	占农业人口的比重（%）	占有土地的比重（%）
小农	89.3	32.5	84.7	35.4	83.8	29.1
大农	0.6	20.8	2.5	36.8	2.7	37.1

　　表 7 表明，法国的小农人数比例从 1882 年以来虽然有所减少，但减少幅度微乎其微，在 1882—1908 年的 20 多年中只减少了 0.9 个百分点，基本上处于稳定状态。所以，至 20 世纪初，法国的小农经营仍占优势。另一方面，我们也可以看到，极少数的大农却占有相当可观的土地，形成了实力雄厚的大农场经济。由此，法国在相当长的时间内一直保持着少数近代化的大农场与个体经营的广大小农生产者并存发展的局面。它们对法国经济的发展起了积极作用。但是，随着商品经济的广泛发展和近代化的步步深入，小农经济因为无力购买农业机械或因土地分割得太小无法使用机器而人为地阻碍了农业的机械化。这是法国近代化缓慢发展的主要原因之一。

五

　　法国工业近代化的特点之四就是注意技术的引进。任何一个国家要真正发展自己的经济，由后进变先进，就必须从引进技术开始。技术没有国界，绝不能强调国情特殊而忽视技术引进。英国是工业革命的先锋，它的先进技术无疑给近邻法国的技术引进提供了方便。历届政府都能利用这一便利条件，持续从英国引进先进技术，法国的工业革命就是在引进英国技术的基础上展开的。

早在大革命前，英国的先进技术已经开始进入法国，英国的飞梭发明人约翰·凯伊（John Kay）于 1747 年在法国立业，并于 1771 引进了梳棉机，1779 年引进了第一台阿克莱特（Arkwright）水力纺纱机。大革命后，英国成为法国的主要敌对国，引进工作一度中断，但即使在战火纷飞的年代，拿破仑仍千方百计引进先进技术。他曾亲自过问建立模范织布厂，从各郡挑选织工组织学习英国先进技术。他还下令由实业部长招聘了一名叫道格拉斯的苏格兰人，利用其懂制造梳毛和纺毛机的技术，提供资金，在塞纳河一小岛上建立了第一家机器制造厂，两年内为法国提供了 300 台机器。

从复辟王朝统治到第二帝国时期，法国的引进工作更加全面、深入。1815 年，法国由内政部工业局长出面，委托英国人杰克逊在圣亚田建立一个焦炭炼钢厂，并开办了一所"矿工学校"。[27] 1817 年开始，蒸汽机先后被引入棉纺、毛纺、丝绒工业。1830 年以后，各种机械设备和车床、裁缝机等纷纷被引进。1838 年由英国人马伯利投资在毕卡尔迪建造了法国第一个亚麻纺织厂，1843 年由苏格兰人巴克斯特兄弟投资在索姆河畔建立了法国第一个黄麻纺织厂。[28]

在交通运输业方面，利用外资、引进技术则更为突出。法国铺设的第一条铁路线，从铁轨等材料到工程技术人员及技术工人全部从英国引进。在修筑从巴黎至里昂的铁路线时至少雇用了 4000 名英国的技术人员和工人。[29] 法国人正是在英国人的帮助下，才学会了修筑铁路和管理铁路运行的全套本领。

19世纪晚期，法国政府继续从别国引进资金、人才和技术设备，并且使工业布局向边远地区扩展。例如法国人曾使英国人在加莱和巴黎盆地西北部投资，比利时人在桑布尔流域投资，瑞士银行家则给阿尔萨斯和弗朗什孔泰的工业家以资助。所有这些，都有力地促进了法国工业近代化的发展。但是，受传统经济结构的影响，法国的资金和技术的引进受到一定限制，因而延缓了近代化速度。

六

以上是我对法国工业近代化进程和主要特点的探讨。法国工业近代化中关于城市化问题，关于金融业的发展问题，关于人口增长缓慢的问题，等等，也都反映出它的特色，因篇幅所限，本文不一一赘述。但我们可以从中引出以下各点，作为本文的结语。

第一，法国的工业革命与工业近代化虽是同步开始，并未同时完成，而是在经历了两次工业革命后工业近代化才得以初步实现。这是因为法国的工业革命不像英国那样广泛、深入和彻底。之所以如此，是由法国国情所决定的。法国能源缺乏，煤炭不足，矿石基地又偏离工业中心；传统的工业结构十分牢固；中小企业所占比例极大；小农经济始终占据优势。所有这些不仅延缓了工业近代化的进程，也决定了法国工业近代化水平的相对低下。

第二，法国历届政府在发展经济时都比较注意利用外资，引进先进技术设备和人才。据统计，法国在工业革命期间至少拥有15000名英国的高级技术人员。[30]到20世纪初，在不少行业中引进的先进设备仍占相当的比例。例如麻纺织机器，在1913年有4/5是英国和爱尔兰的产品。

在铁路机车方面，在 1906—1912 年的 6 年中，平均每年交付使用的为535 辆，而其中从比、德进口的就占 140 辆之多。至于先进的航运钢船，其吨位数的 50%—60% 是进口的。[31] 这些先进技术设备的引进，不仅大大加快了法国工业近代化的进程，而且对国家来说也是花钱少、得益快。近代法国的进步无疑是与利用外资、仿造英国设备、引进专家和先进技术分不开的。

第三，法国政府在实现工业近代化时始终重视对交通运输业的发展，这是一项非常正确的决策。交通运输尤其是铁路，是国民经济中的大动脉，也是经济发展的先行者。交通不畅通，原料进不去，产品出不来，经济难以起步，更谈不上协调发展。很难设想，一个交通阻塞的国家，能够实现工业的近代化。法国政府通过近一个世纪的努力，投入较多的资金，有计划地进行交通事业建设。到 19 世纪晚期，终于形成全国铁路、运河、公路全面发展的水陆交通运输网，对于工业近代化的实现发挥了重大作用，如果没有比较发达的交通运输网，法国的工业近代化同样是难以实现的。

（原载《杭州大学学报》1991 年第 3 期）

注　释

1　张芝联主编《法国通史》，北京大学出版社，1989，第 245 页。

2　余开祥主编《西欧各国经济》，复旦大学出版社，1987，第 51 页。

3　克拉潘：《1815—1914 年法国和德国的经济发展》，傅梦弼译，商务印书馆，1965，第 273 页。

4　菲利普·潘什梅尔:《法国》(下),叶闻法译,上海译文出版社,1980,第144页。

5　说法不一,此处采纳 Jean Bron, *Histoire de Mouvement Ouvrier Français*,T.1,Paris,1968,p.28.

6　有1821年、1825年两种说法,请参阅张芝联主编《法国通史》,第244页。

7　M.Chaulauges, *Textes Historiques,1848-1871*,1978,p.74.

8　《马克思恩格斯选集》第2卷,人民出版社,1972,第374页。

9　E.Jeloubovskaia, *La Chute du Second Empire et la Naissance de la Troisiem e Republique en France*,Moscou,1959,p.20.

10　M.Chaulauges, *Textes Historiques,1848-1871*,p.74.

11　库马:《社会的剧变——从工业社会迈向后工业社会》,台北:志文出版社,1984,第151页。

12　Jean Bron, *Histoire de Mouvement Ouvrier Français*,T.1,p.20.

13　François Caron, *Histoire economique de la France XIXe-XXe Siecles*,Paris,1981,p.12.

14　米歇尔·博德:《资本主义史(1500—1980)》,吴艾美等译,东方出版社,1986,第119页。

15　克拉潘:《1815—1914年法国和德国的经济发展》,第126页。

16　皮埃尔·米盖尔:《法国史》,蔡鸿滨等译,商务印书馆,1985,第349页。

17、18　M.Chaulauges, *Textes Historiques,1848-1871*,p.74.

19　*La Grande Encyclopedie*,Freycinet.Librairie Larousse,Paris,1973.

20　Braudel et Labrousse, *Histoire Economique et Sociale de la France*,T.4,p.459.

21、22　克拉潘:《1815—1914年法国和德国的经济发展》,第69、294页。

23　*La Grande Encyclopedie*,T.14,p.8375.

24　参阅郭华榕《法兰西第二帝国的重要历史地位》,《世界历史》1984年第4期。

25　Braudel et Labrousse, *Histoire Economique et Sociale de la France*,T.4,p.103.

26　G.Duby, *Histoire de la France,*3 vol.,Larousse,Paris,1972,p.17.

27、28　菲利普·潘什梅尔:《法国》(下),第145页。

29、30　信国真载:《技术革新对地区经济的影响》,胡天民摘译,〔日〕《法学家》第

32 期,1983 年。

31　克拉潘:《1815—1914 年法国和德国的经济发展》,第 276、279 页。

试论世界工业化与民主化的开端

18 世纪晚期至 19 世纪 30 年代的欧洲历史，可以说是奠立人类现代文明的关键时期。正是在这一时期，欧洲发生了两件惊天动地的大事：英国工业革命和法国大革命。这两件事影响着整个 19 世纪世界历史的发展方向与进程，使工业化与民主化成为 19 世纪的历史主潮流。英国工业革命和法国大革命称得起是当时世界划时代巨变的标志，它们开创了现代文明的新时代，促使全球格局发生了新变化。

一 工业化的开端——英国工业革命

18 世纪晚期开始的英国工业革命，绝不只是一场单纯的技术革命，恩格斯在 1844 年曾经这样写过："英国自上一世纪中叶以来所发生的变革，却比其他任何国家所发生的变革都具有更重大的意义；这种变革愈是无声无息地进行，它的影响也就愈大⋯⋯英国发生的革命是社会革命，因此比任何其他一种革命都更广泛，更深刻。"[1]

众所周知，工业革命首先在英国爆发绝不是偶然的，这是历史发展的必然，是市场经济的产物，是生产力大变革的结果，也是英国首先具备了工业革命的前提条件所使然。

英国资产阶级革命后，随着资本主义经济的发展、国内市场和国际市场的开拓，市场经济规律这只看不见的手，无形地推动了工业革命的到来。市场的日益扩大，尤其是海外市场的扩大，使工场手工业的生产能力已经满足不了对商品日益增长的需求，这就刺激了在生产上的技术革新。总之，市场在呼唤工业革命。

市场呼唤工业革命，这是一个新的历史课题。它被提上历史的日程，完全是时代的产物，是资本主义时代降临世间所造成的，资本主义经济是一种充分发展了的商品经济，它与自然经济的区别之一，就是它不是为了生产者的消费而生产使用价值，而是为了与他人交换而生产交换价值。这就决定了它必然突破地域封闭性，而具有开放性和扩张性。资本主义商品经济从产生时起就具有国际性质。马克思曾指出："商品流通是资本的起点。商品生产和发达的商品流通，即贸易，是资本产生的历史前提。世界贸易和世界市场在 16 世纪揭开了资本的现代生活史。"[2]

资本主义经济的这种国际性质，是有史以来人类社会生产力发展中从未有过的，是全新的事物。这一现象也部分地回答了一个"古老"的历史问题——中古时期中国、阿拉伯等东方大国都曾出现过商品经济繁荣的景象，其发达程度远逾同时代的欧洲，但却未能发展出资本主义。相反，曾是落后的欧洲却成为资本主义的发源地。这一问题的部分答案，就在于欧洲的商品经济有着充分的国际性质，而在亚洲则没能具有这一特点。先是地中海，后来发展为大西洋的经济交往，给欧洲带来的活力是必须给予足够估量的。同样的道理，也完全适用于英国工业革命。

英国，恰恰在许多方面又优于欧美其他国家，这就使英国首先进行工业革命有了可能。第一，英国有安定的环境。英国岛国的地理环境，使本土不受外族入侵的干扰而能够长期保持和平状态，而且在国内很少有动乱不宁的局面，使社会既有长期的安定又有秩序，这是欧洲大陆诸国中少有的，这就可以使国家和大众安心从事建设事业，从而保证工业革命的顺利推进。第二，英国有大量的资金和充足的廉价劳动力，同时，又较早进入世界市场。在 16—18 世纪，英国完成了资本原始积累，为工业革命提供了充足的条件，大规模的圈地运动使大批农民丧失土地，沦为可雇用的廉价自由劳动力；在广大殖民地进行的掠夺和野蛮的奴隶贸易中，英国资产阶级积累了巨额的原始资本。第三，英国有高度发展的手工工场。在 18 世纪，英国的工场手工业的规模之大，分工之精细，位居西欧先进国家之前列。发达的手工工场与分工的专门化，为技术革新和创造发明提供了可能。而英国政府又十分重视和鼓励发明创造，早在 1662 年就成立皇家学会以促进自然科学的基础研究和技术工艺的应用研究，注册发明专利，这就为从手工业向机器大生产的过渡准备了物质技术条件，英国优于欧美其他先进国家而成为工业革命的摇篮。

关于英国工业革命始于何时，又终于何年，学术界从来就没有统一的看法，我们认为这并不重要，问题的关键是要看以什么为标志，是以某一单项的创造发明为标志还是以生产力的飞跃为标志。显然，应该以生产力的飞跃为标志。因为工业革命最大的特点就是一场以生产力为先导的经济革命，尽管在 18 世纪上半期，英国已经出现了纺织工业方面零星的技术革新和发明，但毕竟影响不大。而到了 18 世纪 60 年代，新的创造发明则接连出现，形成整体效应，例如，1764 年哈格里夫斯发明了珍妮纺纱机，1765 年瓦特制成单动式蒸汽机，1768 年阿克莱特发明水力纺纱机，从而奠定了现代工厂制度的基础。所以，把 18 世纪 60 年代作为英国工业革命的开端是比较稳妥的。

　　机器取代手工，是工业革命之根本所在。工业革命的过程，也就是大机器工业代替手工工业的过程，应该说，大机器生产在整个工业中取得优势地位，现代工厂制度基本确立，而且可以用机器制造机器，这就标志着一次工业革命的完成。毫无疑问，要采用确切的年月来确定这样的标志也是困难的。在英国，工业革命从纺织工业开始，接着在冶炼、能源到交通运输和农业革命，其全过程历时 60—80 年才算完成。所以，把 19 世纪 30 年代或 40 年代作为英国工业革命完成的标志较为合适。

　　英国著名史学家霍布斯鲍姆对英国工业革命曾给予高度的赞扬，认为是"从远古……以来人类历史上最巨大的转变，这个革命已经改变了并继续改变着整个世界"[3]。中国著名史学家罗荣渠特别强调工业革命促进了生产力的巨大发展，他说："从社会生产力大变革的观点来看，工业革命标志着整个人类社会发展的最大分水岭。"[4]

　　的确，英国工业革命之所以意义重大，就在于它开创了全球现代化的新时代，在于它极大地推进了现代生产力的大发展。迄今人类历史上出现过三种不同性质、不同形态的社会生产力，第一种是原始生产力（自然形态），第二种是农业生产力（半人工形态），它们推动物质生产与改造自然的能量都远远不能与第三种即工业生产力（人工技术形态）相比拟，工业革命使人类物质生产的方式发生了质的转变，[5]成为人类社会三次生产力形态大转换中最重大的而且是最具突破性的一次转变，从此使英国从农业社会进入工业社会。这一转变使英国经济出现翻天覆地的变化，在英国工业革命期间，工人的日平均生产率提高了 20 倍，工业生产增长了 4 倍多。马克思、恩格斯曾经这样描写飞跃发展的生产力："资产阶级在它的不到一百年的阶级统治中所创造的生产力，比过去一切世代创造的全部生产力还要多，还要大。"[6]

　　英国工业革命不仅仅是现代生产力发展中的一次巨大革命，而且是一场深刻的社会革命。这场革命使现代工厂如雨后春笋般出现，新兴城市迅速崛起，市场经济飞速发展，人口流动大大加速，农村人口大量减少，城市人口显著增加，全国人口总数明显增长，生活方式大大改变，社会阶级结构出现巨变，形成了工业资产阶级与工业无产阶级，并且其逐步成为社会各阶级中的主体。总之，工业革命促使资本主义经济体制和国家体制、文化教育、思想和伦理道德观念乃至家庭状况等各个领域都发生了极为深刻的变化，开创了一个崭新的发展时代。

毫无疑问，如果我们以生产力的发展为坐标，以此作为价值判断的标准，那么英国工业革命在世界历史发展的长河中，在构建资本主义现代文明的历程中，都起着巨大的推进作用，创造了闻所未闻的奇迹，为人类文明树立了一座丰碑。

当然，这座文明丰碑的背后，也蕴含着野蛮和残暴。英国工业化带给人类的，既是文明和幸福，却又伴随着困厄和灾难。工业化促进的经济增长不可能解决各种社会问题，相反却带来许多新的社会问题。不少英国历史学家和社会学家在肯定工业革命历史进步性的同时，都揭露了工业革命所带来的负面效应。勃里格斯就率直地写道："一方面是指挥整个产业大军的百万富翁，另一方面是仅能糊口的工资奴隶。""发动机一开动，人们就必须工作——男人、女人和孩子们都一起被套在钢铁和蒸气的轭具下。动物机器——再好不过也是可以损坏的……被紧紧地拴在不知痛苦和不知疲劳的钢铁机器上。"[7]工业革命不仅把工人变成了机器的奴隶，而且在相当长的时间里，对生态平衡的破坏和对环境的污染也是很严重的，尤其是使人际关系完全变成了金钱关系。

贫穷和富有、文明和野蛮并存，这就是现代化开始时的情景。人类文明每前进一步，势必要付出代价，有时是十分沉重的代价。人类社会就是在这样的情景下迈动步伐、向前发展的。

二　政治现代化的新典型——法国大革命

在欧洲大陆，一场惊天动地的革命正与英国工业革命同步进行，那就是法国大革命。"大革命"一说源自 18 世纪末的法国革命者，他们自豪地为正在从事的豪迈事业定下了这一称谓。这次大革命不仅开创了现代文明，而且其斗争之激烈、群众参与之广泛和深入，革命影响之深远、时间之长久，都为世界上所罕见。诚如列宁所言，"它被称为大革命不是没有道理的"。[8] 这不仅为马克思、恩格斯和列宁所认可，为大多数法国史学家所公认，同样也为国际史学界所公认和普遍使用。

在研究法国大革命的众多有关问题时，对其中的三个问题应该作出解释：法国大革命怎样分期？为什么说法国大革命树立了政治现代化的新典型？法国大革命究竟有没有负面效应？

历史的演变本无分期，进行分期不过是历史学家为了叙述和理解方便而作出的一种解释。法国大革命当然也不例外。正因为如此，所以对法国大革命作如何分期，史学家们历来众说纷纭，未有共识。首先，他们对大革命的起讫就议论纷纷，各持己见。至于内中分段，更难统一。[9]

为了更好地理解和掌握这场波澜壮阔、曲折多变的大革命历程，也为了更好地认识和总结大革命发展的趋势与经验教训，我们将它分成如下 5 个阶段。

第一，大革命的开始阶段。何时开始大革命？法国著名思想家、史学家托克维尔早在 1856 年出版的名著《旧制度与大革命》一书中，就提出 1787 年是大革命的开始，因为这一年贵族开始了反叛。而后，法国著名史学家马迪厄、勒费弗尔等，也都认为 1787 年贵族的反叛是大革命第一阶段开始的标志，他们甚至提出这个阶段可以称为"贵族革命"。不过在法国，更多的史学家则认为大革命应从 1789 年开始，从米涅、梯也尔直至索布尔，都把 7 月 14 日攻打巴士底狱作为大革命开始的标志。

我们认为，贵族的反叛作为大革命的开始并不可取，因为它混淆了资产阶级革命的原则界限，资产阶级革命只能是资产阶级起来推翻封建特权的革命，贵族本身就属于封建特权阶级，不可能作为一个阶级将反封建革命进行到底。贵族反叛只能说明封建特权内部矛盾尖锐，难以统治下去，这就为革命造成了形势、提供了可能，但绝不是革命。而 7 月 14 日作为大革命的开始，才符合这次革命的本意，而且极富典型性。因为，第一，巴士底狱的被攻占，就意味着象征法国封建制度的堡垒被攻克；第二，成立了革命权力机关——巴黎市政府常务委员会，并选出巴伊为市长，任命拉法耶特为国民自卫军司令，表示革命政权已经建立；第三，革命群众已经控制了全巴黎，国王被迫承认革命，权力已经转移，革命继续发展。总之，7 月 14 日是一场轰轰烈烈的反封建特权的人民革命，反映出大革命的本质特征，理所当然地应该成为法国大革命开始的标志。所以到 19 世纪晚期，法兰西第三共和国就通过法律，确定 7 月 14 日为国庆节，直至今日。

第二，大革命的发展阶段，亦可称为君主立宪国与吉伦特共和国阶段。这个阶段的特点就是革命沿着上升路线发展。

众所周知，君主立宪派在任三年，为反封建革命做了许多事情。正是君主立宪派颁布了《八月法令》，废除封建特权，允许贸易自由，明确宣布封建制度的灭亡；也正是君主立宪派通过制宪会议公布了为世人瞩目的《人权宣言》，宣布人生而自由，在法律面前人人平等，成为新制度的诞生证书，成为大革命的政治纲领；君主立宪派还在制定和颁布许多反封建法令的同时，于 1791 年 9 月颁布了宪法，即 1791 年宪法，成为法国历史上第一部宪法。君主立宪派基本上完成了破除旧制度、建立新政权的历史使命。他们是大革命的创业者。

至于吉伦特派，显然比君主立宪派在反封建斗争中表现得更激烈。吉伦特派的当政虽然为时短暂，却为大革命立下了汗马功劳。它发动并领导了共和运动，结束了君主制在法国的统治，庄严宣告法国为共和国；它出台了一系列政治经济措施，将反封建反特权的斗争推向深入；它发动和组织群众与国内外敌人作斗争，取得了反对外国武装干涉的初步胜利。只是由于在如何治理共和国的方略上，与雅各宾派发生严重分歧，因政见的不同而最终被更激进的雅各宾派所推翻，这完全是革命派内部的分歧和斗争，绝对不能因此而断定吉伦派是反革命派。事实上正是吉伦特派的努力促进了大革命平稳发展。

第三，大革命的高峰阶段，亦可称雅各宾共和国阶段。雅各宾派上台后，在内外敌人夹攻的特殊环境中，在群众的压力下，采取了一系列果断激进的革命措施：接连颁布了三个土地法令，将反封建斗争推向最高点；公布 1793 年宪法，以资产阶级民主自由的要求改造国家，这是历史上最民主的资产阶级宪法；颁布全民准备应征入伍的法令，改组军队，严厉镇压国内叛乱，粉碎外敌入侵；实行统制经济政策和全面限价，严厉打击囤积垄断的投机商人；颁布嫌疑犯法令，实行恐怖政策，镇压一切反对者。所有这些措施，使雅各宾专政在反对封建势力和保卫巩固大革命的既得成果方面，作出了杰出的贡献，显示了法国大革命的彻底性。但是，雅各宾派毕竟走得太远了，以致超越了资产阶级革命的目标，它将斗争的矛头同时指向了资产阶级，侵害了自身的利益，从而遭到了资产阶级的不满和反对，雅各宾共和国终被热月党人所推翻，革命的上升路线被打断。

第四，大革命的转折阶段，亦可称热月党与督政府共和国阶段。热月党绝不是反革命，督政府亦不能称为腐败政府，因为它们都没有反对大革命，而是着力维护革命成果，克服动乱，实现稳定，建立资本主义的正常秩序。所以，这是大革命从雅各宾专政的非常时期进入正常时期的转折点。热月党上台后所做的第一件事，就是结束人人不满的恐怖统治，释放嫌疑犯，实行平反昭雪；第二件事就是终止统制经济体制，废除普遍限价，提倡经济自由发展和竞争，为资本主义发展扫清道路；同时，热月党坚持共和，镇压王党复辟叛乱，打退外敌入侵，维护民族独立；制定和颁布共和三年宪法，即 1795 年宪法，实行两院制，建立法治政权；如此等等。这对稳定社会秩序，维护革命成果，无疑起了重要作用。

至于根据宪法组成的督政府，则继续坚持热月党的方针、政策，努力建立资本主义的正常秩序，一度还惩治过腐败。督政府中虽有腐败分子，但不能代表整个政府，因此不能称其为腐败政府。只是由于时局的动荡和督政官们的软弱和分裂，才未能形成强有力的国家政权，无力稳定动荡局势。但热月党和督政府毕竟守住了大革命的阵地，维护了革命的成果。

第五，大革命的最后阶段，亦可称拿破仑统治阶段。拿破仑于 1799 年发动雾月政变后建立了执政府，5 年后又成立拿破仑帝国，从执政府到帝国都是军事独裁政权。从原来的民主共和国转变为独裁统治，在形式上明显是一种倒退。但是，实质上这是当时形势的需要，是一种新的稳定。拿破仑上台后，继承督政府的内外政策，维护和发展了大革命的成果，并且采取强制手段实现社会的稳定。在政治上，通过改革，建立了高度集权的新型的国家权力机构，并颁布《民法典》(又称《拿破仑法典》)，使集权与严密的法制相结合，确保资本主义的统治；在经济上，改革经济体制，发展工农商业和交通运输业，促进了经济发展；在军事上，多次粉碎反法联盟的进攻，镇压王党的叛乱，确保社会安定和民族的独立和尊严。可是到后期，拿破仑因野心勃勃，妄图称霸世界，在联合起来的欧洲反动势力打击下，遭到失败。

但是，拿破仑毕竟完成了大革命所没有完成的事业，建立了资产阶级的现代国家大厦，从而确立了资产阶级在法国的统治。所以，拿破仑时期是大革命的稳定和巩固时期，实际上是大革命的最后阶段。

我们认为，把 1814 年拿破仑帝国的灭亡作为法国大革命的终点是比较妥当的。作为摧毁旧制度、建立新制度的革命，无论从新旧权力的转移还是现代制度的确立来看，只有到 1814 年才可以说已基本完成。同时，这样的分期，也更能反映出这场革命的激烈、曲折与反复的全过程，体现出这场革命的法兰西民族性。

为什么法国大革命是政治现代化的新典型？关于政治现代化的概念，一般西方学者认为，政治现代化就是在政体上实现"集权化、平等化与民主化"。我们认为，这一提法基本上概括了政治现代化的理论要点。所谓集权化，就是要从封建君主的专制化中摆脱出来，实现选举基础上的中央集权制；所谓平等化，就是要从封建特权化中解放出来，实现法制化，在法律面前人人平等；所谓民主化，就是要"创造大众社会""对民众开放普选"[10]，实现大众参与，主权在民。

法国大革命之所以是政治现代化的新典型，就在于这场革命使法国迈向了以法治国的历程。革命中不仅提出建立现代国家的理论框架，而且提供了如何建立现代国家的实践模式。正是这种理论框架和实践模式，成为法国大革命的真正价值所在，也成为世界上许多国家在实现现代化过程中的宝贵经验和精神财富。正如中国早期杰出的马克思主义者李大钊所说："十九世纪全世界之文明如政治或社会之组织等，罔不胚胎于法兰西革命血潮之中。"[11]

法国大革命中提出的现代国家的理论框架，集中反映在从《人权宣言》到《拿破仑法典》的各种宪法与法律条文中，其基本要素可概括为：人人自由、人人平等、私有财产不可侵犯、主权在民、三权分立、法兰西统一不可分割、普选制与议会制、契约自由，等等。简言之，就是建立民主、自由、平等、博爱的现代资产阶级国家，实现人权与法治。

根据上述理论框架，在大革命中形成的政治现代化实践模式，也就是在大革命中建立起来的三权分立的中央权力机构。一个政治现代化理论框架，一种可供操作的政治现代化实践模式，这就是法国大革命的创造，大大推动了世界政治现代化的进程。

但是，这场惊心动魄的革命，同样也产生了无法预料的负面效应，留下了难以消除的印记，这种消极面突出地表现在两个方面：一是非理性的群众运动；二是扩大化的恐怖统治。

盛大的群众运动，是这场大革命的力量源泉，从国民议会的召开直到雅各宾专政的建立和发展，群众的支持和参与无时不在，无处不有，在决裂信念和危机意识的感情支配下，强调政治"透明度"，冲决一切封建特权；在横扫一切、怀疑一切、打倒一切的感情冲动中，出现了人名和地名革命化，语言一统化，服装一色化，甚至跳舞政治化和各派之间的对立化，加大了各派之间思辨的力度和斗争的暴烈性，以致各派矛盾陷入无法调和的境地，使政治斗争演变成为人们的感情而不是理智所左右，在大革命中形成一种各派之间无休止的内战式政治风格。如同托克维尔所说，"当我考虑这个民族本身时，我发现这次革命比它历史上的任何事件更加惊人。它在行动中如此充满对立，如此爱走极端，不是由原则指导，而是任感情摆布"。[12]

正是法兰西民族中隐藏着的这种任凭感情摆布、爱走极端的性格，才使大众参与和群众运动同时引发了无节制、无约束、难以驾驭的过激行动，导致了民主秩序和法制的破坏，造成了政局的动荡。可见，非理性的群众运动，如果它变得过于剧烈，过于极端，就有可能变成一支无法控制的野性力量，给社会带来严重破坏。

至于法国大革命中出现扩大化的恐怖统治，这是情理之中的事。大革命刚刚开始，就有人高呼：革命绝不能半途而废。革命本应当踢开一切阻碍前进的绊脚石，坚定不移地进行到底。正是在这一思想支配下，革命集团中的精英分子，一批比一批更激进、更极端、更彻底，终于合乎逻辑地出现了雅各宾的恐怖统治。恐怖本来对革命者是必要的，它也确实保卫和发展了革命的成果。但是，如果滥施恐怖，对持不同政见者一律采用暴力手段，来达到排斥异己的目的，这就变成荒谬了。雅各宾统治的致命伤就在于此，即便是最亲密的革命战友之间的意见分歧，他们也只采取一种办法：上断头台，消灭其肉体，从而演出了一幕幕同室操戈、阋墙而斗的惨剧，先后处决了吉伦特派、忿激派、埃贝尔派和丹东派的许多代表人物，直到把丹东送上断头台之后，他们还在大声疾呼：断头台工作得越繁忙，共和国就越巩固。于是，雅各宾派的精英们，不仅把断头台继续对准持不同政见者，而且还对准平民百姓，在《牧月法令》通过后不到 50 天里，仅巴黎一地就处死 1376 人，最多时每天达 50 人，说什么杀人越多，共和国就越稳固。其实恰恰相反，断头台越忙，共和国越不安宁。他们终于自己酿成了苦酒，制造了悲剧，这些自称最爱国、最革命的雅各宾派精英最后也被推上了断头台。历史有情亦无情，滥施恐怖者，必被恐怖所埋葬，这是血的教训，也是血的经验，后人不可不记。

英国工业革命和法国大革命，这两件大事导致了欧洲普遍的思想观念的更新，出现了自由主义、激进主义、民族主义和社会主义等各种社会思潮，成为推动欧洲历史前进的巨大力量。同时引起了欧洲乃至世界进步势力与反动势力的重新较量，使政治格局产生了新的变化。这种新变化表现在：一方面，世界整体化步伐加快；另一方面，国际关系从均势论向大国主义演变。

由英国工业革命引起的英国经济现代化，从经济上大大加速了世界整体化的进程，而且英国经济成为世界整体化的主轴，向世界辐射，开启了国际分工发展的新篇章。同时，交通通信工具的革命，为国际分工的扩大提供可靠的物质手段，使商品运往世界各地，由此加速了世界市场的形成，推进了世界经济现代化。而法国大革命虽然只局限在欧洲，其影响却波及世界，它从政治上推进了世界民主化的进程，播下了民主自由的种子。

（原载《历史教学问题》1999年第2期）

注　释

1　《马克思恩格斯全集》第1卷，人民出版社，1956，第656页。

2　《马克思恩格斯选集》第2卷，人民出版社，1972，第166页。

3　霍布斯鲍姆：《革命的年代，1789—1848年》，1972，第17页。

4　罗荣渠：《现代化新论》，北京大学出版社，参阅第3、5章。

5　参阅罗荣渠《现代化的历史定位与对现代世界发展的再认识》，《历史研究》1994年第3期。

6　《马克思恩格斯选集》第1卷，人民出版社，1972，第256页。

7　阿萨·勃里格斯：《英国社会史》，陈叔平等译，中国人民大学出版社，1991，第235、224页。

8　《列宁选集》第 3 卷，人民出版社，1972，第 829 页。

9　关于法国大革命的起讫与分期的各种说法，请参阅王养冲《关于法国资产阶级大革命分期的若干问题》，《历史学》1979 年第 4 期。

10　库马:《社会的剧变——从工业社会迈向后工业社会》，台北：志文出版社，1984，第 119、167 页。

11　《李大钊选集》，人民出版社，1959，第 104 页。

12　托克维尔:《旧制度与大革命》，冯棠译，商务印书馆，1992，第 241 页。

欧洲统一的前景

——平等、协商、互利的基础上逐步走向联合

欧洲统一不是神话，而是现实，统一是人心所向，大势所趋。

从历史到现实，政治家们及各色理想主义者，都在寻求欧洲统一。至今展现在世人面前的欧洲统一之路已有两条：一条是战争，另一条是和平。

历史已经证明，战争之路是灾难之路，失败之路，毁灭之路。早在古罗马时代，恺撒曾经通过残酷的战争，建立起欧洲历史上大一统的罗马帝国，可是靠武力征服和兼并领土实行的统一，是不稳固的，也是不可能长久的，而且迟早会遭到被征服者的反抗。这一点，恺撒本人也很清楚，当他征服高卢不久，高卢就爆发了大起义，面对抵抗，恺撒不得不承认："高卢人在争取自由、恢复旧日的英勇善战的名声这件事上，是那么齐心，……所有的人都全心全力地投到目前的战争中去。"盛极一时的罗马帝国，最后终于灭亡了，分裂重新笼罩欧洲大地。

恺撒的后继者曾多次试图用暴力统一欧洲，再现昔日的辉煌，其中最著名的要数查理大帝，这位加洛林王朝的国王，先后发动了53次大规模的战争，他南征北讨，把西欧、中欧大陆的绝大部分地区纳入自己

的版图，再度实现了统一。结果呢？好景亦不长久，靠战争、靠暴力、靠奴役实现的统一，再次证明是不可取的。查理大帝一死，子孙就内讧，民众就反抗，大一统的帝国终因新的分裂而消失。

到近现代，这种靠战争强行统一的实例就更多了。众所周知的拿破仑，就是欧洲统一神话论的狂热鼓吹者和实践者，他多次鼓吹："应当由我把欧洲的各国人民变成一个统一的人民，巴黎要成为世界首都。"他野心勃勃，不仅要统一欧洲，还想统一世界，争当地球之王。他甚至还对统一欧洲作出了具体的设想，他说："我应当有一部欧洲法典，一个欧洲的最高法院，一种统一的欧洲货币，统一的度量衡，统一的法律。"拿破仑确确实实通过战争在努力实践着自己的诺言，他虽然未能完成欧洲的统一，却使欧洲三分之一的领土归法国管辖，一度成为欧洲的霸主。结果呢？还不是身败名裂，人民遭殃？！而欧洲仍然处于分裂之中。

还有臭名昭著的希特勒，此人只有拿破仑的野心，并无拿破仑的雄才大略，却满口狂言，鼓吹"我们斗争的目的应该是建立一个统一的欧洲，只有德国人才能真正把欧洲组织起来"。他妄想通过法西斯战争，建立起所谓统一的欧洲新秩序。希特勒东征西讨，不可一世，最终同样遭到欧洲人民和全世界人民的反抗而自取灭亡。靠战争强行统一，结果统一未成，自己也落得死无葬身之地。

这些众所周知的古今实例充分说明：靠战争，靠暴力扩张，用征服、兼并、奴役直至屠杀的办法，强行实现欧洲统一，是不得人心的，不可靠的，也是不可取的，而且是必然要失败的。所以，战争之路是失败之路，灾难之路，更是毁灭之路。靠战争实现欧洲统一，则统一难成，祸害无穷。这是历史早已证明了的，是教训，也是历史的经验。谁今后要是还妄想走这条老路，历史还将再次证明此路不通。

有鉴于此，在欧洲近代史上，不少理想主义者，包括圣西门、康德等思想家，都曾思考和提出过以和平方式实现统一的主张，由于种种历史的原因，未能付诸实践。第二次世界大战之后，不少有识之士，亲历战争之苦，大胆提出通过和平之路来实现欧洲的联合与统一，并开始付诸试验。欧洲共同体（欧共体）倡导的和平、发展、联合之路，就是沿着这条路向统一迈进的一种试验。近半个世纪的实践已经证明，欧共体所走的统一之路是现实之路、希望之路。

为什么欧共体所倡导之路是现实之路和希望之路呢？至少可以从下列几方面加以说明。

第一，西欧渴望和平。欧共体迎合了广大民众追求和平的心愿。两次世界大战的灾难，人们记忆犹新，希特勒是战争的发动者，但德国人民却是战争的受害者，法国又是两次大战的重灾区，妻离子散、家破人亡的惨剧，历历在目，西欧人民把战争与灾难看作同义词，而把和平与幸福又连接在一起，所以，人们不希望再有战争，也不希望西欧国家之间继续存在历史的敌对和仇恨。这一点，早在50年代初，舒曼计划中就指出："欧洲要实现统一，必须进行具体的，首先是通过确实的团结工作来实现，要使欧洲国家统一起来，必须结束长达百年之久的法德冲突。"厌战恐战、渴望和平与睦邻友好的心理，使欧洲人民在相当程度上赞成与支持欧共体的主张与具体做法，他们渴望通过和平对话、平等协商，在相互理解和相互尊重的基础上，使各民族国家逐步走向联合与统一，共谋经济发展，使明天经济更繁荣、社会更安定、生活更幸福。欧共体能得到欧洲人民的支持，就在于通过和平之路，在平等互利的基础上，实现联合与统一。对此，欧共体执委会主席雅克·德洛尔也曾自豪地说过："如果我们必须总结出欧洲一体化的成功之处，那么就是和平与人民间的相互理解，事实是我们……成功地克服了邻国之间的历史敌对和仇恨。"

　　第二，经济需要发展，更需要互补。欧共体的政治家们抓住了西欧各国各民族经济发展和互补的需要。第二次世界大战后，直到今天在亚非拉至少有 100 个民族国家宣布独立，昔日的英法殖民帝国彻底崩溃，从而也失去了对殖民地的经济依赖性，于是唯一的办法就是靠西欧各国加强相互的经济交往，以求补偿和促进经济的继续发展，这无疑对西欧国家的联合起了推动作用。同时，由于西欧各国物产各异，矿产资源和经济发展水平不一，国内市场狭小，经济要再发展，就必须合作、联合、统一。随着现代科技革命的推动，贸易、金融等经济领域又日益国际化，特别是跨国公司的蓬勃兴起，这就要求突破国界的限制，在更加广阔的地域内重新调整生产关系，推进生产力的新发展，这就促进了西欧各国的合作与联合。此外，许多矿产资源又是你有我无，如德国有煤矿，法国有铁矿，分则两伤，合则两利。事实上，实行煤铁联营不只有利于法德两国，同样有利于西欧。所以，西欧经济的发展和互补需要联合，必须联合，经济就成为西欧联合的主要基础。欧共体从 1951 年签署建立欧洲煤钢共同体条约至今，之所以得以不断发展且具有强大的生命力，其关键就在于迎合了西欧各国经济发展和经济互补的需要。

　　第三，高新技术的发展，使西欧地域的一体化已成为事实，尤其是水陆空交通的现代化，大大缩短了国家间的距离，消除了自然疆界的隔阂。特别是近一二十年来，西欧各国间四通八达的航路和纵横交叉的高速公路，还有高速铁路的建成与连通，阿尔卑斯山脉隧道的穿越，90 年代英法海底隧道的开通与运转，已使天险变成坦途，地域的割裂完全被现代化交通所打破，"国界"正在消失，这无疑为西欧一体化提供了客观可能性。

　　第四，欧共体成员国政治家们的推动，保证了统一步伐的前进。欧共体走过的历程已经证明了这一点，从 1951 年 4 月 18 日，法、联邦德国、意、比、荷、卢六国外长在巴黎签署建立欧洲煤钢共同体条约，次年生效至今，欧共体已经走过了 40 多个年头，尽管有过风风雨雨，甚至出现危机和倒退，但毕竟是往联合与统一的方向不断向前发展的，而且各成员国年年都有促进联合的动作，真可谓三年一小步，五年一大步。特别是 1967 年，欧洲经济共同体、欧洲煤钢共同体、欧洲原子能共同体合并为欧共体之后，统一步伐进一步加快，从 70 年代初的 6 个参加国扩大到 9 国，到 80 年代初又扩大为 12 国，可以说是一帆风顺。只是到了 1992 年，因《欧洲联盟条约》遭到丹麦多数公民（50.7%）的投票反对而被否决，欧洲一体化进程严重受挫而出现危机，有人甚至预言一体化将面临崩溃。但是，30 多年的发展，使欧共体的一体化成果作为既成事实呈现在欧洲公众面前，欧洲的发展、安全和前途取决于保持和推进欧洲的联合与统一，这已是欧洲各国政府和公众的共识，欧洲只能往前走。欧共体的政治家们和各成员国，在危机时刻，总是能同舟共济，求同存异，采取灵活变通的措施，寻求各方的谅解和协调，以推动一体化继续向前发展。

　　1993 年以后，各国政府与政治家们的共同努力和人民的支持，终于使欧洲一体化的航船在险风恶浪中调整航向，继续向前行驶，使欧洲联合取得突破性进展。首先，统一市场如期建成。1993 年元旦，建设统一市场的 282 条措施被欧共体各国所采纳，统一市场正式实施。接着，1993 年 11 月，《马斯特里赫特条约》（即《欧洲联盟条约》）被包括丹麦在内的欧共体各国所批准，《欧洲联盟条约》正式生效，包括欧共体 12 国，总计 3.4 亿人口的欧洲联盟宣告诞生，到 1995 年初，欧洲联盟又扩大到 15 国。将欧共体建成欧洲联盟，这就使欧洲一体化进入了新的发展阶段。与此同时，即1994年元旦，欧盟与奥地利、芬兰、冰岛、挪威、瑞典等5国签订的《欧洲经济区条约》生效，欧洲经济区宣告成立，该地区内实行商品、人员、资金和劳务的自由流通，欧洲超级市场扩大到17个国家，达3.72亿人口，对外贸易总额占世界贸易总额的40%以上，作为世界上最大的一个自由贸易区，将在欧洲联合的道路上起重要的作用。

总之，从50年代的煤钢共同体到90年代建成的统一大市场，从欧共体发展到欧洲联盟，欧共体的活动从广度到深度都大大向前推进了一步，从单一的经济实体开始向政治、防务实体的方向发展，尤其是欧洲联盟的成立，使世界上出现了一体化程度最高的统一组织，这一实体性超国家组织的出现，无疑为实现欧洲联合奠定了坚实的基础。我们相信，欧盟的政治家们，只要沿着这条道路，继续务实向前走，不断巩固和扩大欧洲联盟的成果，欧洲联合与统一是大有希望的。

此外，西欧各国人种的比较单一、宗教信仰的相同和相近、社会风俗的相似、文化渊源的相通等，都为欧洲最终实现统一提供了某种现实可能性。

所以，从长远看，应对欧洲统一的前景持乐观态度，在西欧联合的基础上，欧洲统一充满希望。可以断言，欧洲总有一天会实现统一，世界总有一天会实现大同，地球终将成为全人类共同的乐园。这是历史发展的必然，也是社会进步的最终归宿。

但是，我们必须看到统一的艰巨性、复杂性和长期性。统一是一项十分庞杂的系统工程，必将受到国际国内种种条件的限制和制约，甚至出现人为的阻扰和反对，多极世界的现实和东欧的分裂与西欧的联合两相对峙的新局面，还有国家、民族、地域、集团之间的差异、矛盾和利害冲突等都不可小视。即便是统一市场，对其的完善和管理仍然困难重重，正如欧盟执委彼得·萨瑟兰所言："由于对共同体法规的解释和实施或者国家法律的介入，仍然存在着分裂统一市场的危险。"所以，欧洲联盟能否成为如莫内所预示的"创造未来世界的一个过渡形式"，即成为世界上民族国家首先消亡的过渡形式，恐难下结论，即使有这种可能，也是遥远的事。

现在的关键是，欧洲联盟下一步如何走？有的西方学者把欧盟所推行的欧洲一体化比作一列正在开动的列车，它会不停地运转和前进，但一体化进程又不像列车那样简单，它是由各成员国互相协调共同推进的社会发展进程，涉及方方面面，这就决定了一体化进程不可能像列车一样，始终由一人操纵沿着轨道前进，必然会遇到曲折和险境。

随着一体化的深入发展和统一进程的加快，成员国之间不可避免地会出现分歧和争辩，尤其在统一的目标和发展模式上，分歧会更大。虽然莫内一再强调欧盟是一种过渡形式，但这种过渡形式的权力目前究竟该有多大？各国自有看法，不过有一点是共通的，它在短时期内不可能取代民族国家。至于发展模式则更难一致，是按英国首相梅杰提出的多轨道、多速度、多层次的方式（即所谓多轨道欧洲）发展，还是按法国前总理巴拉迪尔提出的"三环欧洲"模式发展，抑或是按德国提出的"核心欧洲"模式发展？成员国各执己见，难以统一。但是有一点是肯定的，统一势在必行，只有走联合与统一化道路，欧洲才能生存。所以，尽管在如何发展和往何处发展的问题上存在分歧，各国仍会继续推动西欧的统一和欧洲一体化的发展进程。欧洲统一只能在也必将在矛盾中曲折而艰难地前进。而多速度的发展道路可能是今后欧盟所选择的比较可行的也是比较现实的发展方向。其实，从90年代以来，随着欧共体（欧盟）内外条件的变化，多速度发展在客观上已是既成事实。《马斯特里赫特条约》事实上已经打开多速度发展的大门，欧盟也不可能去持续统一速度的发展。可以预言，欧盟的发展前途既不会是联邦制的国家，也不会是联邦制的联盟，在相当长的时间内，很可能是保持一种介于二者之间的混合结构，在各民族国家间平等、协商、互利的基础上，逐步走向欧洲的联合与统一。

（原载《北京大学学报》1997年欧洲历史研究专刊）

中国人心目中的巴黎公社
——评介《巴黎公社与中国》

100多年来没有人能够反映出中国人心目中的巴黎公社形象。陈叔平同志《巴黎公社与中国》一书的出版，圆满地解决了这一问题。该书史料之丰富、阐述之系统、见解之精辟令人倾倒。这部佳作的出版，填补了我国在该领域的空白，系统地再现了中国人心目中的公社形象，热情歌颂了公社的不朽精神。

一

该书第一章：晚清时期中国人对巴黎公社的评价。这章论述了巴黎公社革命爆发至20世纪初近50年来，中国人对公社的反应与评价，具体披露了晚清时期中国年轻的外交官张德彝目击公社革命后所记下的宝贵资料。同时补正了许多不确切的史料和误解的认识。例如近人对张德彝《三述奇》一书的过高评价，作者表示不能苟同，他认为《三述奇》确实填补了史料上的一个空白，是一份珍贵的史料，但不能因此把张德彝说成直接观察、记述公社革命的唯一中国人。过分渲染反而会使人看

不清它的真正价值所在。（第41—42页）

第二章：新民主主义革命时期对巴黎公社的宣传和纪念。这章可谓全书重点，全面论述从1919年的五四运动开始直至1949年新中国成立前夕中国人对公社作出的反应和评介。作者详述了新民主主义革命30年中中国人民对公社的各类宣传和各种纪念活动。从早期的共产主义者到抗战时期革命群众的宣传纪念活动都有较完备的论述，提供了鲜为人知的资料。作者尤其强调中国共产党在宣传公社精神中的作用，他指出："由于中国共产党人的积极宣传，巴黎公社在中国的影响不断扩大。"（第66页）并且成为鼓舞中国人民进行革命斗争的强大精神力量。作者还精心搜集并详细介绍了李大钊、瞿秋白、周恩来、李达、张太雷、毛泽东等革命先辈对公社经验的总结和宣传，这是该书中十分精彩而难能可贵的部分。

在这章中作者对我国的群众性纪念活动也十分重视，列出专节评述了我国人民在1926年第一次隆重纪念巴黎公社55周年的活动经过，并给予很高评价，指出"从此确立了巴黎公社在中国共产党和革命人民心目中的地位"。作者坚决反对用教条式的态度对待公社，他列举王明对公社教条主义总结的事实，并作了分析："尽管王明在总结过程中引证了马克思主义的一些词句和巴黎公社的历史经验，然而他的这种教条主义式的总结……原封不动地照搬……明显地显露出左倾机会主义路线的思想根源。"（第107页）这只能断送革命。

第三章：社会主义时期对巴黎公社的宣传和研究。这章对新中国成立以来各个阶段我国对巴黎公社宣传与研究的概况作了系统的介绍，并且客观地指出："在十一届三中全会以后，学术界在解放思想、实事求是的方针指引下，才使巴黎公社史的研究重新出现了新的面貌，这个阶段的成果，是建国以来任何阶段所不可比的。"（第172页）此外还设专节就近年我国学术界集中探讨的诸如如何正确理解马克思对待巴黎公社群众运动的态度、怎样看待巴黎公社废除高薪特权的措施、如何认识巴黎公社的原则、如何认识和学习巴黎公社民主制的经验等几大问题作了评述，提出了自己的独到之见。

在阐述"什么是巴黎公社的原则"这一问题时，作者在列举了近年在学术讨论会上和文章、书籍上发表的四种见解之后，提出了自己的观点：简单来说，巴黎公社的原则就是工人阶级解放的原则，就是工人阶级必须通过打碎（改造）旧国家机器、建立新的国家机器的手段来实现自己的解放的目的。这个原则包含手段和目的的有机统一。在理论上和实践上把这种手段和目的割裂开来以至对立起来的任何做法，都会有损于这个原则的理解和贯彻。作者不同意中国学者对巴黎公社原则的某种理解，他指出："过去把巴黎公社的原则仅仅理解成为用暴力打碎旧国家机器，实行无产阶级专政，确实是不全面的。"（第 223 页）作者认为公社原则应当包括暴力手段和非暴力手段两个方面。这样理解更符合马克思的原意。

在谈及认识和学习巴黎公社民主制的经验时，作者写道：我们今天研究巴黎公社的民主制问题，在某种意义上是要纠正以往巴黎公社研究中的一种片面性，即只强调专政，不强调民主。今天强调另一面，即大讲特讲民主制，看起来似乎克服了过去的片面性，但如果不加注意，又会产生另一种片面性，即只强调巴黎公社民主的一面，而忽略其专政的一面。（第 228 页）而在评论公社民主制的实施效果时，作者认为必须实事求是，不能过分拔高公社的民主制。公社的民主制还有许多不足和严重的失误，公社不顾时机过激地要求民主，因此未能处理好民主与专政、民主与集中的关系，从而给公社事业带来巨大的损害。

对敌人专政不力，这是公社失败的重要原因之一，也是值得后人永远记取的血的教训。因此，我们必须对公社的民主与专政这两方面的经验历史地考察、全面地总结，才能得出有益的启示。

二

通读全书，我认为《巴黎公社与中国》有许多明显的特色。

首先，在方法论上，作者熟练地运用了马克思主义的阶段分析方法，对中国人心目中的公社形象作了真实的剖析。这不仅证实了马克思主义的阶级分析仍然是研究历史的基本方法之一，而且科学地揭示了中国人心目中各种不同的公社形象，即君主派、改良派、无政府主义者、马克思主义者和教条主义者心目中的公社形象。

众所周知，近年来许多西方史学方法纷纷进入史坛，对史学研究起过积极作用，但无可否认，对马克思主义阶级分析法的运用少了，有人甚至认为陈旧了、过时了。叔平同志坚持运用该法撰写此书，使人们再次看到了马克思主义阶级分析法在史学研究中的强大生命力。从作者的论述中，读者看到了中国人是分属不同的阶级、集团和党派的。从晚清起的各种中国人，由于他们站在各自的阶级立场、集团和党派的利益上，所以对公社的看法流露出明显的不同。有的人虽然记述了一些有关公社的珍贵史料，但他们并不赞成公社，在他们心目中，公社是可怕可憎的。如晚清时期中国研究法国史的权威人士王韬，因为站在地主阶级的保皇立场上，所以把巴黎公社看作"犯上作乱"，把民主视为"致乱之源"，把君主制当成"治国安邦之本"，称革命者为杀人放火的"乱党""乱匪"，也是不足为奇的。在谈到张德彝时，作者也指出："作为中国封建王朝的一名官员，由于其阶级立场的局限性，……他对巴黎公社的认识是颠倒的。"（第 37 页）他必须把这场革命视为"一群流寇"

发动的"叛乱"。十分清楚，他们的"这种历史观点，是符合维护当时摇摇欲坠的清政府的统治的需要的"（第61页）。在这些党派的心目中，公社的革命形象被丑化了、颠倒了。

作者在介绍辛亥革命前夕一些文人学者对公社形象的描述时这样写道：他们"虽然对巴黎公社的若干史实做了比较符合实际的叙述，然而它却存在一个十分严重的错误，即用无政府主义观点把巴黎公社的性质作了根本的歪曲，把它歪曲为'扫除一切政府'和实现'纯正自由'"（第64页），这种把公社看作无政府主义榜样的论点不可能揭示公社革命的实质。

作者在评述我国新民主主义革命时期和社会主义时期对巴黎公社的宣传和研究时，也正是由于运用了阶级分析方法，才正确、全面、系统地揭示出我国对巴黎公社的宣传和研究概况，从而指出中国共产党人心目中一个符合历史真实的革命公社形象，有说服力地揭示出巴黎公社无产阶级专政的本质、公社革命精神对中国人民的斗志和信心所起的鼓舞作用，对我国人民民主政权的建设和巩固所起的积极的借鉴作用。同时也揭露了机会主义者对公社形象的篡改，正确地指出公社经验在20世纪30年代和"文化大革命"期间被"左"倾机会主义和"四人帮"所歪曲利用，把公社变成实用主义的百宝箱，为推行其机会主义和极左路线效劳。作者通过对中国人心目中四个公社形象的分析，强调必须正确地学习公社经验，发扬公社精神，切忌机械化、口号化、公式化、实用主义。

其次，在内容编排上，作者抓住公社权力这条主线，坚持并捍卫了公社政权的无产阶级性质。关于公社政权的性质问题是对公社评价的核心。长期以来，马克思、恩格斯、列宁、毛泽东等无产阶级革命导师在他们的大量论著中都对巴黎公社的无产阶级专政性质作了明确的肯定。

我国学术界对这个问题的观点也早有定论，认为公社是无产阶级专政的第一次尝试。但是，近年来，随着对外开放的发展，西方的某些学术观点也开始为我国一些学者所利用。有的研究者对上述肯定公社是无产阶级专政的观点提出了挑战，认为公社不是无产阶级专政，充其量不过是一个城市自治政府，甚至还列举马克思的个别字句予以论证。对此，该书作者在多年研究的基础上，从理论和实践两个方面列举大量材料对公社性质进行中肯的分析和论证，批驳了上述错误观点，大胆而坚定地肯定了公社的无产阶级性质，从而使巴黎公社的革命形象重新得以确立和发扬。而作者在肯定公社无产阶级性质的同时，亦指出了它的错误："巴黎公社毕竟是无产阶级专政的第一次尝试，它不免有种种缺点错误。"（第219页）

再次，作者还对如何总结公社经验提出了独到的见解，从而使该书成为一部进行传统教育的好教材。在该书中，作者不仅满怀热情地记叙了多年来我国革命家和工人阶级对公社的宣传纪念活动，证明了公社一直是广大群众进行革命斗争的强大精神武器，它的光辉业绩曾不断鼓舞我国广大人民的斗志和坚强的信念，使中国革命从胜利走向胜利。

那么，在当今中国究竟应如何运用公社的经验呢？作者认为，我们要实现的是社会主义的现代化，我们在将来还要实现共产主义，这是我们坚定不移的目标。为了保证这一宏伟目标的实现，我们必须以马列主义为思想指导，在中国共产党的领导下，坚持无产阶级专政，走社会主义道路。在这方面，巴黎公社在无产阶级政权建设中所创造的基本经验及其体现的精神，特别是该书已提到的关于防止国家机关从社会公仆变成社会主人的思想，对于维护我们政权的纯洁性是十分重要的。公社活动家们在为公社事业而奋斗的过程中所表现出来的优秀品质和思想作风，诸如解放人类的崇高理想，廉洁奉公的人民公仆作风，甘为事业而

献身的自我牺牲精神，都是值得我们学习和反复强调的。（第234页）
总之，对公社经验绝不能采取虚无主义否定一切，也不能任意美化，照
搬照抄，而应本着"具体问题，具体分析"的原则，从公社的真实历史
出发，根据我国的基本国情，进行实事求是的分析、扬弃和继承、借
鉴，不断发扬巴黎公社活动家们所具有的那种灵活性、历史主动性和自
我牺牲精神，才能保证我们的事业取得胜利。

作者对《国际歌》在中国的传播和影响，在我国第一次作了全面、
系统、完整的论述，这是该书的又一特色。在第二章中作者专设一节
把《国际歌》从20世纪20年代初被介绍到中国，并在革命过程中广泛
深入流传，直至对革命人民的巨大鼓舞作用都一一作了阐述。作者还搜
集了瞿秋白、周总理宣传和学唱国际歌的动人细节，这也是该书的价值
所在。

三

综观全书，总还觉得有些美中不足。

首先，就全书结构看，似可调整。作为一部学术专著，全书分成三
大章，似乎也值得斟酌。在论述新中国成立后部分，内容丰富，完全可
以考虑分若干章。尤其是十一届三中全会以后，我国学术界对公社史的
研究开创了一个新局面，无论是论著出版的数量还是研究的深度都大大
超过了以往，设专章论述很有必要。另外，对新中国成立以来我国公社
史论、译著的介绍和评述也可以考虑另章论述。

其次，在内容安排上，虽然史料丰富，但个别地方有脱节之感，如
1908—1919年我国对公社的反应，作者似未加说明。而有些地方，如
对公社薪金、公社性质的叙述则过于注重别人论点的客观介绍，有堆

砌之嫌，作者本人的观点阐发不足。另外，文字表达的生动形象尚感不够。印刷错漏较多，仅第 101 页就有 4 处，如第 10 行，把"反动分子的阴谋"印成"阳谋"，实属不该。但是，瑕不掩瑜，切盼若干年后能有更完美的增订版问世。

（原载《史学集刊》1990 年第 4 期）

法国现代化经验的启示
——评《法国现代化》

马生祥教授的新著《法国现代化》一书，已由河北人民出版社于2004 年 9 月出版发行，全书分上下两册计 1038 页，洋洋 81.4 万字，这是我国法国史研究领域中分量最大的一部新著，它的出版为我国的法国史研究做出了贡献。

一

近 20 年来，我国在法国史研究领域已经取得了丰硕的成果，所出版的专著在百种以上。但专门研究法国现代化的论著却不多，就我们所知，此前出版的大约只有五种。一是由张丽、冯棠合著的《法国文化与现代化》，它是从文化的视野来研究法国现代化道路并总结其成败得失的一部著作。二是由沈坚所著《近代法国工业化新论》，它是着重论述第一次世界大战前法国工业化的进程，尤其是强调法国工业化的特殊性的一部专著。三是由许平所著《法国农村社会转型研究（19 世纪—20 世纪初）》，它是着重研究 20 世纪初叶之前法国农村和农民所走的现代化道路的一部专著。四是由马生祥所著《大革命与现代化：1789—1830年的法国》，它是研究大革命与现代化的关系作用的一部专著，此书虽在当时"独树一帜，耐人寻味"（楼均信：《五十年来中国的法国大革命史研究》，《历史研究》2003年第5期），但毕竟只是局限于大革命这一时代。五是由端木美、周以光、张丽合著的《法国现代化进程中的社会问题：农民·妇女·教育》，它是着重研究法国现代化进程中的社会问题的一部专著。而现在呈现在我们面前的《法国现代化》，是我国研究法国现代化的第六部专著，无论在内容安排上还是在时空跨越上均与前五部完全不同，它是从历史大视野出发，用宏观与微观研究相结合的方法，全方位大跨度地研究并展示法国现代化的场景，系统阐述了从原始社会直至20世纪70年代法国现代化的历史进程，并从中总结出法国现代化的经验教训，是一部颇具特色的学术专著。正如我国著名史学家庞卓恒教授在为该书所写的序言中所说，该书"是我国学术著作中全面阐述法国现代化历史过程的第一部专著"。确实如此，全面阐述法国现代化历史过程并总结其经验教训的，在我国尚属首次。

二

这是一部创新之作。这从体系结构的布局上可见一斑，著者对该书编章节目的安排颇费功夫，与传统的编史方法不同，著者把自己所要表述的观点写在标题上。全书共两编13章43节，都是以鲜明的观点搭建起来的，使读者一目了然地明白作者的意图与目的。我们列举编、章目录如下：第一编"法国传统社会的特点"，第一章"法国的自然环境"，第二章"多元性开放性延续性是法国传统文化的显著特点"，第三章"君权神授原则是法国传统社会政治文化的一大特点"，第四章"王权与罗马教廷'亲密有间'是法国传统社会政教关系的特点",第五章"权利与义务极不平衡是法国传统社会社会结构的特点",第六章"非个人统治的绝对君主专制是法国传统社会政治制度的特点",第七章"自给自足农业经济中的对外贸易活跃是法国传统社会经济的特点",第八章"城市自治是法国传统社会社会结构的又一特点",第九章"资产经济贵族化大于贵族资产阶级化是法国传统社会流动的特点"。

众所周知,任何一个国家要实现自身的现代化,必须从本国的实情出发,法国今天之所以能够成为现代化的发达国家,就是从本国国情出发在法国特有的传统社会的基础上形成的。该书作者花了九章篇幅详尽而全面地阐述了法国的地理人文环境、民族关系、政治、经济、思想、文化、教育、宗教的特色与面貌,尤其强调法国传统社会的特点,从而说明法国社会从传统到现代转型过程中现代化道路的特色。这部分分量多,内容丰富,为我们认识法国现代化的历程和特色之路提供了深厚的根基和宽广的平台。

该书第二编的编、章标题为:第二编"法国现代化进程",第一章"认知的现代化与人的现代化",第二章"法国的政治现代化",第三章"法国的经济现代化",第四章"法国社会的现代化"。这一编是该书的重点和核心。著者不仅全面系统地阐述了法国在文化思想、政治、经济、社会各个层面实现现代化的历史进程,而且从中提炼出法国现代化的特色之路和经验教训,使历史与现实融为一体,不仅具有现实感,而且对后发国家如何实现现代化亦颇有启迪。

三

这是一部颇具价值之作。该书在论述现代化进程时,总结出了诸多令人深思颇具价值的观点。

（1）提出认知的现代化与人的现代化。在这里著者主要强调思想文化的超前性在法国现代化过程中的特殊作用，马生祥认为：法国现代化首先是人的思想的现代化，而思想的现代化首先表现为对新知识的理解和掌握。用科学知识武装人们，再用掌握新知识的人去实现现代化。所以，他不同意法国是先政治现代化，后经济现代化再带动全面现代化。他认为事实是由启蒙运动引发的人的意识形态领域的现代化才是法国现代化的先导和开端。所以应该承认："认知现代化引发政治现代化，政治现代化为经济现代化扫清障碍，经济现代化带动各个领域现代化全面开展，才是法国现代化的特点。"（马生祥：《法国现代化》，第 255 页。以下只注页码）的确，法国独特的超前思想文化，改变了人的思想观念，为法国现代化提供了重要的思维理念。作者在论著中系统叙述了法国超前的文化思想及其发展和演变，指出法国启蒙思想家和 20 世纪现代化理论家都追求自由，追求发达商品经济，广泛参与国家事务，高度重视科学精神。著者在书中还论述了法国政府从大革命以来对传播科学知识、人才培养的重视，尤其对宗教世俗化与教育现代化的重视，进而说明人的现代化就是人的思想、观念、意识和素质的现代化，就是从传统人转化为现代人。人的现代化对法国现代化起着重要的先导促进和保证作用。离开人的现代化，国家的现代化就难以真正实现。马生祥教授强调认知和人的现代化在实现国家现代化过程中有着特殊作用的观点，其意义十分深远。

（2）提出法国政治现代化起着为经济现代化扫清障碍、开辟道路的作用。著者认为由于法国是个传统的封建君主专制国家，等级森严的封建专制严重阻碍了经济现代化的推动。因此，必须首先实现政治现代化才有可能发展经济现代化，即法国现代化必须以政治现代化为先导。法国大革命就成为实现政治现代化的起点，这一过程长达数百年，马生祥教授认为直至 20 世纪 70 年代，法国政治现代化才得以完全实现。尽管这个终点是否可取尚可讨论，但有一点是无可非议的，即一个国家的政治现代化的最终实现是要经过长期的反复的改革和斗争的，不可能一蹴而就。

那么，什么是政治现代化？马生祥教授在大著中对政治现代化的内涵和外延做了界定，他认为政治现代化应包括以下内容："中央集权"、"法治精神"、"科层化"（科学的管理层次）、"民族国家"、"福利国家"、"政治结构的分化"、"政治文化的世俗化"、"人民对公共事务的参与"。"概言之，第一次现代化（国内现代化理论研究的学者，一般将世界现代化的过程分为两大阶段，即两次现代化。第一次现代化指从农业时代向工业时代、农业经济向工业经济、农业文明向工业文明的转变过程及其引起的社会深刻变化。第二次现代化指从工业时代向知识时代、工业经济向知识经济、工业文明向知识文明转变的进程及社会的深刻变化。在第一次现代化过程中，经济发展是第一位的。该书作者就是按这一论述展开的。——评者注）的政治现代化要求民主化、法治化、科层化和社会阶层流动化。"（第 551—552 页）据此，著者详细述说了法国 200 多年来政治文明演进的历史过程，全方位总结了法国政治文明的成果，包括世俗化、民主化、法治化和中央集权化、政府职能分殊化和公务员科层化以及法国的三权分立、议会制度和多党制度等，内容充实而系统。

政治现代化实际上是强调现代国家的形成及国家管理的现代化，即建立和完善现代化国家管理体制，为经济现代化保驾护航，促进和保证国家现代化的实现。该书在这方面的论述是全面的，尤其是对管理体制中的国家公务员制度的叙述和分析十分系统而完备，这是一般著作中所少见的。法国的公务员制度颇具特色，极具参考价值，例如，实行严格的考核制度，报考者一律平等、量才使用，实行科层化、终身学习和培训制度，实行公务员权利与义务的平衡，还有一整套完备的廉政机制，等等。总之，严格按《公务员总章程》考核（第634—649页）。法国的政治文明成果，尤其是公务员制度中的诸多方面，值得我国借鉴。

（3）提出"经济现代化是其它各种现代化的出发点、归宿、基础及核心"（第696页）。著者一再强调经济现代化是整个现代化的核心，一旦经济衰退或出现经济危机，其他各种现代化也将中断或停滞。这说明了发展经济在实现现代化过程中的极端重要性，而要发展经济进而实现经济现代化，就必须重点抓住工业和农业。正如马生祥教授所言："在经济现代化中工业化又是核心。"（第697页）而农业现代化则是经济现代化的基础。只要实现了工农业的现代化，国家的经济现代化就有了保证。

法国如何实现工业化？著者认为法国大革命扫除了法国经济现代化的主要障碍，全方位地启动了法国现代化，直至20世纪70年代中期，法国的工业化完全实现，这是一个漫长的工业化过程，法国的工业化不仅时间长，而且是缓慢进行的。同时有其特殊性，这就是中小企业一直占优势和存在极强的传统老工业。法国政府不是去限制和消灭中小企业和传统工业，而是采取结构调整和技术改造的方法，继续保持发展中小企业和传统工业，例如，"加强科学研究和技术引进"，"为工业化开辟广阔市场"。推动中小企业和传统工业的现代化改革，从而使大中小企业长期共存互补、平稳发展，使传统工业与现代工业同步发展、共同繁荣，使法国的现代化工业如航空航天工业、核能工业、飞机制造、汽车制造等都站在世界前列。同时，使传统工业中的服装业、化妆品、香水、葡萄酒等始终保持世界独一无二的优势地位，从而大大推动了经济的现代化，成为世界瞩目的发达国家之一。该书总结了在中小企业占优势的法国如何实现现代化，中小企业又如何在现代化进程中发展特殊作用，传统工业与现代工业如何迅速发展。所有这些都为后人提供了借鉴，给后人以启迪。

法国如何实现农业现代化？农业现代化就是要使自给自足的传统农业转变为机械化的现代农业。这一转变过程与工业化一样同样是漫长的。著者认为"法国农业现代化起步于十八世纪五十年代，完成于二十世纪七十年代中期，历时二百余年，是个渐进过程"（第765页）。法国是一个小农占优势的国家，因此，农业现代化的过程十分漫长、缓慢而且有特殊性。法国历届政府十分重视农业的现代化，著者对农业现代化的定义、特征和内容均作了系统阐述（第763—764页），认为农业现代化其实就是四个"化"：机械化、化学化、水利化、电力化。而且认为："农产品的商品化是农业现代化的实质和核心。"（第764页）同时，马生祥教授在论述法国农业现代化的过程时，概括出了法国政府所采取的许多很有现实意义的经验，诸如"把农业机械化纳入国民经济发展计划""农业与工业同时发展成为条件相互促进""对农业实行补贴的优惠政策""扶植落后地区的经济发展""调整农业结构，促使农产品结构变化与农业'商业化'""加强科技研究和农业教育""确立公私合办的农业教育体制""加强对农村青年教育与职业培训""促进法国农产品对外贸易"（第799—804页）等，从而使法国农业得以发展并最终实现现代化，成为世界上著名的农业品出口大国，小麦、大麦、马铃薯、牛肉等产量均居西欧之首。法国农业现代化过程中的重要经验，同样耐人寻味，值得借鉴和吸纳。

（4）提出社会现代化是人类进步的尺度。经济现代化建设是至关重要的，但如果忽视社会发展或延缓社会现代化的实现，同样会影响国家现代化目标的实现。著者认为社会现代化是与政治现代化、经济现代化并列的第三个层次，而且是现代化的整体体现，认为"社会现代化是各种现代化结果的综合，它的程度标志着人类进步的尺度"（第 853 页）。著者还从七个方面对社会现代化的内涵和外延作了说明，并概括为"在第一次现代化时期要求社会现代化达到人口控制化、家庭小型化、分层化、福利化和城市化"（第 854 页）。据此，著者将法国实现社会现代化的过程，从 18 世纪开始，一直叙述到 20 世纪 70 年代，历史地再现了法国实现社会现代化漫长而艰难的历程，既具体又形象，内容丰富。尤其是对法国城市化与福利化的叙述及对法国社会保障制度实行的法治化与制度化的叙述颇具特色。但其中不足之处是对环境的保护和精神生活的追求与满足语焉不详、涉及太少。其实这是社会现代化中不可缺少的重要内容。

此外，值得一提的是该书著者在论述中还提出一个令人深思的问题：环境与现代化的关系。所谓环境，这里有两层含义：一层是指自然环境，指该国的自然资源与国土风情，这是硬环境，它对国家的现代化建设在客观上会起制约或推进作用；另一层是指社会环境，是指军事、政治形势，这是软环境，它对国家的现代化同样起着保证或破坏作用。著者在书中既详述了法国的自然环境，又系统叙述了各个时期反复出现的阶级斗争、多类革命和大小不断的战争。作者之令人可喜之处就在于着重把社会环境与现代化挂起钩来，认为在法国层出不穷的阶级斗争、无数次的革命和大大小小的战争，使社会多次出现战乱而不得安宁，不利于现代化的实现，而且"过分的革命……和过多的你死我活的斗争，会延误和中止现代化进程"（第 1037 页），尤其是大规模的战争，往往成为现代化建设的破坏者。如第一次世界大战严重地削弱了法国的创造力和经济发展，"使法国工业化中断和受到摧残"（第 740 页）。第二次世界大战"极大地摧毁了法国的工业"（第 751 页）。"大战的灾难给法国经济的恢复和发展留下了难以消除的后遗症。"（第 752 页）著者通过大量实例，揭示了一个发人深省的真理：没有安定、和平的社会环境，现代化难以实现。所以，和平、安定的国际国内环境是实现现代化的重要平台，人类要反对战争、争取和平、珍惜安定。

四

综观全书，尚有几处值得商榷。

第一，体系结构的安排问题。著者以开阔的视野从宏观上论述法国现代化的发展过程，这样的思路是值得肯定的。但细读全书，我们仍然会发现，作者在全书体系结构的安排上，并不完全是从现代化理论的高度来构建的，仍然离不开历史过程的框架，似乎摆在我们面前的，还是一部法国通史。这样的体系结构，有两大问题。一是从时空上全书多处重叠甚至重复，例如讲政治现代化，从大革命直至 20 世纪 70 年代，讲工业化、农业现代化还是从大革命直至 20 世纪 70 年代，至少有四次重叠和重复 200 多年的历史过程，这就容易使内容出现雷同。二是全书重点不够突出，既难突出现代化这一主线，又难突出 1870 年以后的法国现代化进程，从篇幅上看，75% 是叙述 1870 年以前的法国历史，显然有点比例失调。事实上，法国现代化进程的重点，应该放在第三共和国建立之后，尤其是第五共和国，书中却很少反映，如果再版，建议压缩前面，加强后面，这样会更贴切地反映法国的现代化，也更贴近现实，更具借鉴作用。

第二，有些提法可商榷。著者在写到经济现代化与雅各宾派的关系时说："雅各宾派实行全面限价法令，向富人推行强制公债、对军需品实行无偿征发制、对粮食实行余粮甚至全部粮食征发……颁布嫌疑犯条例……这一切便造成法国第一代企业家被扼杀。虽然雅各宾派保住了政权，但延缓了法国的经济现代化。"（第704页）雅各宾作为大革命中的一个革命派别，在特定的历史条件下，有功亦有过，尤其是对全面限价与嫌疑犯条例，应该历史地看待。不顾当时历史环境，采取一概否定的态度，实不可取。

在写到拿破仑时，前后称呼有误。根据法国传统称谓，一个人只能在他成为君主之后，可以称教名，普通人只能称姓氏。所以，1804年称帝前，只能称波拿巴，称帝后才称拿破仑。国内很多著述，常常混淆，实为不妥。该书亦有多处前后混淆（第574页），应予改正。

第三，尚有重复与错误。由于该书在结构安排上产生时空的重叠，因此在内容上亦有重复之处。例如第707页在写到拿破仑推行重农主义经济政策时说："农业，是帝国的灵魂，是帝国首要的基础。"而在第778页写到法国农业现代化时，又引用了上述同一句话，完全重复，实不必要。又例如第599页写到1876年1月的参议院选举情况及当选结果，同样的内容在第883页写到社会现代化时再次重复叙述。这种情况，该书尚可再找出一些，一部专著，相同的内容与字句实不应重复使用。

此外，尚有文字印刷错误。例如第144页"波洛尼亚政教协议"，"宗教"误为"政教"，而且不止一处。第599页，"好月5日的众议院两轮选举中"，"3月"误为"好月"。还有多处不再列举。外文书目和所引注的法文人名、专有名词，亦有错误，不一一赘述。

但是，上述缺点并不影响该书的科学价值和实际借鉴意义，它的出版，必将深化我国的法国史研究，并将为我国的现代化建设提供一个难得的参照系，该书值得一读。

（原载《史学理论研究》2006年第2期）

专题三

中国的法国史研究

必须重视马克思主义史学方法论的研究

近年来，随着对外开放的深入发展，史学界也开创了兴旺、繁荣的局面。但是，在兴旺、繁荣的同时，却潜伏着一种令人担忧的倾向，这就是在不同程度上出现轻视对马克思主义史学原著的学习，甚至出现根本否定传统的马克思主义史学方法论的倾向。笔者曾经做过一个调查统计，在 37 名文科高年级大学生中，只有 1 人对马列著作有兴趣，读过几本马列的书，另有 3 人只读过《共产党宣言》等著作的片段，其余 33 名没有读过一本马列的著作，用百分比计算，约有 90% 的人不读马列，对马列感兴趣的只占 3%。不少人甚至对马克思主义史学产生反感，表示怀疑。

出现这种状况不是偶然的。第一，十年"浩劫"就是在所谓"马克思主义"指导下出现的，因此使"马克思主义"威信扫地；第二，在我们的史学研究中，长期存在着教条化、庸俗化习气，无法解释丰富多彩的历史；第三，缺乏正确的宣传和有说服力的研究，对过去的错误又不作清理，这就很难以理服人。这一切，都是以假乱真所造成的恶果。其实，真正具有生命力的则是马克思主义的史学及其方法论。因为马克思主义史学及其方法论是一个开放的、发展的体系，众所周知，马克思、恩格斯广泛地研究过各种史学流派，批判过各种史学思想，吸收继承了各种优秀的史学观点和方法，才创立和形成了自己的方法论体系。直到晚年，马克思、恩格斯仍然反对封闭，总是敞开思想，广泛吸取一切优秀成果，充实、丰富和发展自己的理论和方法，努力使方法多样化，反对简单化，尤其反对教条化。恩格斯在晚年严厉批评德国青年大学生中流传的"经济唯物主义"，使唯物史观庸俗化的实例更为大家所熟悉。恩格斯在临终时仍强调历史研究最重要的方法论就是要摆事实、讲道理，要求史学工作者尽可能充分、全面地研究历史事实，研究历史发展的一切具体形式和不同特点，而且强调研究历史绝不能只用一种方法，而必须运用多种方法。恩格斯更痛恨把某种方法当作模式到处套用。他批评过这样的人，他说："首先我必须说明：如果不把唯物主义方法当作研究历史的指南，而把它当作现成的公式，按照它来剪裁各种历史事实，那末它就会转变为自己的对立物。"[1]

可见，马克思主义史学及其方法论正是在开放的实践中不断丰富和发展起来的。毋庸赘言，马克思主义史学绝不是封闭、僵化的。马克思主义史学理论和方法有着丰富而深刻的内容，它奠定了现代历史科学方法论的基础，是我们每个史学工作者都必须遵循的。

多年来，我们把马克思主义史学看得过于简单，导致其变成僵化的教条和到处可贴的标签。责任不在马克思，而应由我们来承担。近年来，我们又对它缺乏认真研究和清理，更没有进行正确的宣传，使不少青年出现轻视甚至否定马克思主义史学方法论的情况，其责任也不在青年，而在我们。

要不要重视马克思主义史学方法论的研究，这是摆在我们史学工作者面前的一项具有战略意义的任务。正像只有马克思主义能够救中国一样，也只有马克思主义才能救中国的史学。我们应该有研究马克思主义史学的紧迫感。我认为，当前可以从三方面着手。

第一，要大力提倡对马克思主义史学原著的研究和学习，恩格斯在1890年写给布洛赫的信中十分强调这一点。他说："我请您根据原著来研究这个理论，而不要根据第二手的材料来进行研究。"[2] 提倡学习原著，并不是提倡"凡是论"，那种认为凡是马克思讲过的东西，就是一律必须遵循的模式，显然是不对的。马克思讲过的话不可能句句是真理。但是不读原著，就没有根据，也就无从谈论发展马克思主义。更何况，我国长期流传的某些自称是马克思主义的史学理论和方法，其实并不来自马克思，更不是马克思主义。不读原著就不可能区别真伪，不弄懂原著就不可能真正掌握马克思主义的史学方法论，也谈不上开拓和发展马克思主义的史学方法论。把一时流行的观念或某人在特定历史条件下说出的话当作马克思主义的发展，是一种不严肃的不负责任的态度。只要认真研读马克思的史学著作，我们就会发现：马克思主义史学方法论并不是呆板、贫乏的教条，而是形式多样、内容丰富的一项完整的方法论系统工程。仅以大家熟悉的马克思的《路易·波拿巴的雾月十八日》（以下简称《雾月十八日》）为例，在这本名著中，马克思运用了三种史学方法：唯物分析法、比较分析法和阶级分析法。

马克思在该书中运用的唯物分析法，既是我们研究历史的指导思想，又是一种具体方法。马克思运用这一方法剖析了法国1848—1851年历史发展的全过程，揭示了这一时期历史的完整画面和发展规律，科学地解释了一些资产阶级和小资产阶级史学家所无法解释的历史难题。例如，他运用唯物史观解开了当时法国历史的谜，这个无法猜透的谜就是一个长期流亡国外的骗子和流氓波拿巴，突然回到了法国，发动了政变，一举成了法国人的总统和皇帝。为什么波拿巴这样的人能使政变成功？这是一场什么样的政变？唯有马克思作出了令人信服的解答。他从历史发展中的必然性与偶然性两个方面分析了波拿巴政变成功的主客观原因。他指出政变成功的主要原因有两条：一是法国革命失败后出现经久不息的社会动乱，政局不稳是野心家上台的客观原因；二是旧的传统观念所具有的重大影响和作用，广大群众，特别是小农头脑中的旧的传统观念、旧的王权思想被波拿巴所利用，成为反动派上台的主观原因。这样的分析，使人们一下子看清了这场政变的原因与本质。又例如，马克思运用唯物史观对历史的重复和倒退现象作了辩证的科学的解释。资产阶级学者说历史是重复的、循环的、无规律的。马克思列举实例，明确指出历史上会有类似的现象出现，但是历史绝不会照原样重复，历史只能在新的条件下重演。历史有时会倒退，但倒退是有条件的。他指出，只有在革命阶级失败、反动派上台之时，历史才会出现倒退。再例如，马克思运用经济决定政治的观点，揭开了党派斗争的实质，指出任何党派斗争归根到底都是为了争夺物质利益。这是多么深刻又多么辩证的分析。唯有运用唯物分析法，才能对复杂的历史现象作出科学的解释。所以《雾月十八日》一书是马克思运用唯物史观分析历史的一个范例。每一个想要了解唯物分析法的人，都应该认真地读一读这部名著。

马克思在该书中运用的比较分析法也是既系统又全面的。例如人物的比较，有拿破仑一世与拿破仑三世（叔侄之间）的比较，大革命中的丹东与1848年革命中的科西迪耶尔的比较，路易·勃朗与罗伯斯比尔的比较。事件的比较，有1789年革命与1848年革命的比较，两个雾月十八日政变的比较。阶级的比较，有不同阶级不同本质的比较，如资产阶级与无产阶级的比较，无产阶级与农民阶级的比较；有同一阶级的比较，如大革命中的山岳党与1848年革命中的山岳党的比较，1789年的资产阶级与1848年的资产阶级的比较。还有典章制度的比较，如1848年的宪法与1830年的宪法的比较。可见，马克思对比较研究十分重视。

通过比较分析，找出了异同，分析了原因，揭示了历史事件的本质和历史发展的普遍规律和特点。

至于阶级分析法，更是马克思研究 1848 年法国革命史的一种基本方法。在《雾月十八日》这本书中，马克思系统而全面地分析了各个党派各个阶级的活动，研究了大资产阶级的秩序党，研究了工业资产阶级的共和派，还研究了小资产阶级的民主派，并且对资产阶级、无产阶级、农民阶级，尤其是法国的小农进行了生动形象而又深入细致的分析，至今无人超越。这种分析方法对世界史的研究和中国史的研究均有指导意义。马克思运用这种方法，以阶级斗争理论为线索，从这段迷离、混沌的历史中发现了规律，认清了方向。所以阶级分析方法无疑是我们研究历史的重要方法之一。马克思在《雾月十八日》一书中运用的阶级分析方法是十分成功的，有其鲜明的特点：1. 从实际出发，根据不同的对象，作出不同的分析，既没有固定的程序，也没有可供套用的模式。2. 阶级分析与阶层分析相结合，而且十分注意阶层的分析。对同一阶级中的不同阶层进行分析，就使阶级分析深化了，从而更加深刻，更具有说服力。3. 始终注意经济地位、经济利益，又善于解剖各种思想观念的实质，不搞唯成分论。马克思对具体事物进行具体分析的态度使我们认识到阶级分析并不是简单的贴标签、套公式，而是具有生动活泼、变化多样的内涵。如果我们重新研读《资本论》《共产党宣言》《德国农民战争》《1857—1858 年经济学手稿》《法兰西内战》《反杜林论》等原著，可以更清楚地看到，马克思、恩格斯在研究历史时，总是运用多种方法进行论证分析。

这说明，马克思主义的史学方法是多元的，不是单一的，是一个包含多种方法的方法论系统，过去把马克思主义的史学方法仅仅归结为唯一的阶级分析法，显然是不符合马克思主义原意的，因而是片面的、错误的。同时也说明，在史学研究中究竟采用什么方法，必须根据不同的研究对象来确定。但是，只用某一种方法来进行研究显然是不够的，应该像马克思、恩格斯那样运用整个方法论系统，采用几种或多种方法对同一课题进行研究，这样才有可能取得突破性的研究成果。而要真正掌握马克思主义史学方法论系统，就必须认真学习和研究马列原著。

第二，要对过去的研究方法进行反思，认真总结，澄清伪马克思主义的史学观点。

首先，必须破除对马克思主义的教条式理解。长期以来我们总是把阶级分析方法当作历史研究的唯一的而且是万能的方法。实践已经证明，这种方法不是唯一的，只是许多方法中的一种，更不是万能的。过去我们这样做，实际上封闭了自己，僵化了史学的发展。更严重的是我们把这种"唯一"的方法套用于分析全部人类历史、一切社会阶段。这就违反了马克思的原意。马克思把这种方法只局限于阶级社会。这本来是正确的。阶级社会在人类社会发展中毕竟是短暂的一个阶段，至今不过几千年，而原始社会比阶级社会要长很多。还有不同于前二者的社会主义社会，对阶级社会前后这两个社会历史阶段怎么能统统运用阶级分析方法去分析呢？此外，关于阶级斗争的理论，关于暴力革命的理论，关于社会主义、共产主义的理论，等等，都出现过教条式的理解，照搬照抄，造成的危害，是大家所熟悉的。这些错误理解不清理，史学就难以发展。

其次，必须破除附加到马克思主义名义下的种种错误观点。这方面可说是不胜枚举，论者都以马克思主义者自居，其危害之大更可想见。在这里，我仅举大家熟悉的两件事。1. 究竟是谁创造历史？这是长期争论不休的问题。而马克思在《雾月十八日》一书中说得很清楚。他说，"人们自己创造自己的历史"。这就是说，人们，所有的人都在创造历史，而我们却把"人们"改成"人民"，人民群众。强调人民，只有人民或只有人民群众才是历史的创造者，而且长期以来把它当作真正马克思主义的观点。据查，这种观点也并非中国人的发明，而是来自苏共党史。我们查阅了德文版《马克思恩格斯全集》中马克思的原话，德文Menschen 就是"人们"，译文完全正确。再查了英文版，也是 Men（人们）不是 People（人民），法文用的是 Gens（人们），也不是 Peuple（人民）。可见，"人们"的概念十分清楚。是人们即各种人物创造历史，而绝不只是人民创造历史。马克思正是从这个观点出发，在《雾月十八日》一书中详细分析了各种人物、各个阶级、各个党派纷纷登台，用自己的言行创造了历史：有革命的，反革命的，进步的，倒退的，好的和坏的，每个人、每个阶级、每个党派都在特定的条件下而不是随心所欲地创造着历史。如果仅仅是人民群众创造历史，那么就无法解释1848—1851 年法国历史上出现的倒退现象，更无法说明波拿巴的上台。总之，单纯的人民创造历史的说法，是不能解释复杂的历史现象的，也是不符合马克思主义的。2. 对于阶级斗争与政治斗争的关系问题，马克思十分注意两者既有联系又有区别，而我们把它们混淆起来，把所有的政治斗争都归纳到阶级斗争的轨道上，用这个观点分析历史，就歪曲了历史的真相，因为历史上的政治斗争并不都是阶级斗争。马克思在《雾月十八日》一书中，通过大量事实说明当时法国社会中统治上层之间的党派之争只不过是统治者内部的争权夺利，绝不是阶级斗争，只有带有阶级斗争性质的政治斗争才是阶级斗争的反映，但绝不能因此说一切政治斗争都是阶级斗争。恩格斯说过类似的话，但他在说这些话时有个前提，就是从阶级斗争的角度来谈。如果抽掉阶级斗争的内容，政治斗争就包含更广泛的内容。而我们过去把一切政治斗争都归为阶级斗争，这势必酿成阶级斗争扩大化、恐怖化。

　　总之，不破除上述错误的观点，我们就不能真正掌握马克思主义的史学方法，更谈不上丰富和发展新的史学方法。我们就有可能会被各种旧的和新的教条所束缚，史学研究就不会有更大的新的突破。

　　第三，放眼世界，勇于开放，只有开放，才能发展。我们在总结以往经验教训的基础上，在坚持马克思主义史学方法的前提下，应该努力更新和开拓新的史学方法。为此，必须在研究方法上实行开放，大胆引进西方史学流派和史学方法，弃其所短，取其所长，为我所用，鼓励和提倡研究方法的多样化。在这方面，《史学理论研究》作出了重要贡献，大胆引进了许多史学流派和方法，大大拓宽了我国史学界的视野。实际上，只有通过开放，取人之长，我们的史学研究方法才能更加丰富多彩。当然，一定的方法系统总是同一定的理论体系相适应的，是一定的社会意识形态的反映，难免打上阶级的烙印。只要我们保持清醒的头脑，不照搬照抄，即使出现某些失误也不可怕。我相信，只有在不断开放中，才能真正建立起适合今天这个时代需要的新的马克思主义史学方法论体系，才能使我国的历史科学出现新的更加繁荣的局面。

（原载《史学理论研究》1989 年第 3 期）

注　释

1　《马克思恩格斯全集》第 37 卷，人民出版社，1971，第 410 页。

2　《马克思恩格斯选集》第 4 卷，人民出版社，1972，第 479 页。

中国法国史研究五十年的回顾与展望

新中国成立 50 年来，我国的法国史研究从无到有，取得了飞速的发展和进步，最近，我在主编《中国法国史研究信息》一书时，对此进行了详细统计。据统计，新中国成立 50 年来，我国共出版有关法国史的著译 570 种，发表论文译文约 4000 篇。其数量之多大约是新中国成立前 50 年的 30—40 倍，可见成就之大。

一

如果将上述统计数字作动态分析，更可看出新中国成立 50 年来中国法国史研究的发展轨迹，它明显经历了起步、发展、深入研究三个阶段。

（一）起步阶段（1949—1978）。改革开放前的 30 年，尽管在学术上多次受到极左思潮的干扰与冲击，存在着严重的照搬照抄苏联学术观点的现象，但毕竟开始了对法国史的研究，并且取得了一定的成绩，30 年中总计出版著译 97 种，发表论文、译文 417 篇。年均著译 3 种，论文 14 篇。而且在一些大学里开设了法国史课程，正式成为世界史学科中的一个独立分支。

（二）发展阶段（1979—1988）。这10年可谓中国法国史研究的发展阶段，改革开放的春风吹遍了祖国大地，也吹暖了法国史的研究领域，使中国的法国史研究者开始独立思考，迈向民族创新之路。其中一个重要标志就是在1979年正式创建了全国性专门研究法国史的学术团体——中国法国史研究会，使中国的法国史研究从此走上了有组织、有计划、上规模的研究道路，并开始与国际史学接轨。10年中总计出版著译166种，发表论文1380篇。年均出书16种，是前30年的5倍以上。年均论文138篇，比前30年增长8.9倍。改革开放终于带来了我国法国史研究万紫千红的春天。

（三）深入研究阶段（1989—1999）。这最近10年可谓中国法国史深入研究的新阶段，无论从研究的广度和深度，还是科研成果的数量，都开创了空前的新局面。10年中硕果累累，共出版著译309种，年均达30种以上。发表论文2200篇，年均220篇，均远远超过前40年的总和。有分量的学术专著达30多部，基本上都在这10年中出版，这些著作主要有：陈叔平的《巴黎公社与中国》、郭华榕的《法兰西第二帝国史》、孙娴的《法兰西第二共和国史》、刘宗绪主编《改变世界历史的二十五年》、洪波的《法国政治制度变迁：从大革命到第五共和国》、高毅的《法兰西风格：大革命的政治文化》、侯玉兰的《法国左翼联盟的兴衰》、吴国庆的《当代各国政治体制——法国》、陈崇武的《罗伯斯比尔评传》、李兴耕的《拉法格传》、马胜利的《争取社会主义和民主——饶勒斯评传》、罗芃等的《法国文化史》、王家宝的《拿破仑三世》、陈峥嵘的《欧洲之父——查理大帝》、谈敏的《法国重农学派学说的中国渊源》、曹特金的《失败的胜利者——布朗基传》、周荣耀的《戴高乐评传》、周剑卿等的《传奇人物戴高乐》、张锡昌的《密特朗传》、鲜于

浩的《留法勤工俭学运动史稿》等。尤其是一些大部头学术著作也在近
10 年纷纷面世，据统计 50 万字以上的专著共有 6 部，除一部（朱庭光
主编《巴黎公社史》，中国社会科学出版社，1982，60.2 万字）外，其
余 5 部均为近 10 年出版（张芝联主编《法国通史》，北京大学出版社，
1989，53 万字；沈炼之主编、楼均信副主编《法国通史简编》，人民出
版社，1990，56.7 万字；张锡昌、周剑卿:《战后法国外交史》，世界知
识出版社，1993，50.4 万字；楼均信主编《法兰西第三共和国兴衰史》，
人民出版社，1996，52 万字；张泽乾:《法国文明史》，武汉大学出版
社，1997，77.8 万字）。在所有上述著作中，都提出了国人自己的独立
见解，这表明中国的法国史研究在民族创新之路上已经开花结果，正在
走向成熟，而且引起了国际史学界的高度重视。

二

中国的法国史研究，从改革开放 20 年来的研究成果中，可以看出
中国史家明显的研究特色。这些特色择其要者有三:

第一，研究层面大大拓宽。新中国成立后 30 年，我们基本上局限
在政治层面上的研究，而政治层面又根本不去研究政治体制的运作与管
理，只集中在以阶级斗争为纲这一范围，以革命、阶级斗争为中心来叙
述和研究法国史，局限在"历史就是阶级斗争史"这一史学的框架内，
因而很难做出客观科学的论述。直到改革开放后，我国的法国史研究者
才冲破了"以阶级斗争为纲"的框架，从政治层面拓展至研究经济、社
会、思想、文化、宗教、人口等各个层面，大大拓宽了研究范围，尤其
开辟了许多新的研究领域，最突出的成果，就是运用政治文化来研究法
国大革命史，从而深化了对法国大革命的理解。法国大革命之所以会如

此激烈且多次反复，其中一个重要原因就是民众的心态，这种心态就反映在政治文化上。所谓政治文化就是指整个社会文化中带有政治色彩的文化现象，是一个民族的群体政治心态。这在法国大革命的过程中表现在各方面，如革命的语言、标语、口号，革命的崇拜物——三色徽、自由树、小红帽，还有日常生活中的地名，连跳舞也从舞厅移到广场，而且带上政治色彩，作为欢庆的表现。还有谣言，也成为政治文化的重要内容，在大革命中出现的各种谣言，促使革命过程十分激烈，如1789年7月14日，有谣言说国王军队要屠杀人民了，于是激起几十万人上街革命。1791年9月初，又说"犯人"要造反了，于是成千上万民众冲进监狱，一个晚上就屠杀了上千犯人，制造了"九月屠杀"。说粮食卖光了，于是一夜之间在粮店门口排起长队，顷刻之间出现了"抢购风"。到1793年，反对派为了打倒罗伯斯比尔，谣传罗伯斯比尔是暗藏的保王派，他打算取路易十六之女为妻，而且还在报纸上登出漫画，罗伯斯比尔一手提着人头，一手拿着酒杯，接着人头上落下的滴滴鲜血，准备喝人血，来说明他是杀人魔王、吸血鬼。于是，一个人人崇敬的伟大领袖，一夜之间遭万众唾骂，认为罗伯斯比尔罪该万死，死有余辜。总之，研究大革命中政治文化的种种表现，不仅可以加深对大革命的理解，而且极有现实意义，值得从方法论上去认真吸取。

第二，创新观点层出不穷。学术研究贵在创新，创新是研究的灵魂，如果没有创新，学术本身就没有生命力，就不可能发挥学科的战斗作用，更不可能体现历史科学的学术价值和社会效应。改革开放以后，我国法国史研究的突出贡献，就在于学术上的创新与突破。仅举法国大革命为例，可见一斑。

1. 对民主的研究

民主是一个敏感的话题，多少年来我们都不敢也不肯去正视资产阶级的民主，在研究法国大革命时，尤其是在分析《人权宣言》时，只谈资产阶级民主的欺骗性和《人权宣言》的虚伪性，全盘否定资产阶级民主的历史进步性，似乎民主只是资产阶级谈论的专利。改革开放后，中国学者解放了思想，发表了诸多论文和著述，真正从马克思主义的唯物史观出发，实事求是地论证了《人权宣言》巨大的历史进步性以及对近世社会的深远影响，同时对无产阶级民主起到重要的借鉴作用。这种对资产阶级民主自由从过去的一点论到如今的两点论的分析，无疑是研究领域的一个突破。

2. 对法国大革命分期的研究

长期以来，我国学者一直照搬苏联学者的观点，将法国大革命分成三个阶段即君主立宪派、吉伦特派、雅各宾派统治时期。而且将 1794 年 7 月的热月政变作为大革命的终点。以王养冲为代表的我国学者，通过深层的分析，提出了六个阶段分期法即增加热月党与督政府、执政府、帝国三个阶段，将大革命终结的时间延伸到 1814 年拿破仑帝国失败。这样分期，不仅更加完整地反映出法国大革命波澜壮阔和曲折反复的全过程，而且与国际史学接轨。

3. 对热月政变性质的研究

热月政变是反革命政变。这是苏联学者的观点，也是我国几十年一直沿用的传统观点。刘宗绪率先发表论文（《试论热月政变的性质》，《历史研究》1979 年第 7 期），明确否定了这一传统观点，提出热月政变不是"反革命政变"的新见解。他认为，在当时衡量革命与反革命，唯一的标准就是看是否反对封建制度，是否坚持资本主义制度，而绝不能以雅各宾派的主张和政策为标准。雅各宾专政超越了资产阶级性质的革命范围，热月政变实际上结束了雅各宾专政的非常措施和过激行为，是建立资本主义正常秩序的一个转折点。热月党人推翻了雅各宾专政，历史呈现出似乎是倒退的现象，其实热月党人坚守资产阶级阵地，这恰恰是历史的正常，它使资产阶级回到了正常的轨道。刘宗绪的这一新观点，已经为大多数中国学者所接受，从而大大深化了对法国大革命史的研究。

4. **对法国大革命中反革命现象的研究**

在法国大革命过程中出现了一个奇特的现象，即以旺代省为中心的几个省的几十万农民参加了武装叛乱，反对革命政府。这一叛乱行为，在我国史学界长期以来认定就是反革命。早在 80 年代，英、法的史学家已经提出异议。在我国，也有学者对这一传统的观点提出了挑战，许虹在《1793 年法国旺代农民叛乱原因新探》（《历史研究》1989 年第 4 期）一文中，引用了大量新颖的资料，对广大农民的心态作了详细的分析，提出了反对革命不是反革命，农民反叛不能以反革命论处的结论。为什么农民拿起武器反对革命却不是反革命呢？她认为其根本原因在于守旧保守的农民对大革命后推进的政治现代化的政策、措施不满、抵制和反抗。例如，大革命开始后，非基督教化运动引起广大农民教徒对宗教政策的不满；乡镇行政区划的改变，导致农民心理上的不适应和生活上的不方便，对行政政策产生了不满；抽壮丁更引起农民对征兵政策的不满，极度的愤怒使几十万农民既反对贵族又不满新政府，在行为上构成了对政府的对抗，但是这种对抗，绝不是要复辟封建旧制度。所以，农民反对革命绝不是反革命。不满政府、反对政府，不能因此就认定是反革命。这一有说服力的分析，改变了我国多年来公认的旺代农民反对大革命就是反革命的简单化结论，拓宽了人们的视野，大大深化了对农民问题的研究，不仅具有重要的学术价值，而且有着深远的意义，历史学家应该研究反革命现象。

5. **对历史人物的研究**

过去我们只对无产阶级革命家或工人运动中的杰出人物有过一些研

究，改革开放后，大大拓宽了对历史人物的研究和评价范围。以法国而论，对拉法耶特、圣鞠斯特、罗伯斯比尔、丹东、罗兰夫人，以至拿破仑、塔列朗直到当代人物戴高乐等，都有新的研究和评价。其中以对罗伯斯比尔与丹东的评价最为突出。陈崇武从 1979 年开始发表多篇重评罗伯斯比尔的论文，对罗伯斯比尔作了独创性的评论，在指出其历史进步性的同时，也指出了其后期对恐怖扩大化应负的责任。楼均信、张芝联从 80 年代初开始也发表了一系列有关对丹东作重新评价的论文，推翻了长期扣在丹东头上的"叛徒""反革命"的帽子，认为丹东反对恐怖扩大化，提倡分清敌我，实行宽容与人道，是为了维护革命巩固新制度，绝非反革命。丹东主张与敌国和谈，是要维护国家主权，保卫祖国，绝非通敌叛国。丹东确曾贪财受贿，但不等于出卖祖国，丹东在革命过程中确有过妥协、动摇，但基本上是一位革命家、爱国者。事实上，丹东不失为一位值得称道的革命家。例如，在 1792 年秋，当大敌压境，政府中的要人纷纷提出把首都迁出巴黎时，丹东却力排众议，还将七旬老母从外地接到巴黎，决心全家与巴黎共存亡，并且发表著名的演说："必须勇敢、勇敢、再勇敢！这样，法国才能得救。"号召法国人民奋起反抗，保家卫国，与那些贪生怕死、准备逃离首都巴黎的权贵形成鲜明的对照，爱国之心，昭昭天日。后来，当革命派内部派系斗争激烈，反对派决定逮捕丹东，有人密报丹东，劝丹东赶快逃离法国以免一死时，丹东镇定自若，带着轻蔑和愤怒的神情激动地说："走！难道把自己的祖国也放在鞋底下带走吗？"表示至死也决不离开自己的祖国。不久，反动派果然逮捕了丹东，并将他送上断头台。在押赴刑场的路上，丹东虽一度长吁短叹，垂头丧气，但当他跨上断头台的一刹那，他又显得十分坚定、沉着和自豪，他觉得自己的死是为祖国、为革命而献身，是有意义的、光荣的，于是高兴地抬起头，对刽子手大声地吼道："把我的头拿去给人民看看吧，它是值得一看的！"丹东在关键时刻的种种表现，没有任何理由可以说他是反革命、卖国贼，而只能说明他是一个坚定的爱国者、革命家，他无愧于资产阶级革命家的称号。过去我们把丹东说成"叛徒""反革命"，使严肃的学术研究去生硬地服从某种政治需要，甚至将历史人物任意打扮，这是不可取的。

第三，中法关系的研究受到重视。中法两国都有着悠久的历史和灿烂的文化，两国人民友好交往也是源远流长，内容丰富。但是，长期以来却很少有对此的研究。20世纪最初50年，也就是新中国成立半个世纪，我国的中法关系史研究的论文寥寥无几，基本上是一片空白。1964年中法建交后，很长一段时间内仍然少有人研究，只是到改革开放之后，才受到重视。据统计，近20年来，总计发表论文译文166篇，出版著译约30种，其中张芝联先后发表的《历史上的中法关系》与《中法文化交流——历史的回顾》两文，对中法关系和两国文化交流作了比较系统的回顾论述，提供了许多新材料。尤其是近10年，中法关系的研究已经涉及方方面面，从历史到现实，从政治、经济到科学技术、文化教育，等等，开始进行全方位的研究，对加强中法两国人民的友好交流，对我国的"四化"建设起到了重要的推动作用。值得一提的是耿昇多年来翻译了大量著作，为中法文化交流作出了重要贡献。

当然，这一领域的研究，还刚起步，仍待开垦，我国至今未见有专著问世，尚需国人努力。

三

以上是50年的回顾，仅选一角，足见半个世纪来，特别是近20年来，中国的法国史研究进展之快，成就之大，值得我们庆贺和自豪。这完全是我国改革开放带来的成果，来之不易。

回顾过去，展望未来，我们充满信心。中国的法国史研究在21世纪必将更加辉煌。因为第一，形势好。国际国内继续开放的大势和中法交流的加强及自由研究的学术氛围，为研究法国史提供了根本的保证。第二，我国已有一批研究有素的法国史老专家，为今后的法国史研究打下了坚实的基础，并指明了主攻的方向，可谓基础实、方向明。第三，有一支由一大批法国史博士、硕士组成的中青年研究骨干队伍，已成为中国法国史研究的中坚力量，在中国法国史研究中已经而且必将起到越来越重要的作用。总之，有好的环境、好的基础、好的队伍，中国的法国史研究必将走上新的台阶。

但是，我国的世界史研究毕竟基础差、底子薄，法国史更是如此。从国际视野看，真正学术性的研究还刚刚开始，我们基本上停留在介绍、翻译的水平上，真正上档次有分量的学术专著还不多，比起苏联和英、美诸国来，有明显不足。比起法国史家来，更有很大差距，存在许多空白。多年来，我们的研究基本上集中在法国大革命、巴黎公社、戴高乐这三个领域。许多断代史，如法国古代中世纪史、复辟王朝史、维希史、第四和第五共和国史至今仍无著作出版。至于社会经济史、农村史、人口史、妇女史、宗教史等，更少有人问津。任重道远，我们企盼中国的法国史研究者、爱好者在中国法国史研究会的协调下，齐心协力，不懈奋发，在21世纪取得更大的成就，使中国的法国史研究真正进入世界一流。

（原载《浙江学刊》2000年第1期）

中国法国史研究会二十年回顾

中国法国史研究会从策划、筹备、成立，至今已 20 年了。

1978 年 5 月，杭州大学历史学系举行校庆学术讨论会，主要讨论拿破仑评价问题。国内从事法国史研究的老一辈学者北京大学张芝联先生、中山大学端木正先生、华东师范大学王养冲先生、辽宁大学王荣堂先生、哈尔滨师范学院戚佑烈先生以及陈崇武、刘宗绪等许多法国史工作者应邀参加了会议。会上议定，创建一个全国性研究法国史的学术团体。

当年 10 月，在上海市金山县召开了有 18 个单位参加的法国史研究会筹备会议。我国法国史研究的开路人、杭州大学沈炼之先生到会主持了会议，后因患感冒提前回杭，但行前留下了宝贵意见。

筹备会议首先进行了学术交流。张芝联先生和世界史所的孙娴同志分别评介了法国的年鉴学派，华东师范大学王养冲先生讲述了法国史学界研究大革命史的状况，端木正先生介绍了国外对督政府时期的研究动态，中国人民大学陈叔平同志讲了巴黎公社研究现状，中国社会科学院外国文学所罗新璋同志谈了他编译《巴黎公社公告集》的经过，世界史所的周剑卿同志介绍了法国最新出版并引起各国重视的《法国病》一书，等等。

　　会议成立了研究会筹备组，由杭州大学、北京大学、华东师范大学、中山大学、哈尔滨师范学院、世界史所和北京师范大学的7位同志组成。会议讨论和制定了研究会章程（草案），议定成立大会于次年在哈尔滨举行，由哈尔滨师范学院承办。

　　1979年8月，中国法国史研究会成立大会暨第一届年会在哈尔滨举行，全国20个单位的42人参加了成立大会。会上，张芝联先生就访法印象和法国史学界的现状及流派作了讲话。王养冲先生提交了关于法国大革命分期问题的论文并就此作了发言。端木正先生详细论述了中国人研究法国大革命史的过去与现状。陈叔平同志作了巴黎公社与中国的专题发言，还向会议介绍了张志新烈士的事迹。中共中央编译局顾良同志讲了对19世纪法国社会主义流派尤其是布朗基派的研究心得。北京大学郭华榕同志提交了论巴黎公社委员爱德的论文并作了发言。杭州大学楼均信同志同时代表沈炼之先生提交了论述拉法格的论文并发了言。杭州大学戴成钧同志论述了法国抵抗运动并提交了论文。周剑卿同志讲了戴高乐评价问题。中共中央党校李元明同志就拿破仑战争性质的转变提交了论文并发了言。北京师范大学刘宗绪同志就刚发表的论述热月政变性质的论文发了言。

　　围绕上述问题，与会者进行了热烈的讨论。

　　会议就研究会章程进行了认真的讨论和研究，对草案作了修改和补充，然后予以通过。章程规定研究会的宗旨是：以马克思主义为指导，贯彻百花齐放、百家争鸣方针，团结和组织全国法国史教学和研究工作者，促进本学科的发展，增进中法两国人民的友谊和学术交流。具体任务为：提出法国史研究课题；组织学术报告讨论会；组织法国史资料的编译和撰写论著；开展国际学术交流活动。最后，在充分发扬民主和多次酝酿的基础上，会议选出了由13人组成的理事会。在理事会第一次会议上，张芝联先生当选为研究会会长，王养冲、端木正、戚佑烈诸先生当选为副会长，端木正先生兼任秘书长。理事会还推举沈炼之先生为研究会名誉会长。为纪念巴黎公社 110 周年，理事会决定于来年举行第二届年会，由杭州大学承办。研究会秘书处也设在杭州大学，由杭州大学历史学系法国史研究室负责。

1980 年 10 月底 11 月初，研究会第二届年会在杭州举行，有 47 个单位的 96 位法国史科研教学工作者、研究生及法国史业余爱好者参加。在开幕式上，刚刚出席过布加勒斯特第 15 届国际史学大会的张芝联先生，就国际史学动态，特别是关于法国史研究的动态作了报告。年会围绕巴黎公社的性质、主要经验、各个政治派别和重要人物等问题展开了讨论，发言踊跃，争论颇多，学术气氛十分浓厚。会上，四川省社科院洪韵珊同志论述公社性质的长篇论文与发言引起了大家极大的兴趣，就此进行了热烈的讨论与争论。

在年会期间，还创造性地为青年会员举办了讲习班，会长、副会长以及少数理事分别作了学术报告。当时，《光明日报》专门就此作了报道。

1982 年 8 月，在中共中央党校举行了研究会第三届年会，有 50 个单位的 84 人参加了会议。这次年会以讨论法国精神文明和 1945 年后的法国内外政策为中心内容。会上，王养冲先生就法国大革命的进步史学，中共中央党校葛力先生就启蒙运动主要是狄德罗的学说，端木正先生就法国大革命中的制宪问题作了专题发言，张芝联先生刚从西欧回国，向大会作了法、英、德诸国政治社会情况的报告。会议围绕上述问题进行了分组讨论。

根据研究会章程，会议改选了理事会。新理事会由 15 人组成。原会长、副会长均重新当选。由于端木正先生已担任中山大学法律系主任，又当选为广东省人大代表，故不再兼任秘书长职务。理事会推选李元明同志为秘书长。

新理事会决定，下届年会于 1984 年在西安举行，请陕西师范大学承办。理事会还讨论了编辑出版《法国史论文集》等问题。

1983 年 4 月，我会与中共中央编译局、杭州大学联合举办"马克思与法国工人运动"小型学术会议，并按计划在杭州举行，除部分会员外，还有中共中央编译局的多位同志共 30 余人参加。张芝联先生在会上以《马克思与法国大革命》为题作了主题发言，论述了马克思在法国历史研究上的贡献和深刻的辩证法思想。中共中央编译局的李兴耕、殷叙彝等许多同志就《资本论》法文版的翻译、法国社会主义流派等问题作了精彩发言。中国社会科学院世界史所曹特金同志谈了她对布朗基的研究。楼均信、戴成钧提交了《马克思与法国工人党的创立》一文，并作了专题发言，会上就此展开了热烈的讨论。

在这次会议期间，我会召开了理事会，成立了法国大革命 200 周年纪念活动的筹备组。筹备组由 7 人组成，张芝联先生任组长。在筹备组第一次会上，初步讨论了活动计划，包括举办国际学术讨论会，组织编著、翻译若干部著作等。

1984 年 10 月，西安举行了研究会第四届年会。这次年会主要内容是法国大革命的史学、重要人物和当代法国。中国社会科学院西欧研究所和外交部西欧司的一些同志参加了会议。张芝联先生作了《开展对丹东的研究》的学术报告，陈崇武同志对罗伯斯比尔作了论述，楼均信同志就丹东评价问题作了发言，何汝璧同志谈了关于启蒙运动的问题，西欧司的一些同志就当代法国若干问题发了言。会议就丹东评价问题进行了热烈讨论。讨论中张芝联先生以及高韵青、高毅等同志都作了系统的发言并提交了论文。

年会期间，研究会在陕西师范大学组织了 10 次学术报告，分别由

10 位出席年会的理事主讲，得到陕西省所属大学与科研机关的好评。

会议经过改选，组成了第三届理事会。理事会决定，为编好《法国大革命史词典》，由陈崇武、刘宗绪同志做主编端木正先生的助手，担任副主编。还决定委派刘宗绪、楼均信同志主持，于来年举办面向全国高校助教和青年教师的世界近代史讲习班。根据沈炼之先生和杭州大学法国史研究室的提议，并征得华东师范大学历史学系的同意，研究会秘书处移到华东师范大学，委托陆欣如同志担任常务秘书。

1985 年 4 月底 5 月初，法国大革命史词典编委会在端木正先生主持下在宁波开会，讨论了词典条目。7—8 月，研究会举办的讲习班在呼和浩特内蒙古师范大学开班，有来自 20 余个省市的约 80 名学员参加。刘祚昌、李元明、郭华榕、刘宗绪、楼均信、赵瑞芳等同志作了讲授。

1987 年夏，研究会在青岛举行了第五届年会，主要议题是为法国大革命 200 周年做准备，提交的论文基本上都围绕着法国大革命以及法国大革命与中国等问题。张芝联先生以及陈崇武、申晨星、金重远等同志都作了系统发言。年会改选了理事会。原副会长王养冲先生、戚佑烈先生年事已高，退出理事会，被推举为名誉会长。端木正先生已担任广东省人大常委会副主任和香港基本法起草委员会委员，也退出理事会，任名誉会长。李元明同志因病，不再担任秘书长。新理事会选举张芝联先生留任会长，陈崇武、刘宗绪、戴成钧为副会长，陈崇武兼任秘书长，楼均信、申晨星任副秘书长。

年会召开时，研究会举办的第二次面向全国的讲习班正在青岛举行。张芝联先生、端木正先生以及陈乐民、陈崇武、楼均信、黄安年、马家骏、刘宗绪都参加了授课。

1988 年 5 月，法国大革命史词典编委会在贵阳开会，端木正、刘宗绪、楼均信、申晨星、尤天然、孙娴、骆幼玲等编委参加了会议。在端木正先生主持下，审阅和修改词典初稿。根据工作需要，补选骆幼玲为副主编。

1989年3月，纪念法国大革命200周年国际学术讨论会在上海举行。以佛维尔为首的法国代表，美国、英国、日本和苏联的共10余名国外学者应邀参加了会议并提交了论文。提交论文的还有联邦德国和民主德国的学者以及中国香港的学者。中国内地学者百余人参加会议并提交了论文。张芝联先生主持了会议，法国驻华大使专程前来参加会议开幕式并讲话。

根据提交的论文，会议分为法国大革命与中国、法国大革命基本原则、法国大革命的史学等三个大组进行讨论和交流。会上中外学者积极发言，善意争论，提出了许多极有学术价值的见解，很有收益。会议期间，理事会决定，从已提交的百余篇论文中选取较好的一部分，编辑出版论文集，中、英文版各一部。英文版论文集由张芝联先生主编，中文版论文集由刘宗绪先生主编，同时出版《法国史通讯》，由陈崇武先生主编。

会议期间，法国驻上海总领事馆特邀请全体代表参加了领事馆举行的招待会。

1990年8月，在青岛召开了理事会，讨论研究会今后的活动。会上讨论了研究会的现状和面临的困难，决定适当减少活动和节约开支，在有条件的地区可进行小型学术交流活动。会议决定每年一次的年会推迟到1992年举行，地点在杭州。

1992年10月第六届年会在杭州如期举行。年会主题是讨论法国共和制度。会上，王养冲先生和张芝联先生分别作了题为《法兰西第一共和国诞生的历史原因》《阿列克西·托克维尔与法兰西第二共和国》的学术报告。会议分组进行讨论和交流，从法兰西第一共和国到第五共和国的内容均有涉及。会后，理事会推定由楼均信同志主编出版有关论文集。

年会再次改选了理事会。

　　由于各方面的原因，第六届年会后研究会的年会活动暂时停顿了。京沪杭的理事有少量的联系。1995年曾在杭州召开理事会，决定于1997年在广州举行年会，后因经费困难，未能实现。到1997年才最后决定，第七届年会推到1998年9月在北京举行。会议期间，大家就法国的政治演进、启蒙运动与社会思潮、法国大革命、法国社会经济发展等问题展开热烈的讨论。

　　年会除进行学术讨论外，还改选了理事会。这届理事会增选了一批年轻且富有研究成果，素质好又热心学会工作的史学博士，为领导班子的新老交替做好准备。新改选的理事会仍推选了张芝联先生为会长，陈崇武为副会长兼秘书长，刘宗绪、楼均信、端木美、刘文立为副会长，马胜利、沈坚为副秘书长。

　　20年来，我们研究会在党的十一届三中全会确立的思想路线指引下，在组织推动与开展学术研究方面取得了丰硕的成果。应该说，这完全是改革开放带来的成果。

　　由研究会直接组织编写和出版的有词典1部、论文集4部。研究会编辑印行的《法国史通讯》共出版10余期，刊载会员的论文近百篇，总字数超过200万。研究会还承担了《中国大百科全书·外国历史》上、下卷中全部法国史条目的撰写任务。

　　在研究会支持、推动和资助下，出版的会员研究成果更是丰硕，总计超过了1000万字。仅为纪念法国大革命200周年，就出版了专著、译著十几部。此外，杭州大学法国史研究室、华东师范大学法国史研究室，沈炼之、张芝联、王养冲、端木正诸先生，以及陈崇武、陈叔平、金重远、郭华榕、孙娴、吴国庆、楼均信、洪波、端木美、顾良、马胜利、高毅、李宏图、刘宗绪等同志，都有专著、译著出版，有近百种。其中，张芝联先生主编的《法国通史》和沈炼之先生主编、楼均信同志副主编的《法国通史简编》是迄今仅有的中国人撰写的两部最系统的法国通史著作。

在 20 年的学术活动中，研究会不仅造就了一大批年轻有为的法国史研究人才，而且形成了很好的传统与风气。首先，专注于学术研究，发扬开拓创新的精神。研究会始终坚持一切工作都须围绕着对法国史的研究和普及活动，从未偏离章程规定的宗旨。大批会员孜孜不倦，勤于思考，开拓了研究的新领域，提出了大量见解，很有创造性。研究会中年事最高、已逾 90 岁的王养冲先生长年伏案工作，撰写和翻译了大量专著、论文和译著。

其次，研究会自成立之日起，始终充满着团结合作的精神，为研究会的发展，为协作的研究项目，通力合作，不计得失，精诚团结，扬长补短，体现了良好的风格。这一点，在编辑第一部法国史论文集、撰写大百科全书条目和编写《法国大革命史词典》的工作中表现得尤为明显。

最后，研究会的老中青会员间形成了极为亲切的关系。青年会员对几位老一辈学者非常尊敬，敬老成风。这从沈炼之先生逝世后众多会员撰写的追悼文章中即可看出。许多同志都有亲身感受。老少同心，相互关切，是我们研究会的优良传统。我国年轻一代的法国史研究工作者，正是在这样一种氛围下迅速成长。

在研究会成立 20 周年之际，希望我们的这些好传统能得到进一步发扬光大，我国的法国史研究在 21 世纪更创辉煌！

（本文根据讲话记录整理，由刘宗绪同志执笔）

我国法国史研究的老前辈沈炼之

沈炼之教授是我国著名的史学家、教育家和翻译家，他先后从事教育与研究工作达半个多世纪，为我国培养了大批优秀人才。沈先生博通中西文化与历史，尤其精通法国史，为我国的法国史研究作出了不可磨灭的开拓性贡献，是我国史学界德高望重的法国史研究前辈。

一

沈炼之教授，又名沈翔、味荔，浙江省温州市人，生于 1904 年 8 月 5 日，卒于 1992 年 11 月 16 日，享年 89 岁。他幼年入私塾，少年求读于著名的浙江省立第十中学。1922 年 7 月考入北京辅仁大学英语系，1926 年 7 月英语本科毕业，同年 8 月，由亲友资助留学法国，先在第戎大学修读法语、法国文化史和英美史，1928 年 10 月转入里昂中法大学攻读博士学位，继续研读法国中世纪史和法国近代史，1933 年 5 月毕业，获得里昂大学人文博士学位，其博士学位论文由里昂利乌兄弟公司出版，并荣获中法学院文科优秀论文奖。在里昂学习期间，他经友人介绍，专程去第戎拜访在第戎大学讲学的史学大师马迪厄教授，并听完了其讲授的关于法国大革命史讲座的全部课程。沈先生是唯一聆听过马氏讲课的中国学者，将马迪厄治学中的求实与创新精神深深铭刻在心，从而奠定了其献身法国史学的坚定信念和扎实基础。

沈炼之教授取得博士学位后，谢绝了法国朋友的挽留，怀着报效祖国、振兴民族的赤诚之心，满腔热忱地踏上了回国的征程，企盼能立即投身祖国的史学研究事业。可是，当时的中国却在国民党统治下，政府腐败，社会混乱，民不聊生，身为洋博士的沈先生连个饭碗也难找到，他只好"东奔西跑，3 年之内，换了 3 个城市，3 个学校。尤其在抗战期间，8 年换了 5 个工作单位"。[1] 1933 年 9 月，他先在广州一个师范学院教授英文和西洋通史，1935 年北上燕京大学执教，一年后又抵南京在地政学院任研究员，从事地方志研究。不到一年，全面抗战爆发，兵荒马乱，南京遭日寇炮击，沈先生被迫回到浙江老家任中学教员。1938 年，他又内迁至福建，先在出版社当编辑，后在福建省教育厅分别任督学、秘书、科长、中学师资养成所所长、福建省研究院秘书长、福建省社会科学研究所所长。沈先生在公务之余，一面研究法国史，一面密切关注世界时局的发展，先后发表《如此广州》（此文受到鲁迅好评，曾写《〈如此广州〉读后感》，登载于 1934 年 2 月 7 日的《申报》"自由谈"上）、《日本究竟要干什么》、《德国对于日本的军事协助》、《第三帝国向何处去》、《法国在地中海的地位》、《法国人民阵线内阁的前途》、《意大利的新欧洲政策》等数十篇时政文章，揭露国民党当局的昏庸，抨击德、日、意法西斯的侵略行径，探索中国之命运与世界之前途，表现出一个爱国青年知识分子的远见卓识和崇高民族气节。此时，沈先生虽只 30 岁出头，却已在学界颇有影响。

1944年，沈炼之教授应聘到内迁福建省的暨南大学任教授，不久任暨南大学文学院院长兼史地系主任和代理校长。在暨大的4年中，沈先生克服种种困难，继续研究法国史，翻译和出版了多部著作，成为扬名海内外的知名学者。

1948年，沈先生因不满反动当局，毅然返回故乡，到中学任教并任温州市立中学校长。新中国成立后，他终于得到发挥专长的机会，1951年12月，他奉调杭州，任浙江师院（1958年起更名杭州大学）历史系主任，长达30年之久。1978年起兼任杭州大学法国史研究室主任，还担任校学术委员会委员、高级职称评审委员会委员、浙江历史学会会长及名誉会长、中国历史学会理事、中国法国史研究会名誉会长、《历史教学》编委、《法国研究》顾问以及省人大代表、省政协常委、省民盟副主席、民盟中央委员、民盟中央参议委员等多种学术职务和社会兼职，在参加繁忙的社会活动的同时，仍辛勤培育人才，潜心研究法国史，为我国史学研究作出杰出的贡献。

二

沈炼之教授在学术上的贡献主要表现在三大方面。

第一，他是一位学识渊博、著译等身的史学家。半个多世纪以来，他先后撰写、翻译、主编史学著作和资料达20种，论文译文过百篇，共数百万言。其中较著名的有：《法国革命史讲话》（改进出版社，1941）、《权利》（〔英〕罗素著，世界名著译丛之一，改进出版社，1941）、《世界文化史》（〔美〕J.E.斯温著，上海开明书店，1944年初版，1947年重版，1949年再版；台湾开明书店重印，1984）、《罗曼·罗兰传》（〔美〕威尔逊著，上海文化出版社，1947年初版，1953年第4版）、《简明世界近代史》(中国青年出版社，1957)、《德国维护帝国宪法的运动》(〔德〕恩格斯著，人民出版社，1958)、《法国史》(〔法〕瑟诺博斯著，商务印书馆，1964)、《希望回忆录》(〔法〕戴高乐著，上海人民出版社，1973)、《法国简史》(合著，商务印书馆，1978)、《法国工人党的诞生》(〔法〕埃米尔·鲍提若里、克洛德·维拉尔编，合译，中国人民大学出版社，1986)、《法国通史简编》(主编，人民出版社，1991)、《盖得派》(〔法〕克洛德·维拉尔著，杭州大学出版社，1992)、《法兰西第三共和国》(〔法〕让－皮埃尔·阿泽马、米歇尔·维诺克著，合译，商务印书馆，1993)。此外，还主编不定期资料集《法兰西第三共和国资料选译》，已出版8期。上述译著的出版，对中国的世界史，尤其是法国史学科的建设、发展，对广大中青年史学工作者的培养和水平的提高，对中国的世界史史学走向世界，都产生深远的影响，引起了国内外史学界的重视。

第二，他是一位受人崇敬、脚踏实地的教育家，为我国培养了大批优秀史学人才。沈先生从事教育事业达60年之久，除长期讲授法国史之外，还先后讲授过西方文化史、西洋通史、世界近代史、法国史学名著选读、专业法语等多门课程，从1978年开始招收过多批法国史硕士研究生，而且在研究生培养方面有自己的一套做法，形成了自己独特的教育思想。他始终教导学生做人为先、方法为先、基础为先；认为要做学问必先学做真人；研究生重在学方法、打基础、明方向；教育学生必须在唯物史观指导下学会多种研究方法，强调理论、外语、专业都要有扎实的基础；只有人品好，方法新，基础实，才能在本学科中站得高，看得远，才能适应"四化"建设的需要，并在学术上有所贡献。沈先生治学严谨，功底深厚，精通法文、英文和俄文，但在学生面前却十分谦和，身教重于言教，他对学生循循善诱，爱护备至，直至八十高龄还爬上 3 层楼梯，去研究生宿舍登门指导。沈先生的感人行动与教学方法，深受学生崇敬和爱戴。半个多世纪以来，他培养的学生遍布祖国各地和世界上许多国家，众多的学生成为有名的专家教授，担负着重要的领导工作，成为国家和社会的中坚力量，真可谓桃李满天下。

第三，他是创建我国法国史研究机构的带头人。沈先生非常重视我国的法国史研究和学科的组织建设，1978 年，他在国内率先创建了杭州大学法国史研究室，这是中国第一个专攻法国史的研究机构。他不顾年迈体弱，亲自组织队伍筹措经费，购置图书资料的资金不足，他便将自己多年的积蓄 5000 元人民币捐献给刚成立不久的研究室添置法文图书资料。为提高研究室成员的专业水平，他还积极与法国著名马克思主义史学家克洛德·维拉尔教授等建立联系，开展国际学术交流，曾两次（1986 年、1988 年）邀请维拉尔到杭州大学讲学，并与法国史研究室的中青年学者进行深入细致的学术交流。在沈先生倡议下，杭州大学与巴黎第八大学建立校际关系，聘请维拉尔为杭大名誉教授，想方设法派出研究室的中青年教师赴法进修提高。同时，他亲自制订研究计划，组织全室成员展开对法国史有计划、有重点的研究。在沈先生的主持下，杭大法国史研究室成立 10 多年来，已拥有相当丰富的法文藏书，尤其是有关法兰西第三共和国史的图书资料，堪称国内最完备的单位之一。而且，该研究室至今已形成了在国内具有相当实力的学术梯队，学术成果不断问世，10 余年中已出版译、著 10 余种，在国内法国史研究领域处于领先地位。在创建杭大法国史研究室的同时，沈先生还带头筹组中国法国史研究会，1977 年 5 月，他趁杭大校庆举办学术讨论会之际，邀请北京大学、中山大学、华东师范大学、辽宁大学、哈尔滨师范大学等校的法国史专家共商筹组事宜。接着，他抱病参加 1978 年在上海金山召开的中国法国史研究会筹备会议，与国内法国史专家、教授共同商定次年正式宣布成立中国法国史研究会，同时协调全国法国史研究人员展开有计划、有分工、各有重点的法国史协作攻关研究。从此，中国的法国史研究成为全国性的有组织的学术活动，沈先生也很自然地成为中国法国史研究会的创始人之一，并一直担任该会的名誉会长。

三

沈炼之教授在世界史研究领域中最突出的贡献在世界文化史和法国史领域，最有代表性的著译成果有 3 种，即《世界文化史》《法国革命史讲话》《法国通史简编》，还有一批有重要价值的论文和书评。

沈先生是我国最早涉足世界文化史的学者之一，早年在暨南大学讲授西洋通史时，他就着重讲述西洋文化史，J.E. 斯温著的《世界文化史》最初就是作为西洋通史课的教本在闽南由他翻译出版的，出版后极受读者欢迎，后经周予同等先生推荐，于 1947 年由上海开明书店重版，1949 年再版。该书从远古叙述至第二次世界大战前夕，内容十分丰富，正如沈先生在译后记中所云："本书的特点是以年代为经，把人类文化的活动分为政治、经济、社会、美术、宗教、文学和科学各部门来叙述，条理非常清晰。"[2] 并且略古详今，很切实用。所以该书一版再版，在国内广为传播，它的出版，在当时填补了这一领域的空白，对推进中国的世界文化史研究，传播世界文化史知识，在某种意义上起了启蒙和开拓作用。该书虽系沈先生 50 年前的译作，但对中国的世界文化史研究所作出的贡献，并不亚于一部专著，而且至今仍然具有参考价值。唯其如此，台湾开明书店于 1985 年"不惜工本，再版行世"，[3] 还在重印后记中言明："本书对西洋文化，……不仅叙述得条理井然，引人入胜，并且具备洞察力，……其精微处实为一般著作所不及，颇能增益人们的智慧。"[4]

　　沈先生长期以法国史研究为重点，他的研究成果具有明显的开拓性。正当日本帝国主义疯狂侵略我国，学术研究几乎窒息之时，沈先生仍然坚持法国史的研究，并于1941年9月出版了《法国革命史讲话》一书，该书虽然只有104页，却是国人自己撰著的第一本法国大革命史著作，开创了中国的大革命史研究。所以，出版后即引起时人学者关注，他们在此书出版不久，即写出书评推崇此书"材料得宜，叙事无误，有助于吾人之了解者"。[5]我国当代著名史学家、法学家端木正教授在《法国革命史研究在中国》一文中，也赞赏沈先生在书中"把马迪厄和法国革命史在国外的新成果深入浅出地介绍给我国读者"。[6]端木正先生还特意提醒说："如果我们没有忘记抗战时国民党统治区的学术工作者处在多么困难的条件下进行工作，那么法国革命史学所取得的这点成果是大堪告慰的事。"[7]

　　沈炼之教授对法兰西第三共和国史研究颇深，其中关于拉法格的研究同样具有开拓性。70年代末，在我国学者尚少注意时，他就开始研究拉法格并发表了《杰出的革命实践家和马克思主义传播者保尔·拉法格》（载国际共运史研究室编《国际共运史研究资料》第5辑，人民出版社，1982）、《评拉法格的历史功绩》（载中国法国史研究会编《法国史论文集》，三联书店，1984）两文，在肯定拉法格是"一位杰出的革命实践家和著名的马克思主义宣传家"的同时，又指出了拉法格"左右摇摆""宗教主义、关门主义""教条主义"的习气和错误。他对拉法格所作的一分为二的客观评价，赢得了我国史学界的好评，也为我国的拉法格研究打下了基础。

　　编著一部法国通史是沈炼之教授长期以来的愿望，他希望编著一部既不同于法国和西方学者，又不同于苏联学者所著的法国通史，而是具有中国特色又反映最新水平的法国通史。为此，他早在 50 年代就开始做准备工作，先后翻译了一大批马克思、恩格斯有关法国史的论著和书信，并在 1964 年翻译出版《法国史》一书及其他原始资料。他觉得没有坚实的理论基础和较丰富的资料是难着手此项工作的，所以迟迟未下决心，直到 1985 年国家教委委托他主编一部法国通史时，他才决定组织力量动手编写，但他仍然主张从翻译和整理资料开始，然后进行专题研究，各人写出学术论文，最后才分工撰写。经过 5 年的努力，终于由人民出版社出版了这部洋洋 56 万字的《法国通史简编》，实现了沈先生数十年来的心愿。该书虽曰"简编"，却从远古一直写到 1988 年，是我国出版的最系统、最详尽的一部法国通史。沈先生在构思该书框架时，决心改变以阶级斗争史为中心的传统编史模式，"坚持以唯物史观为指导，以社会经济史为重点，力图展现法国历史的全貌，包括经济、政治、军事、科技、思想文化的发展，同时注意法国对人类文明所作出的贡献"。[8] 以社会经济史为重点，进行多层次、多向度的叙述，这就是该书的最大特色。书中令人注目的是一改旧套，还将巴黎公社纳入第三共和国史的叙述之中，作为法国历史发展中的有机组成部分，不再设专章细述，这就更妥帖更客观地反映了历史的真实。书中还设专章系统介绍了从 13 世纪至 1988 年中法关系的产生、演变和发展，将 700 多年的中法关系分为开端、演变、新阶段三大发展阶段进行叙述，这不仅适应了对外开放的新形势，而且如实反映出中法交往源远流长又丰富多彩的实际内容，填补了我国史籍中很少涉及的这一空白，使该书具有开拓性和明显的中国特色。该书出版后即引起国内外史学界的重视，纷纷发表书评，指出这是"一部具有结构新、观点新、资料新的三新之作"，[9] 认为该书"敢于开拓，填补空白"。[10] 马克思曾经说过："现代历史著述方面的一切真正进步，都是当代历史学家从政治形式的外表深入到社会生活的深处时才取得的。"[11]《法国通史简编》能够受到读者好评，是与沈先生深层的思考与长期的钻研分不开的，也充分反映出沈先生深厚的功底和远大的眼光。

四

沈炼之教授一生不仅有宏富的学术成果，而且有自己一贯的治学思想。他经常教诲中青年教师和研究生，研究世界史，尤其是研究法国史，必须以马克思主义为指导，而且强调只有以马克思主义为指导，才不会使研究工作迷失方向，才能够在复杂纷繁的历史现象中总览全局，抓住本质，总结经验，揭示规律。他提倡认真研读有关马列原著，认真领会其精神实质，斥责那种"只要史料，不要理论"的错误观点，强调要坚持原则，独立思考。沈先生这样说，自己也是这样做的，他几十年如一日，刻苦研读马列原著，坚持运用马克思主义的立场、观点方法研究问题，先后翻译和发表了《未发表的恩格斯的书信——法国社会党人和布朗热危机》《1848 年的六月起义》《马、恩在 1847—1849 年写的论文》等多篇原著，对推动中国史学界运用马克思主义研究世界史起了重要作用。

沈先生还十分注意史学研究的方法问题，他说："世界史作为一门高层次的基础文化科学"，"总是贯穿着某种指导思想和方法论"。[12] 因为，在明确以马克思主义为指导的前提下，必须注意方法论。但绝对不能用唯物史观的一般原理来代替史学研究的具体方法，他说，"史学理论和方法论是辩证唯物主义和历史唯物主义的一般原理和方法所不能代替的。它应该更切合历史研究过程的实际和具体要求"。[13] 又说，"马克思主义史学理论和方法论，并不是一种封闭凝固的体系"。[14] 这就是说，马克思主义方法论也是开放的、发展的，沈先生主张继承和吸取古今中外学者运用的各种方法，即用多种方法来研究历史。从沈先生的这一见解中，我们可以得到有益的启迪。

沈先生认为，研究历史不能忽略对反面人物的研究。他说："在历史舞台上，出现了许多正面和反面的历史人物，他们对社会发展起着加速或延缓的作用。"因此，我们既要研究正面人物，也要重视研究反面人物，如果不研究"希特勒等人的具体活动，不仅会使生动丰富的历史内容一般化、概念化，……而且也不能恰当地阐明历史事件和历史发展过程"。[15]沈先生在70年代末就能大胆地提出要重视对反面人物的研究，这不仅表明一个历史学家的胆识，更表明了他的高瞻远瞩，对世界史的研究具有导向作用。

此外，沈先生还提倡研究历史必须为我国的"四化"建设服务，尤其要为我国的精神文明作贡献，他希望通过丰富多彩的历史知识，"树立共产主义理想和信念，辨清前进的方向，满怀信心地为迎接未来而奋斗"。[16]为此，他主张世界史工作者除进行精深的学术研究外，必须面向大众，进行通俗化研究，向广大青少年提供生动形象而又科学的世界史通俗读物。他说："要是把这部漫长恢宏又奔腾向前的世界历史，用形象直观的画面展示出来，……这该多好！"[17]沈先生提倡对世界史进行通俗化的研究，同样具有深远意义。

沈炼之教授虽然离开我们一年多了，但是他的学术成就、他的治学精神、他的高尚品德却永远值得我们崇敬、怀念和学习，正如我国著名史家王养冲教授在给沈先生家属的唁电中所云："史学前辈、著译等身、品高学粹、风范长存。"

（原载《世界历史》1993年第6期）

注　释

1　《沈炼之教授在执教五十周年庆贺大会上的发言》,《法国史通讯》1984 年第 8 期,
第 258 页。

2、3、4　《世界文化史》,台北:开明书店,1984,第 649 页、重印后记第 2 页。

5　左景权:《新书介绍:法国大革命史讲话》,《图书月刊》第 2 卷第 4 期,1942 年。

6、7　中国法国史研究会编《法国史论文集》,三联书店,1984,第 29 页。

8　沈炼之主编,楼均信副主编《法国通史简编》,人民出版社,1991,前言。

9　《简评〈法国通史简编〉》,《浙江学刊》1991 年第 4 期。

10　《读〈法国通史简编〉》,《历史研究》1991 年第 4 期,第 189 页。

11　《马克思恩格斯全集》第 12 卷,人民出版社,1962,第 450 页。

12　丁建弘、孙仁宗主编《世界史手册》,浙江人民出版社,1988,序。

13、14　王正平:《史学理论与方法》,杭州大学出版社,1990,序言。

15　丁建弘等主编《世界历史人物小传》,浙江人民出版社,1980,前言。

16　王正平等主编《世界史大事汇编》,浙江人民出版社,1984,前言。

17　王正平、楼均信、孙仁宗主编《绘画本世界通史》,浙江少年儿童出版社,
1992,序。

刘宗绪教授的史学贡献

刘宗绪教授是我国著名的世界史学家、历史教育家，先后从事世界近代史和法国史的教学与研究工作长达半个多世纪，为我国培养了大批优秀史学人才。刘宗绪教授思想敏锐、博学多才，擅长宏观理论思考，在史学理论、世界近代史、法国史诸多领域都作出了独创性贡献，是我国史学界知名度很高的历史学家。

一

刘宗绪教授 1933 年出生于天津市，1956 年毕业于北京师范大学历史学系后留校任教至今，历任助教、讲师、副教授、教授，长期担任世界近代史教研室主任、研究生指导老师，还兼任中国法国史研究会副会长、教育部考试中心研究员及北京市教育学院兼职教授、商务印书馆外国历史小丛书编委等职。2003 年 6 月 4 日因患癌症医治无效逝世，享年70 岁。刘宗绪教授把毕生的精力都无私地奉献给了我国的世界史研究和教育事业，为国家和人民作出了杰出的贡献，为我国史学研究立下了不朽的功勋。

刘宗绪教授在学术上几十年如一日，孜孜不倦、笔耕不辍，教学科研成果累累，先后出版过大量论著，发表了一批高质量的学术论文。其中主要论著有：《世界近代史讲义》（上册，主要撰稿人，高等教育出版社，1960）、《法国资产阶级革命》（商务印书馆，1965）、《法国资产阶级革命》（商务印书馆，1980年重写本）、《巴黎公社》（商务印书馆，1962）、《简明历史事件辞典》（主编之一，河北人民出版社，1987）、《世界近代史参考资料》（主编，高等教育出版社，1987）、《法国大革命史词典》（副主编之一，中山大学出版社，1989）、《改变世界历史的二十五年》（主编，河北人民出版社，1989）、《法国大革命著名政治活动家》（合著，商务印书馆，1988）、《法国大革命二百周年纪念论文集》（主编，三联书店，1990）、《法国通史》（撰写第六、七章，北京大学出版社，1989；辽宁大学出版社，2000）、《法国史演义》（知识出版社，1998）、《世界史通俗演义》（近代卷上、下，世界知识出版社，1992）、《世界近代史》（主编，北京师范大学出版社，1991年第1版，多次重印）、《世界近代史》（卫星电视教材，高等教育出版社，1986年第1版，多次重印）、《历史新知识　创新能力培养》（主编，北京师范大学出版社，2001）、《世界近代现代历史专题30讲》（合著，西北大学出版社，1996年第1版，多次再版）、《历史学科专题讲座》（主编，岳麓书社，2003）、《人的理性与法的精神——史学研究与历史教育论稿》（中国社会科学出版社，2003）、"新编历史小丛书"（待出版）、《世界大通史》（20卷本，待出版）等。其中有代表性的论文有：《巴黎公社的原则是永存的》（《历史研究》1961年第2期）、《试论热月政变的性质》（《历史研究》1979年第7期）、《人的理性和法的精神——法国大革命的历史启示》（《历史研究》1989年第2期）、《法国大革命的根本任务和革命的上升路线》（《世界历史》1981年第2期）、《雅各宾专政在法国大革命中的地位》（中国法国史研究会编《法国

史论文集》，三联书店，1984）、《试论罗伯斯比尔的政治思想和经济思想》
（《北京师范大学学报》1986 年第 2 期）、《欧洲早期资产阶级革命的几个
问题》（《北京师范大学学报》1981 年第 5 期）、《世界近代史教学与学生
思维能力培养》（《中学历史教学参考》2003 年第 3 期）、《如何看历史》
（《中学历史教学参考》2003 年第 1—2 期）等。

　　刘宗绪教授著述之丰富堪称著作等身，其所有论著在史学理论、史
学方法、学术观点等方面都反映出独到之见，对我国的世界史，尤其是
法国史学科的建设和发展，对广大中青年史学工作者的培养和水平的提
高，都产生了深远的影响，必将继续促进我国史学的发展。

二

　　刘宗绪教授在史学理论方面的贡献独树一帜，他明确提出了"以
生产力为标准、实事求是的研究与评价人类历史"的史学理论观。他在
《从文明演进的角度看历史》和《人类文明演进的历程》二文中，反复
强调："从人类文明演进的视角去看历史，实际上是把握了历史发展的总
纲。这是一种境界和高度，也是一种历史观。抱着这样的历史观去认识
和研究历史，就把握了真谛，也有利于真正接受祖先留下的历史遗产，
有利于总结历史的经验与教训。"他还接着说："从文明演进的角度看历
史，必须如实的把握住生产力是历史发展的终极动力。 ……人类文明
的演进，人类社会的发展，某个社会阶段中的调整与调节，历来都是在
生产力的基础上进行的。"（刘宗绪：《人的理性与法的精神》，中国社会
科学出版社，2003，第 2—3 页，以下引自该书均只注页码）因此，"人
类文明的演进，重要文明成果的取得，都是生产发展到某一阶段的产物
和生产力推动的结果"。"既然生产力是历史发展的终极动力，那么，它

也是评价历史现象的根本标准。除此之外，那些伦理的、道德的、情感的评价标准，都能够说出不少理由，但是决难引出科学的结论。"（第4页）在强调生产力是评价历史的根本标准的同时，他还提出实事求是，"依据实践检验的结果立论"（第5页）。

刘宗绪从这一理论出发，在《人类文明演进的历程》一文中，进一步论述了人类文明演进的轨迹。他将迄今为止的人类文明史分述为：从史前时代到早期文明、古代文明的轴心时代（公元前9世纪至公元前3世纪）、帝国时代（公元前3世纪至5世纪）、文明并列的时代（5世纪至15世纪）、手工工场时代（16世纪至19世纪）、蒸汽时代（19世纪初至70年代）、进入电气时代（19世纪70年代至20世纪初）、20世纪上半期的世界性调整及当代世界和信息时代。其实，这就是他以生产力为标准对整部世界通史所作的分期。这样分期已经完全不同于过去强调以阶级斗争为纲将世界历史划分为五种社会形态，表现出作者的胆识和创新。刘宗绪也正是从这一理论出发，构建了中国第一部世界历史巨著——《世界大通史》20卷本的骨架，这部由刘宗绪、徐天新、于沛三人共同总主编的大通史中，几乎每一卷都充分反映出这一指导原则。

关于生产力标准这一理论，他同样还运用于世界近代史教材的编写之中。由他所主编的《世界近代史》中，以生产力为标准构建了世界近代史的新体系，不再沿用以阶级斗争为纲、以巴黎公社为界标作为世界近代史的分期依据，而是从历史事实出发，以生产力为标准，将世界近代史划分为三个阶段："工场手工业时期的资本主义"；"第一次工业革命后的工业资本主义"；"第二次工业革命后的资本主义"。他有时甚至把世界近代史的发展脉络更简明地概括为手工工场时代、蒸汽时代和电气时代三个阶段。（第607页）从而将世界近代史的内容概括为"资本主义制度产生、确立、发展和基本定型时期的历史"，完全改变了把近代史称为"资本主义产生、发展、衰落的历史"这一多年来沿用的传统观点。资本主义没有衰落，它仍在发展而且趋向定型和成熟。从这一独特提法，可见刘宗绪的高远史识和胆略。所以，我们说刘宗绪是最早把这一生产力理论应用于史学研究的我国学者，其贡献是不可磨灭的。

刘宗绪教授在提出将生产力标准作为评判历史标准的同时，还十分注意史学方法的运用。他在《人类文明演进的历程》一文中，强调在历史研究中必须做到微观研究与宏观认识相结合。他说："在历史学科中，微观研究一般是指对具体过程的来龙去脉和特点等的研究；宏观认识则是指整体观察，包括纵向与横向的贯彻，从中揭示出内在的联系，即规律。"（第 27 页）所以，"宏观认识必须奠定在微观研究的基础之上"。但"历史学家的眼光，必须长远而宽广，一眼望去，常需要看上若干年，甚至千百年；从横向的方面说到一地、一国，甚至世界。当微观研究达到一定程度时，就有必要跳出圈外，登高一望。……没有宏观认识，仅仅是就事论事，很难得出正确的结论"（第 28 页）。刘宗绪教授的研究成果处处闪烁出创新之见，是他认真运用宏观认识与微观研究相结合的研究方法的必然结果。

刘宗绪教授在他的论著中，对他提倡的史学思想、史学理论和史学方法作过这样的总结，他说："总之，实事求是原则是总的精神，生产力标准是认识和评价历史的根本尺度，微观与宏观相结合是研究历史的基本方法，从文明演进的角度看历史是必须具有的境界。"（第 30 页）直到去年 8 月在接受刘北成教授访谈时，他仍然坚持说："有三条原则不能缺少。第一条是生产力标准。文明演进的基础是生产力。……第二条是实践标准。看人是否比过去活得更文明了。……第三条原则，从方法论上讲，宏观和微观相结合。"（第 602 页）他一贯坚持的上述思想、理论、观点和方法，至今仍具有指导意义。

三

刘宗绪教授在世界近代史领域拥有重大成就，他参编和主编了多部世界近代史教材。他曾经是 1962 年出版的由周一良、吴于廑主编的中国第一部《世界通史》教材近代卷的撰稿人之一，而且还是该教材编写组的秘书，具体参与了我国第一部四卷本教材编写的组织工作，立下了汗马功劳。他还应邀参加了 1994 年出版的由齐世荣主编的最新版《世界史》六卷本近代卷的部分撰稿任务，这是一部高水平的教材，他功不可没。更重要的是由他任主编，先后出版的两部《世界近代史》（高等教育出版社，1986；北京师范大学出版社，1991。此后多次重印，印数达数十万册），还有他与黄安年合著的《世界近代现代历史专题 30 讲》（1996 年出版后多次重印，印数达 70 多万册）。他主编的教材之所以受到国内各大专院校历史系和中学教师的广泛欢迎和采用，是因为这些教材自有特色：材料丰富、体系创新、观点独到、方法新颖。

关于体系问题，我已在前面提到，刘宗绪教授是根据他提倡的史学理论观，即生产力标准和实践标准来构建世界近代史新体系的。他以生产力发展为标准，以工业化为主线，以社会经济史为重点，从而使全书在历史的分期上，在章节纲目的编排上，均具有明显的独创性，使人耳目一新。

尤其值得注意的是在教材内容方面，在一系列重大问题上，都摆脱了传统观点的束缚，提出了有说服力的新观点，择其要者，罗列如下。

（1）关于封建社会向资本主义社会过渡的道路问题。在过去传统的教材中，只强调革命在社会过渡中的作用，刘编教材则强调有两条道路，他说"归纳起来，无非是革命的道路和改革的道路"，所以"从封建主义向资本主义的过渡不一定必须通过一场革命。自上而下的改革方式也是一种过渡途径"(《世界近代史》,北京师范大学出版社,1991,第137页)。而且他认为,世界上大多数国家是通过改革实现社会过渡的。他同时指出,革命是解放生产力,改革无疑也是解放生产力,人类社会就是在革命和改革交互作用下不断前进的。

(2)关于对殖民主义的评价问题。刘编教材中,不仅重视殖民地民族独立运动的历史,而且对殖民主义作出了新的评价,提出了殖民主义具有双重历史作用的观点,认为殖民主义既具有破坏性又在客观上有一定的建设性。但是,他强调:"它的双重历史作用并不是同步进行的。它首先体现出来的是破坏性,而且持续时间很长,表现很残酷。它的建设性往往是较后的一段历史中才表现出来。"(第310页)这比以往教材只讲其一,不讲其二,就更客观更科学更具说服力。

(3)对垄断组织作用的评价。以往教材较多强调垄断组织的出现是资本主义腐朽、没落的表现。刘编教材一反传统,从三个方面指出垄断组织所起的历史进步作用:第一,垄断组织是对生产关系的调整,是为适应生产力发展的要求而出现的变化;第二,垄断推进了生产力的发展,对克服生产无政府状态在一定程度上起了积极作用;第三,垄断组织是资本主义较为成熟的一个发展阶段,表明资本主义制度有一定的自我调节能力。(第405、406页)对垄断组织作如此系统明确的分析,在我国还是第一次。至今年3月,他再次明确地表示:"垄断是适应生产力发展而产生和发展的,反过来又进一步推动了生产力的发展,是一种新的经济联合体。资本主义的垄断阶段即帝国主义阶段,是资本主义走向成熟和现代发展的时期。"(自序第3页)

(4)关于从封建主义向资本主义转变时期的土地问题。在我国长期流行一种观点,认为在资产阶级革命中解决土地问题就是农民得到了土地，革命就彻底。刘宗绪认为，这种提法有偏差而且不科学。他说："解决土地问题这一概念的正确科学的解释，就是指土地所有制性质的改造，从封建的有条件的等级所有制度变为资本主义的无条件的绝对私有制。至于是否向农民分配土地，那是另一回事，不属于这个范畴。"（《世界近代现代历史专题30讲》，第51页）他的这一观点，纠正了在我国长期沿用的一个错误认识。

（5）巴黎公社的历史地位。刘宗绪认为巴黎公社的业绩可歌可泣，公社战士们壮烈的英雄本色永远闪烁光辉。但是不能人为地拔高其历史地位，夸大其历史作用。他说："无论从资本主义发展史的角度来看，还是从法国本身的情况来看，巴黎公社不是历史的分水岭，更没有给资本主义沉重的打击，当然也谈不上使资本主义走上衰亡的道理。如果仅从国际工人运动史来看，巴黎公社也没有开辟一个新的发展阶段。因为，在这以后的工人运动……并没有继承巴黎公社武力夺取政权、打碎旧国家机器的经验与传统。"（第114页）他的这一提法，完全改变了多年来的传统说法，应该说更接近科学也更具说服力。

以上是从刘宗绪教授的有关世界近代史教材摘取的部分创新观点，仅是浪花而已。这足以说明其论断之精辟、功底之深厚，所编教材反映出来的科学性、先进性和超前性。他已经走到了这个学科的前沿。他的这些成果对提高我国世界近代史的教学水平，对促进我国世界近代史的深入研究，对推动我国的教材建设和教学改革已经起到良好的作用，并必将继续发挥其积极作用。

四

刘宗绪教授在法国史研究领域更是贡献杰出。对法国史，尤其是法国大革命史的研究是他的主攻方向，其中最具代表性的论著有三种:《试论热月政变的性质》、《改变世界历史的二十五年》及《人的理性与法的精神》。

早在 1961 年 2 月，他就在《历史研究》上发表长篇论文《巴黎公社的原则是永存的》。受到时任该刊主编黎澍的高度评价，刘宗绪从此一举成名，时年 28 岁。接着，他把重点放在法国大革命史的研究上，1965 年 3 月，他的《法国资产阶级革命》一书由商务印书馆出版。正当他大展宏图时，其研究却被十年"文化大革命"引发的内乱所中断。直到"文革"结束他才重新开启学术的大门。从此佳作迭出，独领风骚。

众所周知，新中国成立后，我国学者长期固守苏联学者对法国大革命史的传统观点，无一例外地称热月政变是反革命政变。粉碎"四人帮"之后，当国人还在传统观点上沉睡时，刘宗绪教授以其独到的历史眼光和深邃的观察力和判断力，开启了对热月政变性质的重新研究。1978 年，在北京师范大学校庆科学讨论会上，他不怕政治压力、冒险提交了《试论热月政变的性质》一文，1979 年 7 月在《历史研究》第 7 期上公开发表，他运用大量人所不知的材料，大胆提出热月政变不是反革命政变的新观点，否定了几十年来的传统旧说。

刘宗绪在论文中明确指出:不能因为热月党反对雅各宾派，就判定它为反革命。他说，在当时衡量革命与发革命，只能以是否反对封建制度、是否坚持资本主义制度为统一标准。雅各宾专政在后期所采取的种种非常措施，不仅遭到广大群众的不满，也使资产阶级不能容忍，其超越了资产阶级革命的范围。所以，热月政变实际上是结束雅各宾专政的非常措施，建立资本主义正常秩序的一个转折点。热月党仍然是资产阶级的一部分，它虽然推翻了雅各宾统治，但并没有改变政权的资产阶级性质。于是，他在论文中指出了一个十分重要的历史现象，即所谓反动和倒退。他认为，热月政变对雅各宾专政而言，确实是一种反动、一种倒退。但关键是要看热月党究竟"倒退"到什么地方，或者说"反动"到何种程度。他列举大量史实，说明热月党坚守资产阶级的阵地，对封建势力坚决不肯退让，这就从根本上同反革命划清了界限。（第307页）总之，热月党的"倒退"只不过是要废除雅各宾专政的一度是必须而后来却变得过时的那些非常措施，使历史退回到资本主义正常发展的轨道，结束动荡局面。它绝非要封建复辟。

刘宗绪关于热月政变不是反革命政变、历史上出现的倒退与反动现象这一新观点的提出，在史学界立即触发了一场引人注目的学术争辩。有人暗中赞成，有人公开反对，认为不应该歌颂"反动"和"倒退"，这是离开阶级斗争学说，是不可取的。但更多的人开始反思，并投入新的研究，从而引发了我国学界重新研究大革命史的新高潮。此文开启了重新审视法国大革命的先河，成为我国研究大革命史的一个转折点。之后，他不断指导学生、鼓励同行继续深入地全方位的研究法国大革命史，经过多年努力，刘宗绪和自己的高足高韵青、姜芃、李玥于1986年共同完成了《法国大革命探新》一书，该书对大革命史的一系列重大问题作了全面系统又专题性的深入分析论证，诸如关于大革命的分期、启蒙运动的历史地位、"八九年原则"、斐扬派、吉伦特派、雅各宾派、热月党人、拿破仑及土地问题等，都作出了独创性评价，反映出我国在这一领域的最高水平。可是这样一本高水平的学术著作，却因为出版社难以赚钱被搁置了长达三年之久，直到1989年12月才将书名改为《改变世界历史的二十五年》，交由河北人民出版社出版。该书的出版，无疑是对我国研究大革命史的重大贡献。

在《人的理性与法的精神》一书中，刘宗绪从总结法国大革命的经验教训出发，引出了许多极富启示性的论点。他认为人权与法治是法国大革命创立的最重要原则。他说："人的自由只能靠法律来保障。人治的社会决不可能保障人的自由。""奠基于自由的商品经济之上的人权和法治原则，是法国大革命创立的最主要的基本原则，是《人权与公民权宣言》的核心。这些原则不仅属于法兰西，而且也属于全世界；不仅是反封建斗争的有力武器，而且也是一切文明国家管理中不可或缺的指导原则。只要人类文明社会仍在发展，这些原则在任何地方就都是需要的。"（第155、157页）刘宗绪的分析是多么深刻，多么富有哲理，其意义又是何等深远！

　　刘宗绪教授对法国史研究所作的贡献还体现在对中国法国史研究会的领导才能上。1978年，他参与创建中国法国史研究会，又长期担任研究会副会长，直接参与决策和领导中国法国史研究的各项工作和学术会议。在研究会中尊老爱幼，上助老一代领导，下帮中青年学者，一心将希望寄托在中青年身上，从不居功。他出色地筹办和主持了1985年在呼和浩特、1987年在青岛举办的全国中青年教师讲习班，表现出极强的组织能力和领导艺术。他不仅约请名家讲课，自己也带头主讲。他的讲课视野开阔、思路独特、观点精湛、逻辑严密、风趣幽默。所以，听过他讲课的学员普遍反映：听刘老师讲课真是一种享受。两期培训班虽然只有一个多月时间，听讲者也不过150人左右，但对提高我国世界史队伍的水平却起了重要作用。

　　最近十年，刘宗绪教授还把精力集中放在中学教师的培养上，他不仅参加高考历史科命题、编写多种中学教师辅导读物，还不辞辛劳奔走于全国大部分省、市，给中学教师培训班讲课。有时身心十分疲惫，仍马不停蹄，他说，作为师范院校的教师，这是我的天职使然，义不容辞。的确，他是在尽一份责任。他既不为钱也无须为名，而是要向广大中学教师传授他的新思路、新观点、新理论、新方法、新知识，以便从更广大的范围内将法国史，尤其是世界史研究的新成果推向基层，以推动中学历史教育的改革，培训基层史学队伍，培养出更多视野开阔的创新型史学人才，使我国的世界史研究更普及更后继有人。可见，他的种种辛劳为的就是在更广更深的层次上为我国史学作出特殊贡献，这是多么崇高的举动啊！

　　刘宗绪教授把自己的全部智慧和毕生精力，乃至于整个生命，都奉献给了我国的史学研究和教育事业，他虽死犹生！他的学术成就，他为人治学的高尚品格和创新精神，将永远成为后学者努力奋进的航标！刘宗绪教授精神永存！

　　附言：本文应张丽同志6月6日电话所约，匆匆草成。刘宗绪教授是我几十年的挚友，溘然相离，殊感悲痛，特撰此文寄托我对老友的哀思。2003年6月10日夜完稿于杭州。

　　　　　　（原载《世界历史》2003年第5期，收入本书时略有增改）

一位永远值得纪念的历史学家

——在刘宗绪教授逝世一周年纪念会上的讲话

刘宗绪教授离开我们已经一年多了，但他音容犹在，令人难以忘怀，无论学问和人生，他都是值得我们永远纪念的人。

我和宗绪相识在 1978 年春天，当时他应邀到浙江大学（原杭州大学）历史系参加校庆学术讨论会。在讨论拿破仑的学术会议上，我们谈得十分投缘，可以说是一见如故。而后，我有幸和宗绪在中国法国史研究会里共事 20 多年，结下深厚友谊，成为真正的知己，对他的为人、治学深有了解。近期我受托选编纪念文集，又一次深受感动。

宗绪不仅是一位治学非常严谨的学者，而且视野开阔、思想深邃、方法独到。他在史学理论、世界近代史、法国史研究领域以及高考命题改革与中学教学改革等方面，都取得了杰出的成就。他提出的生产力标准论、文明演进论、实践检验标准论、世界近代史的体系论、法国大革命热月政变性质论、人的理性与法的精神论，以及高考命题改革论，为这些领域的研究开创了一个新时代，意义极为深远，价值亦不可估量。称他为我国史学领域推动思想解放的杰出代表，开拓型、创新型的著名史学家和教育家，绝不为过，是我们同辈人的骄傲。他作为北京师范大学的教授，也是北师大的骄傲。而随着时间的推移，人们将能更加明显地感受到宗绪对于史学所起的作用和存在的价值。

宗绪一生都在孜孜不倦地学习和研究，勤勤恳恳地教导学生和青年学人。他从来不觉得教诲学生、帮助年轻人是浪费自己的时间，他积极帮助每一个晚生后辈，即便工作繁忙，有时身体欠佳，他也从不轻言放弃。对于后学者，宗绪态度认真、细致、谦和，甚至十分宽容、大度，丝毫没有大学者的架子，更没有门户之见、亲疏之别。真诚帮助别人，这样的学者当今已属非常难得，但宗绪做到了，而且做得极其出色。

宗绪待人接物亦从不考虑个人得失，总是与人为善。在中国法国史研究会里，他也是尊老爱青的典范之一。宗绪常对我说，我们要把希望寄托在年轻人身上。每次说完这句话，他总会幽默地补上一句：这是我们的伟大领袖说的。而事实上，这就是宗绪内心的实实在在的想法。他一直认为，不可小看年轻人，他们才是学术研究的主人，而我们并没有什么可以炫耀。所以，宗绪对年轻人的帮助是无私的。也正因为如此，年轻人也非常喜欢和他在一起。中国法国史研究会每次召开年会的时候，他下榻的房间里总是聚满了年轻学子，他们谈笑风生，灯光往往亮至深夜而不熄。学生们说，即便是刘老师讲的笑话，也让他们得益匪浅。

宗绪对史学前辈的尊重也是无条件的。有两件事，令我至今记忆犹新，感动不已。1999 年 11 月，中国法国史研究会在广州中山大学召开一个中法双边学术讨论会，会议期间恰逢名誉会长端木正教授八十华诞，理事会决定抽空为端木老庆祝八十大寿，当时因为另有会议无法到场的宗绪，悄悄地把这件事记在了心里。还专门在北京请端木先生和师母吃饭，祝贺端木老八十诞辰。另一次是在 2001 年 12 月，宗绪因病重无法参加学术年会，但他特别在电话里委托我给到会的张芝联先生、端木正先生提前拜个年，代为转告说，今年春节自己恐怕因为住院而无法亲自寄送贺年卡了。这些虽然是小事，却反映出宗绪对长者的无比尊重。正是在他的影响下，中国法国史研究会尊老成风，老少同心，没有文人相轻，更没有拉帮结派的现象，老中青三代学者之间形成了极为亲和的关系，始终充满着团结合作的精神。这是我们研究会的一笔宝贵精神财富。我们将永远记住为中国法国史研究会作出非凡贡献、为我们治学与做人作出榜样的副会长刘宗绪。

今天我们纪念宗绪最好的办法，就是要继承他的创新精神，发扬他的人格风范。运用研究的新方法，寻找研究的新途径，开辟研究的新领域，奉献研究的新成果。总之，就是要像他那样治学做人，这样才无愧人生。

（本文未刊，2004 年 8 月在北京师范大学刘宗绪教授逝世一周年纪念会上的讲话稿）

敬祝王养老百岁华诞快乐

　　金色的秋天，收获的季节，我们迎来了王养冲老先生百岁华诞。值此喜庆的日子里，请接受我——一个得益多年的后学者，向您表示最诚挚的感谢、最崇高的敬礼和最美好的祝福！祝王养老您生日快乐，健康长寿，再长寿！

　　王养老，您是我国著名的老一辈历史学家，也是中国法国史研究会的创始人之一，一生著作等身，创作精品无数，为我国的法国史研究作出了最杰出的贡献，是我国当之无愧的法国史研究学术巨擘。王养老您是中国史学界的骄傲，是中国法国史研究会的骄傲，更是华东师范大学的光荣与骄傲！

　　有幸与王养老交往30余年，我与您成为无话不谈的忘年之交，得到您的教诲与帮助无数，得益多多，您是我最为敬重的学术前辈。您的高尚品格，严谨而一丝不苟的治学态度和广博的知识以及高度敏锐的思考力，早已在我心中留下难以磨灭的印记，并影响我的一生。而您对学术探求永无止境的敬业精神，更将成为后学做人与治学的榜样。

　　值此王养老百岁华诞，学界共庆之际，我未能参加盛会为您老祝寿，甚感失礼，万望海涵。我谨在此再次真诚地道一声：谢谢您！并恭祝王养老您：福如东海长流水！寿比南山不老松！永永远远健康快乐！阖家幸福！

后学　中国法国史研究会原副会长

浙江大学教授　楼均信

2006 年 11 月 16 日敬上

怀念杨招棣书记

惊闻杨招棣先生因病医治无效，于 2018 年 1 月 5 日离世，我深感痛惜。

杨招棣是我的领导，1978 年他在杭州大学历史系任党总支书记，我是一名普通教师，我印象中他知识渊博，涵养很深，睿智儒雅，做事踏实而低调，而且亲力亲为，不打官腔，不唱高调，平易近人，为全系师生公认的好书记。

我与杨书记接触较多的是有关法国史学科建设的事。我系有一位全国公认的法国史研究前辈沈炼之教授，杨书记来系后，就重点决定创建杭州大学法国史研究室，得到沈老的同意后，他多次找我们开会商讨如何筹备，他说：既然创办了，就一定要搞出名堂来，凭沈老在国内的威望，我相信能够把研究室办好。他说，首先要解决团队问题，于是他通过各种关系，东奔西跑，先后从外语系等单位调入英语、俄语翻译以及法语翻译共 4 人，一度使研究室的翻译和研究人员达到 10 人之多。这在国内形成了强大的人才优势。在他的努力下，学校领导高度重视，学校党委书记黄逸宾、校长陈立教授先后多次召集我们开会与个别谈话，支持并保证研究工作的顺利展开。正因为杨书记的努力和校领导的重视，1978 年末，杭州大学法国史研究室获得浙江省委的批准，正式挂牌开展研究工作，成为国内第一家研究法国史的专门机构，杨书记功不可没！

我们永远不会忘记这位为杭大争光，为我国的法国史研究默默作出贡献的好书记好领导。

更值得怀念的是，杨书记离开历史系以后，仍长时间关心和支持我们的法国史研究。1981 年他调入杭大教务处当处长期间，参加教育部组织的教育代表团访问英国，回国在北京写访问总结报告时，我正好出差在北京，他打电话给我，叫我下午去他下榻的空军大院招待所，他说："我们见见面，吃了晚饭后，你再回去。"我如约而至，他见到我的第一句话就是问："你们现在法国史研究搞得怎么样了？"我对他开玩笑说："你原来不是真心约我吃饭，关心的还是法国史，你真是我们法国史研究室的灵魂，如影随形。"这一次我认真地向他汇报研究室的情况，我说："我不是研究室的领导，但我得向你汇报我所知的情况，你放心，我们在按原定的'三步走'计划进行。第一步，收集并选译资料。这次来北京就是去国家图书进口公司，查阅订购法文原版史学名著及文献的，你给我们准备了士兵，我们现在必须准备好弹药。所以我们现在是一边征集资料，一边选译，一边作些研究。第二步，整理文献资料，出版资料集，并进行专题研究。第三步，撰写专著，向国人交稿。"杨书记听了我的汇报后说："太好了，就要脚踏实地一步一个脚印地干。有人说法国史没什么好研究的，我觉得不对，研究法国的历史对我国对世界都有重要意义。将来会明白的，你们的设想很好，一定会成功的。"他的这番话，一直在精神上支持和鼓励着我们的研究。今天，回忆起来，可以看出杨书记的睿智和远见，看出他的国际视野，看出他超前的理念！

后来杨书记离开学校，担任杭州市委副书记，他还是心中想着我们的法国史研究，大概在1984年，我应邀参加省教育厅举办的省社科研究课题专家评审会，在六通宾馆的餐厅巧遇杨书记，他见面的第一句话，还是问法国史研究情况，问沈老的身体状况。他一直牵挂着法国史学科建设的成长和发展，这样的领导，真是难能可贵！在现实中是少之甚少。

在杨书记的关心和支持下，杭州大学（现浙江大学）法国史研究室逐步成为全国研究法国史的重镇，担负了多个省级与国家级的重点研究项目，出版专著、译著达几十种，发表论文数百篇，我们的成果中其实含有老书记的心血与功劳！

1990年，当我把刚出版的《法国通史简编》代沈炼之先生送到他手里时，他已担任省侨办主任，我告诉他这是教育部委托沈老主编的国内第一部法国史。他非常高兴地接过书，边翻看边自语："730页，57万字，人民出版社。"然后对我说："我等这部书等太久了，终于见到了，这么大部头的书，人民出版社不是可以随便出版的，……我不看内容也心里有底了，代我谢谢沈老，祝他健康长寿。"字字句句，杨书记的语言总是那么朴实直白，听了令人十分温暖，党和国家需要这样的好干部。我还告诉他，按计划第二部同样规模的专著——由我主编的《法兰西第三共和国兴衰史》快完成初稿，并将由人民出版社出版。1996年4月，我将刚出版的书送到他手里时，他比自己出版书还高兴。后来，因为种种原因，我们少有联系，最后一次见面是大约4年前，与苏东天、杨树标、金普森、张金山、杨福茂等人一起吃饭，我感到他真的老了。

今天，可以告慰杨书记的是由沈老开创的法国史研究后继有人了，第三代学人沈坚教授和吕一民教授先后主持了国家社科基金重大项目——"法国大通史编纂"及"法国大革命历史档案整理与研究"，各获得百万元的研究基金，为全国所罕见。法国史研究室的历代学人，已经实践了你的要求：一定要搞出名堂。现在他们正在努力，再攀高峰。你在天之灵，可以安息了。愿你在天堂里快乐。

2018 年 1 月 8 日于浙大紫金文苑寓所

思想永存 精神不朽

——忆张芝联教授

张芝联（1918—2008）教授是我国著名的历史学家、北京大学教授、法国史研究的国际史学大师。先生1918年出身书香门第，23岁已经担任光华大学英语系主任，可谓青年才俊。

新中国成立后，先生先后担任过数十个学术职务和社会兼职，其中主要有：北京大学欧洲研究中心主任、中国史学会理事、中国社会科学院世界历史研究所学术委员、中国法国史研究会会长、国际法国大革命史研究会中国理事、中国十八世纪研究会会长、北京外国问题研究会会长、华东师范大学光华学院名誉院长、浙江大学兼职教授、英国牛津大学名誉研究员、美国国家研究中心研究员等。先生还连续担任三届全国政协委员兼外事委员会委员、中国民主同盟中央常委兼宣传部部长和外联部部长，积极参政议政，为国家发展、民族振兴和中外交流献计献策，奉献心力。

先生多次应邀赴法国、德国、英国、荷兰、罗马尼亚、意大利、瑞典、瑞士、挪威、新西兰、澳大利亚、美国、俄罗斯、日本等国及我国港台地区，参加国际会议、学术研究和学术演讲，为我国的世界史学研究，尤其是法国史研究与中法交流，奉献了毕生的精力，得到法方的高度评价，因此获得法国总统授予的荣誉军团骑士勋章。

今年是先生百年生辰，也是先生仙逝十周年纪念，先生九十年的风华岁月，本身就是一部传奇。他的思想、他的精神永远是后人一笔宝贵的财富，也足以让我们铭记于心，发扬光大。

我第一次见到先生是在 1962 年，当年他担任高教部组织的《世界通史》（大学教材）近代卷主编，到我任教的杭州大学征求沈炼之教授等人的意见，我作为青年助教参加了座谈会。这位具有极高学术水平的北大教授给我留下了极为深刻的第一印象。之后，我有幸与先生相识、相交、相知 40 余年，成为无话不说的忘年交，先生更是我的良师益友。

大约十年后，先生再次来到杭州大学。这回他带了几位青年教师一起来为北京大学编写的《简明世界史》征求意见。再次相见，先生依然认真而谦和，我们提出的每一点想法，他都一一笔录。五年后的 1978 年春天，杭州大学校庆之际，我的导师沈炼之教授特邀先生等多位法国史名家参加校庆的学术讨论会。先生不仅来了，还为杭大历史系的师生作了学术讲座，强调解放思想、独立思考，反响颇为热烈。

这次校庆学术讨论会上，沈老倡议筹建中国法国史研究会，得到与会名家一致赞同。1979 年 8 月，中国法国史研究会在哈尔滨正式成立，先生担任首任会长，沈老出任名誉会长。本人则先后当选研究会的理事、副秘书长和副会长。在之后 20 多年的时间里，我与先生因工作关系，联系颇多，电话联系数百次，书信往来更有上百封。我在为研究会做些力所能及的事之余，亦对先生为人有了更直接的了解：先生是一个高尚、无私，为国家、为事业、为学科、为他人忘我奉献的人。

　　先生对中国法国史学科的建设和发展所作出的贡献是无与伦比的。他一生著述颇丰，如果他一心专注学术，只顾"小家"，个人完全可以有更大的成就。然而，先生后半生却把主要精力都放在建设中国法国史学科这个"大家"上了。先生担任中国法国史研究会会长达22年，一手抓组织、一手抓队伍，使中国法国史研究会不断发展、成长，不仅成为国内一流的学术团体，更在国际史学界站稳了脚跟，彰显了中国法国史研究的影响力，得到国际史学界的一致好评和重视。

　　同时，在先生的引领下，国内组织和培养了研究法国史的学术梯队，涌现出一大批法国史研究的创新型人才，使中国的法国史研究百花齐放，创新成果累累，多项课题站到了学术前沿，在国际上取得了话语权。法国马克思主义史学大师马佐里克在国际多个学术场所公开表示：中国法国史研究已今非昔比，不再人云亦云，而是新意迭出，令人赞叹。巴黎大学法国大革命史研究所所长马丁教授在一次中法双边史家研讨会上，也高度赞扬中国的法国史研究水平，还劝法国本土的学者，"要更加谨慎与谦虚，不要忽视中国见解，他们正在超越我们"。中国法国史研究有如此翻天覆地的变化，应归功于先生这位元老级的会长。

　　先生对中国法国史研究的付出，许多细节常人无法想象，更无人知晓。1989年春天，为纪念法国大革命二百周年，在复旦大学举办了研究会规模最大的一次国际学术年会，参加会议的有法、美、英、日、俄等十余个国家和地区以及我国港台地区的共一百多位学术名家。会议议程编排、论文审读，事无巨细，先生都亲力亲为。会前他累得病倒了，但开会时仍带病主持会议，会议也办得十分成功。

　　会议筹备期间还有个小插曲：为了使会议开得更好，先生希望能让中外学者了解中国老一辈学者在法国大革命史研究中的地位，他想到了沈炼之教授早在 1929 年留学法国时，曾专修过法国著名史学家马迪厄的大革命史课程。于是先生立即写信给我，希望沈老写一篇回忆马迪厄的文章，在会上交流。即便是几百个字也能让与会的外国学者对沈老刮目相看，因为沈老是我国唯一聆听过法国名师马迪厄讲课的中国学者。先生就是这样事无巨细，每次开会都为会议议程殚精竭虑。

此后与先生相交的多年中，先生始终强调但凡召开学术会议，提交的论文在学术上要保证质量，在政治上要保持清醒；论文不仅应该有新意，还要有善意，对学术界乃至整个国家，都要有所启迪，否则宁可不予录用。先生多次强调的政治清醒，正是我们今天强调的政治纪律。学术研究不能违反政治纪律，确实是先生的远见卓识。

先生多年来与我亦师亦友的交往中说过的话，至今仍掷地有声，想来仍意义深远。他曾经说过：学术研究不能人云亦云，必须创新除旧；学术研究要开辟新领域、运用新方法、搜集新材料、提出新观点；史学工作者必须讲史学道德，要有史学良心；创新是必需的，但要实事求是，不能胡编乱造，要对历史负责、对后代负责；法国史研究要为现实服务，要跟历史潮流走，不要逆流而上；不能搞影射史学，亦不可搞实用主义；要研究好法国史，必须研究欧洲史，要从世界、欧洲看法国，研究法国。有一年，我视力不好，看书模糊，他立即告诉我"要少看书，多看树"，且多次电话督促我，还叫我提醒大家，一定要保护好眼睛。这是一位长者对后学的真心关爱！

为了提高中国的法国史研究水平，先生更是忘我工作，甚至多次置病痛于不顾。他在 1992 年 9 月的一次来信中说："我因心脏病住院多日，医生嘱我好好休息，我不能也没时间休息。我准备出院后即去杭州参加年会，希望能照顾低盐低糖饮食，并准备好氧气包，以防万一。"在 1993 年 5 月的一次来信中，先生又说："我刚从医院出来，医生要我在家休息，限制活动，（这些）只能成为空话，因为承德会议在即，中外论文数十篇提要均需审查核对，谈何休息……"先生就是如此一位拼命三郎。

先生任职中国法国史研究会会长20余年，管理和领导研究会，清正廉明、大公无私。研究会经费除了国家少许拨款，大部分的资金要自筹。而自筹的部分，多数由先生从英法等机构筹募而来，用于论文集、年会及部分优秀著作的出版资助经费。本来理事会决定先生可以优先使用经费，但他却从不花费研究会的资金。

有一年，先生的高足中山大学的刘文立教授得悉先生准备出版四卷本文集，需要5万元人民币经费，便在广东发动募捐，并来电告知我，他已募集到1.5万元，建议我在沪杭筹募3万元。我答应文立可以帮忙筹募，当然先生也可以使用研究会的经费。几天后，我和先生通话时提及正在帮忙筹募出版其文集的资金，先生闻讯十分惊讶，告诉我说，他并没有要求任何人捐钱，更不会使用研究会的经费。先生让我明确转告各位：不要再发动募捐，筹集到的经费悉数还给大家，研究会的经费一分钱也不能要。公款不能私用。先生就是如此，身为会长，却从不为自己谋私利。

平时先生经常出差在外，无论在上海、杭州、北京，他都常常约见理事们谈工作顺便吃饭。我也和先生有过多次这样的聚餐。这些都是正常的工作餐开支，先生完全可以向研究会报销，但每次和我在一起的工作餐都是先生自掏腰包，还不让我付钱。先生身居要职却从不利用身份随意使用公款，甚至连正常的餐饮开支都一分不花，可谓两袖清风，实在是可敬可佩。

有一年，研究会在杭州开年会，其间研究会组织与会者参观绍兴鲁迅故居。在旅途大巴上，中科院的一位同仁开玩笑地提议让会长请客吃午饭，大家也就顺势笑着附和。先生立刻表态："好呀，我在北京还请不到这么多人来家做客，午餐我包了。"我本以为说笑过后就没有下文了，没想到席间先生竟然真的掏钱让我把餐费付掉。且不说先生的私款公用是何等的大度，他这种平易近人、从不计较的待人处事方式更赢得了我和众多学者发自内心的敬仰和尊重。

2004 年 8 月，刘宗绪教授的逝世周年追思会在北京举办。因为本人主编的刘宗绪纪念文集要在会上发送，有些具体事务要处理，所以我提前两天到达北京。先生知道后立刻打来电话，说要和我饭叙。因为当时正值暑假，我带着在中学读书的外孙女小越一起，觉得让先生请小辈不合适，便婉拒先生的邀请。先生得知我带了外孙女之后，更是坚持要和我们一起吃饭，还特意请顾杭博士带我们到他在北大的寓所。

在先生府上畅谈两小时后，我们终究还是盛情难却，接受了先生在北大著名餐厅的款待。席间先生更是频频为小越夹菜，尽显一位长者的亲和与厚爱。他更鼓励小越好好读书，打好基础，学好外语。如今小越已长大成人，在日本学成后开始工作，对先生的谆谆教诲，小越可谓终生难忘。我们每每谈起先生，小越都会说："我永远都不会忘记张爷爷的亲切、儒雅、谦和，他的教诲令我受益一生。"先生就是这样一位待人诚恳、从不居高临下的谦卑学者。

和很多学术团体不同，中国法国史研究会不仅仅是一个学术交流的圣地，更是一个尊老爱幼、互帮共进的和睦大家庭。这和先生的以身作则是分不开的。对研究会的元老沈炼之教授，先生一直十分敬重，只要有沈老参加的会议，他必定亲自搀扶沈老上台。每次到杭州开会，无论日程多忙，先生都会挤出时间，到沈老家拜访探望。沈老多次让我转告先生："不必每次登门看望，芝联年纪也大了，工作又忙，身体吃不消的。"而每次我传达沈老的信息给先生，他总是说，沈老是我的师辈，我必须要去看望他老人家，这是做人起码的礼节。

1992年10月，沈老住院多日，已经处于昏迷状态。先生到杭州参加年会，趁着会议间隙，仍然叫我陪他去看望沈老。在浙江医院，先生在沈老的床前，对着已经昏迷沉睡的沈老动情地说："沈先生，我张芝联来看您了。法国史研究已经后继有人了，您放心。您好好养病，以后我再来看您。再见。"先生说完还对着沈老深深地鞠了一躬，崇敬之情，溢于言表。而此时，先生也早已是一位年过古稀的老人了。先生对师长的尊重和情义，也令我肃然起敬。

先生还有一位非常敬重的老先生，就是华东师范大学的王养冲教授。先生曾多次和我谈起，治学就要像王养老那样严谨求实、一丝不苟。王养老是我们大家做学问的榜样。

2008年4月，王养老不幸因病辞世。4月28日，华东师范大学和中国法国史研究会举办追思会。研究会觉得先生年事已高，身体也不太好，就没有特意通知先生参加。不料，先生得知后，立刻飞赴上海。当时已九十高龄的先生，不顾虚弱之躯参会。我当时因重感冒无法前往，但参加追思会的同仁们告诉我说，先生还在追思会上劝导伤心悲痛的各位，说王养老已经101岁，百岁老人，难得啊。人难免一死，这是自然规律，谁也无法抗拒。王养老一生贡献极大，我们要永远记住他。

回到北京的第二天，先生便打电话给我，告诉我追思会开得非常成功。没想到这竟是我和先生的最后一次通话。或许是太累，或许是身体太虚弱，数日后先生便入院治疗，2008年5月27日，先生亦走完了他人生的最后一程。可以想见，当时先生从北京飞往上海是一种怎样的毅力和坚持，也再次显示出先生对老一辈学者的情深义重。

十年光阴弹指一挥间。先生虽然已永远地离开我们，但那些和他谈笑风生的岁月，却一如往昔，点点滴滴，永在我心间。

先生严谨创新的学术思想、孜孜不倦的研究作风和无私忘我的奉献精神，将长存学界，成为后人不断向前，永攀学术高峰的动力。

（2018 年 5 月 18 日初稿，9 月 10 日修改于

浙江大学紫金文苑寓所）

专题四

借题发挥

评刘宗绪主编的《世界近代史》

刘宗绪教授主编的《世界近代史》（50 万字）已由北京师范大学出版社出版。该书别具一格，给读者以全新的感觉，而且其分量适中，是一部理想的高校世界近代史专业教材。

一

教材建设对于提高教学质量至关重要。世界近代史是我国高校历史专业的一门重要基础课。由于高等教育部门对教材建设十分重视，新中国成立以来国人自编的世界近代史教材已有 20 余种，其中被普遍采用的至少有五种：周一良、吴于廑主编的《世界通史》（近代部分）（人民出版社，1962），王荣堂、姜德昌主编的《新编世界近代史》（吉林人民出版社，1980），林举岱、陈崇武、艾周昌主编的《世界近代史》（上海人民出版社，1982），刘祚昌、光仁洪、韩承文主编的《世界史·近代史》（人民出版社，1984）。这些教材在 20 世纪 60—80 年代分别起过重要作用，这是应该充分肯定的。但是由于时代的限制，这些教材基本上是一个模式、一种体系，即以阶级斗争为主线，以革命事件为中心，分国别进行叙述。随着时间的推移和科学的发展，这种单线条的叙述，已经不能满足现实的需要，在改革开放进一步扩大的今天，就更感不足，教材革新势在必行。

如何编写一部能适应时代需要的教材，近年来已引起世界近代史学界的普遍关注，并曾就改革世界近代史体系问题作过多次探讨。刘宗绪教授凭借他丰富的教学经验和深厚的专业功底，在汲取上述教材优点的同时，试图克服以往教材的弱点和不足，编写出了以生产力发展为标准，以工业化为主线，以社会经济史为重点，且在章节纲目的编排上有独创性的新教材。独特的体系和新颖的内容，是该书最大的特色。

该书采用"三分法"，代替了以往教材的"两分法"，一改过去教材以巴黎公社为界标，将近代史分为上下两个时期，把第二时期看作资本主义衰落开始的"老面孔"，而把世界近代史分为三大时期。

第一时期，从17世纪到19世纪初，该书称为工场手工业时期的资本主义。作者认为，封建主义的衰亡和资本主义的成长构成了这一时期历史发展的中心内容，封建主义向资本主义的过渡是这一时期的特点。因此，该书第一章不再写英国革命，而是写经济发展。书中用较多的篇幅叙述封建社会末期西欧资本主义在农业、工场手工业、商业和金融业中的演变与发展，反映出生产力的发展和生产关系的变化。其中，对农民土地占有制、商品经济的开放性以及金融业占主导地位的论述，准确地把握了当时社会经济发展的特征，体现了向资本主义演进的客观规律。这些都是各类教材或未记述过的或记述薄弱的内容。

以往的教材程度不同地突出了早期三大资产阶级革命，该书却另辟蹊径，从宏观上作了说明：第一，把美国独立战争纳入早期民族独立运动一章；第二，在早期资产阶级革命一章中，专设"革命的一般特点"一节，鞭辟入里地分析了革命的任务、进程、结局以及革命期间的阶级关系。尤其是对早期资产阶级革命充满激烈斗争和曲折反复的不平坦历程作了系统的理论概括：前进—超越—倒退—稳定。这一概括对我们理解早期资产阶级革命具有启发意义。

第二时期，从 19 世纪初到 19 世纪 70 年代，该书称之为"第一次工业革命后的工业资本主义时期"。在这个时期英国率先完成了工业革命，接着，法、美、德、俄等国也相继开始并完成了工业革命，资本主义制度在全世界确立起来，资本主义世界体系已初步形成。该书在叙述这一时期的历史时，增添了许多新内容，最突出的是设立"资本主义工业革命和工业资本主义时期的经济发展"一章，分别论述英、法、美、德诸国的工业革命和工业资本主义的发展。而且在写各国工业革命时，不是平铺直叙，而是有所侧重。如写到英国工业革命的前提时，一改过去只强调技术与资金的写法，而突出了政治体制与农业革命对工业化的保证和促进作用；写法国工业革命时则强调其特点；写美国工业革命时注重交通发展的重要性；写德国工业革命时突出科学技术与教育的作用。该书还提出，从这时起，资产阶级革命与改革运动、工人运动与社会主义运动、民族主义运动，成为历史发展中的三股强大潮流。其中以资产阶级革命与改革运动为主流。这种实事求是的论述，是以往教材中从未提及的。

第三时期，从 19 世纪 70 年代至 20 世纪初，书中称之为"第二次工业革命的工业资本主义时期"。该书认为这个时期的最大特点是垄断资本主义的形成。在叙述这一时期历史时同样把工业化放在首位，设专章"第二次工业革命与资本主义的高速发展"，详述了第二次工业革命的特点和影响，具体论述了 1870—1914 年资本主义的高速发展，进而说明世界资本主义体系的进一步发展及垄断资本主义产生的必然性和历史进步性，使读者对这一时期资本主义的经济发展全貌和垄断资本主义的历史地位有了新的认识。

该书在叙述主要资本主义国家国内政治发展的一般趋势时,不再像以往教材那样分国叙述其经济发展、内政外交和工人运动等方方面面,而是抓住这些国家政治上的主要特征,将它们分别归入"自由主义"和"专制主义"两大类型。在论及属于自由主义类型的国家时,又只分别提出一个中心。例如写英国就突出自由主义改革,法国突出共和制的确立,美国突出两党制;在论及属于专制主义的德、俄、日本时,则突出专制主义与军国主义的结合。这样的叙述不仅重点突出,能反映出各国历史发展的不同特点,也有利于从更深的层次上理解资本主义从产生到基本定型的发展总趋势。

总之,该书采用三大分期法构建起来的新体系和在内容上所作出的新贡献,使宏观分析与微观分析相结合,进行多层次、多角度的论述,从而避免了以往教材以某个事件为中心和基本上按国别史单线进行叙述的传统模式,更清晰地勾勒出世界近代史的全貌。正如该书结论所说:"世界近代史是资本主义制度产生、确立、发展和基本定型时期的历史。"这个结论,比较准确地反映了人类历史发展进程中近代时期的演变规律。

二

该书的另一特色是对世界近代史上的许多重大问题提出了独到见解。

这里,列举几个大家普遍关注的问题作一说明。首先是关于封建社会向资本主义社会过渡的道路问题。多年来,在我国的世界近代史教材中,比较重视革命在社会过渡中的推进作用,而对于改革所起的作用,或轻描淡写，或避而不谈，甚至予以贬斥。该书在吸收近几年研究成果的基础上明确提出，封建主义向资本主义过渡有不同的发展道路，"归纳起来，无非是革命的道路和改革的道路两大类"（第 3 页）。所以，"从封建主义向资本主义的过渡不一定必须通过一场革命。自上而下的改革方式也是一种过渡的途径"（第 137 页）。书中列举了早期奥地利的玛利亚·特雷西亚和约瑟夫二世母子两代的改革，以及普鲁士施泰因－哈登堡的改革，还详述了 1861 年俄国的农奴制改革，等等，以此说明在特定条件下，改革在社会转型时期所起的不可忽视的作用。众所周知，在世界近代史上，通过革命过渡的只有英、美、法等少数国家，大多数国家是通过改革实现社会过渡的。所以，革命是解放生产力，改革无疑也是解放生产力，人类社会就是在革命和改革相互作用下不断前进的。"革命和改革都是推动历史前进的有力杠杆。"（第 148 页）这一科学的结论，有利于纠正长期以来人们对改革所持的偏见和准确地认识历史的本来面目。

该书除了肯定改革在社会转型时期中的作用外，还肯定了在资本主义统治建立之后，改革仍然是推进生产力发展的重要手段。编者在许多章节中，尤其是在叙述 19 世纪 70 年代之后，各资本主义国家走向垄断时，仍然把统治者的改革内容放在相当突出的位置给予肯定，认为正是这些国家的统治者的改革、励精图治，进行了教育改革、社会改革、国家机构改革、文官制改革、经济政策改革，才促进了它们的经济发展，稳定了政局，巩固了资本主义秩序。所以，改革可以协调矛盾、延缓统治，是资本主义自我调整、自我完善的一种手段。尽管它改变不了资本主义最终灭亡的命运，但毕竟起到了推动生产力发展的作用。书中对改革所作的较为完整、精准的分析，不仅弥补了以往教材在此方面的缺陷，而且有助于读者认识现代资本主义演变的内在规律。

在讨论从封建制度向资本主义制度过渡问题时，该书提出了若干重要的论断。诸如资本主义商品经济取代过时的自然经济；以法律为标志的国家权力取代以君主为标志的贵族特权；公民取代臣民；商品意识取代门第观念；等等。该书认为这一切都是社会转型的重要表现，是人类社会开始现代化历程的突出标志。这些都是对世界近代史研究的新见解。

该书不仅重视殖民地民族独立运动的历史，而且对殖民主义的写法颇有特色。首先，该书把民族独立运动纳入资本主义世界体系之中，说明殖民奴役与资本主义世界体系形成之间的必然逻辑联系，使读者从宏观上加深了对民族独立运动的总体认识。其次，该书把民族独立运动明确划分为"旧式"的和"新型"的两类，认为19世纪中叶以前的早期民族独立运动，一般属于"旧式"民族运动，它没有新兴阶级的领导，也提不出改造社会的科学主张，是"属于中世纪范畴的运动"（第384页）。19世纪末，尤其是20世纪初的民族独立运动，多属"新型"的反帝反封建的民族运动，"其领导权一般掌握在资产阶级和开明的即转向资产阶级一边的贵族地主手中"，它"为本国资本主义发展开辟了道路"，"有着明确的向近代社会过渡的纲领，较为广泛地吸取了西方的政治、经济学说并提倡科学"（第17页）。书中按民族独立运动的内在特征将其划分为新旧两类，加深了读者对民族独立运动从封闭到开放的必然性之认识。最后，该书明确提出殖民主义具有双重历史作用的论点。书中专设"近代殖民主义的双重历史作用及其初步体现"一节，根据马克思的有关论述，对殖民统治的双重作用作了详尽而精辟的论述，认为殖民统治既具破坏性又在客观上有一定建设性。该书以英国对印度的统治为例，指出英国在印度建立了殖民统治，一方面给印度人民带来了前所未有的灾难；另一方面又对古老的东方社会进行了资本主义改造，在客观上为殖民地半殖民地国家向西方式的资本主义社会转变创造了条件，促进了社会经济发展，奠定了现代文明必要的物质基础。编者还列举四个方面的理由，具体分析了这种客观上所起的进步作用。将殖民统治的客观进步性具体写进教材，这在我国世界史学界还是先例。

以往的教材多数只对殖民统治的野蛮性和破坏性进行了揭露，这当然是必要的。但不讲其客观进步性显然不够全面。该书实事求是地纠正了我国史学界长期以来存在的这种片面看法，不仅增强了历史教材的科学性，而且有重要的现实意义。正如该书绪论所说："这一论断，对于认识整个资产阶级殖民活动，基本上都是适用的。"（第7页）因此，我们应该用"双重历史作用"的观点，来指导和分析近代世界的全部殖民活动。

该书在论述殖民统治的这种"双重历史作用"时，还辩证地说明，"它的双重历史作用并不是同步进行的。它首先体现出来的是破坏性，而且持续时间很长，表现很残酷。它的建设性则往往是较后的一段历史中才表现出来"（第310页）。这就是说，其进步性只不过是殖民统治的副产品，绝不是殖民主义者的初衷，殖民强盗绝不会愿意施给殖民地文明和进步，它只不过充当了历史发展不自觉的工具。编者的这些见解，对我们理解殖民统治同样具有指导意义。

该书对工人运动与社会主义运动的阐述也颇多创见。以往的教材对工人运动多是一味颂扬，过分强调工人阶级之贫困与斗争时的英勇无畏，但却很少涉及工人运动本身的演变规律。该书则从考察工人阶级的客观处境入手，提出了19世纪中期之前与19世纪末20世纪初工人运动特点的演变与前后的区别。书中指出，前期的工人因资产阶级以剥削绝对剩余价值为主，又因资产阶级的自由主义革命尚未进行，故生活状况极为困苦，政治上也毫无权利。此时的运动便表现为以政治斗争和暴力形式为主，而且多为自发性运动。后期却因第二次工业革命后经济大发展，资产阶级逐渐转为剥削相对剩余价值为主，以及科学化生产的需要，工人的物质生活与精神生活大为改善。又因一系列适应工业化发展的自由主义改革的实行，工人有了更多的政治权利。故而运动便具有了较为明显的自觉性、组织性，并以经济斗争、合法斗争为主要表现形式。这种对工人运动所作的历史唯物主义的论述，既是科学的，又是以往教材所未有的新见解，对我们实事求是地认识工人运动的发展很有启迪。编者对社会主义运动的论述，同样采取了这种科学态度。

该书的特色还在于对垄断组织作用问题所作的论述。众所周知，19世纪70年代以后，世界资本主义开始向垄断过渡，至20世纪初，西方主要国家先后进入垄断资本主义阶段。因此，如何正确认识垄断这一历史现象是写好世界史教材的关键之一。该教材对这个长期令人困惑的难题作出了有说服力的解释。

以往教材较多地强调垄断组织阻碍资本主义生产力发展的消极作用和腐朽、没落的趋势，却只字不提垄断组织所起的积极作用。该书则一反传统，从三个方面指出垄断组织所起的历史进步作用：第一，垄断是对生产关系的调整，"垄断组织的大量形成，反映了生产关系的变化，这是为适应生产力发展的要求而出现的变化"（第404页）。第二，垄断推进了生产力的发展，"对克服生产无政府状态在一定程度上起了积极作用"，"20世纪初，垄断组织发展程度很高的美、德两国经济的发展速度很快，证明了垄断对生产力发展的促进作用"（第405页）。第三，"垄断资本主义是资本主义较为成熟的一个发展阶段"（第406页），表明资本主义制度有一定的自我调节能力。但垄断并不排斥竞争，也不能消除矛盾，更不能改变其腐朽、没落的总趋势。我们认为该书对垄断组织积极作用的肯定，对垄断资本主义还有相当生命力的分析，是比较客观和符合历史事实的。把这一观点写进教材在我国也还是第一次，这无疑是对教材建设的新贡献。

该书还在许多具体问题上增添了新的内容。例如，对欧洲社会政治思想的介绍，不仅占有相当篇幅，而且对从近代早期的保守主义、自由主义、社会主义、民族主义等各流派及其代表人物，到近代晚期的斯宾塞、叔本华、尼采、弗洛伊德、马克斯·韦伯等思想家的观点都作了明晰的论评，这是一般教材所没有的。又如在早期资产阶级革命中，对革命领导阶级——大资产阶级所作的详尽分析，也为一般教材所少见。对在革命中土地问题解决的理解，令人信服。该书认为，"解决土地问题的科学含义是指将土地所有制的性质从封建主义改造成为资本主义的。它并不包含必须给农民分配土地的内容"（第69页）。因为资产阶级革命不担负把土地分给农民的任务。这一提法匡正了过去一贯认为分给农民土地就是解决土地问题的传统旧说，对我们加深理解早期资产阶级革命的彻底性很有启发。书中尤其是对热月政变性质的分析，更具突破性。编者认为，热月政变是结束过时的恐怖统治，恢复和建立资本主义正常统治秩序的转折点。这是历史发展的客观要求，顺应了历史潮流。热月党在结束恐怖统治这一点上是有功的（第109页）。从热月政变所产生的效果及影响看，这个结论是可取的。此外，该书对若干历史人物、历史现象的论述与评价，也多有不同一般的新见解。诸如对罗伯斯比尔的偏狭性一面的论述，对塔列朗及其提出的"正统原则"的评价，对林肯在美国内战初期"根据宪法原则"作战和反对分裂、维护联邦统一的战争目标的评价，对梯也尔在普法战争后若干作为的肯定，对美国两党制制衡作用的论述，对工人运动中合法斗争和经济斗争的积极评价，等等，都体现了编者严谨的治学态度。

总之，该书不仅反映了我国近年来世界近代史研究的新成果，构建了较为严密的世界近代史新体系，提出了一系列独到的见解，而且始终是以马克思主义唯物史观为指导来分析问题的。因此，它既是一部高校世界近代史专业较为理想的教材，也是一本很有分量的世界近代史学术专著。

三

应该指出，该书也有一些不尽如人意之处，现以笔者所见，与该书编者商榷。

第一，从体系看，似可再完善些。目前的体系细读起来觉得某些章节的安排在时序上有错位和颠倒之感。如第四章写路易十四时，将其放在第二章启蒙运动和第三章法国大革命之后；又如第八章第一节，已经写到1830年法国七月革命，而在第三节又从1815年的复辟王朝讲起。这样写背离了历史的时序性和割裂了历史事件的连续性、完整性，增加了学生自学的难度，甚至可能影响教学效果。

第二，某些提法似可斟酌。如书中论到法兰西第二帝国出现政局稳定时，曾几次肯定使用暴力对政局稳定的重要作用，说"第二帝国建立后使用了强制性的手段实现政局的稳定"等。这种写法，容易使读者产生误解，似乎政局的稳定，只有靠暴力才能实现。我认为，渲染反革命暴力对政局稳定所起的作用，具有片面性。一个国家靠暴力实现的强制性稳定是暂时的，也是难以为继的。事实上，国家政局的稳定，归根到底靠的是发展经济，绝不是靠暴力镇压。拿破仑三世也正是在促进经济发展方面采取了诸多措施，才使工业革命得以完成，经济得以飞速发展，从而使社会获得较长时间的稳定。所以，没有必要去强调波拿巴暴力统治的进步性。

第三，该书有的章节内容较为平淡，有的表述欠贴切。如第301页标题"二、英国殖民地的形成"，就内容而论，改为"英国殖民帝国的形成"可能更好些。而作为教材，全书却没有地图和大事年表，也是引以为憾的。

但是，上述缺点并不影响该书的科学性、思想性和实用性。它的出版必将对推进我国世界近代史的教学和研究起到十分积极的作用。

（原载《历史研究》1992年第6期）

历史大视野中的世界近代史
——评刘宗绪主编的新版《世界近代史》

刘宗绪主编的新版《世界近代史》近期已经出版（北京师范大学出版社，2004），这是一部经过重大修改面目全新的学术佳作，也是一部值得向全国高校推广使用的好教材。

该书早在 1991 年 10 月由北京师范大学出版社出版后，就得到国内同行的广泛好评，被许多大学采用为教材。不久，又被教育部评为全国优秀教材。1999 年稍加修订后，被列入"九五"国家级重点教材再次出版，被更多高校所采用。为使教材更加完美，从 2002 年下半年开始，刘宗绪虽重病在身，仍坚持对全书进行全面系统的修改和重写，终于在他逝世周年之际得以重新出版，为我国的教材建设又一次作出了重大贡献。这次新版与前两版相比更具特色。

一

这部新版教材最大的特点，在于它在体系结构上作出了重大调整与改动。这次改动不只是章节的调动和内容的增删，实际上是对学科研究再次深化创新的体现。正如在修订版前言中所说:"本书在博采众家之长的同时,更着力于有所创新。这首先体现在学科体系上。所谓体系,实际上是一种研究成果,反映研究者对学科内在联系即规律的概括。"刘宗绪凭借他深厚的学术功底和高度的理论涵养、敏锐的思维洞察力,明确提出了生产力标准和实践检验标准论,并据此对世界近代史的内在规律又一次作了独创性的高度概括:"世界近代史就是资本主义产生、发展和走向成熟时期的历史。"这一概括比初版中所说的"世界近代史是资本主义制度产生、确立、发展和基本定型时期的历史"更全面、更确切、更完善,更贴近历史真实。因为这一改把资本主义发展的历史过程及其规律讲清楚了,过去只停留在资本主义制度这一层面上,显然不够完美。

新版对体系结构的重大调整,首先体现在对近代这一概念的理解上。刘宗绪在"绪论"中说:"所谓近代是指什么?这是首先需要搞清楚的问题。广义地说,近代与古代的根本区别,就在于它开启了人类历史的现代化进程。"于是他强调近代社会有三大基本特征:在经济上,近代时期商品经济取代了自然经济;在政治上,近代时期法治取代了人治;在居民方面,近代时期公民取代了臣民。这就是"近代"二字的真正含义。对近代社会特征作这样简明扼要的界定,并将它写进教材里,在我国尚属首次,这无疑是本教材的创新之处。

其次是对世界近代史的起讫时间作了根本性的改动。新版教材不再沿用我国学界50多年来的传统做法,将近代史的起点从1640年上移到1500年前后,而将终点从1918年上移到1900年前后。将世界近代史的时间跨度从原来的278年延伸到400年。这是主编从资本主义生产力发展的高度来审视近代社会的结果而作出的重大变动,马克思说,资本主义时代是从16世纪开始的。(参阅该教材,第4页,本文以下引自该书只注页码）所以，刘宗绪不再赞成以哪个事件作为划分历史发展阶段的标志，而以 16 世纪作为近代史的起点。同样，也不再以 1917 年十月革命作为近代史的终点，而是将 19 世纪与 20 世纪之交作为近代史与现代史的分界。我们认为，这一改动十分重要，而且意义深远，不仅使教材从原来的 19 章扩充为 22 章，其内容大有增加，而且更重要的是使资本主义产生、发展和走向成熟这一历史过程更完备、更贴切地反映出来，同时与国际学术接轨，无疑更具科学性。

再次，在近代史历史发展阶段的划分上，新版教材仍然坚持三段分法，但在提法上却作了重要修改。例如原教材第一编的标题是：工场手工业时期的资本主义　资本主义国家的诞生。而新版标题则改为：近代文明的兴起。原版第二编的标题是：第一次工业革命后的工业资本主义时期　资本主义世界体系初步形成。而新版则改为：工业化的发端　进入工业资本主义时期。原版第三编的标题是：第二次工业革命后的工业资本主义时期　垄断资本主义的形成。而新版则改为：开始跨入电气时代。这一改动，其意义非同小可，它更鲜明地突出了世界文明的发展脉络和现代化的历史进程，说明历史发展归根到底是生产力发展史，是文明演进史，从根本上改变了历史只是阶级斗争史的旧观念，使读者从中领悟到经济发展是第一位的，然后才有政治、意识形态和社会生活、国际关系，从而也懂得世界近代文明发展曲折反复而总是前进的历史轨迹，进而受到更深的启迪。

最后，在体系结构上的另一重大改动，是中国史成为世界近代史的有机组成部分，融入这部新版教材。多少年来，中国史始终被排斥在世界史的教材之外，世界近代史实际上是外国近代史、西洋史、域外史，课堂上、教材里始终没有中国史的位置，认为入教材、进课堂会与中国近代史课程重复，是多余的。改革开放以来，不少有识之士认为这样做于国于民于学术都有害无益，必须认识到中国是世界的一部分，从历史与现实的需要出发，教材必须改革，世界近代史应该有同时代的中国史这一部分。1500—1900年这400年，是认识世界很关键的400年，中国由强盛走向落后，西方许多国家由弱变强，走上现代化道路。从中国看世界，再从世界看中国，两相比较，400年的历史给人以极大的启示。世界近代史教材中不能没有这400年的中国史。刘宗绪在新版教材中，终于系统地增加了中国史的内容，这在国人所编世界近代史教材中至今尚不多见。

但是，如何将中国史的内容有机地融入世界近代史教材，又不会使学生有重复之感，这是一个难题。刘宗绪在新版教材中为我们作出了榜样：绝不搞简单的重复。既有扼要而连贯的叙述，又有自己的创意。他在教材中对中国史的多处叙述都构思独特，例如在第九章"处于传统文明中的东欧和亚洲"的"亚洲"一节中专设一目"鸦片战争前的中国明清王朝"，以经济发展为主线，概述了从1368年朱元璋建立明朝后直至清代康熙、雍正、乾隆三朝中国一度出现的盛世与辉煌，充分展示了中国在世界历史上的瞩目地位，也指出了到乾嘉之时，清朝"闭关自傲，以天朝大国自居，视域外为夷狄"，结果"盛而必衰"，"远远落在了世界潮流的后面"。（第119—120页）在这一历史段中，主编突出了中国一度的强盛与辉煌，最终因闭关自傲而衰败，落后而挨打，与西方形成鲜明对照，引人深思，使教材真正做到了恰到好处。在新版教材第十六章"亚洲民族运动的高涨"中，单独增加一节"中国太平天国起义"，但编者不是简单地叙述太平天国起义的过程，而是突出当时中国所处的时代环境，点出鸦片战争后清廷的腐朽、中国人民反腐败反侵略的意志以及太平天国的成败与结局，从而使这段历史有机地融进了世界历史之中。

在新版教材第二十二章"新型民族运动的兴起"中，亦单独增加了一目"中国的维新运动"（第363页），编者简要介绍了在中国沦为半殖民地的背景下，中国的有识之士开启了从"洋务运动"到"维新运动"的历史新篇章，喊出了想"自强"想"富国"，必须仿效西方创办工业、发展经济、改革行政。正如作者所说，在殖民地半殖民地的环境中，在被双重奴役的夹缝中"使民族资产阶级尤其是爱国的知识分子逐渐悟出，要想求得发展与自强，就必须增强实力，更必须争取国家与民族的独立"（第350页）。

总之，在新版的教材中，中国历史虽然篇幅不是很多，但毕竟已经占有一席之地，而且可以使读者明晰地看到世界近代史相应400年的中国历史的脉络，看到了中国在世界上历史地位的变迁，中国历史发展之必然趋势和必由之路，使读者在这一时段的中西对比中，感悟多多。这应该说是新版教材的成功之处和又一特色所在。

二

新版教材在内容安排上亦颇具特色，十分新颖。这里举出三个方面来说明。首先是对思想流派、意识形态的叙述，其内容之详尽与介绍之独特在一般同类教材中是很难见到的。在全书22章中有3章专门介绍思想流派，如果加上分散在其他章节中的内容，所占份额十分突出。作者对近代出现的自由主义、社会主义、民族主义等各种思想流派的产生、演变及其作用都有精彩的论述，例如，在讲到启蒙思想时，只用一句话点出了什么叫理性："在启蒙思想家的笔下，理性就是人的悟性，即人对周围客观世界的思考和判断。"（第32页）尤其是对政治思想的各种代表人物均有独到的评述。在论述启蒙思想家时，不是面面俱到，而是各有侧重，突出人物思想中的亮点，例如对卢梭人权理论的叙述与分析，始终围绕人民主权说，认为这是将人权理论提到了一个新的境界。（第32页）在介绍边沁的功利主义学说时，新版教材突出边沁的功利说本质，提出"所谓'功利'就是指人们行为结果带来的是快乐还是痛苦。他提出立法的原则应该是'最大多数人的最大幸福'"（第214页）。在介绍亚当·斯密的经济理论时，教材特别强调斯密提出的那只"看不见的手"，认为纯粹的市场经济是一种基于人的利己主义本性的"自然秩序"。所谓"看不见的手"实际上就是市场调节规律。这种自然秩序比人为秩序优越得多。因此，斯密提倡自由放任，反对国家干预经济活动，认为政府只应保卫国家、建立执法机构和维持无利可图的公共工程和公共事业，在其他方面则应无为而治，让"看不见的手"去发挥作用。（第216页）

此外，在介绍19世纪末西方社会政治思想时，对社会达尔文主义的产生、发展作了介绍，突出了英国哲学家、社会学家斯宾塞提倡的社会达尔文主义的本质，认为斯宾塞把生物进化论应用于人类社会，提出社会进化过程同生物进化过程一样，生存竞争，适者生存的原则起支配作用。（第338页）这一理论，到19世纪70年代以后，就与种族主义、帝国主义思想交织在一起，为白种人优越论提供了依据。

新版教材中，还对叔本华、尼采的反理性主义哲学和弗洛伊德、韦伯、涂尔干等人的思想观点作了点评，既高屋建瓴又画龙点睛地叙其精华，同样值得一读。

总之，新版教材对思想流派与众多思想家的介绍，如果汇集起来，几乎是一部自成一体的思想史。不仅汇集了多个流派，以及每位思想家的思想精华，而且所述内容极具现实感和穿透力。可以开启人们的智慧之门，意义十分深远。

其次，新版教材对工人运动特点的叙述也绝非一般。编者从文明史演进的高度与工人运动自身发展的规律来阐述工人运动的特点。以往教材仅仅从斗争形式上对工人运动的水平作出评判，凡是起义、暴力，则是革命的；反之，采取合法的议会斗争或温和的罢工运动，则是非革命的、低水平的，甚至是机会主义的。新版教材则从工人阶级的客观处境入手，实事求是地将近代工人运动分成两个阶段，巴黎公社以前与之后，随着物质条件的改变和社会环境的变化，工人运动反映出明显的差别与特点。在前期，因为资产阶级以剥削绝对剩余价值为主，又因资产阶级很少进行自由主义改革，因此工人生活极为困苦，政治上毫无自由。此时的工人运动就必然表现出以政治斗争和暴力形式为主，而且多为自发斗争。后期，随着现代化的深入，生产力的高度发展，资产阶级逐渐转为以剥削相对剩余价值为主，加上一系列自由主义的改革，工人们不仅在物质生活与精神生活方面大为改善，而且有一定的政治上民主、自由的权利。于是，工人运动很自然地转变为以经济斗争、合法斗争为主要表现形式，而且更具自觉性、组织性，认为这是合乎时代精神的，也是工人运动不断走向成熟的表现，这不是降低了水平，更不能说是机会主义的，恰巧是历史的进步，表示"工人们更会斗争，更讲究斗争艺术，成功率更高了"（第12页）。对工人运动前后期特点的分析，不仅改变了传统旧说，而且对我们实事求是地认识工人运动的发展，以至于对当今工人运动的深度认识，也颇有启迪。

最后，新版教材对工人运动与社会主义运动中的诸多具体问题的阐述，同样很有创见。例如对英国工联主义运动的评价，过去一直认为工联主义是机会主义派，新版教材认为："英国工联主义运动并非工人阶级的蜕化。实际上，它再次领先显示了在大工业已经建立起来，资产阶级民主程度较高的先进国家里，工业无产阶级运动的和平特点。"（第221

页）而且强调指出：工联主义提倡的有组织的、合法的、经济的斗争，是由当时的主客观条件决定的，（第 281 页）是合理的进步的。再例如，对巴黎公社历史地位的评述。认为不能人为地拔高其历史地位，夸大其历史作用。巴黎公社不是资本主义由盛而衰的分水岭，"不可能影响当时资本主义制度发展的整个历史进程。公社的主要历史地位是在国际工人运动、国际共产主义运动和马克思主义学说发展的历史上体现出来的"（第 246 页）。写得多么直率而又贴近历史事实！这无疑是对过去教材中任意夸大巴黎公社作用的一个匡正。还有对第二国际时期伯恩施坦的评述，在指出伯恩施坦是修正主义"老祖宗"的同时，看到了其理论观点中的某些合理性和闪光点，这种实事求是的态度和一分为二的方法，同样合情合理，具有科学性。

三

新版教材在观点创新上也十分突出。我们曾经在对初版的书评中，列举了大家普遍关心的一些重大问题上的创新观点，例如：关于封建社会向资本主义社会过渡的道路问题，强调革命与改革在社会转型中的地位与作用；关于对殖民主义的历史地位评价问题，强调殖民主义的双重历史作用；关于对垄断组织作用的评价问题，强调垄断组织对推动生产力发展的积极作用；等等。过去已经作过详细论述（参见楼均信《评刘宗绪主编的〈世界近代史〉》，《历史研究》1992 年第 6 期），本文不宜赘述。可喜的是，初版教材所提出的上述诸多创新之见，在十余年后的今天，不仅在高等院校被广大师生所接受，而且已经普及于中学历史教学之中，为数十万中学历史教师所接受和推广。可见，一部好的教材，所引发的社会反响与社会效果是何等的鲜明。我们深信，只要有一流的教材，就不难培养出一流的人才，我们期待着优秀人才的出现。

在这里，我们还想对新版教材中在一些重大问题和历史人物评价上的创新之见，作一补充说明。教材对资产阶级国家职能的评述增添了新的内容，提出国家调节论。众所周知，过去，在我们的教科书里，只强调国家的暴力镇压一面，认为国家就是暴力，不顾甚至完全否定资本主义国家的管理职能和调节作用。刘宗绪早在《论世界近代史的学科体系》一文中就曾说过：由于垄断经济的发展，国家的职能变得日益多样化了。国家必须发挥调节的职能，除去传统的保卫国土、对外扩张和镇压反抗的职能之外，还需要在管理经济、协调各方面关系等许多方面制定出对策来。这种调节职能，就是资本主义制度的自我调节功能。（刘宗绪：《人的理性与法的精神》，中国社会科学出版社，2003，第49页）在新版教材中，十分强调国家机器的管理职能和调节功能，尤其是在叙述19世纪70年代之后，各资本主义国家在实行统治过程中，运用其政府的管理职能，进行经济、政治、文化教育、社会治安等方方面面的改革，以协调各种矛盾，维护社会经济的平稳发展。在教材里，深入分析国家管理职能的方方面面，这在国内实属少见，这不仅是对国家职能只强调镇压这种片面认识在理论上的匡正，而且也有助于我们加深对资本主义制度的认识，同样是本教材的创新之处。

新版教材还提出了历史发展中必须付出的代价论。在新版教材的修改版前言和绪论中多次强调正确认识人类文明史发展过程出现的曲折、反复、野蛮、残暴，认为"人类文明每前进一步，都必须付出代价，有时是很沉重的代价"（修订版前言）。"那时文明进步所付出的代价，在当时是无法避免的，与文明进步的成果相比也是轻微的。"（第8页）刘宗绪正是从世界文明演进的高度，以有利于生产力发展为标准，以宏观的视野去剖析历史现象。该书在论述资本原始积累、奴隶贸易、圈地运动、殖民主义、美国西进、英国工业革命等章节过程中，具体描述了下层民众所付出的惨痛代价，指出文明就是从野蛮中派生出来的，是以民众的血泪、生命换来的，这是不可避免的必须付出的代价，这是无情的历史辩证法。明确提出代价论，并且写进教材中，这在我国还是首次，这对我们正确判断加深认识形形色色的历史现象，开拓学术视野意义非凡。

在新版教材中，对近代史上诸多历史人物都有自己独到的评述。这里仅举丹东和梯也尔为例。这两人在法国历史上，在我国学术界是争议较大的人物。在我国学界，改革开放前采取完全否定态度，认为丹东是反革命、叛徒、卖国贼；梯也尔则是反革命两面派，镇压巴黎公社的刽子手。改革开放后，国内学者才有新的声音，作出了新评价，开始肯定了各人的历史作用。该教材在吸收新观点的基础上，提出了极其鲜明的观点并得以发挥。例如书中多次指出，"丹东不失为有眼光的革命家"，是"热情、真诚的革命家"（第68页）。这一观点，至今已为国内大多学者所接受，这不能不说是该书的功劳所在。至于梯也尔，新版教材同样作了客观的评述，肯定了梯也尔在确立法兰西共和制度中的积极作用，指出"梯也尔是老资格的政治家"（第282页）。"梯也尔政府在克服混乱、建立秩序方面取得了成效。"（第283页）总之，刘宗绪在评述历史人物时，进行实事求是的分析，采取一分为二的态度是可取的，也是值得我们思考的。

四

刘宗绪主编的这部经过重大修改的新版教材，体系新颖、内容丰富、观点全面创新，是一部与时俱进、站在学术前沿的学术专著，也是一部字数适中的大学世界近代史教材。

但是，作为教材使用，该书尚有几处可以改进，现就笔者所见，陈述如下，供再版时修改参考。

第一，从体系看，新版大有改进，几近完美，但个别地方尚可作适当调整。例如，第十一章第一节"二、1830年法国和比利时革命"一目，写了七月革命，还配了插图。（第142—147页）。可是在第三节"法德的社会运动"第一目"法国复辟王朝时期的自由主义运动和七月革命"，（第146—148页）不仅写了七月革命，还列入了标题。两处重复出现在同一章中，建议删去一边，以免累赘。又例如，第十九章标题为"列强瓜分世界领土资本主义世界体系的发展和战争风云"，通读全章，觉得标题与内容不符，未见资本主义体系如何发展，也未见战争风云。建议改为：列强瓜分世界的斗争，两大军事集团的形成。

第二，个别提法似有不妥。例如书中讲到热月党统治时，说"他们几乎不可能退到君主立宪派创立的'八九年原则'上去"（第70页）。这句话讲得不够确切，因为热月党是"弑君者"，所以反对君主制也反对君主立宪。但是他们赞成"八九年原则"，因为他们支持"八九年原则"的核心，即《八月法令》和《人权宣言》。因此，这里有两个概念：君主立宪与"八九年原则"。笼统地说热月党几乎不可能退到君主立宪派创立的"八九年原则"，这是不确切的。建议此句改为"不可能退回到君主立宪派的立场上去"。另外，书中讲到英国柏克在1790年出版《关于法国革命的感想》（中译本为《法国革命论》）一书时，说"法王路易十六亲自将它译成法文"（第213页）。这里有误，据查该书1790年11月1日在伦敦出版，随即被一个叫杜邦（Dupont）的法国年轻人译成法文，当月29日即在巴黎发售。其实，国王当时的处境也不可能亲自翻译。

第三，附录可再完备些。新版已在文中增加了大量插图，使教材比过去更具形象性。但最好能增加地图、参考书目、大事年表和思考题，以便学生查阅与思考，而这也是该书"修订说明"中注明要做的，希望再版时能付诸实施。

我们相信，该书的再版，必将对我国的世界近代史新教材的编写、教学与研究起到重要的推动作用，这是刘宗绪教授留给我们的一笔宝贵的精神财富，必将泽被天下、荫及后人。宗绪精神永存。

（原载《世界历史》2005 年第 1 期）

一部有价值的传记

——《拉法格传》评介

拉法格是法国和国际工人运动史上一位杰出的历史人物。可是，多年来在我国很少有人研究，更未见传记问世。今年，我们欣喜地读到了李兴耕同志著的由人民出版社出版的《拉法格传》。这是一部颇具学术价值的专著，它的出版填补了我国在拉法格研究中的一个空白，为我国读者研究拉法格及法国和国际共运史提供了重要的资料，很值得一读。

一

《拉法格传》全书共分十章。第一章，"青少年时代"。第二章，"第一国际的积极活动家"。第三章，"法国工人党的创始人之一"。第四章，"在法国工人中传播马克思主义"。第五章，"第二国际的创建者之一"。第六章，"社会主义议员"。第七章，"捍卫唯物主义历史观"。第八章，"反对伯恩施坦主义和米勒兰主义"。第九章，"争取法国社会主义运动的统一"。第十章，"战斗的晚年"。还有序言、结束语，书末附有"拉法格年谱"。总计19万余字。全书按时间顺序系统地评述了拉法格一生的活动和功绩。

作者把拉法格一生的杰出贡献概括为三个方面：（1）坚持不懈地宣传马克思主义，批判资本主义，论证资本主义必然灭亡，社会主义必然胜利；（2）参与创建了法国工人党，是党的最有威信的领导人之一；（3）是国际工人运动的杰出活动家，在第一国际内部坚持马克思的路线，反对巴枯宁主义，参与创建第二国际，粉碎机会主义派的篡权阴谋。该书作者通过长期的研究，在掌握丰富资料的基础上，运用马克思主义的观点和方法，借鉴了国内外学术界的研究成果，对拉法格研究中的许多问题本着实事求是的精神，提出了自己的见解，克服了某些学者研究中的片面认识。例如，作者列举事实，否定了拉法格在晚年犯了中派主义错误的说法，指出："国内外有些学者认为，拉法格晚年犯了中派主义的错误。这种说法是缺乏充分根据的。……拉法格尽管在理论上和实践中有种种缺点和错误，但总的说来他是始终站在马克思主义立场上的。在法国和国际工人运动中同机会主义进行了毫不妥协的斗争。因此，说他晚年犯了中派主义错误是不恰当的。"（第234—235页）

我们认为各章布局合理，观点鲜明，文笔朴实、流畅，有些章节写得生动活泼，使人兴趣盎然，爱不释手。例如作者在叙述拉法格的青少年时代这一章时，不只系统地叙述了他的家世、他的大学生活，而且还详细刻画了他的实践活动和思想活动，歌颂了他与劳拉之间崇高的友谊和爱情，描述了拉法格热情奔放的性格，也指出了他在爱情上过分狂热的举动。

二

通读全书，我们认为《拉法格传》有许多明显的特色。

第一，人物的活动与时代融为一体。写人物不能离开历史，相反，只有把人物的活动融进历史时代之中，放在广阔深远而又具体的历史环境里去观察、研究，才能较客观地揭露出人物的真实面目。该书作者十分注意这一点，始终把拉法格的活动放在当时当地的历史环境中加以描述。同时，作者还较多地涉及法国工人党和法国及国际的社会主义运动，这不仅使人物形象更加饱满，而且还为我们提供了许多有价值的背景资料。例如，关于创建第二国际的经过，19 世纪晚期到 20 世纪初期法国工人运动的概况和工人的罢工斗争，关于法国统一社会党成立的经过和社会党党员人数的统计，等等，都是一般史书所少见的。其中，对法国社会党的统一，作者还作了明确的肯定，提出："社会党的统一对法国社会主义运动的发展起了积极的作用。"（第 207 页）这样的评价比较公允。

第二，注重人物的实践活动。拉法格一生活动的特点之一是他的实践性，他首先是一位革命实践家。拉法格这位好学上进的青年、年轻有为的医学博士，之所以能够走上革命的征途，成为有名的马克思主义宣传家、理论家，是因为他立足现实，积极投身社会实践。该书作者从不同的侧面，全面而详细地叙述了拉法格的革命实践活动。正如作者在序言中所指出的："拉法格一生走过的道路是不平坦的，充满了各种艰难险阻。""他多次被反动派投入监狱。"（第 3 页）由于受反动派的残酷迫害，他流亡国外长达 14 年之久，颠沛流离，生活十分穷困，三个孩子先后夭折。"但是，他始终充满革命乐观主义精神。"对共产主义抱着坚定不移的信念指导着他一生的每一次实践活动，他为崇高的共产主义理想英勇地奋斗了 40 多年。作者通过对拉法格实践活动的叙述，不仅把拉法格在革命征途上的步步脚印展示在读者面前，而且含意深邃，耐人寻味。

第三，注重人物的理论贡献。拉法格一生活动的突出点就是理论宣传。列宁称他是"马克思主义思想最有天才、最渊博的传播者之一"。该书作者正是在这一重要问题上，用较多的篇幅，进行系统而又较深入的评述，对拉法格的主要著作几乎都作了评介，不只指出拉法格在哲学、政治经济学和科学社会主义方面所作出的重要贡献，还对拉法格在文学、语言学、民族学、伦理学、人口学、神话学及宗教学等方面的贡献一一作了评述。作者对许多问题提出了完全新颖的看法，形成了独特的观点。最突出的表现有两个方面。

（1）拉法格的理论贡献是否代表一个时代？作者提出了与众不同的见解，指出："长期以来，在国际共运史的研究工作中流行一种观点，似乎在马克思、恩格斯两人和列宁之间隔着第二国际机会主义独占统治的时期。按照这种观点，第二国际几乎成了机会主义独占统治时期。……似乎在恩格斯逝世后，在很长的一段时期内，没有人对马克思主义理论的发展作出过有益的贡献。这种看法是片面的。也是不符合实际的。"（第2页）并以拉法格的经济著作《美国托拉斯及其经济、社会和政治意义》一书为例，详细分析了拉法格对马克思主义的发展，认定拉法格在发展马克思主义方面填补了时代空白。作者指出，"拉法格密切注视资本主义发展中这些现象"，"对资本主义垄断阶段作出了富有成果的研究"（第208页）。"指出托拉斯的出现标志着资本主义进入了一个特殊的阶段，资本主义的最后阶段。"（第3页）"从而论证了社会主义革命的必然性。"（第212页）拉法格对帝国主义某些特征的分析，虽然不够全面，但比起列宁的《帝国主义论》却早了十多年。作者对此作了评述："尽管拉法格还未能对帝国主义的性质及其历史地位作出全面的科学的论述，但是这部著作无疑对科学社会主义理论作出了重要贡献。"它丰富了马克思主义的政治经济学。我们认为，作者的这一评述是比较客观的，这样做不仅给拉法格在马克思主义发展史上以应有的历史地位，而且澄清了长期以来在理解这一问题上含糊不清的局面，提醒我们马、恩逝世后第二国际的历史值得重新探讨。

（2）关于知识分子的地位作用问题。如何看待知识分子，对无产阶级的解放事业至关重要。这一点革命导师恩格斯在晚年已经敏锐地意识到了，他曾经多次指出无产阶级政治党必须有自己的知识分子队伍。拉法格在恩格斯思想的影响下，也十分重视知识分子。该书作者专门列出一节，详细介绍拉法格关于知识分子问题的论述。作者指出，"在法国工人运动中，曾经出现过一股排斥知识分子的思潮。即使在法国工人党内，有些工人党员仍对知识分子出身的党员抱有偏见。在这种情况下，阐明知识分子的地位和作用，对于法国社会主义运动的健康发展有着重要的意义"（第200页）。

该书作者比较全面地叙述了拉法格在知识分子问题上的一系列重要观点。首先，拉法格认为作为脑力劳动者的知识分子是无产阶级的组成部分。机器生产把无产阶级分为体力劳动无产阶级与脑力劳动无产阶级。两者尽管各有特点，但他们是紧密相连的。其次，拉法格分析了知识分子社会地位的变化，指出在资本主义社会里，知识分子的智力也变成了一种商品。少数知识分子被资本家所收买，成了他们的代理人，得到丰厚的报酬，享有特权。大批知识分子则经常处于挨饿状态，受资本家的残酷剥削，同体力劳动者相差无几。因此，他们倾向社会主义。据此，拉法格严厉批评那种对知识分子采取歧视和排斥态度的错误倾向，强调要把更多的优秀脑力劳动者吸引到社会主义方面来。而且强调一个阶级只有当它的内部有一批有领导才能的人，才能成熟到可以负担领导全人类的重任。再次，拉法格预见到，在共产主义社会里脑力劳动和体力劳动之间的差别终将消失。拉法格的这些论述，又一次丰富了马克思主义，至今仍有鲜明的时代感，读后备感亲切。该书作者的上述分析，使读者更形象地看到，拉法格的理论和思想确实反映了一个时代，他在丰富科学社会主义理论方面，不愧为一名杰出的战士。

值得一提的是，作者在高度评述拉法格的实践活动和理论贡献的同时，始终注意到拉法格在实践中和理论上存在的缺点和错误。作者指出他思想深处的无政府主义残余；有时在行动中表现出的教条主义和革命空谈主义习气；在评价巴黎公社性质和雨果作用方面的片面性；在对待农民问题上的右倾情绪；在分析布朗热运动性质时作出的错误判断；等等。可以毫不夸张地说，迄今为止，在我国出版的传记中，没有一本像《拉法格传》这样，对一个杰出人物作如此具体的两点论分析，这种在肯定历史人物功绩的同时，详细地、有说服力地指出人物之不足的做法，是值得每一位传记作者借鉴的。这也是该书的又一特色。

还要指出的是，该书作者对拉法格夫妇的自杀也作出了令人信服的解释。拉法格是在 70 岁高龄时与爱妻双双注射氢氰酸而自杀身亡的。拉法格为什么要自杀？如何看待这一自杀举动？作者引证了拉法格身后留下的珍贵资料——遗书，进而指出："拉法格的自杀并非像一些资产阶级报刊所竭力散布的那样是由于对共产主义事业的前途失去信心或者由于精神上的堕落而引起的。恰恰相反，他去世时对他毕生为之奋斗的无产阶级解放事业充满着必胜的信念。"（第 236—237 页）这样的评述是符合拉法格的真实思想的，拉法格在遗书中清楚地说明："我怀着无限欢乐的心情离开人世，深信我为之奋斗了 45 年的事业在不久的将来就会取得胜利。"拉法格不愿意使自己成为别人的累赘才出此途。作者抱着十分惋惜的心情，对拉法格的自杀举动作了如下评述："当然，拉法格采取自杀的手段来结束自己的生命是不可取的。"（第 237 页）作者还引用了列宁和梅林的话，指出一个社会党人，不是属于自己的，是属于党的。他没有权利自杀。一位享有盛誉的老战士，只要一息尚存，就无权放弃自己的岗位。

以上各点，我们认为是该书特色所在，也可以说是该书的主要优点。

三

读完该书，总是感到美中不足。首先，作为一本学术性的传记，没有涉及国内外学者对拉法格的研究概况，是该书的一大损失。事实上，在法国，在苏联，多年来对拉法格有过较深、较全的研究。即便是我国，近年来也有一些学者进行了不同侧面的研究。如能如实反映，必将使该书更加完美。笔者得悉，作者在写作时有这一章，不知什么原因被删去，实在可惜。其次，作者在评述拉法格的理论著述时，似有面面俱到之感，尤其是对拉法格哲学观点的评介着力过多，而关于拉法格在无产阶级革命与无产阶级专政理论的阐发方面，用力不足。另外，语言的生动形象尚感不够，如能在文笔上再下功夫，则将吸引更多的读者，社会效果就会更佳。

（原载《世界历史》1988 年第 4 期）

评《史学理论与方法》

王正平教授的力作《史学理论与方法》（近 20 万字）最近已由杭州大学出版社出版了。这是一部布局新颖、内涵丰富、分析深刻的创新之作，也是作者近十年来潜心研究史学理论和辛勤教学实践的经验结晶，读后令人视野开阔，耳目一新。

王正平教授有深厚的中外历史功底，又有很高的理论造诣。在该书中，他以马列主义思想为指导，放眼世界，立足中华，努力吸取当代国内外最新的研究成果，密切联系史学实际，就史学界普遍关心的史学理论和方法问题，进行了全面系统的阐述，并提出了一系列独特的见解，为我国的马克思主义史学理论与方法作出了一定贡献。

全书共分 18 章：一、历史研究的指导思想与理论基础；二、历史研究的目的与社会功能；三、关于社会形态问题的争论；四、社会历史发展的基本规律；五、社会历史发展的动力；六、地理环境与社会发展；七、历史认识对象的特点；八、史论关系；九、史学方法论的研究对象；十、分析阶级与阶级分析法；十一、历史主义及其运用；十二、历史的多层次研究；十三、历史的全方位研究；十四、历史比较研究法；十五、评价历史人物；十六、批判地继承史学优秀传统；十七、搜集史料的必要性及史料的分类；十八、史料的鉴别与运用。另加两个附录：《史学概论》的研究对象与任务、参考书目。全书布局颇具匠心，突破了一般史学概论教科书的传统体系，取得了顺理成章、珠联璧合的效果。各章分则为各自独立的专题，合则为有机的整体。作者对历史研究的指导思想、历史本体论、历史认识论、史学方法论均作了系统论述，尤其是全书一半的篇幅重点阐述了史学方法，从而丰富了史学方法论的内容。

通观全书，具有以下几个明显的特点。

第一，始终坚持马克思主义和历史唯物主义为指导的思想原则。近年来，有人对马克思主义在史学中的指导作用产生了怀疑，有人甚至把马克思主义的唯物史观也斥为教条主义予以否定。而作者在该书中却旗帜鲜明地作出了回答：中国史学离不开马克思主义，它必须以马克思主义为指导，这是我国史学研究的最高准则。但在史学概论中究竟应该怎样以马克思主义为指导呢？这又是多年来未曾完全解决的难题。该书作者却补各家所短，较好地解决了这一问题。首先，指明了唯物史观与史学理论的关系，强调历史唯物主义既不能代替也不能等同于史学理论，两者既有联系又有区别，史学理论更不是唯物史观的翻版，从而肯定了历史唯物主义在史学理论中的最高指导地位，同时也指出了史学理论的独特之处。其次，作者把唯物史观渗透到史学实践中去，通过古今中外的大量历史实例，具体、形象又实事求是地阐明了史学理论的丰富内涵和多种史学方法，将史学理论中长期存在的教条习气与空洞说教一扫而光，给史学工作者注入了在史学理论中应该如何以马克思主义为指导的清醒剂。

第二，该书从史学理论到史学方法的阐述均具有创新意义。在史学理论方面，作者除了在社会形态、历史发展的规律与动力以及阶级关系与阶级矛盾等方面进行独到的评论之外，值得注意的是还对我国史学界中长期存有偏见或不敢触及的地理环境在历史发展中的作用问题，进行详尽而深入的专题论述，他通过叙述地理环境在整个人类社会历史沿革过程中的作用，全面地阐述了地理环境与社会发展的辩证关系，既批判了"地理环境决定论"，又批判了"地理环境虚无论"，在一定意义上坚持并丰富了马克思主义的史学理论。

在史学方法方面，作者也作了大胆的探索，在肯定了阶级分析方法在史学研究中的重要性的同时，又指出了必须坚持研究方法的多样性。作者强调阶级分析方法仍然是我们研究阶级社会历史的基本方法之一，还对此作出了两点新贡献。一是指出了阶级分析方法与分析阶级两者的联系与区别，并指出把两者混为一谈，在研究中就会出现偏差。作者进而详细阐述了分析阶级与阶级分析的不同对象与目的，以及如何运用此种方法。二是指出了阶级分析。作者认为在进行阶级分析时，必须注意对同一阶级中不同集团作出阶层分析、集团分析，不能把阶级结构和阶级矛盾简单化。作者上述论证，不仅坚持了马克思主义的基本方法，而且补正了我国长期以来对阶级分析法采取简单化和片面的认识，它有利于史学研究的深入。作者还就中国当今社会的阶级斗争与历史的阶级斗争作了分析比较，指出了它们的本质区别（第127页），具有重要的现实意义。

作者站在历史哲学的高度，把社会科学方法论分为五个层次（第114页）。吸收了西方系统论原理，全面论述了历史的多层次研究、全方位研究以及比较研究，从而丰富了历史研究的方法论系统。作者认为，历史是一个统一的整体，但它的构成却是多层次的，基于历史研究的对象构成复杂的多层次性，就需要进行历史的多层次研究。它有利于扩大研究视野，延伸研究的深度，更科学地从历史的多样性中求统一性（第150页）。而要进行多层次研究，首先要树立整体观念。同时要对各种历史事物作出一层深一层的发掘和一层高一层的概括归纳。还要注意从事物的运动变化相互联系的过程中进行全面的分析，切忌片面性与孤立性。

在论到全方位研究时，作者认为必须确立全面考察有关历史发展诸因素的观念，把研究对象放在特定的历史坐标之中，适当考察其内外、纵横、前后之间的辩证关系与交互作用。历史的全方位研究要求尽可能多方面地顾及影响我们研究对象发展的内部的和外部的、直接的和间接的、基本的和非基本的、主要的和次要的诸多因素的作用。并且指出，史学的全方位研究法，不能孤立地运用，它要与阶级分析法、比较研究、历史主义及层次网络分析等方法结合在一起，才能取得实效（第176页）。作者这些论述无疑是对我国史学方法论的独创性贡献。

第三，该书具有鲜明的现实感和很强的实用性。该书融科学性与实用性为一体，而且详简适当，该详则详，该略则略，是一部理想的史学概论教材。作者的所有论题均取材于实践又高于实践。他针对多年来在教学与科研实践中发掘的问题，尤其是在史学理论与方法方面人们普遍关心又迷惑不解的原则问题，分成专题、形成体系，并以事实为依据一一作了探讨、论证，抓住要害，解人所惑。例如作者对中外史学中的各个流派、各家史学观点，从西方的朗克派、汤因比史观、年鉴派、韦伯史学、心态史学及"老三论"、"新三论"等，到东方的孔子、司马迁乃至李大钊、毛泽东等均作了简明扼要的论评，提供了大量的史学信息，既使人感到不同于中外史学史，又提出自己有价值的判断。

对诸如史学功能、历史主义、批判继承等现实性很强的问题，同样提出了独特之见，澄清了某些模糊认识。作者针对史学界与青年大学生中存在的史学无用论，设专题详述了史学研究的目的与社会功能，指出史学是能够为社会主义现实服务的。在该书中，作者列举了史学的五大社会功能后，强调史学可以催人向上，热爱祖国，热爱生活，为共产主义的崇高理想而努力奋进。

作者在论到史学传统时，通过具体事例，情真意切地阐明了传统与继承的关系，认为对待我国的史学传统不能简单地一刀切，要防止长期以来存在的两种错误倾向，一是死守旧传统的颂古非今，二是否定一切的虚无主义。我们的态度是"取其精华，弃其糟粕"，这对"精英"们的文化虚无主义是一个有力的批判。

如何搜集、鉴别、利用史料，这是史学工作者的基本功之一，作者对此也十分重视。在该书的最后，用两个专题从方法论的角度对史料的搜集分类与利用等问题作了系统的论述，同样具有指导作用和实用价值。

总之，此书不仅布局新颖、理论蕴含深刻，而且生动、形象，易为大学生和史学理论爱好者喜爱。其不愧是史学理论阵地上一簇绚丽的鲜花，对推进我国的史学理论研究必将具有重要的价值。

当然，任何一部学术著作，都会有可商榷之处，这里我提出三点与作者商讨。一是作为一部完整的史学概论教材，对如何撰写学术论文似不可省略，因为讲清撰写学术论文的目的要求与方法步骤，对初涉学术领域的大学生与史学研究爱好者都会有重要的指导意义，而作者却省去了这一部分。二是个别地方也似可再深入一笔。如作者在论述历史发展的基本规律这一章时，对社会发展的多样性叙述较详，而对历史发展的曲折性与必然性着墨不多，如果从宏观角度注意分析历史发展的曲折性与共产主义的必然性，其社会效果则会更佳。三是对第三世界各国新兴的具有浓厚民族主义特色的史学流派，未着一笔，似感不足。但瑕不掩瑜，该书仍不失为一部有价值的可读性很强的论著。

（原载《浙江学刊》1990 年第 4 期）

评介"西方国家的民族文化与现代化"丛书

多卷本的"西方国家的民族文化与现代化"丛书，已由辽海出版社出版。这套丛书以国家为单位分别介绍了英、法、意、德、美、加拿大、瑞士，以及拉丁美洲等诸多国家和地区在不同的民族文化环境中进行现代化的过程及经验教训。这是一部颇具创意的世界史丛书，是我国世界史研究深化的表现之一。

《法国文化与现代化》由张丽、冯棠合著。法国史的研究在我国已有多种成果出版。但是，从法国文化的视野来研究法国现代化的道路并总结出其中的成败得失，这还是第一本。该书的最大特色是强调文化在法国现代化过程中的特殊作用。众所周知，法国文化源远流长、博大精深、思想深邃，在欧洲乃至世界也堪称一流，且颇具特色。正如该书作者所说，"法国的思想文化往往先于物质文化的发展"（前言第2页），具有超前性。书中以这一思想为指导，突出了法国思想文化的方方面面，进而论证了法国现代化进程的独特发展道路。为此，作者将全书分成10章：启蒙运动；法国大革命的文化遗产；拿破仑时期的文化；工业革命与社会变迁；思想观念的更新；共和制度的胜利；世纪之交的繁荣；戴高乐主义；现代化的道路；社会文化新景观。我认为，这样的布局是合理的,作者把法国文化放在十分重要的位置,而又不是单纯叙述文化史。所以,基本上反映出法国文化的发展与现代化历程的相互关系,尤其强调法国的独特文化对法国现代化道路的独特影响。现代化是各国历史发展的必由之路,文化往往成为实现现代化过程中的思想先导和灵魂,起着特殊作用,尤其是法国那种独特的超前思想文化,给法国实现现代化(尤其是政治现代化)打上了深深的烙印,甚至提供了现代化的思维理念,形成了现代化的法国式道路。但该书也有不足之处,对文化与现代化的深层关系分析不够。全书基本上分为文化、政治、经济、社会几个板块,像一部法国文化社会史。

该书的又一特色是强调教育在实现现代化过程中的重要作用。法国今日能成为世界上的发达国家之一,与政府对教育的重视是分不开的。书中对法国从小学、中学直至大学的教育体制的演变、改革、发展,形成现代化教育体制的内容、方针、政策均作了深入的论述。法国政府尤其强调高等教育必须坚持现代化、职业化和民主化原则,坚持对外开放,建立与企业的联系和国际的合作。大学"不仅传授文化知识,而且要对学生进行就业为目标的培训,使学生在职业能力方面更能适合社会的需要"(第266—276页)。该书在谈到反教权时说孔勃"走上了反教会的道路"(第145页)。这里有误,因为孔勃只反教权不反教会。如何对待宗教,这是实现现代化过程中的原则问题,教权必须反对,信教必须自由。没有世俗化,不会有现代化,没有宗教信仰自由,同样也搞不好现代化。

《瑞士文化与现代化》一书由端木美所著。瑞士是位于欧洲中部的一个小国,人口只有700万。在我国少为人深知,更少有人研究。端木美专攻瑞士史,该书是她在瑞士多年研究的结晶,该书的出版填补了瑞士史研究的空白。

作者将全书分成 9 章：阿尔卑斯山——瑞士联邦的摇篮；政体演进的曲折；瑞士政治的奥秘；瑞士经济的神话；瑞士文化的特色；走向工业化社会；现代与传统的碰撞；世界潮流中的瑞士；永远的世界花园。书中提出了许多独到之见，我认为最突出的有三个方面。

第一，提出瑞士文化的多元性。有人认为"瑞士没有文化"。端木美认为这是一种误解。她明确指出，瑞士有文化，而且是"一个多民族多元独特文化"的国家。（前言第 2 页）众所周知，瑞士是一个多语言并用的国家。作者按使用语种把瑞士文化的多元性分成四大块：德语区文化；法语区文化；意大利语区文化；罗曼什语区文化。正是瑞士历史上这种多民族不同语言之间长期和睦共处、相互宽容、继承和融合，才使这种多元民族文化得以延续和发展，形成了瑞士独特的本土文化。当然，这种本土文化"追根寻源仍然是欧洲文明不可分割的一部分"（第 85 页），具有欧洲性。但瑞士人坚持本土文化多样性与欧洲性相结合，善于吸纳外来文化中的优秀部分，并将其融进本土文化之中，使本土文化更具特色，进而使瑞士的现代化道路也带上明显的民族特色。

第二，提出现代化道路的"瑞士模式"。瑞士自古国土狭小、资源贫乏、条件恶劣，发展工、农、商业都困难重重。但是，瑞士最终却实现了现代化。端木美认为，"这是由于瑞士根据国情按自己的道路走"（前言第 3 页），以其"自然条件、历史背景、社会环境、民众心态为依据"（第 48 页），采取了"因地制宜的模式"（第 60 页）。端木美称之为"瑞士模式"。既依据自身条件，又继承历史传统，在发展农牧林业时，重视科学技术和组织管理。在工业中，发展高精尖产业，以优质精密取胜，以出口为主。最典型的是发展钟表业，使其在一个多世纪以来，一直统领世界市场和行业潮流。其秘诀就在于"产品的质量过硬；不断地改革新技术；良好的售后服务"（第 158 页）。在第三产业中，瑞士重点突出，全力发展旅游业和银行业，成为"世界花园"和金融中心，为世人所仰慕。

其实，实现现代化没有模式，只有道路。所谓瑞士模式，就是瑞士按国情办事走向现代化之路，强调走自己的特色之路而已。

第三，提出教育为本、科技领先的思想。该书作者专门列出3节：教育为本的社会；科学技术的运用；文化教育的特殊。详细阐述瑞士政府对教育与科技的重视，不仅重视正规教育，而且非常重视职业教育。作者认为，作为小国的瑞士，既无重工业也无大工业，主要是进口原材料的加工业，这就决定必须培养既有文化又懂技术的高素质劳动力。所以瑞士的教育既注重实用性又注重多元化。瑞士自从1901年诺贝尔奖首次颁布以来，不到百年，就获得化学奖5次，物理奖4次，医学奖6次，还有和平奖3次，文学奖2次（第115页），创造了世界上少有的奇迹。由此可见，国家不分大小，要想走向现代化，屹立世界之林，唯有不间断地重视教育与科学技术，才有希望，这也是瑞士给世人的经验。

总之，这是一套融学术性与可读性为一体的颇具水准的丛书，值得一读，值得推荐。

（原载《史学理论研究》2001年第2期）

怀念挚友王兴福

王兴福是我国研究太平天国的专家，更是浙江省研究太平天国的权威，曾任中国太平天国史研究会副秘书长、浙江省太平天国史研究会会长。他有多部专著问世，特别是《太平天国在浙江》（社会科学文献出版社，2007）、《太平军在杭州》（浙江人民出版社，1959）两部著作堪称一流，填补了这一学术领域的空白，至今仍然是研究太平天国的权威之作，也许后人在很长一段时间内都难以超过。因此，他的学术水平和学术地位得到了我国学术界一致好评，且多次获奖。我国著名史学家、研究太平天国史的权威郭毅生教授赞扬他的著作"资料丰富充实而广博"，"是难得的佳作"，他"发前人之所未发，有独到之功，是别具创见的"。

这样一位知名的学者，因常年积劳成疾，住进了医院，再也没有出来。住院期间，我曾多次去看望他，他虽然说话很吃力，有时甚至语无伦次，但仍然与我交谈社会、学术和家庭。自己重病在身，还关心我夫人的身体，说"一定要请她保重"。他身处危境，仍关心他人，可见他心中对朋友的真诚，对友谊的珍惜。我告诉他，我夫人身体尚可，只希望你能早日康复出院。我们还约定："待出院后我派学生开车去接你，你还没去过我的新家。"他微笑着说:"谢谢,我一定去。"后来病情恶化,当我再去看他时,他已浑身插满管子,不能言语,却仍然微微睁开眼睛,点头示意,而且紧紧地抓住我的手,长时间不放。我想他已经意识到时日不多,心中仍有强烈的求生欲望,他不想离开这个他所热爱的国家,他那温暖的家庭和学术上的朋友,他还想继续为学术作贡献。可是他已回天无力,连说一句话的力气也没有了。在大约半个多月后,我接到他的孝子王牧之的来电,说:"爸爸已经走了,他走得很平静,只是口未闭。"我想,他一定还有许多话要说,只是已经来不及讲出,心脏就已停止了跳动。我为失去这样一位挚友而十分悲痛。我有时独坐在书桌前发呆:生命为什么如此脆弱?老天为什么这么无情?心中常常怀念他。他曾经与我说过,他还有许多资料要整理。如果他再多活几年,他一定会在学术上作出更多的贡献。然而天不假年,他还是永远地离开了我们,但愿他在天堂里快乐。

我与他在50多年的交往中,最敬重他的是严谨的治学态度和忘我的献身精神,以及对朋友的真诚和厚道。他是我一生中最真挚的朋友之一,是我的真心朋友,真正的知己者。

记得我和他同是1954年进大学的,而且同在历史系学习,他读专科,我读本科。就读前他是小学教师,还当过小学校长,年龄也比我大5岁,他显得十分成熟,而我还是一个不太懂事的青年学生。在言谈中他总是说读书要有目标,否则就会一事无成。所以当时他已选定了太平天国史作为研究的目标,先研究太平军在杭州,然后再扩大到浙江。他孜孜不倦,数十年如一日,终于结出了丰硕的学术成果,扬名天下。他在研究中,为了收集资料,拖着弱小的身躯,几乎天天跑浙江省图书馆以及杭州大学图书馆和历史系资料室,阅读了数百种地方志及私家抄本、各种文物资料,只要能找到的,他不惜远离杭州跑遍全省,收集考证各种文本资料。他一生摘录了成千上万的资料卡片，为了辨明资料的真伪，自己反复对比、多方考证，而且常常登门向大学里的老师同行讨教，真正做到了"文章不写半句假"。在晚年，他患的类风湿关节炎已到晚期。病魔侵入了他全身，他的脖颈和腰椎已经强直，不能转身也不能弯腰，两腿开始发硬、发麻，疼痛不止，难以移动半步，可是他依然研究不息。当我去看他时，他的卧室里、书桌上、沙发上、椅子上，甚至床铺的边上都散放着各种图书资料和大量卡片。他觉得研究是一种责任，更是一种快乐。见我连坐的地方也没有，他笑着说："实在不好意思，我习惯了，请朋友不要介意。"他真正做到了生命不息，耕耘不止，为攀登学术高峰献出了毕生的精力。他的学术道路和学术精神，像是一篇宣言，宣告了生命的价值与可贵、学术的艰辛与快乐；像是一盏黑夜的明灯，照亮了在黑暗中探索者的路，也诉说了一个学者所走过的漫漫长路。他似乎要告诉世人：只要认准目标，不畏艰险，坚持不懈，定能登上科学的顶峰。

他为人忠厚老实，淳朴谦卑，而且对朋友十分真诚。他从不在人后说别人的坏话，总是讲别人的长处，而且一生不说假话、重话、狠话、大话。他对党、对国家、对人民、对老师、对朋友始终怀着一颗感恩之心。他常常说，遇到这样好的时代，我们应该好好珍惜时光。他因为退休早未能评上研究员，也从无怨言，觉得同过去比已经很好了，钱多钱少没什么，够用就好。他平时生活非常节俭，却仍然感到十分快乐。他说，有今天这样好的学术环境，让我能自由研究，而且组织上每每帮我出版，我已经心满意足了，我们应该对党心存感激。

兴福兄的感恩之心是随处可见的。只要别人给他帮了小忙，他就牢记在心。几年前他的《太平军在浙江》（浙江人民出版社，1982）一书出版后，他要送给孙达人教授指教，自己行动不便难以行走，只好托人放在孙教授在浙江大学的信箱里，孙先生拿到书之后，立即打电话给他表示感谢，说一定好好拜读。兴福兄在听电话时，一再向孙教授表示，"应该我感谢你"。事后，他高兴地与我说，曾担任 8 年副省长，又是知名史学家的孙达人先生收到我的书了，他地位那么高，又是国内知名教授，还亲自打电话给我，我真的从心底里感谢他。以后只要提起此事，他总是显露出感恩之情。

早在 80 年代，兴福兄的公子王牧之考进了省交通学校，录取在船舶专业。他得悉这个专业毕业后要派到海上工作，希望把爱子留在身边以便照顾自己。得知该校教务处主任是我系毕业生白云臣，希望我帮忙，于是我陪他去良渚交通学校，多年不见的学生见到我们非常高兴，热情接待我们。他问我老师有什么事要我做，我一定尽力而为。我告诉他，兴福兄是我的好友，他儿子今年考取贵校船舶专业，希望能改成公路专业以便留在身边。白老师得知王牧之是独生子，当即表示没有问题，请老师放心。随后就去与校长商量。几分钟后，就把此事办妥了。兴福兄除了当面向这位主任表示感谢之外，还谢了我，认为是我帮了他忙，其实是政策允许的，我只是陪同他跑了一趟。而且他这些年来仍常记于心，感念之。而他帮助别人时，他却说这是应该的。兴福兄就是这样一个待人宽厚，对己苛求的老实人。

让我刻骨铭心的一件事是"文化大革命"期间，他对我的鼓励和真心相助。因为在这场大灾难中，我被打成"漏网右派"，而且还被诬陷反对工宣队，扣上了"现行反革命"的帽子，多次遭到批斗。我的同事、平时较密切的朋友，有的批斗我，有的远远地离开我，使我感到孤独、冷漠与悲凉，正在此时，兴福兄却拖着病体到处打听，还到我系的一些老师家中了解情况。趁着一个礼拜天，他冒风险一大早就从省委党校出发，临近中午才到小营巷旁我岳母家中看望我、鼓励我。当我见到他时真是又惊又喜，我脱口而出问他："在这种时候，你怎么可来看我？"他笑着说："我相信你是好人，我不怕牵连。"我仍然怕万一有熟人看见去告密，连累他，就悄悄地对他说："我们到楼上交谈。"他告诉我："你的情况我都了解过了，不要怕！什么漏网右派，这是历史上的事。至于现行反革命，更是无稽之谈。要相信党，相信自己，一定会还你清白的。"他的话在我情绪最低落的当下，好似打了一针强心剂。他鼓舞了我在以后的日子里，敢于在工宣队批斗我时公开驳斥那些莫须有的罪，明确告诉工宣队，他们的所谓"现行反革命"材料全是假的，我不会承认。终于有一天我被"解放"了。回想起兴福兄的鼓励和帮助，我真真切切地感到世界上总有公理存在，我感到真心交朋友是多么的可贵与崇高，我至今铭刻在心。我还常常用兴福兄在危难时刻来看我的事例教育子女：你们在社会上，千万不可交损友，要用真心去相交，交益友！

兴福兄还是一个十分谦卑的学者，他从不张扬自己的学术成就，也从不出头露面，认为没什么好说的，自己还要继续努力。

十多年前，奉化县教育局编写了《奉化教育志》，得悉他是奉化人，又是史学家，就派人来杭州找到他，约请他为教育志写序，经过思索后，他却说："我是奉化人，理应承担，但是我不够格，应该请高人撰写，不过你放心，我会请高人的。"事后他打电话给我，说了此事，想请毛昭晰先生写序，他说："毛先生曾担任过浙江省文化厅副厅长和浙江省人大常委会副主任，又是全国人大常委会委员，不仅是社会名流，还是学术名人，又是奉化人，请毛先生撰写最好不过。"于是打电话给我，说自己多年未与毛先生联系了，怕万一他工作忙不接受，我跟毛先生既是师生又是朋友，由我出面先与毛先生联系，他到时再登门求请毛先生担当这一重任。第二天我就打电话给毛先生请他写，毛先生说："王兴福是我的学生，他是老实人，他托我的事我一定会做，何况又是我故乡的事，再忙也要完成。"兴福当即去毛先生家，请先生在百忙中写序，为教育志增光，毛先生满口答应。回来后兴福兄激动地对我说，毛先生很客气，说一定完成任务。兴福兄说这下可好，教育志的价值就不一样了，他终于可向家乡交差了，他内心感到十分快慰和满足。其实，兴福兄在学术上的地位，完全有资格写序，但他却谦虚地说："我不够格。"足见他踏实谦虚的品格是多么高尚！

兴福兄在生活上一生都极其俭朴。他几乎没有一套像样的服装，有一次我去看他，他看到我穿的外套不错，问我哪里买的，也想买一件。我说"解百"可以买到，他说我一定去买。一个月后，我问他有否买到，他说实在没时间上街，腿脚又不便，不买算了。他不是没钱，也不是儿子不孝。他已习惯了清苦生活。他就是这样没日没夜地工作，连买衣服的时间也不肯花，对自己的生活到了几近苛刻的地步。他这种不求享受，一心只为学术的举动，是常人难以想象的，更难以做到，使我深受感动和钦佩。

为了学术研究，他连爱妻也无暇顾及。他夫人长期居住在奉化老家，直到 80 年代中期，人到老年才移居杭州，照顾兴福的生活起居。夫人除了买菜做饭料理家务，二门不迈，连官巷口也没去过。临终时她十分眷恋美丽杭城，说出了最后一句话："上天再给些时日让我去大街上看看，我还没去过官巷口。"后来兴福兄每次提及此事，总是泪眼婆娑，哽咽无语。他自责不已，连这么简单的要求都未帮她实现，"我一辈子欠她太多，如有来世，我一定补偿她"。

其实，兴福兄不是不爱老伴，他心里只有事业，直到八十高龄也是如此。心里没有自己，也无法顾及老妻。兴福就是这样忘我忘家地奉献学术，直至终老，这种献身精神多么难能可贵！

兴福兄走了，他把全部智慧和毕生精力都献给了我国的太平天国研究。他虽死犹生，他留下的学术遗产和精神风范，将永存于世，成为后人的榜样。

兴福兄，你为学术操劳一生，实在太累太累了，你好好在天堂休息！兴福兄，我们永远怀念你！

2011 年 6 月 16 日于浙大紫金文苑寓所

怀念黄时鉴先生

黄时鉴教授是我国著名的蒙元史和中外关系史研究的专家，他一生在两个领域都作出了杰出的学术贡献，水平堪称一流，在国内亦不多见。他是我们同辈学者的骄傲，也是后辈晚学的榜样，永远值得我们怀念。

我与时鉴兄共事三十多年。1979 年他从内蒙古大学调入当时的杭州大学，在中国古代史教研室从教，我在法国史研究室工作，见面机会并不多。直至 1984 年我去内蒙古为一个全国助教研修班讲课，才第一次从内蒙古大学的领导和同行中听到对时鉴兄为人治学的高度评价及对他离开内蒙古的思念之情。原来时鉴兄在当时已经名扬全国，但他在杭大校园内却从不张扬。后来，他的研究重点从蒙元史转为中外关系史，此后便与我的专业有所交集，我们之间的交往才日渐增多，晚年更成为无话不说的知己。

我对时鉴兄印象最深的有两点：一是他对学术研究的严谨和独创；二是他对学生的无私和忘我。在学术研究中，他十分重视对史料的搜集，无论在国内还是国外，他首先要去的都是图书馆和档案馆，去找一些受人冷落的古籍文献或档案资料，并反复对比、多方考证，可谓一丝不苟。所以，在他的论著里，史料丰富而精确，而且大多是宝贵的第一手资料。我曾经问过时鉴兄：你的论文为什么能找到那么多的原始资料？他说，其实找史料就是找证据，证据越多，说服力就越强，我们的论文才站得住。一篇好的论文必须有新史料，用新史料，才会有新成果。

更为难能可贵的是时鉴兄与众不同的学术眼光。他将宏观的视野和微观的探索相融合，既能透过中国看世界，又能立足世界观中国，既能从现实看历史，又能从历史反观现实，对历史上的一切人和事都能高瞻远瞩。时鉴兄的视野因此而有极强的穿透力，能迅速找对有价值的课题，并对课题作出学术定位和价值判断，然后持之以恒，研究到底。正因为时鉴兄有如此独到的眼光，他才拥有了比常人丰富的学术成果，甚至得以填补学术空白。譬如他对丝绸之路、利玛窦等的研究，不仅为杭州的中外文化交流、"一带一路"倡议作出了贡献，而且为实用史学开创了新路。这也是时鉴兄值得我们怀念的价值所在。

时鉴兄在搜集史料时之非凡的洞察力，也是鲜有他人能企及的。他的眼睛仿佛是一架特殊的探测仪，总是能够在探索中发现多个目标，进而跟进研究。有一次，他在浩瀚的文献中发现了一幅拿破仑的肖像图，这本不在他的收集范围之内，却引起了他进一步的深思：怎么会有这张图片？其中是否有研究价值呢？于是他反复对比考证，最后得出结论：这是中国人所画的第一幅拿破仑肖像，在国内应属空白。时鉴兄于是找到我，和我探讨了看法，并最终写成论文，在国际学术会议上宣读，获得一致好评。他这种潜心学术、多向思维的方法，实在值得提倡。

时鉴兄在培养学生方面，也亦师亦友，真正做到了呕心沥血、无私忘我。他先后招过多位博士生，其中有四位是我们世界史专业的硕士毕业生。考生一报名，他就第一时间向我了解学生情况，从人品、悟性到专业基础、外语水平，问得相当具体细致。他说，国家培养一个博士不容易，我们不能只给博士帽，不管水平，不顾人品。我们要对得起国家，也要对得起学生，所以他对每位博士生都给予因人而异的精心培育。

时鉴兄对博士生的学术要求非常高，对博士学位论文的指导更是严谨。我曾经应邀审读过他两位学生的博士学位论文，每篇论文他都亲临寒舍，商讨交流如何恰当评述，更嘱我不留情面，对学生严格要求，并希望我提出具体的修改意见。时鉴兄对学生论文这种认真负责的精神，至今令我记忆犹新。

时鉴兄对学生个人品格的培养更为重视。他曾和我提过，人品比学问更重要，如果我们培养出一个学问精深但人品极差的博士，不仅对国家没有贡献，还很有可能祸国殃民。因此他对学生的人品要求也是非常之高的。曾经有位他的在职学生升任系主任后，第一时间想装修自己的办公室，他得悉后立刻加以阻止，且颇为动怒地跟我说，我宁愿不要这个学生，也要纠正他的行为偏差：怎么能一上任就先考虑自己、不顾全系大局呢？在时鉴兄对学生严厉批评指正之后，这位学生也对自己的想法深感愧疚，最终放弃了自己曾有的设想。所以，但凡时鉴兄带出的学生，几乎个个品学兼优，成为国家的栋梁之材。

时鉴兄还是个性情中人，除了学术，他对书法亦颇感兴趣。每次我去拜访他，都见他在书房里习字，墙壁上挂满了他的书法作品。2012年春天，时鉴兄忽然来寒舍看我，未等坐停他就从包里取出一样东西，说"今天我要送你一本小书"，原来是他刚出版的书法集《人间词话引句录》，他说："也许这是我最后一本作品，供你欣赏。"此刻他已重病缠身，但仍然冷静乐观，丝毫没有悲观之情，出人意料。他的书法之所以能写得这么好，是因为他把书法也当作事业来做。我想这也符合时鉴兄的个性：做任何事情都坚持不懈，做出成果来。他的书法集与众不同，别具一格，在内容采集和编排上都有独创性。他把书法当作国学经典的载体，在欣赏其书法艺术的同时，更享受到国学的熏陶和美学精神的感悟。可见，创新已经成为他一生工作的灵魂。

时鉴兄因病医治无效，于 2013 年离世，至今已整 10 年了，但他的音容犹在，他一直都活在我们的记忆里。法国大文豪雨果在巴尔扎克的葬礼上曾经说过：死亡是伟大的平等，也是伟大的自由。巴尔扎克的离去，不是黑暗，而是光明！不是终结，而是开始！不是虚无，而是永恒！同样，时鉴兄留下的创新之作、治学精神及人格魅力，是我们驱除黑暗的光明，是思想的不朽，是睿智的永恒，我们永远怀念他！

（在黄时鉴教授逝世十周年纪念会上的讲话，2023 年 11 月 4 日）

《世界文明史简编》序

《世界文明史简编》一书即将出版，钦庄同志嘱咐我写篇序。我虽然从教40余年，但对世界文明史却缺乏深入研究，因此迟迟未敢应命。眼看钦庄约定的交稿时限已到，再推辞未免不恭，我只好从命写上几句，权当作序。

我总认为，要办成一流的大学，应该具备三个要素。一是必须有一流的教师；二是必须有一流的学生；三是必须有一流的教材。这样才能培养出一流的人才。这里我只谈教材。所谓一流的教材，就我的理解，其内容必须是科学的、创新的、前沿的。所谓科学的，即必须以马克思主义唯物史观为指导来解释历史现象，给学生以科学的知识；所谓创新的，即指所编教材绝不应人云亦云，更不是东拼西凑，而是有新资料，并提出新观点；所谓前沿的，即教材内容必须反映国内外最新的学术研究成果，站在本学科的学术前沿。当然，编写这样的教材是很困难的，但必须努力去做。《世界文明史简编》的三位作者，在成书之前是下过苦功夫的。首先，他们对这一领域的诸多问题颇有研究，先后出过一批研究成果；其次，他们教授过多年的世界文明史，而且教学效果颇佳，在浙江大学各校区内，均受到普遍欢迎，选修人数年年达到500人以上。一门公共选修课能如此广泛地受到欢迎，在浙江大学尚不多见。现在，三位先生在认真钻研和多年教学实践的基础上，又经过辛勤劳动写成这部教材，应该说他们认真负责的精神和严谨治学的态度是值得称道和提倡的。就此而论，这部教材也是值得推荐的。事实上，在我国，除了近年出版过几部翻译过来的世界文明史和一部由国人所编的已被认定为"前所未有的抄袭之作"外，还没有出版过一本像样的世界文明史。所以，我由衷地庆贺《世界文明史简编》这部教材的公开出版。

　　世界文明史是一个十分庞大的课题，其内容可谓无边无际，不论在内涵和外延上都难以界定，故谁也无法用三言两语说清楚。正如法国年鉴派巨匠、著名史学家布罗代尔所说："世界文明史无疑是一个广阔无垠、难以划界的历史领域；根据不同史学家和评论家的阐述，它的内容曾不断地有所变更，并继续在变更中。很难为文明史下个定义，即使下了也不免牵强（文明史几乎等于人类历史）。"另一位法国史学家基佐早在170多年前就说过："文明就像海洋，它构成一个民族的财富，该民族的生命的一切要素、支持它的存在的一切力量，都集中并团结在它的内部。"正因为文明史的内容无所不包又难以界定，所以，长期以来，我国学界一直未能达成共识。诸多学者还将文明史与文化史相提并论，认为文明史即文化史。依个人所见，文明史与文化史还是有区别的，文化史只能是文明史中的一个分支，只是其中的一个方面。这一点，我国学者胡适早有论述，他说："第一，文明是一个民族应付他的环境的总成绩。第二，文化是一种文明所形成的生活的方式。第三，凡一种文明的造成，必有两个因子：一是物质的，包括种种自然界的势力与质料；一是精神的，包括一个民族的聪明才智，感情和理想。凡文明都是人的心思智力运用自然界的质与力的作品；没有一种文明是精神的，也没有一种文明单是物质的。"我赞成胡适的话，一部完整的文明史就是人的发展史和奋斗史，它应该包括物质文明和精神文明。几千年的文明史，就是两种文明不断变革、发展和延伸的历史。它是一个过程，而且永远不会终结，从远古文明直至近代文明、现代文明……总是在不断地演进。

自然，要在一部文明史中同时反映出物质文明与精神文明的发展，这简直是不可能做到的。三位先生就其中的一个方面，即从精神文明的层面，构建了这部《世界文明史简编》的骨架，又撷取了人类精神文明发展中的精彩部分，将知识性和趣味性融为一体，简明扼要地反映出人类自远古直至今天所追求的精神文明之历程，包括人类起源、世界六大文明的发端、世界三大宗教的产生及其相应的文明，近代文明、现代文明以及对未来社会文明发展之展望，等等。用较少的篇幅让学生能在较短的时间内，通过阅读，对世界文明史的发展脉络与当今的发展趋势有一个大概的了解。我认为，这样的安排是妥帖的。尽管本书还有不够完善的地方，但是，作为大学生非历史学专业的公共选修课的教材还是比较合适的。它必定会受到文科学生的欢迎，同样也会受到理、工、农、医和金融专业大学生们的喜爱，当然也将得到社会上一切文明史爱好者的重视和欢迎。

文明还很年轻，世人还难以估量它的整个历程。在通往文明的道路上，世界上所有民族都在努力寻求互惠、相依的发展道路。任何拒绝、排斥都是行不通的，照搬照抄也是不行的。在文明发展的历程中，各民族之间既有输出，又有吸纳和扬弃，每个民族都在吸纳和扬弃中得到借鉴，并促进自身文明的发展，形成各自的文明特色。人类就是这样在吸纳和扬弃中，在弃恶从善的搏击中得到发展和进步，以达到更高层次的文明。所以，一个民族如果物质生活是富足的，而精神生活却陷入麻木、呆滞和空虚之中，这怎能算文明，又何来富足呢？文明必须是双全的：既有物质文明又有精神文明。我们应该认真总结世界文明史，为更高层次的两个文明的建设而努力，为实现全人类的幸福去奋斗。

恩格斯曾经说过："民族要想站在科学的最高峰，就一刻也不能没有理论思维。"文明史需要时间和理论去总结。在学习世界文明史时，不应该只停留在简单地了解和复述文明史中的某些历史片段，而必须对种种历史现象进行认真的探索，进行理性的思维，理性地去吸取世界文明史中一切有价值的合乎规律的积极面，从而激励自己投身实践，信心百倍地去创造今天和未来的文明。

我相信，本书的出版，必将有利于提高大学生们的人文素质，进而激励他们在我国的物质文明和精神文明建设中大显身手，奉献自己的青春年华。

（原载陈钦庄等《世界文明史简编》，浙江大学出版社，2000）

《法国通史简编》前言

《法国通史简编》是受国家教育委员会委托而编写的高等学校历史专业教材之一，亦可供世界史研究生、法国历史爱好者和外事工作者参考使用。

法国是西欧的古国之一，有着灿烂的文化、光荣的革命传统，在国际事务中历来起着重要作用。因此，要编写出一部具有一定特色的法国史，绝非易事。编写此书，是教学急需的一种尝试。在编写过程中，我们坚持以唯物史观为指导，以社会经济史为重点，力图展现法国历史的全貌，包括经济、政治、军事、科技、思想文化的发展，同时注意法国对人类文明所作出的贡献。

本书共分 18 章进行叙述。第 1—4 章，主要叙述法国的由来，法国原始社会、奴隶社会、封建社会的兴衰及其典型性。第 5—11 章，比较详细地叙述了 1789—1914 年法国历史的演变，突出法国资本主义文明制度的确立、民主制度的发展、工业化的过程和法国垄断资本主义的形成及其特点。第 12—17 章，比较全面地叙述了 1914—1988 年的法国，突出国家资本主义的进一步发展和经济的现代化，以及法国在国际上的地位。第 18 章，系统介绍了中法关系的产生、演变和发展。我们设专章叙述中法关系，不仅是为了适应对外开放的新形势，更重要的是因为中法交往源远流长、有丰富的实际内容，而在我们史籍中又很少涉及。因此，系统叙述这一领域，希望有助于加强和增进中法之间的交流和友谊。此外，考虑到科学技术、思想文化历来叙述太略，我们认为有加强的必要，所以叙述较详。

在本书编写过程中，我们得到了国内外同行专家的多方关心、支持和帮助。法国著名马克思主义史学家、巴黎第八大学教授克洛德·维拉尔（Claude Willard）来我校讲学期间，花了大量时间审阅本书的编写大纲，并和撰稿人一起对大纲逐章逐节进行讨论、修改。还有法国高等社会科学研究院主任研究员、法国人文科学之家副主任莫里斯·埃马尔（Maurice Aymard）和法国国立科研中心主任研究员、法国当代史研究所所长弗朗索瓦·贝达里达（François Bedarida）两位先生，在访华期间，就如何编好本书也与我们进行专题座谈，提出了颇有价值的建议。上述专家和许多法国同行还给我们寄来了不少法文史书和资料，对本书编写工作的顺利进行起了促进作用。

本书完稿后，我们特约请了我国著名史学家王养冲教授以及陶松云、金重远教授担任了本书的主审工作。齐世荣教授在我系讲学期间也审阅了部分书稿，他们对本书提出了许多宝贵意见。在编写过程中，我们还得到中国法国史研究会及其会长张芝联教授以及端木正教授、王荣堂教授的大力支持。在此，一并表示衷心的感谢。

本书由下列人员参加编写：第1章詹天祥，第2、3章王渊明，第4章王渊明、楼均信，第5章尤天然，第6章楼均信，第7章沈坚，第8章楼均信，第9章郑德弟，第10章郑德弟、楼均信，第11章楼均信、沈坚，第12、13章戴成钧，第14章吕一民，第15章戴成钧，第16、17章吕一民，第18章沈坚。最后，由沈炼之、楼均信负责统稿、定稿。

由于我们水平有限、时间仓促，书中错误定然难免，恳切希望读者批评指正。

（该书由人民出版社于 1990 年出版）

《绘画本世界通史》序

世界文明发展的历史，上下约 5000 年，包含地球上人类社会发展的种种变革与奥秘，内容丰富又有趣味，是一个取之不竭的知识宝库。在我国改革开放的今天，在国际风云突变的当代，了解世界的昨天和前天，对于我们认清形势，提高文化素养，无疑是必要的。几千年的世界历史告诉我们，人类社会的发展虽有迂回曲折，但总是浩荡向前，从低级趋向高级，从野蛮走向文明，从落后变为进步，最终走向人人幸福的共产主义社会。

我从事世界史教育与研究工作 50 余年，深知其中之艰辛，也深得其中之乐趣。我曾经想过，要是把这部漫长恢宏又奔腾向前的世界历史，用形象直观的画面展示出来，图文并茂，让青少年朋友能在饶有兴味的阅读中获取世界历史的基本知识，总结借鉴历史的经验与教训，这该多好！《绘画本世界通史》的出版，使我的这一想法得以实现，并且为在我国人民中普及世界史知识走出了一条新路。

参加本书编著的同志，都是对世界历史素有研究的专家、学者和具有丰富教学经验的世界史专业教师，但编写本书毕竟是一次新的尝试，并且要用有限的文字与绘画相配合，以说明纷繁复杂的世界历史，并非一件易事。编著者们经过反复研讨、精心选材，成功地完成了这一工作。

全书按时间顺序，形象地反映出人类社会的总体发展过程，即从原始社会、奴隶社会、封建社会、资本主义社会向社会主义共产主义社会发展的总趋势。以具体生动的史实，重点突出又深入浅出地介绍了世界历史上千姿百态的经济发展，波澜壮阔的群众斗争，叱咤风云的历史人物，光辉灿烂的科技、文化及思想艺术成就，书中的有些内容也为一般世界史书中所少见。因此，这套读物的出版，对丰富青少年的世界史知识，开阔视野，启迪思想，认清社会发展的必然规律，培养科学的世界观，增强建设有中国特色的社会主义的信心，适应改革开放的新形势，定会有所帮助。

参加本书绘画的多是经验丰富、深有造诣的专业画家和美术工作者，而选入本书的图片又多是珍贵的历史名画、文物古迹或真人真迹照片，这就增添了本书的史料价值、艺术价值和收藏价值。所以，本书不只是青少年的历史读物，而且还可满足不同职业、不同文化素养和不同年龄层次读者的要求。我相信它会受到各界朋友的欢迎。

楼均信执笔，沈炼之署名

（该书由浙江少年儿童出版社于1992年出版，多次重印）

《法兰西第三共和国兴衰史》前言

《法兰西第三共和国兴衰史》被列入国家社会科学基金研究课题和浙江省哲学社会科学"八五"规划重点课题。这是我们杭州大学法国史研究室编著的第二部专著,在第一部专著《法国通史简编》(人民出版社,1990)中,我们比较系统地阐述了自远古至1988年的法国历史。在这部《法兰西第三共和国兴衰史》中,我们将比较详细地叙述法兰西第三共和国强盛与衰落的全过程。

众所周知,第三共和国从1870年成立到1940年灭亡,前后延续长达70年之久,它比第一、第二、第四三个共和国存在时间的总和还要长,可谓法国历史上迄今为止最长命的共和国。70年,在人类历史的长河中只不过是短暂的一瞬间。可是,它在法国社会发展史上却打上了深深的印记,留下了不可磨灭的功绩,占有十分重要的地位。正是在这一时期,法国在政治、经济、社会、教育等各个领域进行了广泛的改革,初步实现了经济现代化;确立了典型的资产阶级议会民主制;开始形成了多党制的政治格局;实现了教育世俗化,建立了现代化的教育体系。所以,第三共和国是法国走向现代化的关键时期。而两次世界大战又都发生在这一时期,其军事上的成败得失,也给后人留下了深刻的启示。现代法国的一切，包括经济结构、政治体系、议会民主与党派制度等，实际上都是第三共和国的直接延续与发展。因此，要了解今日之法国，必须了解第三共和国。而且只有了解第三共和国，才能真正了解今日之法国。

本书力图以马克思主义为指导，以社会经济和社会主义运动为重点，努力从社会、经济、政治、军事、外交、人口、科技、文化教育等不同层次、不同侧面反映出第三共和国史的全貌，进而说明第三共和国这一典型的资产阶级民主国家怎样在战火中诞生，怎样在保王势力的搏斗中确立，怎样通过改革得以巩固和发展，又怎样最终在第二次世界大战的炮火中被摧毁。

对第三共和国的研究，在我国起步较晚，迄今还没有一部国人所著的第三共和国史。我们经历四年的努力，终于完成了这部仍然并不完美的《法兰西第三共和国兴衰史》，以填补这一领域的空白，同时抛砖引玉，求教方家。

在本书编著过程中，我们得到了国内外同行专家的多方关心、支持和帮助。法国著名马克思主义史学家、巴黎第八大学教授克洛德·维拉尔（Claude Willard）在杭州大学讲学期间，花了大量时间审阅本书的编写大纲，并和撰稿人一起对大纲逐章逐节进行讨论修改，努力使本书既能反映出最新水平又具有中国特色。法国当代史研究所、法国驻华大使馆、法国驻沪领事馆还分别给我们寄来了不少有关第三共和国史的法文图书和资料，对本书编著工作的顺利进行起了重要作用。

在完成此书时，我们还要特别提到我国已故著名史学家、杭州大学法国史研究室前主任沈炼之教授（1904—1992），他不仅把自己的毕生精力都倾注于法国史研究，尤其是第三共和国史的研究，还潜心带领我们研究室的全体同志，对第三共和国史进行有计划的研究。我们在沈老的领导和参与下，先后翻译并出版了《法兰西第三共和国资料选译》(不定期刊物，已出 8 期)、《法国工人党的诞生》(中国人民大学出版社)、《一八七一——九一八年的法国》(商务印书馆)、《一九一八——九三九年的法国》(商务印书馆)、《盖得派》(杭州大学出版社)及《法兰西第三共和国》(商务印书馆)等译著，为编著本书打下了坚实的资料基础，在此我们由衷地感谢这位先辈。

在编著过程中，我们还得到了国内著名史学家王养冲教授、张芝联教授、端木正教授、齐世荣教授、王荣堂教授、陈崇武教授、陈之骅研究员及法国史其他同仁的鼓励、支持和帮助。在此，一并表示衷心的感谢。

本书的出版，得到杭州大学董氏文史哲研究奖励基金和杭州大学校友郭剑林硕士在经费上的大力资助，特此致谢。

参加本书编著的有：楼均信(绪论，第二、六、八章)，应雪林(第一、二章)，沈坚(第三、七章)，计翔翔(第四、五、九章)，戴成钧(第十、十一、十二章)，吕一民(第十三、十四、十七章)，张忠其(第十五、十六章)。附录主要由硕士研究生方建中完成。

全书由楼均信统稿、定稿。由于我们水平所限，书中谬误在所难免，恳请海内外学者不吝指教。

（该书由人民出版社于 1996 年出版）

《盖得派》中译本前言

本书具体描述了1871年巴黎公社失败到1905年法国统一社会党成立期间的法国社会主义运动，重点讨论了盖得派的活动。盖得派即法国工人党，又称马克思主义派，是法国社会主义运动中人数最多、组织最强大的党派，也是法国历史上第一个马克思主义政党，它在法国和国际共产主义运动史上占有重要的地位，起着显著的作用。

本书作者克洛德·维拉尔生于1922年，早年就读于巴黎大学，1943年加入法国共产党，曾积极参加法国反法西斯抵抗运动，1965年获国家文学博士。他长期从事法国社会主义史和工人运动史的研究，是当代法国著名的马克思主义历史学家，现任法国巴黎公社之友协会主席、巴黎第八大学教授，其主要著作除了《盖得派》之外，还有《富尔米枪杀》、《法国法西斯主义的几种面貌》、《法国的社会主义与共产主义》、《盖得传略》、《街垒》以及他和夫人热尔曼·维拉尔合著的《法兰西民族的形成》等。最近，维拉尔虽已退休，仍笔耕不辍，他正在主编一部长达1500页的大部头《法国工人运动史》，不久即可问世。

维拉尔也是国际上知名的学者，早在1971年就应苏联邀请，与法国著名史学家布吕阿和法共领导人杜克洛组成三人代表团，赴莫斯科参加巴黎公社 100 周年大庆活动。1986 年、1988 年应我国邀请二度来华访问、讲学。在杭州大学讲学期间多次放弃休息时间与杭州大学法国史研究室同仁进行学术交流并给予具体指导，他还捐款为法国史研究室购置图书资料，表现出一位法国专家对中国学者极度的热情、友好和无私的奉献精神。

《盖得派》的全称为《法国社会主义运动（1893—1905）中的盖得派》[*Le Mouvement Socialise en France (1893-1905) Les Guesdistes*]，是作者的博士学位论文。全书共分八大部分，总计 31 章。作者运用马克思主义的观点和方法，以丰富的第一手资料，严密的科学论证，全面系统地阐述了法国工人党的起源、组织、学说、活动及其地域分布，正确地总结了工人党所走过的成功与挫折的艰难历程，分析了法国社会主义运动从分裂到统一的经验教训，提出了许多发人深思的独创性见解。因而，本书至今仍不失为这一领域的权威之作。例如，作者在论述法国工人党的学说时，既阐明了盖得主义和马克思主义间的一致性，指出法国工人党把自己的意识形态、纲领、行动都统一地建立在马克思主义学说的基础上，为在法国传播、普及马克思主义作出了杰出的贡献，取得了巨大的成就，同时又着重阐述了盖得主义与马克思主义在许多方面还存在着差距：盖得主义还不是彻底的马克思主义。这就为我们解决了一个长久思而不解的难题：法国工人党在成立初期，在马克思、恩格斯的亲切教导和大力支持下，取得了很大的成就，可是，为什么后来却失去了群众，走上了左右摇摆的改良主义道路，从而给法国社会主义运动造成重大损失？作者认为，除了当时的政治、社会、经济原因外，最重要的原因就在于法国工人党的领导不精通马克思主义，更没有始终坚持以马克思主义为自己的行动指南，没有把马克思主义的普遍真理和本国实践结合起来，把实践作为认识真理的源泉和标准，往往用到处可以套用的简单公式，去分析和解释法国政治生活中的现实问题。因此，随着形势的变化，工人党或固守教条，或随波逐流，使这艘导航的船偏离航道，迷失方向，最终背离马克思主义，滑向错误的轨道，失去了广大工人的信任和支持。作者还对米勒兰入阁、议会道路等重大问题作了马克思主义的评价，指出"米勒兰主义是修正主义在法国特有的条件下，在政治上的应用"。所有这些不仅大大深化了工人党史的研究，而且至今仍具实际意义和启迪作用。

本书出版后，很快就受到国际史学界的重视和好评。1969 年，苏联就出版了俄文译本。苏联著名史家曼弗列德和著名社会学家莫姆江一致认为这是一部"内容丰富又有意义"的创新之作。

《盖得派》全书 770 页，总计 60 万字，沈炼之教授花了近 5 年时间才将全书翻译完毕。付印前，我受沈老委托做了译校（其中第十七、十八、十九章由张忠其同志译校）。在译校过程中，征得作者同意，以不影响原著全貌为前提，从我国实际出发，删去了大部分注释和部分内容，保留其有价值的史料和独创性观点。限于篇幅，我们同时还删去了原书中的大量图表、工人党人名小传、参考书目及人名索引。但这个汉译本仍然是一部资料最丰富的工人党史专著，它的出版为我国的国际共运史、法国史的教学与研究提供了十分宝贵的资料，必将促进我国学者对这一领域的深入研究。

当然，本书中个别提法尚可推敲。例如，作者曾几次讲到盖得派除拉法格以外，对马克思主义的理解是非常肤浅的。其实，盖得派尽管有错误，但盖得等人对马克思主义的理解并不都是"非常肤浅"的。此外，书中对工人党如何领导工人运动，如何重视农民运动等方面的叙述似乎过于简略。

本书在翻译过程中得到了戴成钧、郑德弟、沈坚、吕一民、计翔翔等同志的支持与帮助。在出版过程中，得到了杭州大学历史系主任金普森教授的全力相助。在这里，我们对所有襄助完成此书出版的同志致以衷心的谢意。

本书的出版，还得到浙江省社会科学规划领导小组在经费上的大力资助，特此致谢。

本书根据巴黎 1965 年法文版译出。本人才疏学浅，译校中难免有错误及不妥之处，恳请读者批评指正。

（该书由杭州大学出版社于 1992 年出版）

《中国法国史研究信息》编纂说明

《中国法国史研究信息》一书是由中国法国史研究会与浙江大学历史系联合编纂的。书中收录了有关我国法国史研究动态的论文及部分珍贵的学术照片，同时收编了1949年10月至1998年12月出版的法国史书目和论文资料索引。我们力求反映出新中国成立以来，我国学者对法国史研究的全貌，为广大世界史和法国史的教学与研究工作者及一切法国史爱好者提供一份比较准确、全面、详实的信息资源。

本书吸收了杭州大学法国史研究室1988年所编《法国史论文资料索引》、北京大学中法文化关系研究中心与北京图书馆参考研究部中国学室主编《汉译法国社会科学与人文科学图书目录》，同时参考了全国总书目、全国新书目、国内主要出版社编辑的有关书目及全国主要报刊资料索引、中国历史学年鉴、世界史研究年刊、中国人民大学报刊资料索引和部分内部刊物等有关书目。由于客观原因，未收录我国台湾和港澳地区出版的法国史书目及论文资料。另外，我国法国史学者在国内外用英、法文等外文出版的著作与论文亦未予收录。

本书分为动态篇、书目篇和论文索引篇。后两篇基本上按法国历史发展的顺序、政体的演变和著译出版的时间先后，分成若干专题编排。

由于种种原因，所收书目很难齐全，而且不少条目只能缺项注录，例如有的未注明版次，有的未注明字数和总页码，只好留待有机会再版时补正。

在本书编纂过程中，我们得到了北京图书馆、上海图书馆、浙江大学图书馆等多家图书馆的协助和支持，还得到了华东师范大学历史学系陈崇武教授、中国社会科学院欧洲研究所吴国庆研究员、世界史研究所许明龙研究员、历史研究所耿昇译审，浙江大学陈钦庄、吕一民、张忠其、计翔翔副教授的具体帮助，在此深表谢忱。

在本书出版之际，我们要特别感谢中国法国史研究会会长、北京大学教授张芝联，没有他的一再提议和不断敦促，本书不可能及时完成。没有他在经费上的有力筹措，本书更不可能正式出版。还要感谢浙江大学历史学系在经费上的资助，使本书得以及时出版。同时，我们还要感谢中流文教基金会及浙江大学人文社科处处长罗卫东教授对本书的出版给予的支持和帮助。

参加本书编纂工作的有：周燕、张施娟、沈玉、汤洪庆、田明孝、朱秀芳、楼均信等；由楼均信任主编。

由于我们水平所限，掌握资料不全，加上时间仓促，在书目与论文索引的收编及分类上，难免有贻误和不妥，恳请海内外读者批评指正。

（该书由浙江大学出版社于 1999 年出版）

《沈炼之学术文选》前言

为纪念我国已故著名历史学家、教育家、翻译家，我系老前辈沈炼之教授逝世五周年，杭州大学历史系决定选编出版《沈炼之学术文选》，以展示先生的学术成就，弘扬先生的治学精神，激励后人努力奋进，为国奉献。

沈先生毕生热爱祖国，默默奉献，在 60 多年的学术生涯中，出版了译著、专著 20 多种，发表论文、译文 100 多篇，总计达 300 万字以上。因限于篇幅，我们只能选录先生在各个时期有代表性的部分著述，其中有的文章还是第一次公开发表。

本文选共分四卷，即论文译文卷、书评序言卷、著作卷和风范卷。前三卷均按时间顺序排列，不作内容分类，同时为保持原文风格，除简化字和标点按出版要求外，均不作改动。风范卷为同行名家的回忆和后辈弟子的怀念以及报刊对先生业绩的评述。书后收录先生全部著述目录及报刊报道篇目，以便读者查考。

在本文选选编过程中，我们得到了北京图书馆、上海图书馆、浙江图书馆的大力协助，尤其是得到了杭州大学历史系资料室的密切配合与帮助；暨南大学校友和先生子女还为我们提供了珍贵的照片资料。计翔翔同志还为本书稿清样作了认真校正。在此，我们对上述单位和个人表示衷心的感谢。

在本文选出版之际，我们要特别感谢董建华文史哲研究基金会和杭州大学出版社出版基金的大力支持，如果没有他们的基金资助，这本文选不可能如期出版。

本文选的选编，因时间比较匆忙，又因本人学识所限，难免有疏漏和不妥之处，恳请海内外读者批评指正。

（该书由杭州大学出版社于 1998 年出版）

《法国大革命史（1789—1794）》序

　　《法国大革命史》终于与读者见面了，这不仅是中国学者的愿望与使命，也是法国同行所一直期盼的。新中国成立五十多年来，中国历史学家还没有出版过一部自己撰写的、有分量的大革命通史性专著。今天，这个愿望实现了。《法国大革命史》分为4编，洋洋洒洒，蔚为大观。它的出版无疑是对我国大革命史研究的重大贡献，我由衷地庆贺这一大著的问世。

　　这是一部经过20多年风风雨雨铸就的不凡之作，是华东师范大学法国史研究室三代学人努力奋进的结晶。华东师范大学是我国研究法国大革命史的学术重镇，20世纪80年代中期，按中国法国史研究会的分工，该校理所当然地接受了编撰法国大革命史的任务，王养冲教授曾与陈崇武教授联手，组织包括王养老的公子令愉世兄在内的几名学习法国史的研究生，根据拟定的大纲和指定的史料边学边写出初稿。而后由陈崇武、尤天然、洪波教授进行初审修改，提出初审稿。90年代初，王养老又对大纲和初审稿重新审读、推敲、调整，提出全面的修改意见并执笔对若干篇章作充实修改。稿凡二撰，已具规模。嗣后，由令愉继其余绪。谋篇布局、探赜索隐、查核推敲，匡谬润饰，于教学之余伏案操觚者凡数度寒暑，其书乃成。一部学术专著，凝聚多位学人的心血，历时20年，充分说明：这是一部严谨的科学之作。它的出版，无疑为当今学界抵制急于求成的浮躁之风树立了榜样。

我有幸第一个拜读这部书稿，可以毫不夸张地说，这是一部体现国内法国大革命史领域最高水平的学术大著，是对我国半个世纪来研究法国大革命史的总结和创新。它的出版，显然填补了这一领域的学术空白。

众所周知，对法国大革命史的研究，在国内外始终是最热门的课题之一，因而也是学术研究成果最多的领域之一。在我国，改革开放以来，至少有上百种著作、译作出版，上千篇论文发表。其中，在中国学者撰写和编译的著作中，最具代表性的有：王荣堂的《十八世纪法国资产阶级革命》、刘宗绪主编的《改变世界历史的二十五年》、端木正主编的《法国大革命史词典》、高毅的《法兰西风格：大革命的政治文化》、陈崇武的《罗伯斯比尔评传》、李元明的《拿破仑评传》、马生祥的《大革命与现代化：1789—1830年的法国》以及王养冲和陈崇武选编的《罗伯斯比尔选集》和《拿破仑书信文件集》、李浩培等译的《法国民法典》等。而一些国外的史学名家名作，尤其是法国名家的论著，大多已译成中文，最著名的有：马迪厄（今译马蒂埃）的《法国革命史》、米涅的《法国革命史》、勒费弗尔的《法国革命史》、索布尔的《法国大革命史》、饶勒斯的《社会主义史·法国革命》、托克维尔的《旧制度与大革命》、柏克的《法国革命论》、罗斯的《拿破仑一世传》、塔尔列的《拿破仑传》、勒费弗尔的《拿破仑时代》等。这些论著的出版，为我国学者在各自的研究中提出的大量创新之见提供了条件。这些研究涉及法国大革命的分期问题、热月政变的性质问题、农民与土地问题、旺代叛乱的性质问题、大革命与现代化的关系问题、大革命的政治文化问题以及大革命的负效应问题等。我国史学界的创新之见为大革命史的深入研究打下了坚实的基础，也为本书的推陈出新提供了重要保证和有益的坐标与借鉴。

《法国大革命史》这部新著，就是在史学界已经取得的优秀成果的基础上撰就的。著者既汲取了国内外优秀成果的精华，又自成一体，形成了独特的构思与风格。著者扬人之长，弃人之短，做到了吸取而不抄袭，扬弃又不排斥，体现出中国学者应有的学术气度和人文素质。本人可以负责任地说，这是著者经过数十年积累和深思熟虑之后，撰著的一部最全面、最系统、最详尽又最有创见的法国大革命史专著，具有重要的学术价值和社会价值。

依本人所见，与国内外同类著作相比，这部新著至少具有以下三个方面的明显特色。

第一，体系结构新颖。著者以马克思主义为指导，以法国进步的大革命史编纂学为参照，以宏观的视野，谋篇布局，将大革命史分成4编，从大革命前旧制度末期的法国写起，一直写到拿破仑帝国失败结束。全书气势恢宏，自成一体，扬弃了苏联和我国学者长期坚持的"政治中心说"，强调了以社会经济史为重点，同时重视改革在大革命过程中的地位作用，认为改革是革命的补充和组成部分。所以书中突出社会变迁和经济、政治、工业、农业、贸易、税收、宗教、教育等多个领域的改革，完全改变了以阶级斗争为中心的传统编史模式，实现了体系、结构上的转换与创新，令读者以更广阔的视野，全面认识这场史无前例的大革命，其不仅是一场激烈的政治革命，同时也是一场深刻的社会革命、经济革命、思想革命和文化革命。

在大革命史的分期上，著者亦不再以热月政变作为革命的终点，而是将1814年拿破仑帝国的覆亡作为终点，使大革命的时间足足延伸了

20 年，将大革命从 1789 年开始，先后分为 6 个时期：君主立宪派、吉伦特派、雅各宾派、热月党督政府、执政府、拿破仑帝国。这样的分期，应该说是比较真实而客观地体现出这场大革命波澜壮阔和反复曲折的全过程，同时也表明中国学者开始与国际史学接轨。事实上，在国际史学界，拿破仑帝国早已成为法国大革命史的重要组成部分。

第二，观点独到。一部好的学术专著，除了体系结构合理、新颖之外，更重要的还在于它为同行提供了多少新思维和新观点。学术研究贵在创新，观点的创新是学术的生命，本书的突出贡献，就是它在观点上的全面创新。本人在此枚举数例，便可窥斑见豹。

其一，本书著者将社会变迁、经济发展放在首位，对大革命进程中的每一个发展阶段，从君主立宪派直到拿破仑帝国，都用大量篇幅来阐述每个党派掌权时，其经济的变化与生产力的发展，使读者强烈地意识到革命就是改变社会现状，解放生产力。这样的论述，其意义可谓非同一般。

其二，本书著者将大革命过程中的各个党派放在特定的历史社会背景下，客观公正地肯定了诸如君主立宪派、吉伦特派、雅各宾派、热月党、督政府的历史进步作用与局限性，一改过去简单化地将各党派（除雅各宾派之外）统称为"反革命"的论调。尤其是对君主立宪派的思想渊源、政治纲领及各个领域的改革和成就所作的深入细致的分析，得出君主立宪派是"法国资本主义社会开创者"的结论，不仅一改传统旧说，而且极具说服力。

其三，本书著者对恐怖统治及"旺代叛乱"性质的评述，都从大量史实出发，作了非常形象而细化的叙述，使读者真真切切地认识到恐怖统治的历史必然性、局限性与荒谬性，认识到"旺代叛乱"是多重原因引发的，"是一次农民对抗革命的叛乱"，不能简单地判定对抗政府就是

"反革命"。著者对这一所谓"反革命"现象的深入分析，所得出的不是
"反革命"的结论，对恐怖扩大化给社会带来的严重后果之论述，不仅
有重要的学术价值，更富有现实意义，不啻为本书的一大亮点。

其四，对大革命中出现的重要人物，诸如罗伯斯比尔、丹东、马
拉、圣鞠斯特和拿破仑等的评述，则一一透过史实说话，作出了富有启
发性的评价。著者首先把历史人物放在当时特定的历史环境中，接着都
用相当的篇幅详述他们在当时参与的社会活动。然后，从事实层面和价
值层面上，对各人作出客观的评述，不再简单地将人物分为正面或反面
进行脸谱化的评判，同样是颇具见地和令人回味的。

此外，本书对于启蒙思想的论述，对于女权的论述，都很有新意。
细读本书，独到之观点，随处可见，读者当可自行鉴赏。

第三，材料精细而翔实。研究历史必须诠释历史，要诠释历史，必
须让史实说话，否则就是空论。本书又一特色就是引用了大量过去少用
和不曾使用过的新史料，各个章节的叙述自始至终让史料说话，绝不空
发议论。在引用西文资料时，著者特别注意引用第一手的法文资料，许
多史料更是极为珍贵，令本书的学术价值大大提升。例如，本书对教会
财源的分析，对教产分布的统计，对贵族结构的分析以及对农民所占土
地的统计，等等，都十分细化，表述非常具体，这亦是十分可贵的。再
如，对路易十六审讯与处死过程的详细描述，其史料在一般史书难以寻
觅，同样珍贵。读者不仅可以了解审讯和处死国王的种种细节，而且可
以引起读者对这一重大事件新的思考。

总之，可以这样说，这本专著在史料的采集和引用方面，做到如此
精细，这在我国法国史的研究中是首屈一指的。对史料的态度，其实是
治学者学风的体现，是值得学术工作者认真思考和借鉴的。我记得世界
公认的法国大革命史权威索布尔教授在谈到治学态度时曾经说过，历史

研究必须把广博的考证和批判的思考结合起来。这就是说，历史研究者必须对史料进行广泛的征集和考辨，做到去伪存真；对一切优秀成果必须认真思考，有批判地吸纳。详读王养老所著的这部《法国大革命史》，本人觉得无论在史料的考辨还是在观点的吸纳方面，作者已经做到了索布尔教授所言。

这是一部从正面阐述法国大革命史的学术专著，著者肯定了法国大革命在推动世界历史发展中的重要地位和进步作用，同时指出了大革命所带来的不可避免的负效应。这样的结论，本人认为是可取的、准确的。正像任何事物一样，法国大革命也具有两面性，问题是不要颠倒主次。本书在论述中，其主次是分明的、得体的、正确的。遗憾的是，在我国学界，似乎有人在有意无意地否定法国大革命，认为"大革命是一次揠苗助长的历史事件，断送了法国社会的循序改革"，甚至认为大革命破坏了法国人的"福祉"。当然，作为学术研究可以有不同的观点。但研究历史，毕竟不应离开历史、背离历史唯物主义。否则，就有可能违背历史，离开真理。以下一些论述法国大革命耳熟能详的话，是值得我们重温的：

这是青春、热情、自豪、慷慨、真诚的时代，尽管它有各种错误，人们将千秋万代纪念它。（托克维尔）

这是一次壮丽的日出，一切能思维的生物都分享到了这个新纪元的欢欣。（黑格尔）

这次革命给本阶级，给它所服务的那个阶级，给资产阶级做了很多事情，以至整个19世纪，即给予全人类以文明和文化的世纪，都是在法国革命的标志下度过的。（列宁）

任何一个自觉地对待历史的人都会说，法国革命虽然被粉碎

了，但它毕竟是胜利了，因为它为全世界奠定了曾是无法消灭的资产阶级民主、资产阶级自由的基石。（列宁）

记得托克维尔还曾说过："没有任何事情比法国大革命史更能提醒哲学家、政治家们要谦虚谨慎，因为从来没有比它更伟大、更源远流长、更酝酿成熟但更无法预料的历史事件了。"正因如此，法国大革命史才始终是各国学者孜孜不倦的研究对象，他们通过对过去历史的研究，对目前现实作出更深入更透彻的理解，总结出丰富的经验教训，成为人类宝贵的精神财富。正因如此，历史学家们对法国大革命史的研究才永远不会终结，它将成为学者们永恒的研究课题，历久弥新。

事实上，法国大革命史研究中还有许多方面，譬如大革命的社会史、妇女史、乡村史、农民、宗教、艺术、肖像学、司法制度、社交生活、民众心态以及大革命与中国等，都有待学者们去深入探索、开拓创新。让我们共同期待更多的新成果不断问世，早日形成法国大革命史研究的中国学派，屹立世界，为国奉献。

2006 年初夏于浙江大学紫金文苑

（该书由东方出版中心于 2007 年 8 月出版）

《铁路与欧美主要国家现代化》序

　　汪建丰同志所著《铁路与欧美主要国家现代化》一书，即将由吉林人民出版社出版发行，这是作者近十多年来潜心研究的结晶，是一部颇具价值的学术新著。

　　就我所知，在我国学术界，近20年来对西方国家现代化的研究一直是热门课题，已有多种专著出版，并且取得了丰硕的成果。但大多数著述都侧重宏观层面的研究，而选取铁路作为切入点，将铁路放在现代化进程中，将欧美主要国家的铁路建设进行比较分析研究，进而论证铁路在现代化过程中的地位作用，在国内尚属首创。毫无疑问，本书的出版填补了这一领域的空白，颇具学术价值与借鉴意义。

　　在人类历史上，铁路在实现现代化过程中，始终占有举足轻重的地位。自从1825年英国成功开出全世界第一列火车开始，历经多次技术革新与提速，直至1981年法国开出第一列时速达270公里的高速火车（TGV），已有约160年之久。至今，其时速已超过300公里，最高达500公里。铁路交通已经成为现代工业文明的显著标志之一，成为衡量一个国家现代化程度和社会文明的重要尺度。这是因为铁路建设本身就大大推进了工业化的进程和现代化经济的发展。同时铁路交通还使城乡连成一体，扩大了全国市场，从而打破了社会的封闭，加速了落后地区的开发，推动了城市化的实现，引起生活方式和新的思想观念文化形态的改变。铁路建设的发展，最终导致了社会的变革和体制的革命，深刻影响着整个社会的剧变。所以，研究现代化必须深入研究铁路。

就我所知，汪建丰同志对西方铁路的研究早在 20 世纪 80 年代末在浙江大学攻读硕士研究生时已经开始。十多年来，他持之以恒地不断探索，一直坚持对西方铁路的研究，先从法国、德国，再推及美国，而后又对各国进行综合、比较研究，已有十多篇论文在国内各报刊发表，本书就是在他长期刻苦钻研的基础上撰著而成的，他肯坐冷板凳的这种刻苦钻研精神，在当今学界充斥急功近利的浮躁之风之时，显得十分可贵。

汪建丰同志在这部专著中，运用多国家比较研究和学科交叉的综合研究方法，将定性分析与定量分析相结合，系统阐述法、德、俄、美等欧美主要国家铁路建设和发展的历史过程，全面分析铁路对欧美主要国家社会经济、政治乃至生活方式、文化观念所产生的广泛影响，进而揭示出铁路与欧美主要国家现代化的关系。这对我们了解西方铁路发展的历史，了解铁路交通实现现代化进程中的多种功能是很有帮助的，而且对我国的现代化建设也颇有启迪作用。

本书不仅对欧美主要国家的铁路交通作出了全面系统的论述，而且与一般著作相比，还颇具特色，依我所见，本书最重要的特色有以下三点。

第一，把铁路放在现代化的大视野中加以研究和论述，将现代化看作一种不可抗拒的历史潮流，实现现代化是达到物质文明和精神文明的必由之路，是人类的梦想和追求，而铁路则是实现现代化过程中的重要组成部分。从现代化这一视野出发，把铁路看作现代化的重要元素，看作现代化工业文明的载体，这就使我们可以更清楚地了解铁路在现代化过程中所处的地位和作用，进而大大加深了对现代化的理解。

第二，对欧美主要国家的铁路交通作大跨度、全方位的叙述，既简明扼要地论述了西方主要国家早期铁路建设曲折的发展史，又高度概括了 21 世纪新铁路时代高速铁路和城市轨道的地位与作用。并总结出了一个多世纪以来，各国在铁路建设中从铁路的发展到鼎盛直至衰退又复兴的演变过程及其经验教训，预示新铁路时代来临的必然性和合理性，引发人们去回味、去思考、去总结和借鉴。

第三，通过比较研究，独创性地提出了欧美主要国家早期铁路建设中所走的不同道路和具体模式。作者认为，欧美主要国家其铁路建设的进展基本相似，但在发展模式上则各具特色，呈现一定的模式差异。作者对各个国家的不同模式分别作出了概括和判定，称英国奉行的是私人自发建设铁路的模式，美国则是私办公助建设铁路的模式，法国却是公私合作建设铁路的模式，德国又自成一体采用公私混合建设铁路的模式。这样的概括和判定，具有独创性，不仅抓住了各国铁路建设的不同特点，而且更深刻地揭示出各国只能从自身国情出发，才能够有效地发展铁路交通，其论述既有新意又很有说服力。

应当指出，对我国学者来说，从事欧美主要国家铁路交通的研究，尤其是铁路建设与现代化关系的研究，还有相当的难度，这不仅因为它涉及历史学、经济学、社会学等多学科及其交叉学科，涉及科学技术的诸多领域，而且还涉及英语、法语、德语等多种国家语言的运用，要掌握更多的第一手资料并非易事。因此，汪建丰同志在书中难免会对有些问题涉及不够或不深，对某些方面的分析和评述尚欠妥切，这有待作者在今后的研究中不断深化、补充和匡正。

　　但是，总的来说，这是一部有深度、有创新、有价值的学术专著。它的出版是我国史学界和经济学界一件可喜的事。我由衷地祝贺本书的出版。

　　　　　　　　　　　（该书由吉林人民出版社于 2005 年出版）

《欧洲一体化思想研究》序

一部颇具特色的专著《欧洲一体化思想研究》即将由吉林人民出版社出版，这是韩慧莉同志多年来潜心从事欧洲一体化研究的结晶，我由衷地庆贺这一学术专著的问世。

欧洲一体化研究是一个极富现实意义的课题。近十年来，一直是我国学术界的热门课题，早在1994年，浙江大学就出版了朱建安教授的专著。1996年11月，北京大学还主办了"欧洲历史上的分与合"国际学术研讨会，欧洲联盟委员会副主席里昂·布里坦爵士和欧盟驻华大使魏根深先生及多名驻华官员参加了闭幕式，并与代表进行座谈讨论。1999年，京华出版社又出版了郭华榕、徐天新教授的专著《欧洲的分与合》。此外，在我国还有一大批论文发表，从不同层面论述欧洲历史上的分与合，以及欧洲一体化的历程与前景，表明我国学者对欧洲统一十分重视和关注。

今天，我们又高兴地读到了韩慧莉同志的《欧洲一体化思想研究》，这是我国学者关于欧洲一体化研究的又一部新著，与前两部相比，它可谓独树一帜，另有特色。

韩慧莉所著《欧洲一体化思想研究》一书的最大特色，就在于其强调的是思想在欧洲统一过程中的作用，突出思想是实现欧洲一体化的先导，书中对欧洲统一的观念、思想、理论作了全面系统的论述，从法国政论家圣·皮埃尔在 1713 年所著《永恒的和平方案》的论述开始，到两次世界大战前的欧洲联合思想，再到战后初期的欧洲运动及当代欧洲一体化思想，对其产生和发展的轨迹动因、不同时期的特点，均有清晰的表述。对长达 300 年之久的欧洲一体化思想，其来龙去脉也都有所论述，这是我国第一部系统研究欧洲一体化思想的学术专著。本书在论述过程中，也多有创新之见，例如对欧洲一体化思想渊源的分析，对白里安欧洲计划失败原因的分析，对丘吉尔欧洲联合思想的分析，等等，都反映出作者的独立见解，不仅有新意，也很有说服力。

韩慧莉同志是一位十分刻苦勤奋的学者，她在学术条件相对比较艰难的情况下，十年如一日，始终以研究欧洲一体化思想为目标，广泛搜集资料，了解和吸取国内外的一切优秀成果，致力于这一领域的专题研究，先后发表了多篇学术论文。现在，又在论文的基础上，修改补充和重写，形成了这部新著。从确定研究目标到搜集资料再到撰写专题论文，最终出版专著，这一研究过程长达十年，这不仅是她敬业和勤奋精神的体现，也是她的经验所在：她不为急功近利所动，而是锁定目标，刻苦钻研，持之以恒，坚持到底，终于对这一研究领域做出了贡献。

欧洲一体化研究，是一个永恒的主题。欧洲向何处去，欧洲的路在何方，已成为欧洲国家和世界各国十分关注的重要课题。法国前总统密特朗曾经说过："法国是我们的祖国，而欧洲是我们的未来。"联邦德国前总理阿登纳也说过："德国的道路必须通向欧洲。"欧洲人需要统一，欧洲需要强大。因为一个统一而强大的欧洲，不仅能在国际舞台上与其他大国平等对话，而且对世界同样是重要和有益的。所以，欧洲统一的意义不光是外交的、经济的、军事的，更重要的还是战略性的，它将对欧洲、对世界起到无可估量的作用。

今天，欧洲建设已进入实质性的阶段，但是如何实现欧洲最终的统一，恐怕谁也没有底。记得 1996 年，我在北京大学参加欧洲分合的学术研讨会，曾经向到会的欧盟委员会副主席布里坦爵士提出一个问题："有人把欧洲一体化比作一趟正在开动的列车，请问：欧洲统一这趟列车有否时间表？它的终点站在哪里？"布里坦回答："欧洲统一，这是一种理想，一种愿望，也是一种尝试，一次试验。它不可能有时间表，也没有既定目标，但大家需要努力。"

此话不假，欧洲要实现统一，其进程必然是漫长的、曲折的、艰难的。但是，我们相信：开始于欧洲的一体化道路，是一条和平之路、现实之路，因而它也是一条希望之路。欧洲统一不是神话，而是现实，统一是人心所向，大势所趋。但愿早日出现一个统一而强大的欧洲。

正因为欧洲一体化必将是一个漫长的历史过程，所以研究欧洲一体化也必将会是一个永恒的课题，是一个永远有研究价值的大课题，我们期望有更多的研究成果问世。

《向真理投降》前言

今年 6 月 4 日是我国著名历史学家、历史教育家刘宗绪教授逝世一周年忌日。

刘宗绪教授一生热爱祖国，忠诚于教育事业，献身世界史的研究，为我国的世界近代史研究和法国史研究，以及史学教育的发展作出了不可磨灭的贡献。刘先生深厚的学术功底、高尚的人格风范，人皆崇敬。但他却十分理性又极度谦恭。他在《人的理性与法的精神》一书的自序中说："在学术研究中，一旦发现真理，就应当也必须向真理投降。""向真理投降"说得何等直白、何等响亮，又何等深刻！这是他始终信守的诺言，也是他做人治学的原则，更是他一贯坚持的人生态度。他一生都在与时俱进，坚持真理，修正错误，求实求真，追求完美，这是他的人生真谛。

为纪念这位历史学家平凡而卓越的一生，北京师范大学历史系、中国法国史研究会、中国世界近代史研究会特联合选编出版这本纪念文集——《向真理投降》，寄托思念之情，并以此鼓励后学以先生为榜样，将我国的世界史研究推向新水平，为中国史学作出新贡献。

本文集在正文之前，收录了刘宗绪教授生前多幅生活与学术活动的珍贵照片，以及几位史学前辈的题词。文集全书内容大致分为四个部分。第一部分，收录刘宗绪教授的生平及几位著名史学家前辈的纪念文章，篇幅不长，含义深远，既是对刘先生学术与人品的高度赞扬，又为后来学人提供了治学做人的宝贵经验。第二部分，选录多篇刘先生的学术同行、各界朋友、弟子及家属的回忆和追思文章。人已逝，情永在，宗绪先生品高学粹，为世人楷模。第三部分，选录刘先生逝世后，学界沉痛哀悼的唁电、唁函及遗体告别的场景。斯人已逝，风范长存，精神不朽！第四部分，选录多篇专题论文，都出自国内名家学人之手，对刘先生在史学理论、史学思想、世界近代史、法国史、中学历史教学与高考命题等诸多领域作出的独创性杰出贡献进行了深入、细致的诠释与评述。读者可以全面领略这位德高望重的史学家所留下来的宝贵学术财富和种种创新之说。所有这些论述，不仅站到了学术前沿，且颇具前瞻性，对学界深入研究具有范式价值与理论指导意义，也为当下浮躁的学界注入了一股清新之气。

本文集既是刘宗绪教授学术精华的荟萃，又是他高尚人品的再现，他不仅学问好，人品更好，他用自己的文品与人品为后学提供了学问人生的典范。各界读者，必定会从阅读中得益良多。

我们相信，这本文集的出版，会对我国的世界史研究，对大、中学的教学与改革起重要的促进作用，更将激励我国学者继续在史学界开拓进取，进一步深化多领域的研究。

本文集的出版是通力合作的结果，本人受托主持其事。在选编过程中，得到了来自各方的关心、支持和帮助。中国法国史研究会、中国世界近代史研究会、北京师范大学历史系有关领导以高度负责的精神，多方联络做了大量工作，保证了选编工作的顺利进行。尤其值得一提的是史学界前辈名家齐世荣教授，他于 2003 年 11 月 24 日给中共中央政治局讲完课后，回家看到我的约稿信，不顾疲劳，放弃休息，短短几日之内挥毫大作，并用挂号信将打印稿寄给我，令我深为感动。在此，我对上述各单位和齐世荣先生等前辈表示由衷的感谢。

在本文集出版之际，还要感谢岳麓书社丁双平先生，正是岳麓书社领导和编辑的帮助和努力，才使纪念文集得以及时出版。

另外，文集在选编过程中，收到了大量稿件，但因篇幅所限，不能全部刊出，在这里只好向未能被收录的作者致歉，并对他们的合作表示感谢。同时，由于时间匆忙，作者又天各一方，联系不便，加上本人能力所限，难免有疏漏和不妥之处，万望谅解。

（该书由岳麓书社于 2004 年出版）

《基督教简史》序

基督教从创立至今，已有近 2000 年历史。它早在公元 1 世纪发源于巴勒斯坦地区，脱胎于犹太教的一个小宗派，今天已传遍世界各大洲，信徒达 20 亿人，在我国亦有上千万人，成为世界三大宗教中信徒最多、传播范围最广的宗教。唯其如此，基督教历来成为政治家、思想家、教育家、哲学家、历史学家、文化学家、社会学家、人类学家、心理学家、神学家、宗教学家等频繁研究的对象。

在西方，有关研究基督教的著作成千上万。在我国，由于种种原因，对宗教的研究，尤其是对基督教史的研究，长期未受到足够重视。直到"文化大革命"结束、改革开放之后，一些学者终于开启了宗教研究的大门。先有杨真先生所著的《基督教史纲》于 1979 年出版，成为此项研究的先行者之一，而后又陆续有一些论著问世。现在，呈现在读者面前的陈钦庄同志所著《基督教简史》，是这一研究领域的又一新著，是他多年教学与研究成果的结晶。我由衷地祝贺这一著作的出版。

对基督教史，我没有研究，而且知之不多。但是我认为，研究基督教及其历史是一件意义深远的事情。因为宗教不仅仅是一种信仰，它还是一种文化、一种思想、一种文明，也是一种精神，有着十分丰富的科学内容。

马克思曾经说过："宗教是这个世界的总的理论，是它包罗万象的纲领。"显然，只有抓住纲领，才能了解包罗万象的社会奥秘。事实上，宗教与人类社会活动的方方面面紧密相连、互相渗透，政治、经济、思想、文化、科学技术、伦理道德、传统习俗，以至于价值取向和行为模式，等等，无不与宗教交融。毫无疑问，要理解世界，理解社会，理解人类的精神生活、物质生活和历史、文化，就必须研究宗教、理解宗教。正因为如此，西方诸多学者总是把基督教与西方文化等同起来，称西方文明为基督教文明、西方文化为基督教文化。时至今日，基督教的这种影响力仍然可以从西方主流文化中十分明显地反映出来。有的西方学者甚至说："如果基督教不存在了，我们的整个文化也将消失。"此话虽然言过其实，但说明基督教与西方文化相互依存的渊源关系。不过，西方著名文化哲学家克里斯托弗·道森（Christopher Dawson）的说法倒是比较确切的。他认为，宗教是理解文化的关键，"甚至一种很明显地属于彼岸世界的、似乎是否定人类社会所有价值和标准的宗教，也仍然会对文化产生刺激作用，并在社会变革运动中提供推动力"。西方文化确实与基督教结下不解之缘。这就更需要我们去认真研究基督教史。只有这样，才能更好地在更深层次去理解西方文明、文化、历史和社会，从而更好地去认识世界、预测未来世界的走向。

陈钦庄同志原本并不是研究基督教史的。在"文化大革命"前，他就读于浙江大学化工系，毕业后曾在南京一家化工厂任工程师。但是，他一直对世界历史，尤其是对基督教史有着浓厚的兴趣。到 1979 年，他毅然"弃工投文"，考入浙江大学（原杭州大学）历史系，师从我国著名世界中世纪史、基督教史专家胡玉堂教授，攻读硕士学位，潜心研究世界中世纪史，并主攻基督教史。钦庄同志毕业后留校任教，一直担任世界中世纪史和基督教史的教学与研究工作，还一度去德国访学、去意大利考察，积累了一批基督教史的资料，为日后撰写基督教史奠定了基础。钦庄同志为人本分，刻苦朴实，治学缜密，敢于创新。本书是他近20年来勤奋研究的一个总结。

《基督教简史》简明扼要地介绍了基督教创立、演变、发展的曲折历程。全书分10章，分别叙述了：基督教的产生、原始基督教；早期基督教与罗马帝国；中世纪欧洲的基督教会；基督教与文艺复兴；宗教改革；基督教和资产阶级革命；东正教会；当代基督新教；当代天主教与罗马教廷；基督教在中国。在书中，作者以翔实的资料，生动、形象地介绍了基督教的主要派系组织、历史事件、《圣经》及其人物故事、哲学、神学、教义、礼仪、文化等诸多基督教的基本知识，使本书既具有较丰富的知识含量，又具有趣味性和可能性。

如果我们将这部著作与已出版的同类著作相比，不仅有互补性，而且还有着明显的特色。依我所见，本书最重要的特色有以下几点。

第一，以马克思主义为指导，用历史唯物主义和辩证唯物主义为武器，比较客观、公正和科学地论述了近2000年基督教的发展史及其历史地位。尤其可贵的是，作者以马克思主义为指导，却又不拘泥于马克思的有关论述，而是大胆地探索了基督教应有的历史进步。我们知道，马克思、恩格斯曾对基督教的本质作出系统而深刻的剖析。但是，他们对基督教在历史和现实社会中的作用及其存在的价值评价甚少。而本书作者在指出负面作用的同时，又肯定了基督教在西方社会生活和文化发展中的巨大影响力及积极作用。这种通过具体事实，从宏观上对基督教在正、反两方面所起的双重作用的论述，这种从总体上把握功过罪错的论述，无疑是本书的一大特色。

第二，把基督教史放在整个人类社会发展过程中加以研究与论述，从世界文明发展史的大视野中把握基督教的历史沿革，把基督教史融进了世界文明发展之中，使宗教与文明、文化、历史、社会习俗相交融；不仅可以更清楚地看出基督教的本质与其在社会文明发展中的地位与作用，而且可以加深对西方文明、文化、历史、社会的理解和认识。

第三，勇于探索、敢于创新。学术研究贵在创新，创新才是学术研究的灵魂。本书的可贵之处就在于，作者始终注意到在吸纳、继承国内外学者的最新成果的基础上，努力发掘新材料、提出新观点，做到学术创新。书中对基督教史中一些重要人物与重大历史时段、历史事件等都有创新性的研究，提出了诸多独到之见。例如，对耶稣与保罗的研究、对宗教改革的研究，尤其是对路德宗"天职观"和加尔文宗"圣灵感召说"的圣餐礼主张的研究、对"文艺复兴教皇"的论述以及对当代教皇私生活的研究等，都反映了作者的独创性。特别值得提出的是对耶稣的研究，他是多少年来一直争论不休的人物。作者首先肯定了耶稣确有其人，同时又指出：《圣经》中耶稣具有两种形象，后一种形象是经过基督教神学家们加工、改造后的被神化了的形象。这种分析比较有说服力。

第四，设专章论述了基督教在中国的传播、发展等情况，使本书具有明显的中国特色。在书中，作者比较系统地阐述了基督教在中国的传播、发展、演变及其在中国历史上所起的双重作用，这是同类著作所少见的。长期以来，我国学者一直把基督教传入我国看作殖民侵略的组成部分，是文化侵略、思想奴役的工具。而本书作者开始注意到传教士在华活动客观上有一定历史进步作用；同时强调了中、西文明的内在差异与 19 世纪以后西方传教士带着殖民主义与帝国主义思潮进入中国，是造成多起教案的主因。这样的分析，应该说是比较客观的，也是比较有说服力的。

应当指出，对中国学者来说，对宗教的研究，尤其是对基督教的研究还是有相当的难度。这不仅是因为宗教本身的复杂性，而且缺乏实地的深入考察和亲身感受，又难掌握更多的第一手资料。因而，陈钦庄同志在书中难免对有些问题涉及不多，对有些问题分析不够确切，这有待作者在今后的研究中不断深化、补充和订正。但是总的说来，这是一部有研究、有创新、有价值的基督教史专著。它既不是宣扬以神灵存在为前提的宗教神学，也有别于不存在神灵的无神论学说，而完全是遵循实事求是的原则，历史地、客观地、系统地介绍基督教的产生、演变与发展及其存在的双重历史作用。因此，本书对基督教的研究者和希望了解基督教史的读者，不管是信教者或不信教者，都是一本有价值的参考书。当然，本书也适合作为大学本科的专门史或非历史学与宗教学类专业学生选修课的专用参考书。

（该书由人民出版社于 2004 年出版）

《法兰西第一至第五共和国史论文集》编后记

中国法国史研究会第六届年会于 1992 年 10 月 8—11 日在杭州举行，这次学术年会的主题是"共和国，第一至第五"。与会者向年会提交论文 40 余篇，学术气氛活跃。这部论文集就是编者受中国法国史研究会的委托，以这次年会上提交的论文为基础选编而成的。

本论文集共收入论文 25 篇，以法兰西共和制的产生、演变和发展为主线，从不同角度进行探讨与研究，分别论述了法国为什么在 1792 年诞生了共和国，先后建立起来的第一至第四共和国为什么又会相继灭亡，为什么法国的共和制会出现多次反复，第五共和国的稳定因素何在。诸多文章内容丰富，资料翔实，立论新颖，颇具创见，在一定程度上反映了我国法国史研究的新水平。

论文集中的第一、第二篇是年会上作的学术报告，其余的篇目基本上按法兰西第一至第五共和国的顺序排列。各篇论文中提出的论点，都是作者本人的见解，研究会和出版社均未作改动，编者也只是从反映各方面学术成果的角度进行精选和在文字上加工处理。

我们衷心希望本论文集的编辑出版，有助于推进我国法国史的深入研究，有助于中法两国的文化交流。

由于选编时间匆忙，更由于编者水平有限，论文集中不妥之处，恳请读者批评指正。

（该书由东方出版社于 1994 年出版）

《法兰西第三共和国》中译本前言

一部颇具特色的译著《法兰西第三共和国》即将由商务印书馆出版，这对我国广大的世界史工作者以及史学爱好者来说，无疑是一件值得庆贺的事。

《法兰西第三共和国》是法国史学家让－皮埃尔·阿泽马和米歇尔·维诺克合著的一部代表作。两人都生于1937年，又是中学、大学的同窗，在巴黎大学毕业后，阿泽马任职于著名的巴黎政治科学研究院，现为该院副教授。维诺克则到巴黎第八大学任教，先后担任讲师、副教授兼巴黎出版的畅销刊物《历史》（月刊）杂志主编，现任该杂志编委及顾问。两位学者均专攻法国近代史，合著过《巴黎公社社员》一书。此外，阿泽马和维诺克还分别著有《从慕尼黑到解放（1938—1944）》《走向死亡的共和国》等著作。两人可谓法国较年轻一代的著名学者。

值得一提的是，阿泽马还是中国人民的老朋友，早在1956年他就作为法国大学生代表团的成员访问过我国，当时曾受到周恩来总理的亲切接见。对这一难忘的时刻他至今记忆犹新。译者郑德弟在巴黎拜访他时，他对新中国赞不绝口，并希望有朝一日能再次来华，既作学术交流又可一睹中国社会主义的新貌。我们相信，阿泽马先生的这一愿望是一定能实现的。

《法兰西第三共和国》初版于 1970 年，系卡尔曼－列维出版社组织的"诞生与灭亡"丛书之一。当时两位作者年仅 33 岁，该书出版后即引起法国史学界的重视，短时间内在报刊上发表多篇书评，给予很高的评价。1976 年本书再版时，又一次受到法国同行与国际史学界的重视。当我第一次读到该书法文版时，就被作者独到的分析和新颖的观点所吸引。后来，我受译者委托再次系统审读全部译稿时，更感到这是一部既有较高学术价值又富有强烈现实感的创新之作，将它介绍给我国读者是很有意义的，其也必将受到我国史学界的重视和欢迎。

法兰西第三共和国历时 70 年之久，是法国历史上存在时间最长的共和国。众所周知，它在法国近现代史上占有十分重要的地位，无论在政治、经济体制改革，还是教育、科技和思想文化方面，都有重大成就，是法国走向现代化的关键时期，而两次世界大战又都发生在这一时期，其军事上的胜败得失，也给后人留下深刻的启示。唯其如此，法国史学界才一贯重视对第三共和国史的研究，已有多种专著出版，引人注目的有泽瓦埃斯（A.Zévaès）的《第三共和国史》、夏斯特纳（J.Chastenet）的多卷本《第三共和国史》和米盖尔（P.Miquel）的新作《第三共和国》等。

然而阿泽马和维诺克的这部著作却独树一帜，它以重点突出、分析透彻见长，既不是全面系统的断代通史，又不是平铺直叙的史实罗列，而是紧紧扣住第三共和国诞生与灭亡的原因，进行多角度的深层分析，对共和国的成败原因提出了一系列的创见，读后令人耳目一新。

全书分为三大部分，在第一部分"诞生"中，作者提出了这样一个问题：第二帝国的灭亡和第三共和国的诞生是必然的吗？长期以来，学者一般总是以第二帝国崩溃的必然性来解释第三共和国诞生的必然性。本书两位作者却认为这样解释过于简单,这是一种不动脑筋的视角差错,历史是不可能事先安排好的。作者根据当时的社会经济条件,认为第二帝国的灭亡并非由共和派革命力量的打击所致,而完全是拿破仑三世的"自杀"政策造成的。如果没有普法战争,第二帝国绝不会马上灭亡,因为当时法国社会的主要矛盾不是共和与帝制的矛盾,而是帝国政府内部专制派与议会派的矛盾,全国大多数人并不期待共和国。作者以1870年5月的全民投票为证,指出对帝国投赞成票的达735.8万人,投反对票的只有157万人,可见赞成帝国的仍占压倒优势。可是几个月后,帝国却因普法战争中的军事崩溃而突然覆亡,拿破仑三世挑起的普法战争完全是帝国的自杀之举。"自杀论"的提出,无疑为我们分析帝国崩溃的原因拓宽了视野。

在本书的第二部分"黄金时代"中,作者着重分析了这个新建立的共和国的性质,对第三共和国能够"长命"的原因作出了令人信服的解释。第三共和国虽然只维护了一部分法国人的利益,却得到了绝大多数法国人的拥护,并且维持了70年之久,这是为什么?一个国家的政治体制能够长期稳定存在,传统的解释是:由经济和社会政治方面的因素决定。本书作者则认为,如果仅仅从政治和经济角度去解释制度的稳定性,显然是不全面的。第三共和国之所以能长期稳定地存在,还必须从意识形态领域里寻找稳定因素。为此,他们提出了一个意识形态纽带问题,认为共和制度能够在法国稳定和巩固,主要应归因于意识形态所起的作用。以世俗化和爱国主义为主要内容的第三共和国意识形态,使这个制度有了自己的灵魂。法国资产阶级各个不同派别,城市和农村,特别是广大的农民都与共和制牢固地连接在一起,而这个最重要的连接物正是教育。第三共和国的缔造者十分重视教育,尤其注意将爱国主义列为小学教育的主要内容，坚决排除学校中的宗教教育，把共和主义纳入爱国主义之中，以共和信念代替宗教迷信，使爱祖国与爱共和融为一体。这种从小学开始就广泛进行的爱国主义教育，对共和政体的稳定确实起着某种保证作用。可见，一个国家在巩固政体、稳定社会过程中，爱国主义思想教育的作用不容低估。这也是值得重视的历史经验。当然，作者在本书中强调的爱国主义，难免含有民族主义的因素，这一点读者自可鉴别。

在本书第三部分"衰亡"中，作者提出了这样一个问题：已经深入人心的这个共和政体为什么最终又会走向衰亡？他们认为，第一次世界大战结束后头几年的经济繁荣，给人们造成一种错觉而视之为"黄金时代"的继续，从而忽视了战争带来的严重后果及人们思想观念的变化，更不去注意对已遭到损坏的政治体制继续进行改革与更新。革命精神的严重缺乏使过去平衡而稳定的局面难以继续。而勃鲁姆人民阵线政府"政治"试验的失败，加上军事上的实力差距以及普遍的恐战、厌战，终于导致第三共和国的灭亡。作者在分析共和国灭亡的原因时，提出必须继续进行改革与不断提高民众思想认识，以适应新形势的论点，其寓意是很深的。因为一种政体的长期稳定与巩固，有赖于政治、经济等各个领域的不断改革和自我完善。

在本书结尾中，作者提出了法国应该向何处去的问题，他们认为法国需要彻底更新，第三共和国之所以灭亡，是因为它未能逐步建立一个社会共和国。这是一个颇为耐人寻味的结论。

总之，阿泽马和维诺克的这部著作，不仅叙述生动、简练，持论比较客观、公允，而且观点新颖，方法独特。只是个别地方尚欠妥帖。例如在论述巴黎公社时，不去引证马克思关于公社是无产阶级专政的论述，却摘录了作者所需的另一段马克思的话，似乎马克思只承认公社是一次城市起义。此外，对法国的殖民扩张、工人运动几乎没有涉及，对法国法西斯主义的兴起与军、政、金融界的联系亦未论及。诸如此类，无须赘述，读者自有公论。

本书由杭州大学法国史研究室的同志译出。其中前言、第一部分、结束语、大事年表、附录、批评与评论及第三部分结尾由郑德弟翻译；第二部分由沈炼之翻译；第三部分由张忠其翻译。全书由北京外国语学院唐祖培教授审订。

在翻译过程中还得到戴成钧、沈坚、吕一民、计翔翔等同志的支持与帮助。在此，我受译者委托，谨向他们表示衷心的感谢。

（该书由商务印书馆于 1994 年出版）

《诸暨历代名人录》序

在我国改革开放和现代化建设迈向 21 世纪的关键时刻，张以能先生主编的《诸暨历代名人录》问世了，这是一件功垂千秋的大事。

本书汇编了 5000 多位历代诸暨名人的传记资料，仅正教授就达 420 余人之多，真是群星璀璨，光耀夺目。这是一卷诸暨人形象的多彩画册！这是一座永存的精神丰碑！这也是一个宝贵的人才资源信息库！这更是一面高高举起的旗帜！

诸暨是伟大祖国的一颗明珠，它有着 5000 年的悠久历史。早在公元前三四千年就有人居住。到公元前 2000 多年，诸暨一度成为越国国都。公元前 222 年，诸暨正式建制设县，至今已有 2200 多年的县史了。

在数千年的历史长河中，诸暨人才辈出，群星灿烂。

远在春秋时期，就有绝代佳人西施。在元、明之际，有王冕、杨维桢、陈洪绶三大杰出文化名人。到了近代，则有何文庆、王铭桂、杨柳春、傅国英等爱国名流。现代史上，更有王寿华、俞秀松、宣中华、张秋人、宣侠父、杨眉山、何赤华、郑复他、杨则民等大批志士仁人、革命先锋，他们为祖国和家乡的解放，赴汤蹈火，献出了宝贵的生命，留下了光照千秋的功绩。

新中国成立后，无数诸暨籍人士，更是在各自岗位上努力奋斗，忘我奉献。他们有担任国家重要领导职务的钱之光、冯文彬、何东昌、金诚、边其善等，有在平凡中见伟大的劳动模范梁焕木、斯霞、徐承恩、赵林中等，有取得科学顶尖成就的我国一流科学家金善宝、斯行健、赵忠尧、吴中伦、毛汉礼、陈敏恒、袁道先和孙优贤等八位中国院士，为国家为家乡赢得了最高的荣誉。

读着名人们令人激动的奋斗业绩史，我似乎与之同步经历着艰辛而辉煌的历程，仿佛看到了一代又一代家乡儿女顽强拼搏的坚定步伐。他们为中华民族的繁荣昌盛，为家乡人民的自由幸福，谱写了无数彪炳史册的不朽篇章，不愧为民族的脊梁。我为这些名人的成就而自豪，我也为自己是一名诸暨人而无比荣幸。

人杰源于地灵。诸暨能涌现出如此众多的名人贤士，在我国的县级市中也是不多见的。一方水土育一方人，这众多名流正是故乡这方热土培育出来的。

因为，诸暨作为"越国古都"，父老乡亲总是把越王勾践卧薪尝胆、西施美女献身救国的故事代代相传，爱国爱乡成为几千年来诸暨人强有力的精神支柱和奋斗不息的力量源泉。

因为，诸暨作为"文化之邦"，自古尊师重教，重视基础教育，注意人才培养，为培养高素质人才垒下了坚实的基础。

因为，诸暨人一向以"刚直""果敢""豪爽"著称，形成了延绵千年、举世闻名的"敢为天下先"的诸暨群体性格。

正是这种传统的爱国情怀与刚直的群体性格相融合，才在这片平凡的热土上孕育出一代又一代、一批又一批的栋梁之材。平凡哺育伟大，伟大则显映出平凡中的不平凡。

名人的脚印告诉我们：人活着，就要奉献。故乡的大诗人、大画家王冕诗云:"不要人夸好颜色,只留清气满乾坤。"一位西方先哲也说:"人来到世间,应该留下印记,或立功,或立言。"纵观故乡的数千名人,他们无不为国为民而忘我奋斗,默默奉献,又立功,又立言,将"清气"永留人间。他们崇高的奉献精神,必将激励故乡百万人民,在祖国的建设大潮中创造出更为绚丽的业绩。

21 世纪的故乡——诸暨,必将更加辉煌!

（本文未刊待出,由该书主编约稿）

《法国通史简编》内容介绍

《法国通史简编》1990 年由人民出版社出版，1994 年重印，并在附录中增加了参考书目及人名索引。全书 730 页，约 57 万字。本书是在长期研究的基础上形成的。早在 1964 年就由商务印书馆出版了沈炼之翻译的瑟诺博斯所著《法国史》，1978 年又由商务印书馆出版了以沈炼之为首集体编写的我国第一部法国通史类读物《法国简史》，这就为《法国通史简编》积累了部分资料并提供了经验。

本书名曰"简编"，实际上从远古一直写到 1988 年，可以说是我国学者所著内容最系统最丰富的一部法国通史，具有鲜明的中国特色和创新意义。

（一）结构严密，体系新颖。全书以社会经济史为重点，全方位展现法国历史的全貌。所以，本书与瑟诺博斯、米盖尔、柳勃林斯卡娅等三部中译本法国史以政治史为骨架，重点反映阶级斗争、政治制度演变过程不同，也与几乎同时出版的由张芝联主编的《法国通史》不同。本书突出了社会经济史，把阐述法国工业化的过程、垄断资本主义的形成及其特点、国家资本主义的形成及其特点、国家资本主义的进一步发展和经济现代化放在重要位置。同时改变了把巴黎公社列为专章的传统编史方法，将其放在第三共和国建立过程中叙述，使这一事件与法国历史发展的过程融为一体，不作人为突出。这样处理在我国还是首次。

在章、节、纲、目的安排上，也打破了传统的把法国历史分为古代、近代、现代三编的分法，而是分成三大部分。前4章分别从法兰西民族的由来、法国原始社会一直到封建制度兴衰的历史过程进行系统的叙述。第二部分，7章篇幅，叙述时间以法国大革命为起点，直至1879年的第三共和国，这段近百年的历史，是法国历史上最激动人心的时期，充满大起大落、大进大退的戏剧性变化，革命、战争、流血、共和、帝制、王朝更替……最终，随着经济发展、工业革命的完成，政体形式也随之稳固下来。第三部分，5章篇幅，比较全面地叙述了1914—1988年的法国，突出国家资本主义的进一步发展和经济的现代化，以及法国在国际上的地位。这样的安排，使全书观点明确、线索清晰。

本书还设专章，系统地叙述中法关系。中法两国交往源远流长，本书将700多年的中法关系史分为三个阶段，即开端、演变、新阶段，对中法交往中的相互了解、认识、矛盾、冲突、敌对、友好曲折发展的全过程作了明晰而系统的论述，使本书具有明显的中国特色。

（二）内容丰富，资料翔实。本书在内容安排上，不仅突出重点，而且具有多层次。除了经济史、政治史之外，还有对军事史、思想文化史和科学技术史的系统叙述，更为可贵的是增加了国内很少注意的关于法国的人口演变、日常生活、家庭、工资福利及生活水平变化的内容，均辟有专节专目叙述，提供了法国史学中有关考古学、历史人口学、统计史学、社会学中的新成果，使本书更具学术价值。

（三）突破旧说，刻意创新。衡量一部著作有无学术价值，除了看它的体系是否完备科学、材料是否翔实外，更重要的是看它是否有分析深度、理性思辨，是否在观点上敢于创新。本书就在吸收最新研究成果的基础上，敢于提出自己的新见解。在诸多重大问题上，均有所突破。例如：

（1）关于欧洲农业起源问题。传统观点认为，欧洲农业起源于西亚，它在移民浪潮中传入西欧。但本书在"古代高卢"一章中，引证了国外最新的考古资料说明：法国南部是西欧最早的农耕畜牧地区之一，有些作物的培植和牲畜的驯养在欧洲是独立进行的。

（2）关于法国大革命。本书把下限延长到 1814 年，认为"拿破仑时期是对大革命的稳定和巩固时期，实际上是大革命的最后阶段"。与此同时，本书还对大革命全过程中多阶段先后执政的斐扬派、吉伦特派、雅各宾派、热月党人、督政府等不同派别的地位作用都作了自成一家的评说，完全不同于传统评说。尤其是对雅各宾派的恐怖统治，作出了具体的分阶段论述，明确指出其恐怖统治的两面性及其特殊性，更切实际，亦更具说服力。此外，对热月政变、雾月政变也作出了新的解释，反映了中国学者的新看法。

（3）关于工业化的道路与特点。书中比较突出而且比较系统地论述了法国的工业化。认为法国工业革命始于 18 世纪末，第一帝国开始起步，七月王朝时期有所发展，到第二帝国时基本完成。并且运用许多新的史料论证了法国工业革命的一个重要特点，即它的发展是渐进的，没有明显的飞跃。书中并未满足于对史料的叙述，而是从更深的层次和不同层面阐释其经济发展的原因、特点、局限及其后果。强调指出，不能对第二帝国时期的经济发展和工业化作过高的估价。认为这个时期法国经济结构的特点仍是金融业、中小企业、消费品生产和小农经济占优势。这种经济结构是导致 19 世纪晚期和 20 世纪初法国经济发展相对缓慢、垄断资本主义产生和发展不充分的重要原因之一。

（4）关于民主制的特色。本书对法国民主制的建立过程作了系统而独特的论述。法国从 1789 年资产阶级革命时成立的第一共和国开始，经历了执政府和第一帝国、波旁王朝和七月王朝、第二共和国、第二帝国的历史变迁；1830 年七月革命、1848 年二月革命、1870 年九四革命的多重洗礼，到 19 世纪 70 年代的第三共和国，共和制才得以确立。书中对多种政治体制的性质与特征、历次政治变革的缘由与成败，以及政治斗争的发展轨迹都作出了深入剖析，从而阐明资产阶级民主共和制在法国的确立乃是历史发展的必然趋势，是世界文明的标志。但是，它不是一蹴而就的，而是有一个相当长的、曲折而反复的历史演变过程。同时认为，在资本主义社会，"真正的民主制从来就不会有，而且永远也不会有"。对民主制的这些论述，颇有见地，也耐人寻味。

（5）关于知识分子的作用。在我们所见的法国通史类著作中，几乎都没有注意到知识分子的地位作用。而本书却十分重视，在诸多章节中，从法国大革命到第三共和国，都具体论述了知识分子。书中除论述了知识分子在革命中常常起先锋作用外，还比较了其与德国、意大利、俄国等知识分子地位的差异，认为法国知识分子中相当一部分地位较高，因而他们积极参政，不但不抨击统治阶级的理论，反而尽力奉行，致使法兰西第三共和国有"律师和教授的共和国"之称。但是，知识分子内部并非铁板一块，处境贫苦的一些知识分子自我意识增强，有些终于分化出来，成为马克思主义者。书中对知识分子不同类型的分析，极富新意。

（6）关于历史人物的评价。本书对法国历史上诸多重要历史人物都作出了实事求是的评价，如对争议较大的罗伯斯比尔、丹东、拿破仑、梯也尔、甘必大、盖得、拉法格、饶勒斯、勃鲁姆、戴高乐等复杂历史人物都提出了新的见解。同时，本书在具体评述历史人物时，能够进行科学的理性思辨，明确提出评价一个历史人物，采取脸谱化、简单化的方法是不可取的，绝不能在肯定和否定两种看法之间作出简单的选择，而必须运用历史唯物主义观点，将历史人物放在当时的历史条件下，看主流、看其发展方向，全面地客观地给予评价。由此出发，本书对过去一直被否定的历史人物，如丹东、甘必大、饶勒斯等均给予历史的肯定。这使本书既不同于过去传统的评说，亦不同于西方学者的评述，而具有明显的中国学者的见地。

此外，本书对思想文化的叙述也有特色。过去，除对18世纪的启蒙运动有较详细的叙述外，对思想文化往往不予重视或略而不写。本书则作为每一阶段历史的一个组成部分，给予有机联合并作较为全面的叙述，其中对法国的史前文化遗存、自然科学、哲学、教育、政治思潮、文学、艺术、史学均有较详细的介绍。

当然，本书也有不足，有些章节文字比较平淡，资料亦未能注明出处，其中西文参考书目与人名索引只是在再版时才附上，而且还有印刷错误。

但是，从总体上说，本书是我国出版的一部最翔实的具有较高学术价值的专著，在本领域的研究中居于先进地位。正因为如此，本书出版后即引起国内外同行的重视并给出很高的评价，先后在《历史研究》、《史学月刊》、《世界史研究动态》、《浙江学刊》、《杭州大学学报》、美国《中国史学家》等杂志上发表书评、书讯8篇，一致认为本书的出版为我国的法国史研究作出了重要贡献。同时，被一些大学历史系选为本科生教材和世界史研究生的教学参考用书。

（未刊，1994年向全国哲学社会科学规划办公室汇报所用）

《法兰西第三共和国兴衰史》内容介绍

《法兰西第三共和国兴衰史》一书已由人民出版社于 1996 年 4 月出版，这是国人所写的关于第三共和国的第一部专著，在该研究领域居领先地位。

法兰西第三共和国从 1870 年成立到 1940 年灭亡，前后延续 70 年之久，它比第一、第二、第四三个共和国存在时间的总和还要长，被法国史家称为法国历史上迄今最长命的共和国。70 年，在人类历史长河中只不过是短暂的瞬间。可是，它在法国社会发展史上却占有重要地位，是法国走向现代化的关键时刻。此时，法国在政治、经济、社会、教育等各个领域均进行了广泛改革，初步实现了现代化。而两次世界大战又都发生在这一时期，其军事上的成败得失也为世人瞩目。因此，本课题的研究意义在于以下三点。第一，可加深了解今日法国。因为今日法国的一切，包括经济结构、政治体制、议会民主与党派格局等，都是第三共和国的直接延伸和发展，不了解第三共和国，当今法国的许多问题就难以理解。第二，可为我国"四化"建设所借鉴。因为研究和总结其改革中的成败得失，探究其兴衰原因，不仅可以认清资本主义制度的本质，同时也可吸取养料，为我国物质文明与精神文明建设所借鉴。第三，填补学术空白。因为在我国史学界对法兰西第三共和国史研究甚少，更无专著问世，课题组的最终目的就是希望通过此项研究，写出一部具有中国特色的第三共和国史，填补这一空白。

以浙江大学法国史研究室为主体的课题组，曾在我国老一辈著名史学家沈炼之教授带领下，将第三共和国史列为研究重点，围绕本课题进行长达10多年的有计划研究，经历了翻译资料、专题研究和撰写专著三个阶段，先后翻译出版了《法兰西第三共和国资料选译》（不定期内部刊物，已出8期，约100万字）及《法国工人党的诞生》（中国人民大学出版社）、《一八七一—一九一八年的法国》（商务印书馆）、《一九一八—一九三九年的法国》（商务印书馆）、《盖得派》（杭州大学出版社）、《法兰西第三共和国》（商务印书馆）等译著（也达100万字），还发表论文数十篇，出版论文集一部。在这些阶段成果的基础上，完成和出版了本课题最终成果：《法兰西第三共和国兴衰史》。全书715页，计52万字。本专著的出版，在中国填补了这一领域的空白，站在了本领域的前沿。

该专著共分三大部分：绪论、正文和附录。绪论部分从总体上论述了法国政体的演变、第三共和国的历史地位、第三共和国史的研究及其意义。正文共17章：头三章论述第三共和国如何在战火中诞生，又怎样在与各种保王、守旧势力的搏斗中确立；然后，用6章篇幅较详细地叙述了1879—1914年第三共和国的历史演变，突出了执政党派怎样通过各种改革，使共和国得以巩固和发展；第10—12章论述了第一次大战期间及战后共和国的重建与复兴，突出共和国的进一步发展和经济走向现代化；第13—16章，论述了第三共和国的最后阶段，突出第三共和国走向衰亡的过程和原因；最后一章，论述了第三共和国的社会生活和科技文化。附录部分，首先对中国学者的第三共和国史研究作了详细综述，从中可以看出中国学者对第三共和国史研究的进展和深度。此外，附有《历届总统和内阁任职时间》、《大事年表》、《人名译名对照表》和《西文参考书目》便于读者查考。

该书的最大特点就是体系完整，叙述全面、系统，多层次地叙述了法国 70 年的兴衰史，从指导思想、框架结构到重大观点，均独具特色，不仅具有重要的学术价值，而且对我国的现代化建设很有借鉴作用。在法国，有关此类著作有几百种，他们的著作或重政治史，或重军事史，或重社会史，许多领域均少涉及。本书则以马克思主义为指导，并以社会发展为主线，将第三共和国按 1914 年 7 月第一次世界大战爆发为界，分成前后两个时期。前期划分为三个阶段：共和国确立阶段（1870—1879）、温和共和派统治或共和国巩固阶段（1879—1899）、激进共和派统治或共和国发展阶段（1899—1914）。后期亦被划分为三个阶段：大战阶段（1914—1918）、战后重建与繁荣阶段（1918—1932）、危机与衰落阶段（1932—1940）。如此划分，使读者明晰地了解法兰西第三共和国诞生、确立、巩固、发展、重建、衰亡的全过程，脉络清楚，规律明显。同时，以社会经济和社会主义运动史为重点，全面论述了政治、经济、军事、外交、人口、科技、教育、社会生活和思想文化等各个层面，清楚地反映出第三共和国史的全貌。尤其在法国史家所忽视的下列三个方面，该书均有比较系统的反映。第一，法国的对外殖民与扩张；第二，法国的社会主义运动：分裂、统一与党派斗争；第三，中法交往与中法关系：传教士、勤工俭学与华工的贡献。具有明显的中国特色。

该书在诸多论述中提出了创新的观点，一改多年来的传统旧说。例如：

（一）如何看待第三共和国的诞生问题。法国不少学者认为，是拿破仑三世挑起的普法战争之失败这种"自杀"之举才导致第三共和国的诞生。而中国学者则一直沿用苏联史家提出的是1870年9月4日革命才导致第三共和国的诞生。该书则通过具体史实的叙述与综合分析，提出是两种因素的共同作用，才促使第三共和国诞生的新观点。这就比较客观且有说服力。

（二）关于布朗热运动的性质问题。布朗热运动就是民族沙文主义运动，这一观点似乎早已是定论。该书却一反传统，从布朗热运动的发起、演变、活动内容与目的进行具体而深层次的分析，认为尽管投身布朗热运动的人其动机各不相同，但他们所憎恶的方面是一致的，那就是共和制。特别是反动势力企图利用布朗热运动去推翻现存的共和制，以实现其君主制复辟。所以，布朗热运动实际上是波拿巴主义的变种，是一场反共和制的、试图实现个人军事独裁的运动。这一分析，令人信服。

（三）关于教育与社会稳定的关系问题。一个国家的政治制度能否长期稳定，传统的解释是：由经济和社会政治方面的因素决定。该书吸取了法国史家的最新观点，认为如果仅仅从经济和政治角度去解释制度的稳定，是不全面的。第三共和国之所以能长治久安，还必须从意识形态领域里寻找稳定因素。这个稳定因素就是教育。第三共和国的缔造者十分重视教育，尤其注意将爱国主义列为小学教育的主要内容，坚决排除学校中的宗教教育，把共和主义纳入爱国主义之中，使爱祖国与爱共和融为一体，以共和信念代替宗教迷信。这种从小学开始就广泛进行的爱国主义教育，成为第三共和国历经70年的精神支柱。这是值得借鉴的历史经验。

（四）关于法国工人党的地位与作用问题。长期以来，我国学术界对法国工人党存在不同看法。许多人认为法国工人党实际上是机会主义政党，其纲领也是机会主义的纲领，而且一向对农民阶级持冷漠态度，忽视同盟军问题，等等。该书通过对大量原始资料的引证与分析，明确指出工人党是一个以马克思主义为指导的政党，其纲领尽管有缺点和错误，但基本上是一个马克思主义纲领。而且详细叙述了工人党与农民的关系，披露了有关工人党到农村去争取农民的许多珍贵资料，有力地论证了工人党对农民的重视，从而使该书具有独创性。

（五）关于第三共和国衰亡问题。一个深入人心的共和国为什么最终会走向衰亡？在分析其衰亡原因时，国内外学者或从军事、或从政治、或从社会心理等不同方面阐述己见，有的强调外因，有的重视内因，至今众说纷纭，未有共识。该书从宏观着眼，综合上述种种因素，确认这是构成衰亡的原因。又从微观入手，进一步提出衰亡的根本原因在于内因，应该从法兰西社会内部，从深远的历史线索中寻找。该书认为20世纪30年代初以来，法国社会内部潜伏着一批一心卖国的投降派，是这些蛀虫式的人物，从第三共和国内部渐渐地侵蚀，慢慢地蛀空了它的实体，最后施展阴谋诡计，投敌卖国，推倒了第三共和国大厦。这一分析深化了对第三共和国衰亡原因的研究，且有现实感。

（六）关于历史人物评价问题。该书将一些重要历史人物，诸如梯也尔、甘必大、饶勒斯、盖得、拉法格、勃鲁姆等均放在特定的历史环境中，对其作了比较客观的评述。例如梯也尔，在我国，其一直是作为反面人物出现的。该书却不同，书中不仅指出他是镇压巴黎公社的刽子手，还具体叙述了他在第三共和国确立过程中的活动和所起的历史进步作用，使读者看到一个比较客观而真实的历史上的梯也尔。此外，该书在论述可能派的历史作用、人民阵线以及人口、社会生活等方面，均提出了作者的见解。

总之，这是国人所著关于第三共和国的第一部学术专著。全书材料翔实,据统计书中有翔实的注释 565 个,参考西文书 129 部,涉及法文、英文、俄文多种语言,吸收了考古、档案、人口学、经济学、科技文化史等领域国外法国史研究的最新成果,许多资料均为国内首次引用,具有重要学术价值。

该书出版后,引起了国内外学者重视。先后有 5 篇书评发表,均给予很高评价。中山大学端木正教授首先在《世界历史》上发表书评,指出"本书不是率尔操瓢之作,而是一个科研集体极其严肃认真的产品","是我国史学界一项可喜的收获"。华东师范大学王养冲教授也认为"全书材料、议论扎实、周详,为国内的法国史研究填补了一个空白,也为今后这一方面的研究提供了一个范例,意义是极不寻常的"。北京大学张芝联教授也说:"本书不只是填补了空白,而且极富创造性。"台北"中央研究院"近代史研究所所长陈三井教授也认为,"大陆同行学者编写出这样一部够水平的著作,除了钦佩外,只有让台湾学者更觉汗颜"。

但是,从整体水平看,该书还不平衡,个别章节写得比较一般;全书缺少地图和照片;个别提法还可斟酌。

(未刊,1998 年向全国哲学社会科学规划办公室汇报所用)

附　录

楼均信小传

楼均信（1934—），浙江诸暨人。

1954年到1958年就读于浙江师范学院（浙江大学前身）历史学系，毕业后在杭州大学任教，以后长期担任浙江大学历史系法国史研究室教授。曾任中国法国史研究会副会长、中国世界近代史研究会理事、历史系学术委员，2002年12月退休。从事法国史的教学与研究工作45年，招收多批硕士研究生。主持过国家与省级重点研究项目多个，讲授过"世界近代史""法国史""法国大革命史讲座""第三共和国史专题""马列原著选读"等多门课程，多次参加并主持国际国内重大学术会议，先后去上海、北京、广州、西安、青岛、内蒙古、巴黎等地的大学和学术机关作学术讲座。

楼均信教授已在《中国社会科学》《历史研究》《新华文摘》《世界历史》《史学理论研究》等刊物上发表学术论文、译文百余篇，其中代表性的论文有：《略论丹东的宽容政策》（《世界历史》1982年第4期）、《试论法国工人党与农民问题》（《世界历史》编辑部编《欧美史研究》，华东师范大学出版社，1989）、《评刘宗绪主编的〈世界近代史〉》（《历史研究》1992年第6期，《中国社会科学》英文版1994年第3期）、《法国大革命反思》(《新华文摘》1999 年第 10 期)、《五十年来中国的法国大革命史研究》(《历史研究》2003 年第 5 期)等。论文中对丹东的评价、对大革命负效应的论述和对法国工人党与农民问题的分析,其观点均具独创性,得到国内外专家的一致认可和高度评价。出版专著、译作(含合著)30 余种。其中主要有《世界史·近代史》(主要撰稿人之一,人民出版社,1984)、《一八七一——一九一八年的法国》(合作选译,商务印书馆,1989)、《法国通史简编》(副主编,人民出版社,1990)、《法国大革命著名政治活动家》(合著,商务印书馆,1988)、《法兰西第一至第五共和国论文集》(主编,东方出版社,1994)、《绘画本世界通史》(六卷本,主编之一,浙江少年儿童出版社,1992)、《法兰西第三共和国兴衰史》(主编,人民出版社,1996)、《中法关系史论》(主编之一,杭州大学出版社,1996)、《世界通史》(主要撰稿人之一,人民出版社,1997)、《中国法国史研究信息》(主编,浙江大学出版社,1999)、《向真理投降》(主编,岳麓书社,2004)等。

楼均信教授的论著曾多次获奖,其中《绘画本世界通史》获中国冰心图书大奖,《法兰西第三共和国兴衰史》获教育部高校科研优秀成果奖三等奖。他的小传已收录于英国剑桥国际传记中心《国际名人辞典》、《国际著名知识分子辞典》、美国国际名人传记中心《国际名人辞典》、《中国教育专家名典》、《世界名人录》、《浙江教育名人》、《杭州大学教授志》、《浙江古今人物大辞典》等。

楼均信教授采访稿整理

近日我们走访了浙江大学历史系退休教授楼均信先生。楼先生是我国著名的法国史研究专家，曾任中国法国史研究会副会长，在该领域著述颇丰。

曾经的求学经历分享

——有自己的理解很重要，要根据自己所看所想，提出自己的创见，不要纯粹模仿

楼教授表示，他求学的那个年代和现在完全不同，当时大学生非常少。他说："我是 1954 年考上大学的，那时的高中生不多，所以国家从中等师范生里的优秀生中，保送一部分参加全国统考。我就是这样一名保送到杭州来参加统考的考生。那时候全国一年的大学生据说只有八万人，我们整个乡里考上大学的只有我一个，非常不容易。所以当时乡长、村长都来祝贺，确实可以算得上是一份荣耀。"

楼教授说，当年在学校，自己是根据兴趣读书的。他认为这非常重要，兴趣导致勤学，兴趣激发钻研，从而有目标。另外，积极参与校园的相关活动，也会帮助成长。给楼教授留下深刻印象的就是编写黑板报，那个时候没有小报、杂志，黑板报就是校园传媒。食堂门口，八大块黑板就是报纸，共十六个版面，楼教授是副主编。主编是一个高年级的中文系学生。他表示，当年的他喜欢写作，编写黑板报对自己帮助很大。因为要通过采访与了解，写成文章，将事件报道出来，这对提高交际能力和写作能力是有很大帮助的。同时，在读书的时候，楼教授就喜欢表达自己的见解和看法。他说："有一次考中国革命史，实际上是中国现代革命史，老师给了我65分，我就去和老师论理，说老师你没讲到的地方我都答出来了，还补充了很多新材料，也表达了自己的看法，没理由只给65分啊？"但当时老师说，考试没有必要谈看法。楼教授表示，分数并不是最重要的，作为学生，勇敢地表达自己的见解和看法，不停思考、不断前进，这才是求学之道。

将历史系作为专业选择的背后原因

——做人要有正义感、社会责任感

楼教授说他选择历史作为求学的方向，是因为自己的小学历史老师。"我读小学的时候，有个历史老师，在课堂上慷慨激昂地指责1948年是社会最黑暗的时候，老百姓生活在水深火热之中。我就想，这个老师可以如此爱憎分明，既有正义感又有社会责任感，是值得尊敬的。于是我有了更深一层的思考：研究历史可以为老百姓说话，所以将来我学习历史，也可以在课堂上宣扬正义。后来到选择专业的时候，我毫不犹疑地选择了历史。"

　　——读书要精、专，要有目标，一步一步脚踏实地地走，坚持到最后，一定会有所成就

　　"在大学读书期间，有个同学给我留下了很深刻的印象，他是读专科的。那时候历史系有两个班，一个专科，一个本科。我读的是本科，他念的是专科。专科的人大部分都是保送的调干生，有小学老师、中学老师，甚至小学校长，大都是优秀教师。这个同学叫王兴福，很有意思，是小学校长，后来我们成了非常要好的朋友。我们聊天的时候，他常常跟我说，我们读书一定要有目标，没有目标，将来就一事无成。他一进大学就一心一意钻研太平天国的历史，他说对太平天国历史感兴趣，于是先从太平军在杭州开始研究，同时到各处查资料，后来写成一本书《太平军在杭州》。延续下来，他一辈子都在研究太平天国，成为浙江研究太平天国的权威。这个对我启发很深，所以大学毕业之后我留校任教，选择了世界近代史研究作为我的学术方向，再到研究法国史，一直到退休都没有再变。"

　　"进入世界近代史研究领域之后，我开始考虑专攻方向。学过世界史就知道，世界近代史里面最重要的一部分，就是法国史。法国是非常典型的国家，我就非常关注国内的法国史研究。我们历史系当时有个很出名的老师叫沈炼之，是一位非常好的老师，也是我的恩师，在国内外都十分有名。沈先生早年留学法国，获得博士学位，前几年在里昂大学还专门为他塑起了雕像。中国法国史研究，他就是第一，绝对的权威。我们的法国史研究如今在国内有地位，沈先生是元老，全国第一家法国史研究室就是他挂牌成立的。那时候，全国仅此一个法国史的研究中心，就算是北大、北师大，也没有法国史的研究室，中国社科院也没

有，后来只有华东师大成立了一个研究小组。1979 年，在沈老的倡议下成立了全国性的研究机构——中国法国史研究会。其实，我就是在沈老的指导下，开始研究法国史的。"

——学术的传承与积累，后生可畏

"沈炼之先生在与我们讨论的时候，说过两句话，第一句话，一定要把法国史研究下去；第二句话，我们培养出来的学生，一定要超过我们。如果我们的学生，一个个都不如我们，那就是我们教学的失败。在教学过程中（大概是 90 年代中期），我也一直告诉我的学生，希望他们这一代能够超越我们这一代。"

"曾经有个来自重庆的硕士生问我：'楼老师，你培养出来的学生，有没有最后超越你的呢？'我告诉他：'你提的问题非常好，我们的学生（现在基本上都是副教授），有一部分已经超过我们了，就算暂时他们的综合实力还没有超过我们，但是很快他们就会超越我们。'而现在像我们当年的学生沈坚、吕一民等，都在学术上有相当的成就，我认为毫无疑问他们都已经超过我们这一代了。"

——生活与学术的始终如一，"老实"精神贯彻其中

"现在系里面研究法国史的几位老师，都是国家社科基金重大项目的主持人，这在全国世界史领域十分罕见，没有实力是很难达到的。沈老有句名言叫'老老实实做人，老老实实做学问'。做人要老实，做学问更要诚实。我也常常在自己的课堂上，以此和学生共勉。我告诉学生，做人要有底线，要有基本的良知。要思考清楚自己所处的位置，从

国家、集体、个人的层面，分清轻重缓急地考虑事情。交朋友要交益友，不要交损友、酒肉朋友，志同道合、积极向上，这样的朋友，值得去交，你们之间的友谊也会天长地久。如果做不好人，学问做得再好，不仅没有用处，反而对国家有害。再者，人前人后，不要说假话。你可以欺骗家人、师长，甚至同学，但你永远都欺骗不了自己。所以做人要真诚、要问心无愧，这是做好学问的基础。同样，做错事要总结，要学会反思，避免一错再错。我们就是这样，把沈老的'老实'精神一代代地传承下来，并发扬光大的。"

经历了院系拆分与合并的历史变迁的感悟

　　——了解学科水平，要走出去，聆听外界的评价，才会更真实地了解自己

"杭州大学的前身是浙江师范学院，1958年杭大刚成立的时候，由于生源不够，师资力量不强，省政府决定将浙江师范学院和杭州大学合并。实际上是杭州大学并入浙江师范学院，改名为杭州大学。这样杭大学生师资力量提升，师范学院亦升级为大学，是双赢的局面。杭大历史系从此不断地扩大，学术水平也不断得到提升，在国内具有了相当高的地位。在并入浙江大学以前，杭州大学历史系（法国史、中国古代史）的知名度是高于浙江大学历史系的。学校领导为了掌握各学科在国内的地位，常常希望排队。我曾经给领导提过建议，要了解学科水平，是需要深入下去的，而不仅仅是凭少数人的基本印象来决定。因此我提出，要真实了解一个学科的水平，就要走出杭大，走出浙大，到外面去，去中国社科院、北师大、北大、人大、复旦、华东师大的同行那里去了

解，让他们告诉你杭大、浙大的哪些专业、哪些人是有地位的。"

执教生涯中难忘的师生情

　　——历史系人才辈出，老师的支持，给学生很大动力。亦师亦友的情谊，细水长流，值得珍惜

　　"吕一民的著作《法国通史》，背后有一个师生故事。当时上海一家出版社联系我说请我写本法国通史，我想到了吕一民，便以马上要退休，退休后封笔为由，向他们推荐了吕一民。我认为吕一民学术基础好，为人诚实宽厚。在撰写过程中，吕一民的学术功底和水平令出版社非常满意，他的这部作品，也成为优秀著作，一版再版，得到了学术界的一致好评。如今，他和沈坚已是系里法国史研究的带头人。二人分别主持两个国家重大课题，这在全国都是不多见的。我对现在的浙大历史系充满信心，并且时时为他们的进步而欣喜。"

　　"我还有个学生，是'文革'前毕业的，叫苏东天（在读时叫苏伟堂），在校期间喜欢画画，系里批评他不务正业，但我是支持他的，我认为学生有兴趣爱好也是一件好事。这位同学和潘天寿是老乡，礼拜天就到潘老家里去学画画。后来毕业当了中学老师，仍坚持练画，几年后考上了北京国画院的研究生，我去北京开会时还参观了他的画展，当时他已小有名气，但仍坚持努力，几十年如一日，终于大器晚成，成为著名的国画家，他画得最好的是梅花，在香港举办的个人画展上，一幅画拍卖了二百万元，他立刻捐献给生他养他的家乡宁海县的县图书馆。硕士毕业后到深圳大学当教授，不仅国画越画越精，而且还出版了文、史、哲及美术史论方面的多种论著，被誉为当代文人画大家，成为文化

部特聘画家。后来被邀赴日本办画展，轰动日本画界，获'富士美术奖'，还在东京美术馆旁的梅园种植了'苏东天夫妇梅'，据说苏东天是我国获此殊荣的第二人，他是我们的骄傲。多年来我们一直保持着深厚的师生情谊，他送我的画至今还挂在我的客厅里。苏东天的成功就是从兴趣开始，贵在勤奋与不懈的坚持。"

"勤于思考可以成才。我系78级学生洪朝辉，是一个勤于思考、善于思考的人，他的大脑好像一台不停思考的机器，总是有无数个问题在思考。有一次他带着28个问题来办公室问我，大到制度、体系，小到年月日都不放过，而且喜欢辩论后选中目标深入研究写出文章。之后他去美国留学，继续强化他独立思考的优势，取得博士学位后，更以宏观的视野，运用多种思维方法，思考出无数有价值的课题，发表了大量论文，出版多种专著，不仅是终身教授，而且被多所大学聘为副校长，工作出色，深得师生赞赏。30多年来，我们交往不断，既有师生情谊，又是知己好友。我想他的成功源于他的善于思考，且付诸行动，持之以恒。"

从老师出版数量庞大的文章、论著谈高效的研究方法

楼教授在法国史研究方面出版过大量的学术论文、论著，可谓著作等身。他说："文科是一门需要动脑的学科，不仅要阅读大量文献资料，更加需要积极主动地思考。所以，有时候我走路都在思考问题，想到就立刻记下问题和观点。而当我们思考问题的时候，需要厘清现实与历史的联系，用对现实的观感，反观和研究历史。而在研究历史的过程中，则需要看看现实，大多文科学者都有这种经历，这样的研究才有价值。有一次，我和山东师范大学的刘祚昌教授去黄山开会，二人同住一室，

凌晨一点，他突然起身，奋笔疾书，说是脑中突然闪过一个问题，必须把它记下来。有时候灵感乍现是非常有价值的，学术写作中有许多亮点就是靠这样积累起来的。"

对现在历史系学生的建议

"三年级的学生要有自己的打算和计划，准备读什么专业，往哪个方面研究。在学习和研究过程中，寻找自己的兴趣点。这个兴趣需要去和老师商量探讨，有没有研究的价值，如果有问题就需要及时调整方向，找一个能够逐渐深化的起点，所以选题很重要。这样写出来的文章不仅仅是一篇很好的本科毕业论文，还可以有深化研究的空间，以后可以发展为一篇硕士学位论文，甚至形成一篇具有独创性的博士学位论文，还可以作为一生的学术方向和研究内容，成为这一领域的专家，半途而废是成不了大器的。"

——培养兴趣，学好语言

"学世界史，语言非常重要。我这里指的语言，不仅指外语，还包括中文。历史系的学生应该具有文学的修养和表达能力。当然更需要学好外语。条件允许的情况下，还可以学一到两门外语。我们当年求学的时候，没有条件，也不重视外语学习。我在中学学英语，大学学俄语，后来专攻法国史，学习了法语，这些语言我都会一点，但都不精通。因此，做世界史研究一定要做到语言上的听、说、读、写无障碍，这样才会事半功倍。"

——学习外国史，语言应当只是一种工具，重要的还是自身的思考能力和思维方式

"为什么历史系毕业的学生研究法国史，比法语系毕业的学生更具有优势呢？因为历史系学生的思维方法（逻辑思维、多向思维、扩展性的思维）和外语系学生是完全不一样的，外语系的思维方式（习惯、思维定式）相对比较单一。做翻译也一样，翻译文献的时候，历史系懂法语的学生翻译的作品，往往比法语系纯粹学法语的人翻译得到位。原因可想而知，一个是通过学科背景来翻译，一个仅仅只是字面翻译。历史教学中最重要的是思维方法和独立思考，拥有举一反三的能力，这样才能有开阔的视野。法国著名的马克思主义史学家索布尔曾经说过：'要成为一个历史学家，必须首先是哲学家。'他强调的是要有理性思维的哲学头脑，才会有学术的创新之作，可见思维能力之重要。"

对读世界史同学的建议

1. 语言是第一关，至关重要，一定要精通。最好学会多国语言，才会眼明心亮。

2. 对于要研究的部分，要打好基础，对不同的学术领域进行不同的基础知识梳理（譬如：世界史—法国史—思想史）。先放宽知识面，再挑选方向。从长远的方向考虑，挑取值得研究的问题。

3. 知识的拓展，要从点到面。要了解国内、国际两个方面的研究现状和学术前沿，学会取舍，掌握尖端，才能在前人的基础上创新。

4. 懂得寻求师长的帮助，因为个人能力和眼光都可能有局限。

5. 注重原始资料（档案、文献资料等）的积累、阅读，去伪存真。

6.注重目标与方法，选定目标之后，讲究方法的多样性。有效的方法可以节省时间，实现效率最大化。

（记者：羊羊、贝青，2018 年 9 月 29 日）

楼均信著述目录

1 《向志愿军学习》,《浙江日报》1952 年 10 月 20 日。

2 《论十月革命的历史必然性》,《浙江日报》1957 年 11 月 2 日。

3 《论浙东抗日游击根据地的创立》(打印稿),1959。

4 《诸暨县革命斗争史略》(打印本),1959。

5 《一生可比泰山重——记郭大善烈士》,《杭州大学报》1959 年 6 月 10 日。

6 《诸暨金田农民起义》,《杭州大学报》1959 年 10 月。

7 《一统帅两原则三结合　谈教改体会》,《杭州大学报》1960 年 6 月 17 日。

8 《略论空想社会主义的阶级属性》(打印稿),1962。

9 《论第一国际内部反对巴枯宁主义的斗争》(打印稿),1963。

10 《略论拉萨尔和拉萨尔主义》,《浙江学刊》1963 年第 3 期。

11 《论第一次世界大战中两条路线的斗争》(刻印稿),1964。

12 《社会主义教育运动是一面镜子》,《历史教学》1965 年第 8 期。

注:带 * 符号的为著作,所有著述(含未刊稿)基本以时间先后为序。

13 《驳赫鲁晓夫的呓语："萨拉热窝一声枪响"》（未刊稿），1966。

*14 《巴黎公社原则永存》，杭州大学宣传部，1971。

15 《一位出色的巴黎公社领导人——瓦尔兰》，《新杭大报》1971 年 3 月 18 日。

16 《巴黎公社原则永存》，《新杭大报》1971 年 3 月 18 日。

*17 合著《法国简史》，商务印书馆，1978。

18 选编《马克思恩格斯致拉法格书信》，杭州大学法国史研究室编译 《法兰西第三共和国资料选编（一）》，1979。

19 编译《保尔·拉法格生平事业年表》，杭州大学法国史研究室，1979。

20 编译《拉法格论文著作目录》，杭州大学法国史研究室，1979。

21 《1848 年巴黎无产阶级六月起义》，《历史教学》1979 年第 8 期。

22 《评拿破仑》，《杭州大学学报》1979 年第 3 期。

23 《评拉法格的历史功绩》，《法国史通讯》1979 年 7 月。

24 选编《马克思恩格斯致盖得等人书信》，杭州大学法国史研究室编 译《法兰西第三共和国资料选编（二）》，1980。

25 编译《茹尔·盖得生平事业年表》（附著作篇目），1980。

26 选译《工人党、社会党文件》，1980。

*27 合著《世界历史人物小传》，浙江人民出版社，1980。

28 《丹东》，朱庭光主编《外国历史名人传》（近代部分·上），中国社 会科学出版社，1981。

*29 《法国近代史教学参考资料选编》（打印本），1981。

30 编译《第三共和国历届总统和内阁任职时间表》，杭州大学法国史 研究室编译《法兰西第三共和国资料选编（三）》，1981。

31 编译《第三共和国大事年表》，1981。

32 《保尔·拉法格》,《历史教学》1981年第12期。

33 《论巴黎公社领导人——瓦尔兰》,《兰州学刊》1981年第1期。

34 《巴黎公社流放者在新喀里多尼亚岛上的斗争》,《杭州大学学报》
　　1981年第2期。

*35 《法国近代史讲义》(打印本),1982。

36 《杰出的革命实践家和马克思主义传播者保尔·拉法格》,国际共运
　　史研究室编《国际共运史研究资料》第5辑,人民出版社,1982。

37 《略论丹东的宽容政策》,《世界历史》1982年第4期。

38 《论盖得的历史功过》,《兰州学刊》1982年第2期。

39 翻译《革命社会主义工人党圣太田纲领》,《世界史研究动态》1982
　　年第3期。

40 翻译《法国工人党的纲领和航海纲领》,《世界史研究动态》1982年
　　第11期。

41 《拉法格的无神论思想浅论》,《天津社会科学》1983年第3期。

42 《马克思与法国工人党的建立》,《杭州大学学报》1983年第3期。

43 《试论丹东的宽容政策》,中国法国史研究会编《法国史论文集》,
　　三联书店,1984。

44 翻译《乔治·布朗热》,杭州大学法国史研究室编译《法兰西第三
　　共和国资料选编(四)》,1984。

*45 主要撰稿人之一,刘祚昌、光仁洪、韩承文主编《世界史·近代
　　史》,人民出版社,1984。

*46 参与编写《世界史大事汇编》,浙江人民出版社,1984。

47 《拉法格对帝国主义本质的精辟论述》,《法国研究》1984年第4期。

48 《瓦尔米战役》,《外国历史知识》1984年第12期。

49 《论德雷福斯案件》,朱庭光主编《外国历史大事集》(近代部

分·第三分册），重庆出版社，1985。

*50 参与编写《外国历史大事集》近代部分，重庆出版社，1985。

51 翻译《丹东演说》，《世界史研究动态》1985 年第 8 期。

52 《论丹东的历史作用》，《杭州大学学报》1985 年第 1 期。

53 翻译《从布朗热危机到德雷福斯案件》，杭州大学法国史研究室编
译《法兰西第三共和国资料选编（五）》，1986。

*54 主要撰稿人之一，管佩韦主编《世界近代史》，上海教育出版社，
1986。

*55 合著《法国大革命著名政治活动家》，商务印书馆，1988。

56 《试论丹东的对外政策》，《杭州大学学报》1988 年第 2 期。

57 《评李兴耕著〈拉法格传〉》，《世界历史》1988 年第 4 期。

58 《试论法国工人党与农民问题》，《世界历史》编辑部编《欧美史研
究》，华东师范大学出版社，1989。

*59 参与编写端木正主编《法国大革命史词典》，中山大学出版社，
1989。

*60 合作选译《一八七一——一九一八年的法国》，商务印书馆，1989。

61 《十年来我国的法国近代史研究述评》，《世界史研究动态》1989 年
第 12 期。

62 《必须加强马克思主义史学方法论的研究》，《史学理论》1989 年第
3 期。

*63 副主编《法国通史简编》，人民出版社，1990。

*64 参与编写《中国大百科全书·外国历史》，中国大百科全书出版
社，1990。

65 《中国的丹东研究》，刘宗绪主编《法国大革命二百周年纪念论文
集》，三联书店，1990。

66　"A Review of China's Research on Modern French History over the Post Decade," *Chinese Historians* (U.S.A) 3（1990）.

67　《中国人心目中的巴黎公社——评陈叔平著〈巴黎公社与中国〉》，《史学集刊》1990 年第 4 期。

68　《评王正平著〈史学理论与方法〉》，《浙江学刊》1990 年第 4 期。

69　《史学理论研究的一本好书——简评王正平著〈史学理论与方法〉》，《浙江日报》1990 年 5 月 15 日。

70　《论法国的工业近代化》，《杭州大学学报》1991 年第 3 期。

*71　主编《绘画本世界通史》（6 卷），浙江少年儿童出版社，1992。

72　译校《盖得派》，杭州大学出版社，1992。

73　《盖得派》中译本前言，杭州大学出版社，1992。

74　《评刘宗绪主编的〈世界近代史〉》，《历史研究》1992 年第 6 期。

75　《论拉法格对马克思主义的新贡献》，《浙江社会科学》1993 年第 1 期。

76　《论拉法格对马克思主义的新贡献》，《浙江社会科学》1993 年第 1 期。

77　《世界史研究要"眼睛向下看"走通俗化之路》，《世界历史》1993 年第 3 期。

78　《我国法国史研究的老前辈沈炼之》，《世界历史》1993 年第 6 期。

79　《我国著名史学家沈炼之教授》，《杭大校友通讯》1993 年。

80　《现代已故史学家沈炼之》，《中国历史学年鉴（1993）》，三联书店，1994。

81　"Modem Wald History," Social Sciences in China（《中国社会科学》英文版）3（1994）.

82　《拉法格与马克思主义》，楼均信主编《法兰西第一至第五共和国论文集》，东方出版社，1994。

83　《法兰西第三共和国》中译本前言，沈炼之等译，商务印书馆，

1994。

*84　主编《法兰西第一至第五共和国论文集》，东方出版社，1994。

85　《法国通史简编》内容介绍（未刊，向全国哲学社会科学规划办公室汇报所用），1994 年 10 月。

*86　参与编写《影响世界的 100 个人物》，广西人民出版社，1995。

87　《论第三共和国的长治久安》，《世界历史》1995 年第 2 期。

88　《沈炼之和中法文化交流》，《杭州大学学报》1995 年第 4 期。

*89　主编《法兰西第三共和国兴衰史》，人民出版社，1996。

*90　主编《中法关系史论》，杭州大学出版社，1996。

91　《我国著名世界史学家沈炼之》，杭州大学校史编辑委员会编《杭州大学校史（1897—1997）》，杭州大学出版社，1997。

92　《沈炼之》，郑小明、郑造桓主编《杭州大学教授志》，杭州大学出版社，1997。

*93　主要撰稿人之一，刘祚昌、光仁洪、韩承文主编《世界通史（近代卷）》，人民出版社，1997、2004。

94　《欧洲统一的前景》，《北京大学学报》1997 年欧洲历史研究专刊。

95　《诸暨历代名人录》序（未刊稿），1997 年 9 月。

*96　选编《沈炼之学术文选》，杭州大学出版社，1998。

97　《沈炼之教授生平业绩》，楼均信选编《沈炼之学术文选》，杭州大学出版社，1998。

98　《沈师师德高尚》，楼均信选编《沈炼之学术文选》，杭州大学出版社，1998。

99　《丹东》，朱庭光主编《世界历史名人谱》（近代卷 4），人民出版社，1998。

100　《法兰西第三共和国兴衰史》内容介绍（未刊，向全国哲学社会科学规划办公汇报所用），1998 年 10 月。

*101　主编《中国法国史研究信息》，浙江大学出版社，1999。

102　《中国法国史研究会 20 年回顾》，楼均信主编《中国法国史研究信息》，浙江大学出版社，1999。

103　《法国大革命反思》，《新华文摘》1999 年第 10 期。

104　《试论世界工业化与民主化的开端》，《历史教学问题》1999 年第 2 期。

105　《法国大革命反思》，《浙江大学学报》1999 年第 2 期。

106　《世界文明史简编》序，陈钦庄等著，浙江大学出版社，2000。

107　《法国大革命反思》，陈崇武主编《法国史论文集》，学林出版社，2000。

108　《中国法国史研究五十年的回顾与展望》，《浙江学刊》2000 年第 1 期。

109　《中国法国史研究五十年的回顾与展望》，《世界史》（中国人民大学复印报刊资料）2000 年第 5 期。

110　《评介〈西方国家的民族文化与现代化〉丛书》，《史学理论研究》2001 年第 2 期。

111　《五十年来中国的法国大革命史研究》，《历史研究》2003 年第 5 期。

112　《我国著名历史学家刘宗绪逝世》，《中学历史教学》2003 年第 6 期。

113　《刘宗绪教授的史学贡献》，《世界历史》2003 年第 5 期。

114　《中国人心目中的丹东形象——中国的丹东研究史学》（赴法会议用稿），2003 年 9 月。

115　《基督教简史》序，陈钦庄著，人民出版社，2004。

*116　主编《向真理投降》，岳麓书社，2004。

117　《向真理投降》前言，岳麓书社，2004。

118 《我国学者对法国大革命研究的创新之说》,《浙江史学论丛》第 1
    辑,2004。

119 《法国大革命反思》,《中央高层邀请著名学者讲述的历史文化问
    题》上册,2004 年美国出版。

120 《一位永远值得纪念的历史学家——在刘宗绪教授逝世一周年纪念
    会上的讲话》,2004 年 8 月。

121 《宗绪兄,我们永远怀念您》,2004 年 8 月。

122 《欧洲一体化思想研究》序,韩慧莉著,吉林人民出版社,2005。

123 《铁路与欧美主要国家现代化》序言,汪建丰著,吉林人民出版
    社,2005。

124 《评刘宗绪主编的新版〈世界近代史〉》,《世界历史》2005 年第
    1 期。

125 《历史大视野中的世界近代史》,《法国史研究简讯》2005 年 9 月。

126 《沈炼之教授对我国史学的贡献——在沈炼之教授诞辰一百周年纪
    念大会上的讲话》,2005 年 10 月。

127 《法国现代化经验的启示——评〈法国现代化〉》,《史学理论研究》
    2006 年第 2 期。

128 《史必有证,论从史出——读王养冲先生主编〈法国大革命史〉》,
    《历史教学问题》2006 年第 5 期。

129 《法国大革命史》序,王养冲、王令愉著,东方出版中心,2007。

130 《三代人二十年磨一剑——读〈法国大革命史〉》,《文汇读书周报》
    2007 年 11 月 23 日,第 7 版。

*131 主编《世界大通史》第 12 卷,广东人民出版社(待出)。

132 《敬祝王养冲老先生百岁华诞快乐》。

133 《怀念挚友王兴福》。

134　《怀念黄时鉴先生》。

135　《怀念杨招棣书记》。

136　《思想永存　精神不朽——忆张芝联教授》。

137　《续修坑西楼氏宗谱序》。

138　《楼均信教授采访稿整理》。

1　《读〈法国通史简编〉》，陈崇武、宋培基，《历史研究》1991 年第
　　2 期。

2　《简评〈法国通史简编〉》，计翔翔，《浙江学刊》1991 年第 4 期。

3　《〈法国通史简编〉评介》，杨慧，《世界史研究动态》1991 年第 6 期。

4　《中国当代历史学者辞典》（第 245—246 页），西北大学出版社，
　　1994。

5　《浙江教育名人》（第 238—239 页），浙江教育出版社，1994。

6　《喜读新出的法国史专著〈法兰西第三共和国兴衰史〉》，端木正，
　　《世界历史》1996 年第 6 期。

7　《法国史研究中的一部创新之作——评〈法兰西第三共和国兴衰
　　史〉》，韩慧莉，《浙江社会科学》1996 年第 6 期。

8　《法国史研究中的一部创新之作——评〈法兰西第三共和国兴衰
　　史〉》，石塘，《杭州大学学报》1997 年第 2 期。

9　《评〈法兰西第三共和国兴衰史〉》，申晨星，《史学集刊》1997 年第
　　3 期。

10　《杭州大学教授志》（第 99 页），杭州大学出版社，1997。

11　《中国的法国史研究》，陈崇武，楼均信主编《中国法国史研究信
　　息》浙江大学出版社，1999。

12 《回顾过去，展望未来——评〈中国法国史研究信息〉》，王玉华，《法国史通讯》2001 年 10 月。

13 《浙江古今人物大辞典续编》（第 563 页），方志出版社，2001。

14 《有益的对话 难忘的交流——中国法国史研究会访法学术交流活动侧记》，端木美，《中国社会科学院院报》2003 年 11 月 27 日，第 4 版。

15 《中国法国史研究会组团赴法国学术交流活动综述》，王令愉，《法国史研究简讯》2005 年 9 月。

16 "法国史研究"（第 299—317 页），于沛、周荣耀主编《中国世界历史学 30 年（1978—2018）》，中国社会科学出版社，2008。

楼均信小传还可查阅《中国教育专家名典》、《世界名人录》以及英文版的由英国剑桥国际传记中心出版的《国际名人辞典》（25 版）、《国际著名知识分子辞典》（14 版）、美国国际名人传记中心出版的《国际名人辞典》的"Junxin Lou"条。

后　记

　　我从 1958 年大学毕业后就留校任教，先在世界近代史教研室，后在法国史研究室工作。至今主编和参编的著作达 30 余种，所写文章已过百篇（包括为多种辞书所写条目），本文集就是从百篇文章中选出的一部分。

　　我的选编原则是："文革"前的文章不选；著作、译文不选；为各种辞书所写的条目，包括为中国大百科全书所写的条目不选。重点入选法国史研究的成果。

　　本文集主要内容大致可分为史学方法论研究，法国历史人物研究，法国大革命史和法兰西第三共和国史研究，以及书评、序、怀念文章等四部分。由于收入的文章写作时间不一，个别观点已有发展，部分外文资料、文献难以一一回查，本书收入时基本上保持原貌，只在个别地方作了修订，并对人名、地名的译名作了统一校正。我总觉得研究外国历史，必须以马克思主义为指导，做到"洋为中用"。我在论文中努力为之，但仍感不足。

在本书出版之际，我要特别感谢浙江大学历史学院的领导，是他们提议筹划出版此书，尤其是学院常务副院长孙英刚教授和张驰博士，在此书花去了不少时间和心力。同时，我还要感谢社科文献出版社的编辑李丽丽同志、郭锡超同志，那种认真负责的精神和严谨的工作态度，在我遇见过的诸多出版社中的责任编辑里是非常少见的；深表谢忱。我还要感谢我的爱妻谢士华同志，她曾任职杭州市丝绸工业局唯一高级统计师，在数十年的岁月里，不仅工作十分繁忙，回到家里还包揽了全部家务，照料我的生活起居，还经常帮助我抄清文稿，有时直至深夜。正因有她在身边支持着我，我才得以全身心投入教学与学术研究。我从心底里感谢她，我的点滴成绩有她的一半功劳。

2023 年 12 月 17 日于紫金文苑寓所　时年虚度九十

图书在版编目(CIP)数据

楼均信法国史论集 / 楼均信著. -- 北京：社会科学文献出版社, 2024.5

（浙大史学丛刊）

ISBN 978-7-5228-3538-9

Ⅰ. ①楼…　Ⅱ. ①楼…　Ⅲ. ①法国－历史－文集
Ⅳ. ①K565.0-53

中国国家版本馆CIP数据核字（2024）第080073号

浙大史学丛刊
楼均信法国史论集

著　　者 / 楼均信

出 版 人 / 冀祥德
责任编辑 / 李丽丽
文稿编辑 / 郭锡超
责任印制 / 王京美

出　　版 / 社会科学文献出版社·历史学分社（010）59367256
　　　　　　地址：北京市北三环中路甲29号院华龙大厦　邮编：100029
　　　　　　网址：www.ssap.com.cn
发　　行 / 社会科学文献出版社（010）59367028
印　　装 / 北京联兴盛业印刷股份有限公司

规　　格 / 开　本：787mm×1092mm 1/16
　　　　　　印　张：41　插　页：1.75　字　数：506千字
版　　次 / 2024年5月第1版　2024年5月第1次印刷
书　　号 / ISBN 978-7-5228-3538-9
定　　价 / 128.00元

读者服务电话：4008918866